Harte Brocken

D1670505

Tommy Udo

Harte Brocken

Brave Nu World –
Der Siegeszug des Nu Metal

übersetzt von Kirsten Borchardt

Titel der Originalausgabe:
Brave Nu World
Published by Sanctuary Publishing Limited, London
© 2002 by Tommy Udo

© 2003 der deutschen Ausgabe
Verlagsgruppe Koch GmbH/Hannibal, A-6600 Höfen

Lektorat: Uwe Schleifenbaum
Fotos: Awais, WEA, John McMutrie
Buchdesign und Produktion: bw works
Druck: Artpress Druckerei GmbH, A-6600 Höfen
ISBN 3-85445-228-4

Es war nicht in allen Fällen möglich, die Urheberrechte für Zitate und Abbildungen
zu klären. Betroffene wenden sich bitte an den Verlag. Der Abdruck wird dann zu den
üblichen Sätzen honoriert.

Das Werk einschließlich aller seiner Teile ist urheberrechtlich geschützt.
Das gilt insbesondere für Vervielfältigungen, Mikroverfilmungen und
die Einspeicherung und Verarbeitung in elektronischen Systemen.

Widmung

Mein größter Dank gilt den Bands, mit denen ich in den letzten zehn Jahren so viele offizielle und inoffizielle Gespräche führen durfte – vor allem Limp Bizkit, Korn und Slipknot. Ebenso den freien oder bei diversen Labels angestellten Pressepromotern, die geduldig eine Flut kriegerischer Telefonanrufe über sich ergehen ließen – die Betroffenen wissen, wen ich meine – und die mich dennoch mit wichtigen Informationen, Kontakten, Klatsch, Gerüchten und Andeutungen versorgten, wenn auch meist nicht über die Bands, mit denen sie selbst arbeiteten. Ein großes Dankeschön auch an Chris Ingham und das Redaktionsteam von *Metal Hammer,* die es mir ermöglichten, viele Nu-Metaller aus nächster Nähe kennen zu lernen, und die mir, falls das nicht möglich war, mit Informationen aushalfen. Und an Andy Capper beim *NME,* G. T. beim *Rolling Stone* sowie vielen anderen hoch oder tief gestellten Persönlichkeiten bei Plattenfirmen und Musikmagazinen, die nicht namentlich genannt werden wollten und die mir eine unvergleichliche Menge Material zur Verfügung stellten, von alten Zeitschriften und Presseerklärungen bis zu schlecht fotokopierten Fanzines und aus dem hintersten Winkel hervorgekramten Interviews. Vielen Dank an Martina, die mit mehr CDs, alten *Kerrang!*-Ausgaben und kistenweise Zeitungsausschnitten leben muss, als man eigentlich in einem Haus unterbringen kann. Und an Jeff Hudson, meinen früheren Lektor bei Sanctuary, der die Idee zu diesem Projekt hatte.

Inhalt

Über den Autor 8

Einleitung 9

1. Old Skool, Nu Skool 29
   Nu Metal und seine Wurzeln

2. Feel My Pain 52
   Korn

3. Whiggers With Attitude 71
   Die große Klappe von Limp Bizkit

4. Generation Next – Die nächste Generation 87
   Staind

5. Echt getürkt oder falsch authentisch? 102
   Linkin Park

6. Die größte Kultband der Welt 116
   The Deftones

7. Ketzer und Ausgestoßene 127
   Slipknot

8. Frauenpower 142
   Kittie

9. The New Nu Breed 159
   Die Helden von morgen
   Godsmack 161
   Static-X 165
   Spineshank 172
   Orgy 176
   Papa Roach 180
   Incubus 184

Mudvayne 188
(hed) pe 190
Deadsy 192
Adema 194
Apartment 26 196
Glassjaw 198
Taproot 200
System Of A Down 202
Dry Kill Logic 204
Crazy Town 206
Will Haven 208
Puddle Of Mudd 210
Cold 212
Ill Niño 214
Disturbed 216
Sevendust 218
Coal Chamber 220

10. Nu oder Nicht-Nu, das ist hier die Frage 224
Bands am Rande der Szene
Marilyn Manson 229
Eminem und Kid Rock 237
Amen 242
A Perfect Circle 246
At The Drive-In 249
Soulfly 251

Epilog 253
Das muss man gehört haben 256
Index 274

Über den Autor

Tommy Udo lebt in London und ist seit 1981 als Musikjournalist tätig. Seine Schwärmereien, Hasstiraden und Kritiken erschienen in *Sounds, City Limits, The Guardian, Vox, Uncut, Bizarre, Ammo City* und *Metal Hammer*. Als News-Redakteur beim *New Musical Express* berichtete Udo ebenso über den Selbstmord von Kurt Cobain wie über den Siegeszug des Nu Metal Mitte der Neunzigerjahre.

Darüber hinaus veröffentlichte Udo eine Reihe von Büchern, darunter eine kritische Auseinandersetzung mit der Arbeit des japanischen Regisseurs Beat Takeshi Kitano, ein Werk über die Geschichte der Industrial-Bewegung von den Futuristen bis Ministry sowie Biografien von Nine Inch Nails und Charles Manson. Sein erster Roman, *Vatican Bloodbath*, erschien 1999 bei Attack!Books; der Nachfolger *When Hell Attacks* ist bereits in Planung.

Einleitung

Wieder einmal hieß es, Rock 'n' Roll sei tot. Und wieder einmal schien dieses Gerücht reichlich übertrieben. Im Jahr 2001, als der Großteil dieses Buchs entsteht, beherrschen Veröffentlichungen von Slipknot, Staind, Linkin Park und Limp Bizkit die amerikanischen *Billboard*-Charts. Etablierte Bands wie Tool, Machine Head und Fear Factory liefern ihre bisher ausgefeiltesten und wichtigsten Platten ab, während eine ganze Schar höchst beeindruckender Newcomer zum Angriff auf unser aller Ohren bläst. Kittie, Vex Red, Ill Niño, Defenestration oder Dry Kill Logic halten genau jenen Sound parat, der Eltern in Panik versetzt, und sie strotzen nur so vor Begeisterung für laute, verzerrte Gitarren, den Vier-Viertel-Backbeat, den Schmerzgrenzen-Bass und die schiere LAUTSTÄRKE, die sie gerade für sich entdeckt haben.

Der Rest der Welt sitzt währenddessen gespannt da und wartet scheinbar auf die neuesten Erkenntnisse aus den Staaten, als würde dort ein neuer Marshallplan für kulturelle Erneuerung festgelegt: Die Wiege der Demokratie ist wieder einmal zur Wiege des Rock 'n' Roll geworden. Andrew W.K., The White Stripes, The Strokes, Black Rebel Motorcycle Club und alle anderen neuen Bands werden weltweit begutachtet und kontrovers diskutiert, ob im *Rolling Stone,* der *Alternative Press* und *Spin* in den USA, im französischen *Les Inrockuptibles,* im britischen *New Musical Express (NME)* oder im deutschen *Visions.* Ist dieser neue Soundangriff bloßer Hype oder aber die Zukunft des Rock? Eins jedoch steht fest: Die wirklich wichtigen Bands stammen alle aus den USA.

Bei der Zählung der Gold- und Platin-Auszeichnungen Ende 2001 schlägt sich die neue Rockbewegung jedenfalls bestens: *Hybrid Theory* von Linkin Park fährt Vierfach-Platin ein, *The Sickness* von Disturbed Doppel-Platin. Einfaches Platin gibt es für *Satellite* von POD, *Iowa* von Slipknot und *Toxicity* von System Of A Down; *Come Clean* von Puddle Of Mudd holt immerhin Gold (Platin gibt es in den USA ab einer Million verkaufter Tonträger, Gold ab fünfhunderttausend Exemplaren).

Für Außenstehende unterscheiden sich die Bands nur wenig voneinander, dementsprechend behaupten die Kritiker der Szene gern, es handle sich bei ihnen um austauschbare, MTV-freundliche Plattenfirmen-Marionetten. Was sie tatsächlich verbindet, ist die Tatsache, dass die Musiker zumeist noch sehr jung sind (einige sind sogar noch Teenager, obwohl das Durchschnittsalter bei etwa zweiundzwanzig Jahren liegen dürfte) und sich ein cooles Image abseits der traditionellen Metal-, Punk-, Indie- oder Alternative-Rock-Stilistiken zugelegt haben. Ohne gleich die „Revolution" loszutreten, die sich durch die Möglichkeit digitaler Downloads von Musik aus dem Internet ergibt, nutzen all diese Bands das World Wide Web als Medium, um ihre Musik zu Gehör zu bringen und sich eine Fanbasis aufzubauen. Konzerte, oftmals bei Wanderfestivals wie Family Values, Tattoo The Planet, Ozzfest oder der Warped Tour, vertiefen schließlich den Kontakt zu den Fans.

Das Verhalten der Musiker entspricht dabei nicht unbedingt dem Rock'n'Roll-Klischee: Nur selten gibt es demolierte Hotelzimmer, plakativen Drogenmissbrauch, in Swimmingpools dümpelnde Limousinen oder spektakuläre Selbstmorde. Als Redakteur der britischen Musik-Wochenzeitung *NME* und als freier Autor für Magazine wie *Metal Hammer* habe ich den größten Teil dieser Bands in verschiedenen Phasen ihrer Karriere, meistens am Anfang, kennen gelernt und war stets beeindruckt von der Entschlossenheit, mit der sie an ihre Musik herangingen. Sie haben diese typisch amerikanische „Wer will, der kann"-Einstellung und verfolgen ihre Ziele mit einer Energie und Zähigkeit, die den meisten europäischen Künstlern abgeht. Linkin Park benahmen sich bei ihrem ersten Besuch in Europa, als *Hybrid Theory* erschien, nicht wie eine Rockband auf Promotour, sondern wie eine gut eingespielte Truppe beim Militärmanöver. Ihr Tourmanager hatte ihren Terminplan bis auf die Minute genau festgelegt und vermittelte erfolgreich den Eindruck, Störungen jeder Art – vor allem von inkompetenten britischen Tintenklecksern, die sich wie Amateure aufführten – nicht im Geringsten zu tolerieren. Die Bandmitglieder gaben achtundvierzig Stunden lang Interviews, stellten sich dabei immer wieder denselben banalen Fragen und schafften es sogar, sie zu beantworten, als hörten sie sie zum ersten Mal: „Wie seid ihr zu eurem Namen gekommen?"; „Wie habt ihr euch kennen gelernt?"; „Stimmt es, dass ihr eine Band seid, die auf dem Reißbrett entworfen wurde?"

Den etwas „intellektuelleren", europäischen Beobachtern der Szene mögen Acts wie Korn, Limp Bizkit, Staind, Slipknot oder Kid Rock vielleicht ein wenig kunstlos und linkisch erscheinen. Allerdings hat das besagte Bands nicht daran gehindert, die Herrschaft über die Musikindustrie des angehenden dritten Jahrtausends an sich zu reißen – künstlerisch wie auch kommerziell. Sie spezialisieren sich dabei auf harten, schnörkellosen, von Testosteron befeuerten Rock, der bei Jugendlichen weltweit einen Nerv trifft, ob in Tallahassee oder Teheran (im Iran löste die Polizei 2001 angeblich eine Versammlung von Fans auf, die sich mit Slipknot-T-Shirts in der Hauptstadt versammelt hatten).

Weiterhin wird gern darüber diskutiert, ob Nu Metal eigentlich zum Heavy Metal gehört oder eine schwermetallische Weiterentwicklung des Alternative Rock darstellt. Heute sagt man häufig schlicht „Heavy Music", wenn von diesem Sound die Rede ist, und greift damit einen Ausdruck aus den frühen Siebzigern wieder auf. In einem Punkt ist man sich allerdings einig: Ganz gleich, zu welcher Strömung Nu Metal gehört, er ist auf alle Fälle Rock 'n' Roll.

Die Behauptung, Rock 'n' Roll sei tot, kursiert, seit Elvis Presley 1956 zum Star wurde, in regelmäßigen Abständen. Mitte bis Ende der Neunziger schwang allerdings die düstere Ahnung mit, es könnte diesmal wirklich ernst werden. Gut informierte „Experten" verkündeten immer wieder, Gitarrenbands hätten sich überlebt und würden nun durch alles Mögliche ersetzt werden, von „New Country" bis zu „Electronica" (ein Gesamtbegriff, unter dem man in den USA alles subsumierte, was der Dance-Sektor nach der House Music zu bieten hatte). Und in den Kolumnen der genrefremden Zeitschriften wurden Gedichte, Comedy oder Gartenarbeit als Ersatz für Rock 'n' Roll gefeiert.

Immerhin war es den in der Heimat euphorisch gefeierten britischen Gitarrenhelden wie Oasis oder Blur in Amerika nicht gelungen, außerhalb eines kleinen Zirkels eingeschworener Anglophiler Fuß zu fassen. Stattdessen feierten Künstler aus den Bereichen Pop, R & B, HipHop und Country Riesenerfolge, sowohl in den Singles- als auch in den Albumcharts. Das brachte viele Branchenkenner und Beobachter zu der Einschätzung, dass Rock 'n' Roll, wenn er nicht tatsächlich schon tot war, zumindest schon ein bisschen komisch roch.

In Cameron Crowes Film *Almost Famous – Fast berühmt* (2000), einer nostalgischen Hommage an das goldene Zeitalter der durchs Land ziehenden Rockbands in der Ära vor der Punkrevolution, gibt es eine höchst amüsante Szene. Der legendäre Rockkritiker Lester Bangs (gespielt von Phillip Seymour Hoffman) überschüttet den Protagonisten William Miller (Patrick Fugit) mit einer wilden Tirade: „Rockmusik ist tot, weil die Musiker immer mehr von Ruhm und Reichtum korrumpiert worden sind." Die Handlung spielt 1973 – gerade zu der Zeit, als Rock 'n' Roll dazu ansetzte, zu einem globalen Riesenphänomen heranzuwachsen.

Aber vielleicht war Ende der Sechziger wirklich etwas gestorben: der Glaube daran, dass Rockmusik die Welt verändern könnte. Da war Lester Bangs wohl nicht der Erste, der sich um etwas betrogen fühlte und der spürte, dass ihm die Musik, die er besessen zu haben glaubte, nun genommen wurde. Er war auch nicht der Letzte. Dieses Gefühl erlebt *jede* Generation: Wäre *ihre* Musik nicht vereinnahmt und kommerzialisiert worden, hätte sie die Kraft besessen, alles Unrecht zu bekämpfen, die Menschen zu befreien und für eine bessere Welt zu sorgen. Das ist eine sich endlos wiederholende Entwicklung, getreu Santayanas Maxime, dass jene, die sich nicht an die Vergangenheit erinnern, dazu verdammt sind, sie zu wiederholen. Denn was ist Rock 'n' Roll, wenn nicht die ständige Wiederkehr des ewig Gleichen? Trotz des phänomenalen Erfolgs von Nirvana brachten es nur wenige ihrer Weggefährten auf dieselbe Kombination aus enormen Plattenverkäufen, Kritikerlob und breiter Anerkennung beim Mainstreampublikum. Das gelang weder den Smashing Pumpkins noch den Stone Temple Pilots, Mudhoney, Alice In Chains oder Pearl Jam. Dennoch hauchten Nirvana dem Rock 'n' Roll zu einer Zeit, als er allgemein als abgewirtschaftet galt, neues Leben ein. Vor allem aber etablierten Nirvana die Rockmusik, die seit dem Triumphzug der Beatles und der Rolling Stones jahrzehntelang von britischen Bands beherrscht worden war, wieder als typisch amerikanische Musikform. Es erweckte sogar beinahe den Eindruck, dass dieser Sound außerhalb Amerikas kaum existieren konnte. Als Nirvana jedoch das kompromisslose und unzugängliche Album *In Utero* veröffentlichten, ging man vielerorts davon aus, die Party sei nun wieder vorbei. Und 1994, als sich Kurt Cobain eine Gewehrmündung in den Mund schob, erschien das als blutiger, riesiger Schlusspunkt des Grunge – und des Rock 'n' Roll im Allgemeinen.

Aber noch im gleichen Jahr veröffentlichte ein Quartett aus dem kalifornischen Bakersfield namens Korn sein selbstbetiteltes Debüt. Der Song „Blind" bildete den Auftakt zu einem mutigen und faszinierenden Album, aber nicht einmal die fanatischen Anhänger und die gut informierten Szenebeobachter, ja nicht einmal die Band selbst ahnten zu dieser Zeit, dass es der Startschuss für einen neuen Musikstil sein sollte. Nu Metal war geboren.

Eines hat die Geschichte des vom Metal beeinflussten Rock über die Jahre bewiesen: Wer ihn zum alten Eisen rechnet, tut das auf eigene Gefahr. Der Ausdruck „Heavy Metal" stammt übrigens, ebenso wie viele Bandnamen der späten Sechziger und frühen Siebziger, aus den Werken von William S. Burroughs. Der legendäre Rockjournalist und Kulturkritiker Richard Meltzer verwendete ihn dabei als Erster in musikalischem Kontext, als er den Gitarrensound des psychedelischen Rockklassikers „Eight Miles High" von den Byrds beschrieb. Aber vermutlich war es der Ausdruck „heavy metal thunder", den die kanadische Gruppe Steppenwolf in ihrem Song „Born To Be Wild" verwendete, der einen Bezug zur damaligen Welle der von Hendrix und den Who beeinflussten Post-Acid-Bands in England und den USA herstellte, zu denen beispielsweise Black Sabbath, Blue Cheer und Iron Butterfly gehörten.

Heavy Metal war immer die Musik der „einfachen Leute", gewissermaßen eine proletarische Version des aufrührerischen Acidrock. Bands wie Led Zeppelin, die von den Kritikern stets nur verächtlich und herablassend betrachtet wurden, stiegen in den Siebzigern zu Superstars auf. Harter, solider Rock auf Bluesbasis wurde zum Standard-Hörvergnügen für hauptsächlich männliche, der Arbeiterklasse zugehörige, weiße Jugendliche, aber nach der Punkattacke 1976 schien er immer mehr auf verlorenem Posten zu kämpfen. Doch auf beiden Seiten des Atlantiks formierten sich neue Bands zu einer Gegenrevolution. Zur so genannten „New Wave of British Heavy Metal" (NWOBHM) zählten beispielsweise Def Leppard und Iron Maiden, aber in zweiter Linie auch Samson, Angelwitch, Saxon und später Venom, die Teile der Do-it-yourself-Attitüde des Punk in ihren eher traditionellen Rocksound integrierten. Anfang der Achtziger bedienten sich Bands wie Metallica, Slayer und Megadeth wesentlich stärker bei Sound und Stil des Punk, um daraus eine wesentlich kompromisslosere und weniger an alten Mustern orientierte Version des Metal zu schmieden. Zahlreiche Subgenres entwickelten sich – Thrash Metal, Skate Metal, Speed Metal, Doom Metal, Dark Metal, Black Metal, Glam Metal –, die sich wiederum gegenseitig inspirierten und auch bei scheinbar völlig abseitigen Musikrichtungen bedienten. Während Metal in den Siebzigern noch als reaktionär und engstirnig galt, entwickelte er sich später zu einem fruchtbaren Nährboden, auf dem mittels Punk, HipHop, Funk, Soul und sogar schrägen Jazz völlig neue Musikrichtungen wuchsen. Einige dieser Experimente führten sicherlich in Sackgassen, aber aus anderen – wie der 1985 gestarteten Zusammenarbeit von Run-DMC und Aerosmith bei ihrem Rap-meets-Rock-Hit „Walk This Way" – entstanden echte musikalische Überflieger.

Nu Metal ist in erster Linie ein Marketingbegriff, unter dem Bands mit einigen oberflächlichen Gemeinsamkeiten zusammengefasst werden: Sie sind jung, schlecht drauf, wütend und haben häufig Namen, bei denen zwei Substantive zu einem Wort zusammengezogen werden (Mudvayne, Godsmack, Spineshank, Nonpoint, Nothingface …) – ebenso, wie sich auch ihre Musik aus zwei oder mehr musikalischen Stilrichtungen zusammensetzt (Rap Metal, Funk Metal und so weiter).

Wie jede Genrebezeichnung, die in der über fünfzigjährigen Geschichte des Rock 'n' Roll entstand, ist auch der Ausdruck „Nu Metal" bedeutungslos und peinlich (das trifft im Übrigen auch auf den Ausdruck „Rock and Roll" selbst zu). Keine Band, die einen Hauch von Selbstachtung besitzt, würde sich selbst als „Nu-Metal-Act" bezeichnen, und in Interviews wird man selbstverständlich standhaft bestreiten, irgendetwas mit irgendeiner bestimmten Bewegung, einem Stil oder einer musikalischen Gruppierung zu tun zu haben. „Viele der schon lange aktiven Bands, die Sachen wie wir, Limp Bizkit oder Orgy machen, haben den Sound mitentwickelt", erklärte Jonathan Davis von Korn dem Journalisten Jon Wiederhorn 1999 im *Guitar*-Magazin. „Ich glaube allerdings nicht, dass sich irgendjemand hingesetzt und gesagt hat: ‚Jetzt erfinden wir mal einen neuen Stil.' Dann gibt es diese ganzen jüngeren Bands – ich will jetzt keine Namen nennen –, die sich bei uns bedient und ihre Musik von uns übernommen haben. Das ist zwar sehr schmeichelhaft, aber ich wünschte, sie würden etwas Eigenständigeres machen." Der Begriff „Nu Metal" wird inzwischen auf eine wachsende Zahl von Bands angewandt: Korn, Limp Bizkit, Linkin Park, Crazy Town, Amen, (hed) pe, Ill Niño, Dry Kill Logic, Staind, Coal Chamber, Spineshank, The Deftones, Amen und Papa Roach, wobei man sich darüber streiten kann, was diese Bands eigentlich gemeinsam haben. Auch andere große Metal-Acts wie Marilyn Manson oder Slipknot bekamen fälschlicherweise dieses Etikett verpasst. Im Fall von

Slipknot ist das vielleicht entschuldbar, aber Manson hat seinen Zeitgenossen Fred Durst und die gesamte Nu-Metal-Szene öffentlich heftig angegriffen; er bezeichnete den Limp-Bizkit-Sänger dabei als „einen der ungebildeten Affen, die dich in der Schule immer zusammengeschlagen haben, weil sie dich für eine Schwuchtel hielten".

Nu Metal stellt dabei nicht die einzige aktuelle Strömung im Rockbereich dar, in der sich etwas bewegt: Während dieses Buch entsteht, gibt es darüber hinaus eine starke, extrem kommerzielle Variante punkbeeinflusster Musik, die von Bands wie Green Day, Rancid, Pennywise, AFI, Earth Crisis, Jimmy Eat World sowie Blink-182 repräsentiert wird. Und wenn man mehr in Richtung Underground schaut, entdeckt man den „Stoner Rock", der sich stärker auf psychedelische Elemente und auf den klassischen Heavy Blues bezieht. Queens Of The Stone Age, Nebula, Unida oder Spirit Caravan verbuchen durchaus kommerzielle Erfolge, sind momentan jedoch eher einer kleinen Szene von Hardcorefans und begeisterten Kritikern verhaftet.

Die Presse bejubelt zudem die so genannten Emocore-Bands At The Drive-In, The Icarus Line und Glassjaw, obwohl sie nach wie vor in eher kleinen Hallen spielen. Und dann gibt es natürlich noch die ganz Großen, Marilyn Manson, Eminem oder Kid Rock, die eigentlich keiner Szene zuzurechnen sind, deren Schocktaktik allerdings durchaus eine Verbindung zum Nu Metal herstellt – meint zumindest das britische Massenblatt *Daily Mirror*. Die übrige Szene wird in einem späteren Kapitel genauer beleuchtet, wenn zudem untersucht wird, wo die Unterschiede und Gemeinsamkeiten dieser Künstler und dem Nu Metal liegen.

Als Nu Metal bezeichnet man in der Regel eine Reihe von Bands, allesamt aus den USA, die – geprägt von Endachtziger- und Frühneunziger-Pionieren wie Faith No More, Fear Factory, Rage Against The Machine und Biohazard – Rap, Metal und Punk miteinander vermischen und über gewalttätigen Soundattacken in wildem Stakkato von ihren Teenagerängsten erzählen. Die Gitarren sind stark verzerrt, die Riffs eher gedämpft, während der Sound von HipHop-beeinflusstem Bass und Percussion ausgepolstert wird. Die Songs sind stark von Wiederholungen geprägt und basieren zum einen auf verhaltenen, vergleichsweise clean gespielten Elementen, zum anderen auf Pseudo-Death-Metal-Riffs, wobei man sich größtenteils an konventionellen

Popstrukturen orientiert und den meist kurzen Songs das wohl bekannte Strophe-Refrain-Gerüst verleiht. Der Sänger verlegt sich meist auf Knurren oder Brüllen, und viele Bands setzen deutlich erkennbare Rap-Elemente ein. Ein solider HipHop-Groove und sich stets wiederholende Gitarrenfiguren sind typisch für dieses Genre. Die Texte sind dabei meist von Aggressivität, Wut und Nihilismus geprägt. Gefühle, die entweder minimalistisch oder explosiv ausgedrückt werden. Ein gewisses Maß an introspektivem Weltschmerz spielt natürlich auch eine Rolle, die Songs berichten oft in der ersten Person von selbst erfahrenen Ängsten und Depressionen. Die Texte auf dem dritten Album von Staind, *Break The Cycle,* beispielsweise beschrieb ein Kritiker als „musikalische Abschiedsbriefe".

Zahlreiche Bands haben bei ihren Livekonzerten einen DJ an Bord, der Breakbeats vorlegt, scratcht oder Samples einspielt. Dabei kann der DJ wie im HipHop die Rhythmusgruppe unterstützen und ausgewählte Elemente anderer Songs in den Mix injizieren; manchmal ist seine Anwesenheit aber auch nichts weiter als Show. Weder Amen noch die Deftones passen nach dieser Definition wirklich ins Nu-Metal-Lager; man könnte sogar behaupten, Amen seien Teil eines laufenden Projekts von „Dr. Frankenstein", dem Nu-Metal-Produzenten Ross Robinson, der damit das Monster, das er schuf, wieder zerstören will.

Tatsächlich gibt es inzwischen immer mehr durchgestylte Bands, die wie Autos vom Fließband aus einer Rockfabrik zu kommen scheinen; aber gleichzeitig existieren noch genügend weitere, die sich schnell von den Klischees distanzieren und ihre eigene Stimme entdecken.

Staind sind dafür ein gutes Beispiel. Ihr erstes Album war reinster Standard-Hardcore mit allerlei wütendem Geschrei und Gebrüll und klang wie die zahllosen anderen Bands, die an dritter Stelle des Programms durch die Zweitausenderhallen Amerikas touren. Dann vollzog sich, weshalb auch immer, ein Wandel. Ob es nun an Fred Dursts Engagement als Mentor, dem energischeren Ansatz beim Songwriting oder einer besseren Produktionstechnik lag, jedenfalls lieferten sie ein Album in bester amerikanischer Songwritertradition ab, mit dem sie sich sämtlichen Nu-Metal-Kollegen ebenbürtig zeigten – und nicht einmal den Vergleich mit Bruce Springsteen scheuen mussten. Nu Metal hat vor allem von seinen Gegnern Bezeichnungen wie „Jammer-Core", „Schwachsinns-Core", „Grunge für Nullen" oder „Sportlerrock" verpasst bekommen. Die Wut und Aggressivität der Künstler bei ihren

Liveauftritten wird dabei gern mit den theatralischen Gesten der World Wrestling Federation verglichen. In vielerlei Hinsicht geht es tatsächlich um das Ausleben von Gewaltfantasien und Zornesausbrüchen, aber auch um die Reflexion der Situation, in der man sich befindet.

In einem wegweisenden Artikel über die Deftones schrieb Lorraine Ali 1998 in *Spin:* „New Metal ist eine zukunftsträchtige Mischform, die sich bei Alternative Rock, HipHop und der Hardcore-Skaterkultur ebenso bedient wie bei Black Sabbath und Slayer. So gehören beispielsweise Limp Bizkit mit ihren Rapvocals und dem ständig anwesenden DJ zum New Metal. Creed und Days Of The New, die beide stark vom Siebziger-Hardrock Marke Bad Company und AC/DC beeinflusst sind, hingegen nicht. New Metal bietet zwar die traditionelle Härte, verzichtet aber auf abgedroschene Satanismus-Anleihen, Videos mit billigen Schauspielermiezen sowie die toupierten Frisuren der Achtzigerjahre. Es ist eine völlig stretchhosenfreie Hardrock-Katharsis, die sich rhythmisch an der Raprevolution orientiert. Wie schon Beck und Cornershop haben diese Bands in den Mülleimern von HipHop, Hardcore, Pop, Industrial und aufgeputschten Neunziger-Rockikonen wie Nirvana und Nine Inch Nails gewühlt, um daraus ihre Töne und Texte zu basteln. Es ist im Grunde natürlich, dass Kids, die mit dem Multi-Genre-Programm von MTV aufgewachsen sind, darauf reagieren würden."

Das trifft die Sache genau auf den Punkt. Es ist weißer HipHop, der Versuch der Vorstadtjugendlichen, sich auf die Seite der schwarzen Stadtkultur zu schlagen. Der Whigger („white nigger" – auch bekannt als wigga oder whigga) ist dabei nur die neueste Ausprägung eines Phänomens, das Norman Mailer bereits 1957 in seinem berühmten Essay „The White Negro" schilderte.

„Man ist entweder hip oder spießig (eine Überlegung, der sich jede neu heranwachsende Generation in den USA stets wieder stellen muss), man ist entweder ein Rebell, oder man passt sich an; man erkundet entweder die wilden Grenzgebiete amerikanischen Nachtlebens, oder man lebt gefangen in den totalitären Strukturen der amerikanischen Gesellschaft und ist dazu verdammt, auf Gedeih oder Verderb den herrschenden Normen zu entsprechen, wenn man es zu etwas bringen will", schrieb Mailer. Jazz, ein Produkt des schwarzen Amerika, das aus der Rebellion entstanden war und auf das einige der „hippen" Weißen ebenfalls reagierten, betrachtete er als kulturellen Katalysator.

Das fand in vielerlei Hinsicht seine Weiterführung in der fünfzigjährigen Geschichte des Rock 'n' Roll und seiner Variationen. Dazu passt auch das berühmte Zitat, das man Sun-Records-Gründer Sam Phillips zuschreibt: „Wenn man einen Weißen findet, der wie ein Schwarzer singt, kann man damit Millionen von Dollar verdienen." Elvis war stark beeinflusst von schwarzer Musik, von Gospel, Rhythm and Blues oder dem Memphis-Blues. Er kaufte noch dazu in den Läden ein, in denen sich die schwarzen Luden und Gangster einkleideten, er kopierte ihren Gang, ihre Art zu reden, ihre ganze Haltung. Mick Jagger wollte wie ein Bluesman aus Chicago singen und war der Überzeugung, das auch recht gut hinzubekommen; dazu hatte er sich einen Akzent zugelegt, der ganz leicht nach Howlin' Wolf und ganz stark nach britischem Privatschüler klang. Als die Musiker, von denen die Stones gelernt hatten, die britische Band erstmals hörten, erkannten sie den Sound mit Sicherheit nicht wieder, sondern nahmen vor allem einen für sie völlig bizarren britischen Akzent wahr.

Jared, Sänger der ausgezeichneten aufstrebenden Band (hed) pe und einer der wenigen schwarzen Künstler aus dem Rockbereich, sagte mir: „Sieh dir doch Fred Durst und Jonathan Davis an. Guck dir die Dreadlocks an, die Ketten, die tief sitzenden Hosen und die Turnschuhe. Das kommt alles aus der schwarzen Kultur, aus dem Gangsta-Rap. Das machen diese Typen nämlich – weißen Gangsta-Rap."

Chuck D von Public Enemy formulierte es in einem Interview mit der amerikanischen Webseite *Addicted To Noise* so: „Das künstlerische Niveau ist höher als je zuvor. Aber anstatt das ganze Konzept weiter nach vorn zu bringen, haben Anwälte und Steuerberater die gesamte Kunstform unterminiert und dabei auch die Art und Weise verwässert, in der sie in der Öffentlichkeit und von den Künstlern selbst betrachtet wird. Limp Bizkit und Kid Rock sind Rapper, die Rocktracks als Grundlage benutzen. Bei Rap dagegen wird ein Soundtrack aus bereits vorhandener Musik verwendet – wenn beispielsweise Heavy D über einen R & B-Track rappt. Nach den traditionellen Strukturen gelten Limp Bizkit und Kid Rock als die neuen Rockbands. Cool. Aber was ist eigentlich, wenn eine schwarze Band Rockelemente als Basis nimmt? Wenn zum Beispiel Run-DMC Texte über einen Rocksong rappen? Was sind die dann? Eine Rapformation oder eine Rockband? In traditionell geprägten Bereichen gibt es nach wie vor sehr viel Rassismus und bestimmte Stigmata, die dazu führen, dass Bands und Künstler weiterhin nach den alten Mustern eingeordnet werden. Jetzt, im Internet-Zeitalter, gibt es neue Muster, die nach anderen Begriffsdefinitionen funktionieren, und das macht die Sache wirklich interessant. Was sind denn Rage Against The Machine? Was macht [Sänger] Zack [de la Rocha]? Ist Zack ein Rapper? Für mich schon. In den nächsten zwei Jahren wird man Künstler nicht mehr in eine vorher definierte Schublade stecken können. Limp Bizkit und Kid Rock sind für mich jetzt schon Beispiele, dass sich diese Definitionen allmählich verwischen. Aber ich würde auf alle Fälle sagen, dass sie aus dem HipHop und Rap hervorgegangen sind. Daher sollte für mich zwischen Fred Durst und DMX kein Unterschied bestehen. Das sind beides Rapper."

Nu Metal hat dazu beigetragen, die Barrieren zwischen Rock und Rap abzubauen, auch wenn 1999 der Versuch des weißen Rapkopisten Vanilla Ice scheiterte, mit lahmem, Limp-Bizkit-beeinflusstem Sound ein Comeback zu starten. Sein von Ross Robinson produziertes Album – mit dem höchst passenden Titel *Hard To Swallow* (schwer zu schlucken) – ging gnadenlos unter. Und das war vermutlich auch besser so.

Es erweckt den Eindruck, als hätten sich alle Rap-Metal-Bands – ob sie nun von Anfang an diese Richtung eingeschlagen hatten oder sich erst später darauf besannen – mit Händen und Füßen gegen lukrative Angebote von Major-Labels gewehrt. Aber der Schlüssel ihres Erfolgs liegt tatsächlich eher in ihrer Bereitschaft, sich die Hände schmutzig zu machen – Singles zu produzieren, Videos für MTV zu drehen oder sich von großen Firmen sponsern zu lassen; ich erinnere mich sogar an eine Band, die von ihrem Manager aufgefordert wurde, sich vor dem Interview mit mir die Sportklamotten ihres Sponsors anzuziehen, obwohl ich sie weder fotografieren noch filmen wollte: Es ging ums Prinzip. Sponsorenbeteiligung bedeutet nicht nur kostenfreie Bühnenkleidung und den ersten Schritt zum eigenen Swimmingpool, sondern sorgt auch für neue Kanäle, über die Musik vermarktet werden kann, für Werbemöglichkeiten, firmengestützte Großereignisse und das finanzielle Gerüst für aufwändige Bühnenaufbauten oder pyrotechnische Showeinlagen.

Große Konzerne – angefangen mit Coca-Cola, Pepsi, Budweiser und Microsoft bis zu Nike und den exklusiveren Sportartikelherstellern wie Dickies, Vans und Pony – haben allesamt Popmusik genutzt, um ihre Marke zu bewerben. Korn wurden ursprünglich von adidas gesponsert und feierten das Unternehmen auf ihrem zweiten Album sogar in einem Song ab; dann bot ihnen die Konkurrenz von Puma mehr Geld, und die Band sattelte von einem Tag zum anderen um. Aber viele Bands haben von den großen Markenproduzenten bereits ein oder zwei Dinge gelernt.

Ironischerweise war es gerade die idealistischste Hippieband überhaupt, The Grateful Dead, die als Erste entdeckte, dass die Einkünfte der Merchandise-Stände mit T-Shirts und Postern tatsächlich die Summen überstiegen, die durch Ticketverkäufe hereinkamen. Die Dead hatten dabei stets gut erkennbare Logos – das von Mouse und Kelly designte Emblem aus Totenschädel und Rose, das sie sich als Warenzeichen eintragen ließen, der von Rick Griffin entworfene Schriftzug und die Grafik im Surf- und Hot-Rod-Stil – und all das fand sich schnell auf lizenzierten Feuerzeugen, Baseballmützen und Zigarettenpapier. Die Band als Marke war geboren. Bis Ende der Siebziger beschäftigten sich jedoch nur wenige Bands mit den Möglichkeiten zusätzlicher Werbung durch Merchandising. Kiss hingegen erkannten sofort das starke Bedürfnis der Fans, sich mit der Band ebenso zu identifizieren wie mit Gleichgesinnten, und dazu war das leicht erkennbare Kiss-Logo auf T-Shirts, Jacken, Aufnähern und Mützen bestens geeignet. Kiss gingen sogar noch einen Schritt weiter und verkauften alles, von Pausenbrotdosen bis zum speziellen Kiss-Sarg für den ganz beinharten Fan. Die Tourneen entwickelten sich schließlich zu Ereignissen, die vor allem die Stärke der selbst geschaffenen Marke demonstrierten: Die Bandmitglieder ließen sich mit einem Hubschrauber mit Kiss-Logo einfliegen, ihr typisches Make-up war mittlerweile copyrightgeschützt, und im Kiss-Supermarkt gab es eine Schwindel erregende Vielfalt von Produkten. Die Musik trat demgegenüber beinahe in den Hintergrund.

Durch den Erfolg des Rock 'n' Roll konnten seine ureigenen Symbole mit den Firmenlogos gleichziehen; die Rolling-Stones-Zunge wurde schließlich ebenso bekannt wie die goldenen Bogen von *McDonald's* (oder auch das Kreuz des Christentums). In gewissem Maß zeigt der Siegeszug des Nu Metal, vor allem von Korn und Limp Bizkit, ebenso viele Parallelen zur ungebremsten weltweiten Ausbreitung von Filialunternehmen wie *Starbucks*-Cafés oder Gap-Boutiquen wie zu den vorangegangenen musikalischen Trends. Dennoch stehen viele Bands dem Erfolg misstrauisch gegenüber. Sie bremsen die eigene Karriere, indem sie sich von ihren Fans und Plattenkäufern absichtlich distanzieren, und glauben dabei, dass sie das besonders integer erscheinen lässt. Andere Bands wiederum erkennen, dass dieser Business-Aspekt die Musik in den Augen der Öffentlichkeit durchaus entwerten kann. Slipknot-Drummer und -Sprachrohr Joey Jordison (alias #1) erklärte mir kurz vor der Veröffentlichung des zweiten Albums *Iowa:* „Ich weiß selbst nicht, was bei der letzten Platte gelaufen ist. Wir hatten gerade die Merchandise-Firma gewechselt oder so. Und wir hatten uns kaum umgedreht, da gab's Schulbrotdosen mit Slipknot drauf, derselbe Scheiß, den Kiss früher gemacht haben. Ich weiß, dass wir durchaus viele Kids ansprechen, aber dieses ganze Zeug machte den Eindruck, als wären wir eine Kinderkackeband. Es vermittelte einen völlig falschen Eindruck, deswegen achten wir jetzt auf solche Dinge. Slipknot war eine Zeit lang eher eine Klamottenmarke als eine Band. Aber aus solchen Sachen kann man nur lernen.“

Slipknot – die ebenfalls zu den Protegés von Ross Robinson zählen – sind von jeher energisch darauf bedacht, einen gewissen Abstand zu ihren Nu-Metal-Artgenossen zu wahren; zum einen, weil sie sich ohnehin als einzigartig betrachten, aber auch, weil sie nicht mit dem „Viehmarkt“ jener Bands in Verbindung gebracht werden wollen, die alles und jedes lizenzieren und bestenfalls Vermarktungsprofis ihres eigenen Image sind – wenn man sie nicht gar als „Ausverkäufer“ brandmarken kann.

Im Gegenzug hat es stets Bands gegeben, denen es wichtig war, „Zeichen zu setzen“ – Led Zeppelin beispielsweise, die prinzipiell keine Singles veröffentlichten. The Clash, die sich weigerten, bei *Top of the Pops* aufzutreten. Bands, die ihre Musik vielleicht nur auf kleinen Indie-Labels mit schlechter Vertriebsstruktur veröffentlichten, nur Vinyl-singles in limitierter Auflage herausbrachten, keine Interviews gaben, nicht in bestimmten Hallen spielten oder jegliche Kompromisse bezüglich des Cover-Artwork verweigerten, auch wenn das bedeutete, dass das Album von bestimmten großen Ladenketten nicht ins Programm genommen wurde. Bands wie Radiohead, die zu den unbestrittenen Lieblingen der Alternative-Szene gehören, nennen als Einfluss lieber Olivier Messiaen als Elvis und veröffentlichen Singles, die es beinahe absichtlich darauf anlegen, bisher nur oberflächlich interessierte Hörer komplett abzuschrecken. Im Jahr 2000 wiesen sie explizit darauf hin, dass ihre *Kid A*-Tournee ohne jegliche Sponsoren durchgeführt wurde. In dieser Haltung liegt ein gewisser Elitismus, den es in der Popkultur stets gegeben hat und der meist dann auftritt, wenn den Künstlern die eigene Berühmtheit peinlich wird. In seinem leidenschaftlichen Abschiedsbrief nannte Kurt Cobain den eigenen Erfolg als Grund für seinen Selbstmord. Diese elitäre Haltung, die abschätzige „Ich bin sowieso cooler als ihr"-Attitüde, die Künstler wie Fans gern für sich beanspruchen, geht den meisten Nu-Metal-Bands völlig ab. Die Tatsache, dass Fred Durst inzwischen ein reicher Workaholic geworden ist, der neben seiner Band eine Reihe anderer Interessen verfolgt, hat ihm jedoch den Zorn vieler Kritiker eingebracht.

In einem Artikel für das Online-Magazin *Salon* schrieb Joey Sweeney im April 2001: „Nachdem Nirvana keine Rolle mehr spielten – ebenso wenig wie der Großteil der anderen guten Bands, die sich aus welchen Gründen auch immer ebenfalls entweder aufgelöst oder aber in der zweiten Hälfte der Neunziger keine anständigen Singles auf den Markt gebracht hatten –, hat Nu Metal im modernen Rockradio recht gut Fuß gefasst. Das könnte dazu verführen, einige der hier genannten Bands als neues Gesicht dessen anzusehen, was früher Alternative Rock genannt wurde. Aber aufgepasst: An ihnen ist nichts Alternatives. Heute hat jeder amerikanische Collegestudent seine eigene Band nach Bizkit-Muster. Der Einfluss von Limp Bizkit in der modernen Rockmusik scheint sich seuchenartig auszubreiten; dabei lohnt es sich nicht einmal, darüber zu diskutieren, worüber Leadsänger Fred Durst und seine Jungs eigentlich so sauer sind. Da muss man sich nur einmal die letzte Platte anhören oder *MTV News* ansehen, und schon ist klar, worüber Durst sich ärgert: zickige Kritiker, Anwaltsrechnungen, gehässige Popsternchen oder der Vorwurf, er würde zu Randale aufrufen. In vielerlei Hinsicht ist Durst damit nicht einen Deut anders als Puffy Combs."

Diese Meinung ist typisch für viele Kritiker des Nu Metal, die Fred Dursts Geschäftssinn mit großem Misstrauen beäugen. Der Journalist geht – ebenso wie viele Bands, die stets ihre eigene „Integrität" im Munde führen – von der unausgesprochenen Annahme aus, dass es sich bei allen vorangegangenen Generationen von Rockbands um noble Künstler handelte, die unberührt von schmierigem Kommerzdenken in Armut schufteten, um dafür mit der Anerkennung von Kritikern und einem kleinen, aber feinen Kreis von Fans belohnt zu werden. Und wenn besagte Künstler einmal unabsichtlich trotzdem mehr Geld verdienten, als sie für ihr bescheidenes Dasein brauchten, dann spendeten sie es natürlich sofort für die Ärmsten der Armen in der Dritten Welt oder für andere gute Zwecke.

Betrachtet man jedoch die tatsächliche Vorgehensweise vieler Nu-Metal-Bands und vor allem die von Durst, dann erkennt man, dass sich hinter ihrem demonstrativen Zur-Schau-Stellen von Ruhm und Reichtum die Bereitschaft verbirgt, junge, aufstrebende Bands tatkräftig zu unterstützen. Das mag vielleicht auch mit Blick auf das eigene Konto geschehen – Durst, der Puddle Of Mudd auf seinem eigenen Label herausbringt, hat auch Anteil an dem Profit, den die Band einspielt –, aber dieses Eigeninteresse ist von gewisser Weitsicht geprägt. Ganz gleich, ob er nun erkannt hat, dass seine Zeit im Rampenlicht vielleicht nur kurz sein könnte, oder ob schlicht typisch amerikanisches Business-Knowhow und brennender Ehrgeiz dahinter stecken: Durst ist durch seinen Geschäftssinn reich geworden und ist bis in den Vorstand von Interscope aufgestiegen, der Mutterfirma seines eigenen Labels, was ihm auch die Welt der Filmindustrie geöffnet hat. Doch obwohl Dursts Engagement für Staind und Puddle Of Mudd umfassend dokumentiert ist, wird dieser Facette seines Handelns nie so viel Aufmerksamkeit zuteil wie seinen Fehden mit Creed-Frontmann Scott Stapp, Slipknot (deren Fans er angeblich „fette, hässliche Kids" genannt hat, was er jedoch bestreitet), Eminem, Trent Reznor von Nine Inch Nails oder seine „Haben sie nun, oder haben sie nicht?"-Affäre mit Christina Aguilera.

Nu-Metal-Bands lechzen nach Erfolg. Sie wollen Stars werden. Sie sind bereit, alles dafür zu tun, damit ihre Träume sich erfüllen. Dieses offen zur Schau gestellte Streben nach Ruhm stößt natürlich denjenigen auf, denen ein solcher Ehrgeiz unpassend erscheint. Oft wird die Bereitschaft zu Kompromissen – und dazu, die Musik und das Image auf die Erwartungen der potenziellen Zielgruppe zuzuschneiden – als „Ausverkauf" wahrgenommen. Kritik wie diese interessiert die Bands selbst allerdings wenig – und ihre Fans noch weniger.

Natürlich gibt es noch immer genügend Gruppen, die definitiv keinen Erfolg wollen, dabei aber genau das Gegenteil erreichen. At The Drive-In, viel versprechender Nachwuchs im Emocore-Bereich (dazu später mehr), veröffentlichten 2000 ein überwältigendes Album und standen nach einer Reihe überzeugender Liveshows kurz davor, ihre Karriere auf Limp-Bizkit-Niveau zu heben. Statt aber ihren Erfolg bei Kritikern und den einflussreichen, stets nach neuer Musik hungernden Fans der ersten Stunde auszunutzen, beschlossen sie, alle Aktivitäten einstweilen einzustellen und weitere Tourneen und Plattenaufnahmen auf Eis zu legen.

Fans reagieren zudem mit einem gewissen Maß an Misstrauen auf Bands wie Linkin Park, die in diesen Kreisen das Gefühl vermitteln, als seien sie wie eine Nu-Metal-Boyband auf dem Reißbrett einer Plattenfirma entworfen worden. Derartige Gerüchte haben Linkin Park zwar nicht daran gehindert, weltweit Millionen von Alben umzusetzen, aber in Zeitschriften und auf Fan-Webseiten tobt nach wie vor eine wilde Diskussion darüber, ob die Gruppe als „authentisch" anzusehen sei und ob es auf diese „Authentizität" überhaupt ankomme.

Tatsächlich ist es eine Diskussion, die aus Punk- und Hippiezeiten übrig geblieben zu sein scheint, als ernsthafte Musikkenner – in der Regel Männer – über Themen stritten wie „Können Weiße den Blues singen?" und dabei die Spitzfindigkeit und Leidenschaft einer Gruppe von Mönchen an den Tag legten, die darüber diskutierten, wie viele Engel auf einem Stecknadelkopf tanzen können.

Das Wichtigste an Nu Metal ist jedoch, dass mit ihm der Rock 'n' Roll von den USA als ausschließlich amerikanische Kunstform zurückerobert wurde. Nu Metal wird in den USA gemacht; der Rest der Welt konsumiert ihn. Es gibt zwar auch in anderen Ländern eigene Nu-Metal-Varianten, wie sie etwa in Großbritannien von Apartment 26, lostprophets, Vex Red und Hundred Reasons gemacht werden, in Italien von den anarchischen Linea 77 und von den deutschen Rammstein (die allerdings einen Grenzfall darstellen); darüber hinaus existiert eine Reihe gesichtsloser Korn-Nachahmer, die über die ganze Welt verteilt ihr Unwesen treiben. Aber im Vergleich zu den Amerikanern, die in diesem Bereich das große Geld machen, spielen sie alle kaum eine Rolle.

Seit dem legendären Auftritt der Beatles 1964 in der *Ed Sullivan Show,* mit dem in den USA die so genannte *British invasion* begann, wurde Rock 'n' Roll – ebenso wie andere Varianten moderner Musik, beispielsweise House – hin und zurück über den Atlantik geschickt, wobei die Alte Welt die Szene lange Zeit zu beherrschen schien. Wenn sich das auch nicht immer in den Verkaufszahlen ausdrückte, so doch in puncto Kreativität und Stil. Die Beatles, Who, Kinks, Yardbirds und Rolling Stones nahmen typisch amerikanische Musik – Blues, R & B, Soul, Rockabilly, Doo-Wop – und schufen daraus eine eigene Version mit kleinen Fehlern, sodass keine werkgetreue Nachbildung entstand, sondern eine völlig neue Musikform. Viele der kreischenden Teenager, die die Beatles 1964 auf dem Kennedy-Airport begrüßten, hatten keine Ahnung, dass die Band vor allem Coverversionen wie das Isley-Brothers-Original „Twist And Shout" spielte und ansonsten eine Reihe von Titeln im Programm hatte, die im Grunde schamlos von Motown, Sue und Redbird-Soul abgekupfert waren.

Ähnlich verhielt es sich mit Punkrock: Dieser Stil hatte in den USA bereits jahrelang existiert, bevor ihn die Briten entdeckten und den Amerikanern erfolgreich als etwas völlig Neues zurückverkauften. Großbritannien, der Werkstatt der Welt, gelang es immer wieder, sich irgendeinen amerikanischen Stil zu schnappen, ihn auf seine Grundlagen zu reduzieren und ihn dann wie ein geschickter Autodieb dem ehemaligen Besitzer wieder unterzujubeln. Aber das sollte sich schließlich ändern. Nach jahrelanger Vorherrschaft schien der britischen Musikszene die Puste auszugehen. Es gab zwar jede Menge höchst interessanter kleiner Bands mit gewissem Kunstanspruch, aber nichts, was auch nur im Geringsten mit der Welle zu vergleichen gewesen wäre, die Ende der Achtziger von den Pixies losgetreten wurde, denen erst Nirvana und schließlich die Nu-Metal-Gruppen folgten. Vielleicht lag es daran, dass die ehrgeizigen Kids aus der Arbeiter- und der unteren Mittelklasse, die sich früher Gitarren gekauft und für einen endlosen Strom großer Rockbands gesorgt hatten – mit Led Zeppelin, Black Sabbath und Deep Purple angefangen –, nun lieber DJs wurden und sich mit House, Techno, Garage und TripHop beschäftigten. Hier lag das große Geld: Die Rave-Szene entwickelte sich in Europa zur neuen Jugendkultur für die Massen und löste den Rock 'n' Roll in dieser Hinsicht ab. Zwar handelte es sich wiederum um einen Stil, der ursprünglich in den Clubs von Detroit und Chicago entstanden war, aber in den USA gab es kaum eine nennenswerte Szene, und nur wenige Künstler aus diesem Bereich wie Orbital, Leftfield oder die Chemical Brothers konnten sich in den USA durchsetzen. Auch „Britpop", die Szene um Bands wie Blur, Oasis, The Bluetones, Shed 7, Echobelly oder Sleeper, machte bei amerikanischen Fans keinen großen Eindruck (um der Wahrheit die Ehre zu geben: In Großbritannien war das im Grunde nicht viel anders). Mitte der Neunziger waren nur noch sehr wenige britische Künstler in den *Billboard*-Charts vertreten. Die einzigen Major-Players, die in der amerikanischen Rockszene mitmischten, waren Bush, eine traditionell ausgerichtete Band, die auch bereit war, sich auf ausgedehnte Tourneen quer durch die Staaten zu begeben, während sich die Britpopper gerade mal in New York, Chicago und L. A. vor einem Haufen Exilbriten und anglophiler Amis auf die Bühnen kleiner Clubs stellten, Reporter mit ausgesuchter Geringschätzigkeit behandelten und dann unter großem Geschrei ihre Spielsachen aus dem Kinderwagen warfen, als Amerika sich weigerte, ihr Genie zu erkennen und sich ihnen brav zu Füßen zu legen.

Verglichen mit der puren Energie und Wut von Korn – einer Band, die, von hemmungslosem Ehrgeiz getrieben, dazu bereit war, sich auf anstrengende Konzertreisen einzulassen, damit die Kids in Spokane, Champaign und Concord dieselbe gute Show geboten bekamen wie die Kids in L. A. oder New York –, waren die Britpop-Bands vielleicht auch wirklich zu schlapp und langweilig. Amerika hatte in den Bereichen Pop, HipHop, R & B und Country die Vormachtstellung übernommen; nachdem es nun auch noch den Rock 'n' Roll zurückerobert hatte – auf Dauer, wie es schien –, lagen die Briten plötzlich nur noch in jenen Stilrichtungen vorn, die ohnehin nur ihnen selbst wichtig waren.

Es war möglicherweise auch diese amerikanische Vorherrschaft, die den britischen Kritikern gegen den Strich ging; es schmeckte ihnen nicht, dass sie aus verkaufstechnischen Gründen die Seiten ihrer Magazine mit Bands füllen mussten, die sie persönlich überhaupt nicht mochten. Gerade aus dieser Ecke kamen und kommen auch Sprüche wie „Rock ist tot" oder „Nu Metal ist der hirnlose, zombiehafte Leichnam des Rock 'n' Roll, der durch die Gegend rennt, alles kaputtschlägt und so blöd ist, dass er nicht einmal merkt, dass er tot ist und eigentlich unter die Erde gehört", wie es beispielsweise ein Journalist im *Melody Maker* formulierte (kurz bevor sich besagte Musikzeitung schließlich selbst zum Sterben hinlegte).

Die Babyboomer-Generation der Anfang der Sechziger Geborenen blickt heute nostalgisch auf die eigenen Teenagerjahre zurück; der Musik, Mode, Einstellung und Kultur heutiger Jugendlicher steht sie bestenfalls interesselos gegenüber oder macht sich über sie lustig. Schlimmstenfalls zeigt sie sich richtiggehend feindselig. All jene, die den Vorstellungen der vorangegangenen Generation verhaftet sind, haben kein Verständnis für Nu Metal, aber ebenso wenig für HipHop, zeitgenössischen R & B, House oder Garage. Während Bands wie Nirvana oder Britpopper wie Oasis Künstlern der Sechziger und Siebziger auf geradezu deprimierende Weise ähnelten, stellt Nu Metal einen klaren Bruch mit der Vergangenheit dar; dieser Stil hat zwar eine lange Geschichte, ist aber aus aktuellen Elementen zusammengefügt. Er beschäftigt sich mit den Sorgen und dem Zorn heutiger Jugendlicher, und nutzt die Kluft zwischen den Generationen kommerziell aus. Nachdem Eltern sich jahrelang einbilden konnten, nur weil sie das letzte Album von Ocean Colour Scene ebenso gern hörten wie ihre Kinder, seien sie auf derselben Wellenlänge und vor allem noch hip, brach nun eine Wende an: Die ersten Takte atonalen Kreischens auf „Blind" von Korn oder das schmerzhaft dämliche Cover von George Michaels „Faith" von Limp Bizkit provozierten eine reflexhaft feindselige Haltung. Nu Metal reagiert darauf mit heißem Zorn. Anders als Rage Against The Machine, die zweifelsohne zu den größten Einflussgebern dieses Genres zählen, ist dieser Zorn jedoch nicht politisch motiviert. Limp Bizkit, Korn und Orgy sind Vorreiter dessen, was abfällig als „Mama-und-Papa-Wut" genannt worden ist; es ist der Blues weißer Vorstadtkinder. Der Blues ist das Rückgrat des Rock 'n' Roll; die Musik der Armen, entrechteten schwarzen Kleinpächter aus dem Mississippidelta Anfang des zwanzigsten Jahrhunderts, die auf billigen Gitarren und verstimmten Klavieren gespielt wurde. Sie wurde schneller und wanderte nordwärts in die Gettos von Chicago, wo elektrische Verstärker und Musikaufzeichnungen dafür sorgten, dass die Geschichten über den Kampf mit der Armut, Rassismus und schlechten, betrügerischen Frauenzimmern in der ganzen Welt gehört werden konnten, sogar in der Welt des gut situierten weißen Enthusiasten. Obwohl diese Musik aus Verzweiflung entstanden war, wirkte sie dennoch wie Balsam für Geist und Seele.

Den Nu-Metal-Bands ist selten, vielleicht sogar überhaupt nicht bewusst, wie die Tradition des Blues ihre Musik geprägt hat. Wie die meisten vor ihnen sind auch sie der Geschichte gegenüber recht kurzsichtig, und selten wird weiter zurückgeblickt als bis zu den Künstlern und Platten, die man in der eigenen Kindheit gehört hat. Der geistige Vorfahr des Nu Metal ist dabei weniger Robert Johnson, Leadbelly oder B. B. King, sondern vielmehr Eddie Cochrane mit seinem „Summertime Blues", in dem er singt: „Well my mama papa told me / ‚Son, you gotta make some money / If you wanna use the car / To go ridin' next Sunday' / Well, I didn't go to work / Told the boss I was sick / ‚You can't use the car / Cuz you didn't work a lick'" („Also, Mama und Papa haben mir gesagt / dass ich Geld verdienen muss / damit ich am Sonntag das Auto kriege / Tja, ich war nicht arbeiten / hab dem Boss gesagt, ich wäre krank / ‚Du kriegst das Auto nicht / du hast ja keinen Finger krumm gemacht"). Das ist als Ausdruck der inneren Verzweiflung, die

Teenager in der Wohlstandswelt der Nachkriegsjahre erlebten, unübertroffen. Eine ähnliche Stimmung findet sich beispielsweise auch im Limp-Bizkit-Song „Break Stuff": „It's just one of those days / Where ya don't wanna wake up / Everything is fucked, everybody sucks / You don't really know why / But you wanna justify rippin' someone's head off / No human contact / And if you interact your life is on contract / Your best bet is to stay away motherfucker! / It's just one of those days!" („Es ist einer dieser Tage / wo man am liebsten gar nicht aufwachen möchte / Alles ist scheiße, alle Leute nerven / Du weißt eigentlich nicht, warum / aber du willst irgendjemandem den Kopf abreißen / Kein Kontakt zu anderen Menschen / und wenn du auf andere reagierst, haben sie dich / Am besten hältst du dich von allem fern, du Wichser / Es ist eben einer dieser Tage!") Korn lassen in „Falling Away From Me" ihren Frustrationen ebenfalls freien Lauf: „Day, is here fading / That's when, I would say / I flirt with suicide / Sometimes kill the pain / I can't always say / ‚It's gonna be better tomorrow' / Falling away from me / Falling away from me" („Der Tag verblasst langsam / Zu der Tageszeit denke ich oft an Selbstmord / einfach, damit der Schmerz aufhört / ich kann mir nicht jedes Mal sagen / ‚Morgen wird alles besser werden' / ich entferne mich von mir selbst / Ich entferne mich von mir selbst"). Songs über Ängste und Nöte von Jugendlichen bildeten stets den Gegenpol zur fröhlich-lockeren Popmusik, die allgemein als Soundtrack des Erwachsenwerdens gilt. New Order, The Smiths und The Cure schufen aus dieser „Lebens-Müdigkeit" in den Achtzigern eine echte Kunstform, Nirvana, Pearl Jam und Soundgarden brachten hemmungslosen Negativismus in die Neunziger, aber die Nu-Metal-Bands setzen noch einen drauf: Sie haben die Kinderzimmer-Verzweiflung und Selbstmordtendenzen in einen attraktiven Lifestyle für junge Männer verpackt. Musik, Mode, Tattoos und Piercings – direkt auf der Haut oder im Fleisch getragene Abzeichen und gleichzeitig gründliche und fundamentale Symbole der Ablehnung – machen diese Teenagerängste sichtbar für die Öffentlichkeit, indem sie in den Einkaufszentren, an den Universitäten und beim Skaten zur Schau gestellt werden. Mehr noch: Mit den leicht erkennbaren Logos von Bands, die allesamt wie ein Sigel für „unzufriedener, zorniger, weißer Jugendlicher" stehen könnten, sind sie auch miteinander verbunden. Die Bands bieten zwar keine Lösungen an, aber zumindest machen sie deutlich: „Du bist nicht allein."

1. Old Skool, Nu Skool

Nu Metal und seine Wurzeln

Um die Wurzeln des Nu Metal zu erkennen, muss man zunächst seine Vorläufer betrachten: den Hardrock der Achtziger, Punk, New Wave und HipHop. Die Namen, die von den aktuellen Bands als Einflüsse ins Feld geführt werden, sind sehr unterschiedlich und reichen von großen Metalbands der Neunziger wie Tool, Pantera, Jane's Addiction, Fear Factory und Machine Head zu so genannten „Crossover"-Acts wie Faith No More, Red Hot Chili Peppers, Fishbone, 24-7 Spyz, Shootyz Groove und vor allem Rage Against The Machine, die als eine der ersten Rockbands HipHop- und Funkelemente in ihren Sound integrierten. Der Ausdruck „Nu Metal" an sich ist dabei ein Wortspiel, das sich auf den HipHop-Begriff „Nu Skool" bezieht, der angeblich von Rennie Pilgrem, einem DJ, Produzenten und Remixer aus Philadelphia, stammt. Allerdings kann man die falsche (oder eben auch nur „andere") Schreibweise – Nu statt New – bereits Mitte der Achtziger bei Prince finden und teilweise bis zu noch früheren Graffiti-Tags zurückverfolgen. Vom Sound her haben Nu Skool und Nu Metal nicht die geringste Ähnlichkeit. Allerdings sind beide vielleicht insofern vergleichbar, als im HipHop mit Nu Skool versucht wurde, Einflüsse aus dem fiebrigen Techno, Drum 'n' Bass und der Hard-Step-Szene zu integrieren, ebenso, wie Nu Metal den Hardrock mit anderen musikalischen Genres verschmolz. Zwar kommen im Nu Metal sehr viele verschiedene Richtungen zusammen – Orgy, Spineshank und Static-X beispielsweise bedienen sich bei Techno, Trance und Industrial –, aber die wichtigste Verbindung besteht zweifelsohne zwischen Rock und HipHop. Nu Metal war eine perfekte Beschreibung für diese Fusion aus Rap und Rock, obwohl Bands wie Limp Bizkit und Korn wirklich nicht die Ersten waren, als es darum ging, ein Crossover zwischen diesen früher als unvereinbar geltenden Musikstilen zu konstruieren. Heavy Metal und HipHop sind sich dabei eigentlich insofern ähnlich, als sie beide ein hauptsächlich männliches junges Publikum anziehen, zu gleichen

Teilen aus Nihilismus und Einsicht bestehen, in den jeweils extremen Bereichen die Grenze zwischen Musik und „Krach" überschreiten (vor allem für die Uneingeweihten) und mit einem sehr klar definierten Look einhergehen, der sowohl für Künstler wie auch für die Fans gilt und es Letzteren erleichtert, Gleichgesinnte auszumachen.

Beide Musikrichtungen sind in letzter Zeit zur Zielscheibe der Zensurbemühungen in den USA geworden, mit denen versucht wird, gewisse Gewaltausbrüche auf die Brutalität und Symbolik der Texte zurückzuführen. Beide Genres gehen sowohl den familienorientierten Tugendwächtern als auch den politisch korrekten Liberalen gehen den Strich, wobei sich Erstere hauptsächlich über die rüde Sprache und die Glorifizierung von Gewalt empören und Letztere sich an dem stoßen, was sie als Sexismus, Schwulenfeindlichkeit und Rassismus bezeichnen. Vor allem aber ist beiden Stilrichtungen gemeinsam, dass zwar sowohl Fans als auch Künstler ein Image von Härte und Skrupellosigkeit vermitteln – entweder als Waffen schwingender Gettozuhälter oder als weißes asoziales Macho-Arschloch –, aber dennoch der Großteil der Fans in den wohlhabenden Vorstädten zuhause ist. Beide Genres vermitteln grundsätzlich eine bestimmte Fantasiewelt.

Die Wurzeln des HipHop oder Rap liegen dabei im Heavy Funk eines James Brown, im politisch motivierten Sprechgesang von The Last Poets und dem Toasting der MCs aus der Reggaeszene Jamaikas. Anfang der Siebziger brachte der jamaikanische DJ Kool Herc diesen Stil mit nach New York, wo Herc bei House-Partys auftrat und sich schließlich mit anderen DJs und MCs zur ersten „Crew" zusammentat. Erste kommerzielle Erfolge stellten sich beispielsweise mit „Rapper's Delight" von der Sugarhill Gang oder mit Grandmaster Flashs „Adventures On The Wheels Of Steel" ein. Aber ähnlich wie beim Heavy Metal hatten auch diese ungeschliffenen Frühformen wenig mit dem Werk der Vielzahl von Künstlern zu tun, die ihnen nachfolgen sollten. Ursprünglich schien Rap eine kurzlebige Mode zu sein, eine Underground-Reaktion auf die kommerzialisierte Discoszene; sozusagen die afroamerikanische Antwort auf Punk, der zur gleichen Zeit die Rockszene revolutionierte. Das Crossover-Potenzial beschränkte sich dabei auf kitschige Songs wie „Rapture" von Blondie oder die Entdeckung der Szene durch den Sex-Pistols-Drahtzieher Malcolm McLaren Anfang der Achtziger. Aber wie auch beim Heavy Metal gab es einen fruchtbaren HipHop-Underground, der ständig neue Künstler, DJs und Producer hervorbrachte, die alle kreativen Möglichkeiten der Musik auszuschöpfen versuchten. Grandmaster Flashs Welthit „The Message" zeigte sich politisch militant und war weit mehr als hedonistische Partymusik. Stattdessen erzählte er von den Erfahrungen, die Schwarzafrikaner in der Reagan-Ära machten. Afrika Bambaataas „Planet Rock" brachte Psychedelia, Electro-Sounds und afrikanischen Mystizismus in den HipHop ein, wobei dieser bahnbrechende Track das komplette „Trans Europa Express"-Riff von Kraftwerk einbaute und damit die Verbindung zwischen Street Culture und europäischer Avantgarde manifestierte. Aber die wahren Rapwurzeln des Nu Metal liegen vor allem in der fröhlichen Zusammenarbeit von vier Mittelklasse-Teenagern aus dem Stadtteil Hollis in Queens, New York: Run-DMC.

Russell Simmons, sein Bruder Run (Joseph Simmons), DMC (Darryl McDaniels) und Jam Master Jay (Jason Mizell) entsprachen kaum dem typischen Gangsta-Image, doch ihr Stil gab dem HipHop eine neue Härte, deren Einfluss bis heute fühlbar ist. Russell Simmons galt bereits früh, noch zu seiner Collegezeit, als erfolgreicher HipHop-Konzertpromoter, der schnell ins Management aufrückte und beispielsweise Anfang der Achtziger den aus Harlem stammenden Kurtis Blow unter seine Fittiche nahm. Kurtis Blow wiederum freundete sich mit dem jüngeren Simmons-Bruder an, der bald für ihn als DJ aktiv wurde. Run machte sich dadurch schnell einen Namen und schloss sich mit seinem Schulfreund DMC sowie Jam Master Jay zusammen, um gemeinsam eine Reihe immer erfolgreicherer Zwölf-Inch-Singles herauszubringen (darunter vor allem „It's Like That", dessen B-Seite „Sucker MC's" allgemein als erster Hardcore-Raptrack betrachtet wird), die sich in der Szene vor Ort zu Hits entwickelten. Ihr selbstbetiteltes Debüt avancierte 1984 zum ersten Rapalbum, das mit einer Goldenen Schallplatte ausgezeichnet wurde.

Bruder Russell hatte derweil nicht nur Rush Management, sondern gemeinsam mit dem Rockproduzenten Rick Rubin auch das Plattenlabel Def Jam gegründet. Das dritte Run-DMC-Album, *Raising Hell,* machte 1986 deutlich, dass sich Rap von Electro und High-Energy-Disco hin zu härteren und düstereren Sounds entwickelte; schwergängige Beats aus dem Drumcomputer, dunkle Bassriffs, kraftvolle Rockakkorde und knallharte Raps legten den Grundstein für Gangsta-Rap. Auf diesem Album befand sich außerdem „Walk This Way", das Remake eines alten Songs von Aerosmith, die damals gerade ein größtenteils drogenbedingtes Karrieretief durchlebten. Dieser Track machte auch all jene, die den Aufstieg des HipHop bisher verpasst hatten, auf das neue Phänomen aufmerksam. Davon abgesehen, wurden Run-DMC durch diesen massiven weltweiten Hit zu echten Popstars, und mit der Karriere von Aerosmith ging es auch endlich wieder aufwärts.

Def Jam wurde zur Heimat für diesen aus verschiedenen Kulturen gespeisten Musikmix. Bei ihnen unterschrieben beispielsweise 1985 die Beastie Boys, drei weiße Kids aus der New-Yorker Mittelklasse – Mike Diamond (Mike D), Adam Yauch (MCA) und Adam Horovitz (King Ad-Rock) –, die 1981 ursprünglich als Punkband angefangen hatten. Ihr Debütalbum *Licensed To Ill,* das 1986 erschien, war ebenso stark von Simmons' Geschäftspartner Rick Rubin geprägt wie von den Beastie Boys selbst. Rubin, der anfangs noch in seinem Zimmer im Studentenheim der New-Yorker Universität zu Werke ging, produzierte die meisten jener Hits, die seine Firma in den Achtzigern auf den Markt warf. In vielerlei Hinsicht stammt die Ästhetik des „white trash", des weißen Asozialen, die später zur Basis des Nu Metal wurde, von ihm. Während Run-DMC vor allem die Insider und Kenner überzeugt hatten, die neue Stilrichtungen für gewöhnlich ohnehin zuerst entdecken, machten die Beasties den Rap für das Massenpublikum interessant.

„Damals war das eine große Sache, mit anderen Kids abzuhängen und Rap, Breakdance oder Beatbox auszuprobieren", erinnerte sich Fred Durst 1999 in einem Interview mit dem *Rolling Stone.* „Meine weißen Kumpels hörten A Flock Of Seagulls und Ratt. Dann kamen die Beasties, und meine ganzen sauberen weißen Freunde sagten plötzlich: ‚Oh, Rap ist cool.'"

Rubin und Simmons trennten sich 1987 im Streit. Simmons führte Def Jam anschließend in eine eher soulorientierte Richtung und nahm Künstler wie Oran „Juice" Jones unter Vertrag, während sich sein ehemaliger Partner wieder verstärkt seinen Vorstadt-Rednecks widmen konnte. Rubin gründete mit Def American sein eigenes Label, bei dem zunächst der Comedykünstler Andrew „Dice" Clay, dann verstärkt Death-Metal-Superstars wie Slayer erschienen, aber auch The Geto Boys, Vorläufer der späteren Gangsta-Rap-Crews, neben denen sich Run-DMC mit ihrem harten Gehabe direkt sensibel ausnahmen. Mit ihrem Frontmann Bushwick Bill, der ursprünglich als tanzender Zwerg bei den Liveshows mit dabei gewesen war, stellte das texanische Trio das ausgeflippteste Extrem der Rapszene dar. Das Plattenlabel Geffen, das den Vertrieb für Def American übernommen hatte, weigerte sich, auch nur das Geringste mit den Geto Boys zu tun haben zu wollen, weshalb Rubin mit seinem Unternehmen zur Konkurrenz wechselte und bei Warner Brothers unterschrieb. Rubin taufte Def American alsbald in American Recordings um, zog sich aus dem Rapgeschäft zurück und konzentrierte sich auf ein Programm aus dem traditionelleren Rockbereich, zu dem Slayer, Danzig, The Cult, die frühe Stoner-Rock-Band Masters Of Reality und eine Reihe angejahrter Lieblingskünstler Rubins wie Donovan oder Johnny Cash zählten.

Als Produzent hatte Rubin – vor allem aufgrund seiner Beteiligung an dem 1991 erschienenen Album der Red Hot Chili Peppers *Blood Sugar Sex Magik* – nach wie vor großen Einfluss.

Die Red Hot Chili Peppers sind eine „echte" Rockband, deren Geschichte alle Erwartungen erfüllt, die man an den Rockmythos stellt: Bandstreitigkeiten, Trennungen, Drogentote, Überdosen, Skandale, Irrsinn und nackte Auftritte, bei denen der Anstand lediglich durch eine strategisch angebrachte Socke gewahrt wurde. Sie lieferten zudem den ursprünglichsten weißen Funk aller Zeiten ab und boten eine unübertroffene Bühnenshow. Dass sie eine derartig überwältigende Band wurden, lag jedoch weniger an ihrem Mix aus Rock und Funk als vielmehr daran, dass sie große Intelligenz mit außergewöhnlicher Blödheit zu verbinden wussten. Die Red Hot Chili Peppers entstanden in Los Angeles aus der von Michael „Flea" Balzary, Hillel Slovak und Jack Irons gegründeten Kombo Anthym. Mit ihnen ging ein gewisser Anthony Kiedis auf die Fairfax High School, der sich der Band – die inzwischen unter dem Namen Tony Flow And The Miraculously Majestic Masters Of Mayhem in den Clubs von L. A. auftrat – schließlich anschloss. Beim ersten gemeinsamen Set war angeblich die gesamte Mannschaft auf LSD. Das mag zwar reiner Mythos sein, aber auf alle Fälle unterschrieb die Band alsbald bei EMI, und Andy Gill produzierte ihr erstes Album. Er war der ehemalige Gitarrist der Gang Of Four, einer Punkband aus dem englischen Sheffield, die politisch ähnlich links gerichtet war wie The Clash, wenn auch mit einer stärker entwickelten (und weniger kommerziellen) politischen Perspektive. Ihr Debüt *Entertainment* gilt heute noch als Klassiker, obwohl das Nachfolgealbum *Solid Gold* mit seinem politisierten Funkrock sicherlich die interessantere Platte ist.

Gill, der sich mittlerweile als anerkannter und hochgelobter Produzent etablieren konnte (und der inzwischen eine breite Palette verschiedener Künstler betreut hat, von Michael Hutchence über die experimentellen Minimalisten von Bis bis zu den britisch-asiatischen Rap-Metallern Sona Fariq), schien auf den ersten Blick eine gute Wahl zu sein. Das erste, selbstbetitelte Album der Peppers, das unter seiner Betreuung entstand, war für alle Beteiligten dennoch eine Enttäuschung. Erst mit der zweiten Platte, *Freaky Styley*, die der exzentrische Mastermind von Parliament und Funkadelic, George Clinton, produzierte, fand die Band zu ihrem eigenen Stil. Zwar war sie kommerziell nicht erfolgreich, zeigte aber erstmals die harte Funkrock-Fusion, die vor allem die Single „Hollywood (Africa)" prägte.

Der Durchbruch für die Peppers kam 1989 mit dem Album *Mother's Milk* und dem darauf folgenden, von Rick Rubin produzierten *Blood Sugar Sex Magik,* auf dem auch die Hitsingles „Breaking The Girl", „Under The Bridge" und „Give It Away" enthalten waren. Ihr Sound war dabei maßgeblich geprägt durch Fleas „Gummidaumen"-Bass und Kiedis' atonalen, quengelnden Gesangsstil. Sie waren zu keiner Zeit eine Rap-Metal-Band, aber ihr Einfluss ist bei nahezu jeder Gruppe spürbar, die sich jemals in diesem Bereich versucht hat. Davon abgesehen, handelte es sich bei der Band, die durchaus ihre Fans unter konventionellen Metalhörern hatte, nicht um toupierte Rocker in Leder- oder Stretchhosen; Kiedis gab mit seinen Tattoos und Piercings vielmehr einen Look vor, der später im Nu Metal wieder aufgenommen werden sollte.

Faith No More, die zur gleichen Zeit wie die Red Hot Chili Peppers ihren Siegeszug begannen, werden ebenfalls häufig als maßgeblicher Einfluss auf Nu Metal genannt. „Ich freue mich, dass man uns mit Faith No More und nicht mit Limp Bizkit oder Korn vergleicht", sagte mir Papa-Roach-Drummer David Buckner während eines Großbritannienbesuchs 2001. „Sie sind noch immer eine meiner Lieblingsbands, vielleicht sogar meine absolute Lieblingsband überhaupt. Meiner Meinung nach hat unsere Musik mehr Aspekte zu bieten als nur diesen Mix aus Rap und Rock, und das wird umso klarer, wenn man sich Faith No More anhört."

Es zählte zu den genialen Schachzügen von Faith No More, sich ausgerechnet zu der Zeit aufzulösen, als der Rap-Rock-Mix, den sie maßgeblich entwickelt und populär gemacht hatten, gerade seinen großen Durchbruch erlebte. Die Band, die in der Bay Area in San Francisco gegründet worden war, hatte zunächst eine Reihe verschiedener Sänger ausprobiert, darunter auch Courtney Love (die 1983 rausflog, weil sie sich als Diktatorin aufspielte, während die Band sich angeblich als Demokratie betrachtete). Schließlich fiel die Wahl auf Mike Patton, der zuvor bei der von Frank Zappa inspirierten Lokalband Mr. Bungle gesungen hatte. Er ersetzte Chuck Moseley, mit dem die Band bereits ein Album eingespielt hatte. Mit dem 1989 erschienenen *The Real Thing* und der daraus ausgekoppelten Single „Epic" heimsten Faith No More nicht nur die Lobeshymnen der Kritiker ein, sondern etablierten sich gleichzeitig als Pioniere des Rap Metal.

Verglichen mit anderen Rock-Rap-Crossovers war „Epic" eine recht ungeschliffene Sache; Patton rappte während der Strophen und sang den Refrain über ein hartes, von Stakkatodrums angetriebenes Gitarrenriff. Es klang nach einer Band, die etwas zu meistern versuchte, was sie selbst noch nicht ganz begriff. Durch die Fehler, die sie dabei machte, entstand etwas völlig Neues. Es war einer dieser glücklichen Zufälle, wie sie schon The Clash erlebt hatten, als sie es bei „Police And Thieves" und „White Man In Hammersmith Palais" mit Reggae versucht hatten, oder die Beatles mit ihrem Angriff auf den Upbeat-Soul der Isley Brothers bei „Twist And Shout".

Auch bei Faith No More war es nicht nur die Musik, sondern auch der Look, der sie von den herkömmlichen Metal-Headbangern unterschied. Sie hatten Dreadlocks, Turnschuhe, Jogginghosen, Kapuzenshirts und trugen umgedrehte Baseballmützen (eine frühe Ausprägung des „weißen" HipHop-Stils), einzig und allein Gitarrist „Big" Jim Martin hielt die Fahne für Bikerlederjacken, langes Haar und hässliche Bärte hoch. Bis in die Haarspitzen verkörperten Faith No More den Typus der modernen Rock 'n' Roll-Band, neben der Zeitgenossen wie Poison, Guns N' Roses oder Mötley Crüe ein bisschen albern und altmodisch wirkten. Nach fünfzehn Jahren Bandgeschichte trennte man sich 1998, nachdem es nie gelungen war, den Erfolg von *The Real Thing* zu übertreffen, und ihnen ihr Megahit „Epic" nach bester „Stairway To Heaven"-Manier wie ein Mühlstein um den Hals hing. Jim Martin war bereits 1993 gefeuert worden, als es während der Aufnahmen zum vierten Album *Angel Dust* zu Spannungen gekommen war. Für ihn wurde eine Reihe verschiedener Ersatzgitarristen angeheuert, aber die Magie, die von der klassischen Besetzung ausgegangen war, stellte sich nie wieder ein.

Weitere wichtige Impulse erhielt Nu Metal beispielsweise von Mordred, einer Band aus San Francisco, die Funk und HipHop-Einflüsse mit Speed Metal vermischte. Für ihr zweites Album *In This Life,* das 1991 erschien, engagierten sie mit Aaron Vaughn einen DJ, der zu den Rasiermesser-Riffs der Band scratchte. Mit Primus gab es eine weitere Band aus San Francisco, die surrealen Funk Metal spielte und nirgendwo so richtig hineinzupassen schien. Sie arbeitete unter anderem mit Tom Waits zusammen, der zu den eigenständigsten Künstlern der gesamten Musikszene zählt, und ihre Musik wurde einmal beschrieben als „Funk Metal, wenn ihn nicht die Red Hot Chili Peppers erfunden hätten, sondern Captain Beefheart".

Anstatt aus dem Sound, an dessen Entstehung sie maßgeblich mitgewirkt hatten, selbst Kapital zu schlagen, hatten Primus für die nachrückenden Nu-Metal-Bands offensichtlich wenig übrig. Primus-Frontmann Les Claypool erklärte mir 1998: „Wir waren immer gegen den Mainstream eingestellt. Als wir anfingen, bildeten Guns N' Roses, Mötley Crüe, Cinderella, Poison und diese ganzen anderen Bands, die wir für albern hielten, den Mainstream. In den Neunzigern änderte sich das komplett, es herrschten plötzlich eine tolle Atmosphäre und eine angenehme Kameraderie bei den ersten Lollapalooza-Festivals, ebenso bei den Tourneen mit Jane's Addiction und Fishbone. Dann tauchten diese Bands auf, die offensichtlich von uns beeinflusst waren: Korn und Limp Bizkit. Wir wurden gewissermaßen Teil einer Szene. Funk Metal. In Amerika wurden wir dauernd nach diesen Bands gefragt. Diese Szene ist eine derart riesige Geldmaschine, sie ist genau zu dem geworden, vor dem wir früher geflüchtet sind … eine ganz große Rocknummer, in der es nur um Geld und Egos geht. Das ekelte mich schlichtweg an, ich steh eben nicht auf so was. Das ist so eine Angstszene, aber die Angst hat überhaupt keinen Hintergrund. Das ist momentan überhaupt nicht mein Ding."

Auch Suicidal Tendencies halfen mit, einen dynamischen Funk-Metal-Mix ins Leben zu rufen: Das Seitenprojekt ihres Sängers Mike Muir, Infectious Groove, ging 1991 mit seinem Debüt *The Plague That Makes Your Booty Move … It's The Infectious Groove* sogar noch einen Schritt weiter. Suicidal Tendencies gehören seit über zwanzig Jahren zur Musikszene von L. A. und haben ihre Fans vor allem im Hardcore-Underground, besonders in der mexikanischen Bevölkerung in der Stadt. Infectious Groove, ihr Funk-Metal-Hobby, wurden ironischerweise erfolgreicher als die Stammband, obwohl die wiederum einen größeren Einfluss auf andere Musiker ausübte. Fred Durst sagte über sie in einem Interview mit MTV: „Das Debütalbum der Suicidal Tendencies habe ich früher ohne Ende immer wieder gehört. Ich fühlte mich wirklich wie Mike Muir, weil ich Eltern hatte, die mich immer für verrückt hielten. ‚Institutionalized‘ ist ein echter Klassiker …“ Es gibt jedoch eine weitere Band, die für den Nu-Metal-Sound verantwortlich zeichnet: Biohazard. Evan Seinfeld (Bass/Vocals), Bill Graziadei (Gitarre/Vocals), Danny Schuler (Drums) und Leo Curley (Gitarre) veröffentlichten 1990 ihr Debütalbum, wurden aber erst mit dem millionenfach verkauften Nachfolger *Urban Discipline* so richtig bekannt, auf dem sich auch der Neunziger-Metal-Klassiker „Punishment“ befand. Die Band arbeitete mit den Rappern Onyx zusammen, und gemeinsam nahm man eine Alternativversion des Onyx-Titels „Slam“ auf, bevor Biohazard 1994 für das dritte Album *State Of The World Address* beim Major-Label Warner Brothers unterschrieben. Immer mehr junge Musiker zeigten sich von ihnen inspiriert und gründeten eigene Bands. Einen Augenblick lang sah es so aus, als stünde das Quartett unmittelbar vor dem ganz großen Durchbruch, doch dann ging Ende der Neunziger alles schief. Nachdem die Band für die Veröffentlichung von *New World Disorder* zu einer neuen Plattenfirma gewechselt hatte, wurde das Label von einem größeren Unternehmen geschluckt – und wie so oft blieb dabei ein gutes Album auf der Strecke. Die Band überbrückte die erzwungene Auszeit, indem Evan sein Schauspieldebüt in der Fernsehserie *Oz* gab und Billy eine Kolumne für die britische Rockbibel *Metal Hammer* schrieb. 2001 nahmen Biohazard schließlich im eigenen Studio ihr druckvolles neues Album *Uncivilized* auf, auf dem Phillip Anselmo von Pantera, Pete Steele von Type O Negative, Sen Dog von Cypress Hill sowie Mitglieder von Slipknot, Agnostic Front, Sepultura, Hatebreed und Skarhead als Gäste zu hören waren.

Dass sich Rockbands vom Funk inspirieren lassen, hat eine lange Tradition. John Lydons Public Image Ltd., die er direkt nach seinem Ausstieg bei den Sex Pistols gegründet hatte, bediente sich bei dunklen Discosounds, schwerem Dub-Reggae und deutscher Avantgarde. The Pop Group, eine radikale Band aus Bristol, nahmen sogar schon das Rock-Rap-Crossover vorweg, als sie „One Out Of Many“ von den Last Poets auf ihrem zweiten Album *For How Much Longer Do We Tolerate Mass Murder* grundlegend überarbeiteten. The Slits, 23 Skiddoo und New Order in ihrer mittleren Phase versuchten alle eine gewisse Verschmelzung zwischen ihrem eigenen Sound und der aufstrebenden

Szene in New York. Das Talking-Heads-Seitenprojekt The Tom Tom Club schuf eine Verbindung zwischen den schicken, Warhol-beeinflussten Künstlerkreisen, Loft-Partys oder Clubs wie dem *Area* und der *Peppermint Lounge* sowie der schmuddeligeren Szene, die es downtown gab. Und The Clash versuchten sich gegen Ende ihrer Tage noch daran, beim Song „The Magnificent Seven" auf dem Album *Sandinista!* zu rappen, was allerdings großartig daneben ging. In den Achtzigern gab es weitere Versuche, Breakbeats, Rap und Hardrock miteinander zu kombinieren. Die Schweizer Goth/Death-Metaller Celtic Frost versuchten sich beispielsweise auf *Into The Pandemonium*, ihrem 1987er-Album, bei „One In Their Pride" an einem Dance-Crossover-Track.

Von diesen Unternehmungen unterschied sich der Rock-Rap-Crossover, wie Run-DMC ihn vorgemacht hatten, dadurch, dass er von einer Street-Crew kam, die sich schamlos beim Rock bediente und nicht umgekehrt. Vor allem war dieser Klau erfrischend populistisch, anstatt wie ein verklemmter „experimenteller" Performance-Track Marke Brian Eno zu wirken.

Eine Zeit lang nutzten HipHop-DJs Schlagzeugloops von Led-Zeppelin-Drummer John Bonham für ihre Breakbeats und schnappten sich Gitarrenriffs von AC/DC-Platten. Andere Rapper verarbeiteten Metalklassiker nach dem Vorbild von „Walk This Way"; der aus Seattle stammende Rapper Sir Mix A Lot ließ beispielsweise eine Version von „Iron Man" von Black Sabbath auf das Publikum los. Während der Neunziger gab es immer wieder Kollaborationen (wenn auch nur sporadisch) zwischen Rockern und Rap-Crews, wobei Anthrax und Public Enemy mit „Bring The Noise" einen besonderen Meilenstein setzten. Beide Bands stammten aus New York: Public Enemy hatten sich mit ihrem 1987 bei Def Jam erschienenen Album *Yo! Bum Rush The Show* als kompromisslosesste und militanteste Rapgruppe etabliert, während Anthrax zur Oberklasse der Thrash-Metal-Bands gehörten.

„Wir hatten keine Ahnung, wie die Leute reagieren würden, als ich und Flav [Flava Flav, Ko-MC bei Public Enemy] im Madison Square Garden auf die Bühne stiegen", erinnerte sich Chuck D von Public Enemy 1999. „Wir erwarteten, dass sie uns ausbuhen würden."

In der Tat stand Metal – nicht völlig unberechtigt – in dem Ruf, eine „reaktionäre" Musikform zu sein. Aber die Zusammenarbeit zwischen Anthrax und Public Enemy funktionierte; beide Bands gingen anschließend sogar als gleichberechtigte Headliner auf die so genannte

Live Noise-Tour. Public Enemy zierten daraufhin die Titelseiten amerikanischer und europäischer Metalmagazine wie *Kerrang!*, was einige Jahre zuvor noch völlig undenkbar gewesen wäre. Eine Kollaboration, die viele Fans nachhaltig beeinflusste.

„Auf meinem allerersten Konzert war ich 1990 oder 1991", berichtete Mike Shinoda von Linkin Park auf der amerikanischen Rock-Webseite *Shoutweb*. „Es war ein Gig von Anthrax und Public Enemy auf der *Killer Bs*-Tour. Am Schluss brachten sie zusammen ‚Bring Da Noise'; das war in Irvine Meadows [in Hartford, Connecticut], und es war der absolute Wahnsinn. Primus machten den Aufwärmer. Seitdem habe ich viele Konzerte gesehen, aber jedes Mal, wenn ich bei einem Gig war, wurde mir immer mehr klar, dass ich so etwas selbst machen wollte."

Chuck D machte es schließlich wie Ice-T, der mit Body Count seine eigene Rockband gegründet hatte, und hob Confrontation Camp aus der Taufe. Zwar war Rock 'n' Roll ursprünglich eine Musik gewesen, die schwarze Musiker aus der Tradition von Blues, Swing und R & B geschaffen hatten, aber sie war schnell von weißen Künstlern wie Elvis Presley, Jerry Lee Lewis und Carl Perkins vereinnahmt worden, denen Bands wie die Beatles, die Rolling Stones oder The Who in den Sechzigern folgten. Schwarze Künstler hatten sich während der Sechziger und Siebziger fast völlig von dieser Musikrichtung abgewandt.

Im Manifest der Black Rock Coalition (BRC), einer Organisation, die sich für eine größere Anerkennung schwarzer Künstler im Rockbereich einsetzt, heißt es: „Als man dieser Musik weiße Gesichter zuzuordnen begann, wurden schwarze Künstler auf Musikarten wie Rhythm and Blues und Soul beschränkt. In den darauf folgenden Jahren entwickelten sich viele verschiedene Stilrichtungen aus dem Rock 'n' Roll, der dabei jedoch weltweit die beliebteste Form populärer Musik blieb. Leider sind Rassentrennung und Benachteiligung in der Musikindustrie noch immer die Regel. Obwohl die Musik von Künstlern wie James Brown, Sly And The Family Stone, Jimi Hendrix, The Isley Brothers, Curtis Mayfield, Aretha Franklin, Otis Redding, Tina Turner, Parliament/Funkadelic, Stevie Wonder, Prince und vielen anderen ganz fraglos auch von Rockelementen geprägt ist, werden schwarze Künstler im Pantheon der Rockmusik nach wie vor kaum anerkannt."

Vernon Reid, einer der Gründer der BRC, formierte 1980 die Band Living Colour, um sich weiter für diese Sache stark zu machen und den Rock 'n' Roll als schwarze Musikform zurückzuerobern.

Mit dieser Bewegung wurde auch die Band Fishbone in Verbindung gebracht, eine energiegeladene Truppe, die Mitte der Achtziger in Los Angeles gegründet wurde. Ihr Frontmann war Angelo Moore alias Fishbone, und sie spielten einen Fusion-Sound, der von jamaikanischem Ska der frühen Sechziger (einer regionalen R & B-Variante und Vorläufer des Reggae) ebenso beeinflusst war wie vom britischen Ska-Revival der Postpunkära rund um die politischeren Two-Tone-Bands wie The Specials, The Beat und The Selecter. Funk, Heavy Rock, Soul und Punk von beispielsweise George Clinton, Led Zeppelin, den Isley Brothers und den Dead Kennedys hatten ebenfalls hörbare Spuren hinterlassen. Das 1988 erschienene Fishbone-Album *Truth And Soul* gehört zu den einflussreichsten Platten der Szene, die maßgeblich dazu beitrugen, den kreativen Funken der Red Hot Chili Peppers, aber auch jenen des amerikanischen Ska-Revivals mit den Mighty Mighty Bosstones, No Doubt und Goldfinger weiter anzufachen. Allerdings ist es nicht notwendigerweise von kommerziellem Erfolg gekrönt, wenn man sich zu einer einflussreichen Kultgröße mausert: Moore gibt zwar immer noch Konzerte und erfährt viel Unterstützung von den Künstlern, die er beeinflusst hat, tritt aber mittlerweile nur noch in kleinen Clubs auf, während seine Weggefährten Stadien ausverkaufen. „Ich habe viele Türen für andere Bands geöffnet, aber inzwischen bin ich es leid, ständig den Türöffner zu spielen. Ich möchte selbst mal durch die Tür schreiten!", beklagte sich Moore.

Trotz des unbestreitbaren Einflusses schwarzer Künstler auf die weiße Rockkultur, angefangen mit Little Richard, Chuck Berry und Fats Domino bis hin zu den Rap-Elementen im Nu Metal, gibt es noch immer eine Demarkationslinie innerhalb der Musikindustrie, die schwarze und weiße Künstler voneinander trennt.

Zwar gibt es bahnbrechende Alben, wie beispielsweise den Soundtrack zu dem Film *Judgement Night – Zum Töten verurteilt* aus dem Jahr 1993, auf dem Kollaborationen zwischen HipHop- und Rockmusikern vertreten sind, wie etwa „Disorder" von Slayer und Ice-T, „Just Another Victim" von House Of Pain und Helmet sowie „Another Body Murdered" von Boo-Yaa TRIBE und Faith No More. Aber dennoch blieb es für Rapmusiker schwierig, dem Getto zu entkommen, selbst wenn es sich bei diesem Getto lediglich um die Schublade handelte, in die man ihre Musik steckte.

Confrontation-Camp-Sänger Kyle „Ice" Jason fasste die Situation in einem Interview mit dem *Rolling Stone* zusammen, das zur Zeit der

Bandgründung 1999 entstand: „Wenn man KROQ oder irgendeinen anderen auf Rock spezialisierten Radiosender einschaltet, dann hört man bestenfalls Method Man, weil er mit Fred Durst kooperiert. Die weißen Rockbands machen im Grunde gar nichts anderes als wir. Aber dennoch laufen Acts wie Wu-Tang oder Method Man nicht im Rockradio, zumindest nicht allein, und das finde ich absolut dämlich. Schwarze Sender dagegen geben Eminem eine Chance, denn der Typ kann rappen, Punkt, aus, Ende. Man respektiert seine Fähigkeiten als Rapper, und weil er musikalisch ins Rap-Format passt, wird er auch gespielt. Eminem läuft aber auch im Rockradio. Wir wollen das nur mal erklärt bekommen. Es ist okay, wenn es so läuft, aber wenn wir eine Platte abliefern, die ganz klar Rock ist, dann sollte man sie auch im Rockradio spielen."

Auch die Bad Brains, eine ebenfalls vom Reggae beeinflusste, schwarze Band, haben es zu einem ähnlichen Kultstatus wie Fishbone gebracht. Allerdings ohne dafür die finanzielle Ernte einfahren zu können, die stattdessen an jene Bands ging, die sie beeinflusst hatten: Die Beastie Boys nannten die Bad Brains ihre größte Lieblingsband aller Zeiten, aber während es die Beasties zu Weltruhm brachten, blieben die Bad Brains eine obskure Kultband.

Es ist noch immer leichter für Weiße, in den HipHop vorzudringen, als für Schwarze, im Rocklager anerkannt zu werden. Ohne die Schützenhilfe weißer Bands haben es schwarze Künstler nach wie vor enorm schwer, in den lukrativeren „weißen" Markt vorzudringen. Public Enemy hatten auf den Großteil der frühen Versuche, ein funktionierendes Crossover zwischen Rock und HipHop zu konstruieren, maßgeblichen Einfluss, wobei sie ihre Musik noch dazu mit politischen Parolen würzten. Consolidated hingegen kamen aus dem Industrial-Underground. Auf ihrem Debüt *The Myth Of Rock* vermischten sie Geräuschsequenzen, Radio- und Fernsehsamples, Breakbeats und Raps. Bei Tracks wie „Stop The War Against The Black Community", „White American Male (The Truth Hurts)" und „This Is A Collective" zeigten sie eine antisexistische, antirassistische und antikapitalistische Haltung, die an Anarcho-Punkbands wie Crass erinnerte. Auf ihrem zweiten Album *Friendly Fascism* kam noch militanter Veganismus hinzu (womit sie Künstlern wie Moby ein paar Jahre zuvorkamen).

In Kalifornien gründete der Frontmann der ehemaligen Skater- und Punkband The Beatnigs, Michael Franti, zur gleichen Zeit sein neues

Projekt The Disposable Heroes Of Hiphoprisy. Auf ihrem 1992 erschienenen Debüt *Hypocrisy Is The Greatest Luxury* war unter anderem eine überwältigende Neubearbeitung des Anti-Hippie-Klassikers „California Über Alles" von den Dead Kennedys enthalten, mit der Franti nun den kalifornischen Gouverneur Pete Wilson heftig attackierte. In Wilsons Regierungszeit kam es zu Unruhen in L. A., nachdem der Schwarze Rodney King von der Polizei zusammengeschlagen worden war. Wilson war es auch, der dem amerikanischen Bundesstaat brutale Wirtschaftsreformen im Stil Ronald Reagans verordnete, die dazu führten, dass die schwarzen und hispanischen Bürger noch stärker benachteiligt wurden als zuvor. The Boo-Yaa TRIBE, ein Rapperkollektiv samoanischer Herkunft, waren nicht nur die Ersten, die harten Rap und harten Rock miteinander mischten, sondern werden heute auch als Pioniere des Gangsta-Rap betrachtet.

Was aber den Einfluss auf eine neue Generation von Nu-Metal-Bands betrifft, standen Rage Against The Machine ganz unzweifelhaft in der ersten Reihe. Das Ziel der 1991 in Los Angeles gegründeten Band war nach Auskunft von Sänger Zack de la Rocha, „die Kluft zwischen Entertainment und Aktivismus zu überbrücken". Sie unterschieden sich von Consolidated und den Disposable Heroes vor allem durch ihren großen kommerziellen Erfolg. Seit den besten Zeiten von The Clash hatte es keine derart erfolgreiche Verbindung mehr zwischen kompromisslosem Radikalismus und Killer-Rock 'n' Roll gegeben. Dennoch ist es der Fluch der meisten „politischen" Bands, dass sie bestenfalls vor den bereits Überzeugten predigen. Schlimmstenfalls schmücken sie sich mit radikalem Schick, ohne inhaltlich genügend Substanz mitzubringen, um die plakativ geäußerten Meinungen zu untermauern.

Über den Deal mit Epic Records, das zum multinationalen Großkonzern Sony gehört, sagte Gitarrist Tom Morello: „Wenn man in einer kapitalistischen Gesellschaft lebt, dann findet die Verbreitung von Informationen über kapitalistische Kanäle statt. Noam Chomsky hat doch wohl auch nichts dagegen, dass seine Werke bei Barnes & Noble verkauft werden, denn da kaufen die Leute eben ihre Bücher. Wir sind nicht daran interessiert, nur die bereits Bekehrten zu erreichen. Es ist toll, wenn man in besetzten Häusern auftritt, die von Anarchisten bewohnt werden, aber es ist genauso toll, wenn man andere Leute mit seiner revolutionären Botschaft erreicht, überall auf der Welt, von Granada Hills bis Stuttgart."

Rage Against The Machine gingen mit dem Wu-Tang Clan und den Beastie Boys auf Tour, arbeiteten mit Snoop Dogg und sind gut befreundet mit Chuck D von Public Enemy; sie engagierten sich stark bei den Protesten gegen die Hinrichtung des Black-Panther-Aktivisten Mummia Abu Jamal, für die Freilassung von Leonard Peltier, der sich für die indianische Bevölkerung einsetzt, sowie für die Freiheit Tibets. Tom Morello wurde sogar festgenommen, als er an einer Demonstration gegen die Arbeits- und Einstellungspraktiken bei Guess?-Jeans teilnahm. Im Jahr 2000 ging die Polizei mit Gummigeschossen, Reizgas und Rauchbomben gegen Fans bei einem Konzert der Band vor, das in Los Angeles direkt neben dem Parteitag der Demokraten stattfand. Der Gig war tatsächlich Teil einer Protestveranstaltung, bei der verschiedene Forderungen aufgestellt wurden, von atomarer Abrüstung bis zur Abschaffung der Todesstrafe; unter anderem wurde auch der damalige Vizepräsident Al Gore aufgefordert, nicht weiter in den Ölmulti Occidental Petroleum zu investieren. Wie früher bereits The Clash verstanden es auch Rage Against The Machine, der politischen Wut ihrer Generation Ausdruck zu verleihen. Es war keine „Bewegung" im Sinne der Antikriegsbewegung in den Sechzigern, eher ein loser Zusammenschluss von Aktivisten, die sich in verschiedenen Bereichen engagierten und beispielsweise gegen die Globalisierung kämpften oder das so genannte „culture jamming" betrieben, bei dem unter anderem Werbeplakate drastisch verändert wurden, um die Konsumbotschaften der großen Konzerne zu unterlaufen. Es waren genau diese Leute, die in Seattle, London und Genua auf die Straßen gingen, die mit Tränengas beschossenen Transvestiten und die vermummten Anarchisten, die Mülleimer in die Fenster von *McDonald's*-Filialen warfen. Diese Bewegung ließ sich am besten mit dem Titel eines konsumkritischen Buchs bezeichnen, das die kanadische Journalistin Naomi Klein in die Bestsellerlisten gebracht hatte: *No Logo*.

Die Musik von Rage Against The Machine war allerdings in vielerlei Hinsicht radikaler als die Texte: Sie war die perfekte Synthese aus Metal und Rap und bot damit bereits nahezu eine Blaupause dessen, was Korn und Limp Bizkit später hervorbringen sollten. Rage Against The Machine erschufen einen Sound, der – im Gegensatz zu vielen anderen Rap-Metal-Crossovers – natürlich und nicht erzwungen klang: Die Gitarren lieferten mal verzerrte Riffs, mal wurden sie als Percussionsinstrumente eingesetzt, und die zornig herausgeschleuderten Slogans waren von soliden Breakbeats eingefasst. Leider haben offenbar nur wenige der von Rage Against The Machine inspirierten Bands das politische Engagement, das Bewusstsein und den intelligenten Überblick übernommen, die dieser Band zu Eigen waren. Das ist allerdings nichts Neues: Schon zu Zeiten von Bob Dylan haben andere Künstler schnell erkannt, dass man genauso viele Platten verkaufen konnte, wenn man sich nicht mit Protesttexten oder einem kritischen Bewusstsein belastete.

Natürlich wandte sich der Protest von Rage Against The Machine auch gegen das, was sie als den „Ausverkauf" von Bands wie Limp Bizkit betrachteten: Während Fred Durst bei den MTV Music Awards 2000 in seiner Rede behauptete, dass Bizkit mittlerweile zur „meistgehassten" Band aufgestiegen seien, wurde RATM-Bassist Tim C gerade in Handschellen abgeführt, nachdem er auf einen fünf Meter hohen Bühnenaufbau geklettert war, der beinahe vor laufender Kamera auf Durst gestürzt wäre. In der Kategorie „Bestes Rockvideo" traten RATM mit ihrem Clip zu „Sleep Not In The Fire" gegen Limp Bizkit an. Tim C erklärte nach seiner Entlassung aus dem Gefängnis, er sei nur deshalb durchgedreht, weil er Britney Spears' Version von „(I Can't Get No) Satisfaction" gehört hatte.

Als Zack de la Rocha die Band 2001 nach der Veröffentlichung ihres überwältigenden Albums *The Battle Of Los Angeles* verließ, wurde das zum Wendepunkt für Rage Against The Machine. Ob sie sich von diesem Schlag jemals erholen werden und weiterhin erfolgreich sein können, bleibt abzuwarten.

Die Wurzeln des Nu Metal liegen jedoch nicht nur im Rap begründet, sondern auch im Thrash und Punk der Achtziger. Oberflächlich betrachtet war der neue Sound zwar eine Reaktion gegen alles, wofür Metal Mitte der Achtzigerjahre stand – Engstirnigkeit, Schwulenfeindlichkeit, Obszönität, Sexismus und gelegentlich auch Rassismus –, aber dennoch war es meist die erste Musik, mit der die Nu-Metaller als Jugendliche in Kontakt kamen.

„Ich fing erst auf der Highschool an, mich für Musik zu interessieren, so mit dreizehn oder vierzehn, ich hörte meistens New Wave. In den Siebzigern und Achtzigern konnte man alles gleichzeitig hören, New Wave, Metal, Poser-Rock – das war alles cool. Die Musik war aufregend und machte Spaß. Mit der Grungeszene ging all das den Bach runter. Ich glaube daran, dass sich die Geschichte immer wiederholt und es irgendwann wieder Rock 'n' Roll geben wird", meint Jonathan Davis von Korn.

„Wenn Ältere das Wort Heavy Metal hören, dann denken sie an die üble Phase, die es in den Achtzigern gab", sagte Deftones-Bassist Chi Cheng in einem Interview mit der *Washington Post*. „Aber wenn es jetzt um Heavy Music geht, dann meinen die Leute Bands wie uns, Musiker, die mit verschiedenen Musikstilen groß geworden sind. Harte Musik hat sich sehr verändert. Es gibt so viele Einflüsse ... es gibt Bands, die integrieren Rap, Reggae-Grooves und alles Mögliche, worauf sie gerade Bock haben, in ihre Musik. Das heißt dann immer noch ‚heavy', wegen den lauten E-Gitarren, auch wenn der Stil inzwischen ein anderer ist."

Ende der Siebziger waren die ersten großen Metal-Superstars – Led Zeppelin, Deep Purple, Queen – zu Witzblattfiguren geworden, hatten sich (meist unabsichtlich) zu einer Parodie ihrer selbst entwickelt und sich immer mehr von ihren Fans entfernt. Es ist zwar gewissermaßen ein Klischee, dass Punk einfach kommen *musste,* aber für eine ganze Generation von Fans und Künstlern, denen der von den großen Firmen sauber durchdachte Mainstreamsound der Eagles, Fleetwood Macs oder Peter Framptons auf den Geist ging und der überkandidelte Bombast der alten Kämpen auch nichts mehr geben konnte, war ein kleines Erdbeben unbedingt erforderlich. Punkbands wie die Sex Pistols legten es zwar darauf an, den Rock 'n' Roll zu zerstören, aber letzten Endes hauchten sie ihm neues Leben ein. Und wie bei allen langsam verebbenden Revolutionen glich der neue Machthaber allmählich auf erschreckende Weise dem alten.

Bleiben wir einen Augenblick beim Revolutionsvergleich: Auch hier gab es schließlich wie in der Sowjetunion eine Weiße Armee, und zwar in Form der etwas unbeholfen betitelten „New Wave of British Heavy Metal" (NWOBHM), zu der Bands wie Iron Maiden, Def Leppard und Saxon gehörten, die sich mit einer äußerst traditionellen Einstellung gegen den Punk wandten. In den USA hingegen gab es zwar in Städten wie New York, Detroit und Los Angeles eigene, sehr aktive Undergroundszenen, aber dennoch hinterließ Punk keinen großen Eindruck in Amerika – jedenfalls kurzfristig gesehen. Dabei stammten die Bands, die das ganze Phänomen ursprünglich losgetreten hatten – von den Velvet Underground, Iggy And The Stooges und den MC5 bis zu den

New York Dolls, Ramones, Pere Ubu, Suicide, Richard Hell And The Voidoids, Johnny Thunders' Heartbreakers, Dead Boys, Flamin' Groovies und Dictators –, aus den USA. Dort waren es aber weiterhin Rock-Dinosaurier wie Ted Nugent, Kiss und Ratt, die in den großen Stadien spielten, Millionen von Platten verkauften und nach wie vor die Teenager begeisterten, die immer schon den Erfolg dieser Musik garantiert hatten. Nur eine eingeschworene Kultgemeinde interessierte sich für Punk – oder wusste überhaupt, was das war.

Die Stadionrocker wollten sich in erster Linie amüsieren und beschäftigten sich daher auch hauptsächlich mit traditionellen Rockthemen wie Autos, Mädchen und Partymachen. Aber die Zeiten änderten sich. Der Hedonismus und der Optimismus der Sechziger wichen in den Achtzigern endgültig dem Zynismus, als eine neue Ära des Kalten Krieges begann, es wirtschaftlich abwärts ging und in den amerikanischen Städten plötzlich riesige Mengen harter Drogen günstig zu kaufen waren. Anfang der Achtziger war aus der kleinen Gruppe Punkeingeweihter eine wachsende Armee unzufriedener Kids mit Irokesenfrisuren geworden, die dem abgewirtschafteten Idealismus der Hippies ebenso ablehnend gegenüberstand wie der beschränkten „Wir saufen uns ins Koma"-Ideologie der Metalbands. Acts wie The Dead Kennedys aus San Francisco, The Dils, The Nuns, X, Crime und The Avengers – allesamt stark vom britischen Punk beeinflusst – und eine ganze Reihe neuer amerikanischer Punkbands wie Black Flag, Minor Threat und Bad Brains wurden zur Stimme einer zornigeren, von Angstgefühlen beherrschten Generation. Diese zweite amerikanische Punkwelle legte den Grundstein für die depressive Stimmung, die negative Haltung, die Ichbezogenheit und den ungeformten Protest, der bei Bands wie Korn oder Limp Bizkit zu hören ist. Ob es tatsächlich eine solche direkte Verbindung gibt, ist immer noch umstritten – Fred Durst behauptete in einem Interview, diese Bands nicht wirklich wahrgenommen zu haben –, aber dennoch waren sie zweifelsohne wichtig für die Entstehung harter, brutaler Rockmusik, bei der es textlich um Protest (zuvor eine Domäne ernsthafter, akustikgitarrenbewehrter Folkrocker), autobiografische Nabelschau, Depression und kaum artikulierte Wut ging.

„We are tired of your abuse / Try to stop us it's no use" („Wir haben es satt, dass ihr uns missbraucht / versucht gar nicht erst, uns aufzuhalten, das hat keinen Zweck"), sangen Black Flag in „Rise Above". Und die puritanische Antidrogenhaltung, die Minor Threat in „Straight Edge" bewiesen, war eine Gegenreaktion auf die Songs der Metal-Acts, bei denen es um schnelle Karren, Koks und Kohle ging: „I'm a person just like you / But I've got better things to do / Than sit around and fuck my head / Hang out with the living dead / Snort white shit up my nose / Pass out at the shows / I don't even think about speed / That's something that I just don't need / I've got the straight edge" („Ich bin ein Mensch wie du / aber ich habe Besseres zu tun / als rumzusitzen und mir die Birne zuzudröhnen / und mit lebenden Toten rumzuhängen / mir weißen Dreck durch die Nase zu ziehen / bei Shows umzukippen / ich denke nicht mal an Speed / das Zeug brauche ich einfach nicht / ich bin straight drauf").

Während Rap den unzufriedenen jungen Schwarzen, deren Lebenssituation sich durch Reagans Sparmaßnahmen und die immer größere Ausbreitung harter Drogen in den Innenstädten weiter verschärfte, eine Stimme verlieh, wurde Punk das Sprachrohr für die weißen Jungs aus den Vorstädten.

Punk war natürlich nicht die einzige Identifikationsmöglichkeit für problembeladene Heranwachsende. Schließlich gab es auch noch Filme wie John Hughes' Teenagerkomödien *Breakfast Club, Pretty In Pink* oder *Ferris macht blau,* New-Wave-Bands wie The Cure, The Smiths oder The Psychedelic Furs, Bücher wie *Die Outsider* oder *Rumble Fish,* in denen Susan E. Hinton von den Gangs in den Kleinstädten erzählte: Sie alle bestellten dasselbe Feld. Es lässt sich darüber streiten, ob es Jugendliche in den Achtzigern schwerer hatten als zu anderen Zeiten – die Werke der Beat Generation in den Fünfzigern und die empfindsamen Singer/Songwriter der Sechziger lassen vermuten, dass es sich um kein einzigartiges Phänomen handelte. Dennoch trugen sozioökonomische Faktoren wie die wachsende Zahl von Scheidungen, Lehrstellenmangel und das Aufkommen von „McJobs" auf Mindestlohnniveau ebenso zu einer Verschärfung bei wie die Bedrohung durch eine weltweite nukleare oder ökologische Katastrophe. Die vorangegangenen Generationen waren aus ihrem „elenden" Teenagerleben in gnadenlos gut gelaunte und positive Musik geflüchtet, beispielsweise in den druckvollen Schockrock eines Little Richard, den lustvoll lebensbejahenden Soul von Tamla Motown oder das sexuell aufgeladene Geprahle von Led Zeppelin. Die Postpunk-Kids hingegen badeten in der eigenen Traurigkeit oder platzten beinahe vor richtungslosem Zorn.

Das zeigte sich zu dieser Zeit in beinahe allen Musikrichtungen, ausgenommen den Mainstreampop, R & B und die gerade entstehende

House-Szene in Chicago, die den Soundtrack für die hedonistische, drogenbefeuerte Gegenbewegung zum problembeladenen und zornigen Rock und HipHop darstellte. Zwar erschienen Punk, New Wave, Hip-Hop und Metal als unvereinbar unterschiedliche Lager – beinahe wie feindliche Armeen, die sich aus der Perspektive des einundzwanzigsten Jahrhunderts betrachtet im Kalten Krieg miteinander befanden –, aber im Grunde gab es mehr Gemeinsamkeiten als Unterschiede. In den Achtzigern wäre es beispielsweise undenkbar gewesen, Mötley Crüe, Boogie Down Productions, R.E.M. und Bad Religion gemeinsam für ein Festival zu buchen. Dagegen war es völlig problemlos, dass eine Band wie Orgy (die ein wenig von Korn und Produzent Josh Abrahams protegiert wurde) bei der Family-Values-Tour gemeinsam mit Limp Bizkit, Rammstein und Ice Cube spielte und ohne weiteres zugab, von Death-Metallern wie Obituary und Slayer beeinflusst zu sein. Orgy nahmen sogar ganz ernsthaft ein Cover von „Blue Monday" von New Order auf und spielten schließlich in den USA als Vorgruppe von Depeche Mode.

In den Achtzigern bestand die Metalszene jedoch nicht aus einem monolithischen Block. Während die Poser von Skid Row bis Bon Jovi mit ihren Spandexhosen und ärmellosen T-Shirts das Genre zu beherrschen schienen, entwickelte sich gleichzeitig in der Bay Area in San Francisco, in den Slums von São Paulo sowie in den heruntergekommenen Vierteln von New York eine reduzierte, härtere Version. Die Bands der neuen britischen Metalwelle hatten auf Punk mit einer Art Hardrock-Fundamentalismus reagiert, aber die neuen Thrashbands wie Metallica, Slayer, Sepultura und Anthrax ließen sich von Punk inspirieren, setzten ein härteres und schnelleres Schlagzeug ein und verwendeten heftigere Riffs. Schon zehn Jahre vor Nu Metal gab es „new metal". Erst hatte es zwar so ausgesehen, als sei es nach Rob Reiners Film *This Is Spinal Tap* aus dem Jahr 1984 für eine Metalband quasi unmöglich, überhaupt noch ernst genommen zu werden. Dann aber kamen Metallica, und plötzlich blieb allen das Lachen im Hals stecken. Und obwohl die Fanlager bis zu den Neunzigern noch immer streng getrennt blieben, war der Unterschied zwischen Thrash und Punk letztlich nicht sehr groß. Häufig schien es, als seien Kleidung und Frisuren die einzigen Merkmale, um eine Band der einen oder der anderen Szene zuzuordnen. Heavy Metal hatte sich für kurze Zeit in den späten Siebzigern und frühen Achtzigern zu einer riesigen Monokultur entwickelt, die weniger weltoffenen Zeitgenossen konservativer und von daher sympathischer erschien als Punk. Thrash führte jedoch zu einer Modernisierung des Metal und zur Ausprägung einer Vielzahl kleiner, verwandter Szenen, die sich zunehmend voneinander unterschieden. Im Metal herrschte nun kein fundamentalistisches Regime mehr, das sich gegen jegliche Veränderung sperrte – neue Ideen wurden begrüßt und gefördert. Anfang der Achtziger war es eine absurde Vorstellung, dass Metal irgendetwas mit Avantgarde zu tun haben könnte. Aber zehn Jahre später waren Vergleiche zwischen Metallica und Miles Davis, Celtic Frost und Schostakowitsch durchaus möglich.

Die Thrashbands setzten sich weniger offensichtlich mit der pessimistischen Weltsicht und den Ängsten Jugendlicher auseinander als die Punks. Metallica und Slayer beschäftigten sich lieber mit Massenmördern, Horror im Stil von H. P. Lovecraft, apokalyptischen Zukunftsvisionen, schwarzer Magie und Nazifolter. Eine extremere Spielart des Thrash, Death Metal, wurde noch schneller gespielt, sodass in der Hochgeschwindigkeitskakofonie fast keine Musik mehr zu entdecken war, wobei der Gesang auf ein tiefes, nicht mehr recht menschlich klingendes Knurren und Grunzen reduziert wurde und die Texte derartig negativ ausfielen, dass sogar hartgesottene Menschenfeinde wie Louis-Ferdinand Céline und William S. Burroughs blass geworden wären. Obituary nahmen angeblich einmal eine Platte auf, die schlicht „zu heavy" war, um überhaupt veröffentlicht zu werden. Deicide behaupteten, sie hätten ihre Seelen dem Teufel verkauft, verzierten sich die Stirn mit einem eingebrannten umgedrehten Kreuz und behaupteten, sie würden alle mit dreiunddreißig sterben.

Anfang der Neunziger wurde es zunehmend schwierig, den Überblick über die verwirrende Vielfalt von Metal-Subkulturen zu behalten, die sich parallel oder gegenläufig zueinander entwickelten: Eine Metalvariante verfiel vielleicht gerade in klischeehaften Formalismus, während anderswo eine radikale neue Spielart aufkam, die den Rest zu übertönen versuchte. Es gab Industrial Metal, eine Szene rund um Bands wie Ministry und Skinny Puppy, die wütende Riffs mit pulverisierenden elektronischen Beats und einer Cyberpunk-Bildersprache verquickten. Es gab Speed Metal (das beste Beispiel dafür war wohl die Band Nuclear Assault), der, wie der Name schon andeutet, mit einer solchen Geschwindigkeit gespielt wurde, dass die Musik nur noch verschwommen wahrnehmbar war. Es gab Grind oder Grindcore, eine atonale und brutale Abart des Speed/Death Metal, der zunächst größtenteils aus dem Dunstkreis des britischen Earache-Labels aus Nottingham stammte, bei dem Bands wie Bolt Thrower, Carcass und Godflesh unter Vertrag standen. Und dann gab es noch Black Metal, Doom Metal, Funk Metal, Goth Metal und ungefähr jede andere Fusion, die irgendwie denkbar war. Beim Mainstream-Metal hatte sich deswegen nicht unbedingt viel geändert: Die Acts, die auf den Titelseiten der einschlägigen Magazine auftauchten und die großen Stadien ausverkauften, waren noch immer die eher konservativen Brot-und-Butter-Bands wie Poison oder Bon Jovi, die allesamt aussahen, als seien sie direkt aus *Spiñal Tap* entsprungen. Sie produzierten noch immer den typischen Testosteronrock, die zuckrigen Balladen und die überladenen Hymnen, zu denen die weißen amerikanischen Vorstadtkids die Feuerzeuge auspacken konnten, um ihrer Begeisterung Ausdruck zu verleihen. Aber die Untergrundszene verbreitete ihre Ideen wie ein Virus. Wie Ebola.

Abgrenzungen bestanden weiterhin. Die Metalkids bildeten noch immer eine ganz eigene Szene, zu der man nicht leicht Zutritt fand, aber Anfang der Neunziger weichten die Grenzen langsam auf. „Ich glaube, das haben wir größtenteils Kurt Cobain zu verdanken", sagte Metallica-Drummer Lars Ulrich 1995 in einem Interview mit der britischen Zeitschrift *Metal Hammer*. „Vor ungefähr fünf Jahren waren die Punks, die Metalkids und die aufgeschlossenen Hüsker-Dü-Hörer noch weitgehend voneinander getrennt. Dann kam Cobain und verschmolz all das irgendwie miteinander. Die Aggressivität von Nirvana und ihre coole Einstellung begeisterten viele Metalkids. In der Musik fanden sich deutliche Spuren von Black-Sabbath-Riffs. Gleichzeitig ging es bei Nirvana nicht darum, überragend gut Gitarre zu spielen. Es ging um Gefühle und Ehrlichkeit und darum, sich zu öffnen, und das fanden wiederum die Alternative-Hörer an Nirvana toll."

Welche Auswirkungen Nirvana, Grunge und Kurt Cobains kurze Zeit als Superstar und sein darauf folgender Tod auf die Musikszene hatten, ist anderswo ausführlich erzählt worden. An dieser Stelle ist lediglich wichtig, dass ihr zweites Album *Nevermind* und die Single „Smells Like Teen Spirit" eine erdrutschartige Veränderung der Rockszene bewirkten. Die Barrieren zwischen Alternative Rock und Metal waren mit einem Schlag niedergerissen worden. Eine Zeit lang schien alles möglich. Das Grundgerüst des Rock 'n' Roll – Gitarre, Bass, Schlagzeug, Viervierteltakt, drei Akkorde und ein Sänger – gab es unverändert seit den Fünfzigern. Plötzlich aber erschienen diese Zutaten wie etwas völlig Neues, es war, als sei der Rock 'n' Roll wiedergeboren worden, und eine neue Generation hörte ihn zum ersten Mal. Dann pustete sich Kurt Cobain das Hirn weg – aus Ekel vor dem eigenen Erfolg, chronischer Heroinabhängigkeit, Depression oder vielleicht irgendwelchen anderen Gründen. Einen Augenblick lang schien es, als habe er damit buchstäblich den Kopf einer ganzen Bewegung weggeschossen, die er maßgeblich mitbegründet hatte. Pearl Jam, die auch das Feld von Selbstzweifel und Unglücklichsein beackerten, erbten zwar die Dornenkrone von Nirvana, legten aber keinen Wert darauf, diesen Umstand für die eigene Karriere auszunutzen. Viele andere Musiker – alte Weggefährten von Nirvana wie Alice In Chains, die Smashing Pumpkins und die Stone Temple Pilots, aber auch etablierte Künstler wie Neil Young – waren von diesem Selbstmord so erschüttert, dass sie ihre eigene Authentizität infrage stellten und darüber nachdachten, ob sie nicht im Grunde eine Art Verzweiflungskaraoke anboten und die Probleme und Ängste junger Menschen für ihre eigenen Zwecke ausnutzten. Es kam zu einem hübschen postmodernen Statement, als die Smashing Pumpkins in einer Folge der *Simpsons* auftraten und dort behaupten, Jugendlichen Ängste einzureden sei so einfach, wie Fische in einem Fass zu erschießen. Aber dennoch: Die Barrieren waren abgebaut, und nachdem es nun keinen „Anführer" wie Cobain mehr gab, wollte sich niemand darauf festlegen, wie es weitergehen könnte. Auf diesem fruchtbaren Boden gedieh schließlich Nu Metal.

2. Feel My Pain

Korn

Im Nu Metal gibt es drei Bands, die es zu Superstarstatus gebracht haben (vier, wenn man Slipknot mitzählt, aber mehr dazu in einem späteren Kapitel): Limp Bizkit, The Deftones und Korn. Letztere tauchten als Erste in der Szene auf, obwohl die Deftones noch länger zusammen sind und schon in den Achtzigern rund um Sacramento im Norden Kaliforniens ihre ersten Auftritte absolvierten. Da Fred Durst stets bereit war, das Promi-Spiel mitzumachen, hat er es mit Limp Bizkit letztlich zu größerer Berühmtheit gebracht, aber der wichtigste Act unter diesen dreien sind zweifelsohne Korn. Die Band dachte von Anfang an in großen Dimensionen. Während eines Interviews mit *Launch.com* nach ihren Zielen gefragt, antwortete Sänger Jonathan Davis: „Die beste Rockband der Welt zu werden. Wie Led Zeppelin.“

Man kann sich darüber streiten, ob sie wirklich die Besten sind, aber es steht außer Frage, dass sie sich inzwischen nicht nur als große Band, sondern auch als großer Markenname etabliert haben: Ihr Logo ist ebenso einprägsam wie der dynamische Nike-Schlenker oder die goldenen Bogen von *McDonald's*. Ihre jährlich stattfindende Family-Values-Tour ist zu einem der wichtigsten Liveereignisse der Rockwelt avanciert. Die meisten Bands wollen so groß sein wie die Beatles, Korn hingegen wollten stets mit Coca-Cola gleichziehen.

Die Geschichte von Korn und Jonathan Davis erinnert ein wenig an einen der Comicstrips aus der Werbung für Charles Atlas' „Dynamic Tension"-Programm für Bodybuilding, die sich oft auf den letzten Seiten amerikanischer Comichefte befanden. Unter einem Bild von Atlas – einem onkelhaften, pomadigen Kraftprotz – war eine grob gezeichnete Bilderserie zu sehen, die mit dem Titel „Wie Mac durch eine Beleidigung zum MANN wurde" überschrieben war. In der Geschichte, deren Grundidee wahrscheinlich so alt ist wie die Menschheit, ging es um Rache, und zwar um die eines dürren Außenseiters, vermutlich Mac, der mit seiner Freundin an den Strand geht. Während das Pärchen gemütlich picknickt, erscheint ein gut gebautes, muskulöses Alphamännchen auf der Bildfläche und wirft dem hühnerbrüstigen Mac und seiner Freundin Sand in die Augen. Mac beschwert sich bei dem Kerl, und der Machotyp schnappt ihn daraufhin und erklärt, er könne ihn nicht mal schlagen, weil er Angst hätte, dass der mickrige Mac in sich zusammenfällt und vom Wind umgepustet wird. Alles lacht. Mac wird noch weiter erniedrigt, als seine Freundin mit sarkastischer Stimme sagt: „Nimm dir das nicht so zu Herzen, KLEINER." Im nächsten Bild sehen wir Mac in seiner Wohnung, wie er kraftlos in einem Sessel hängt und beschließt, eine Zehn-Cent-Briefmarke zu investieren: Er will wissen, ob Charles Atlas sein Versprechen erfüllen kann, auch ihn zu einem ECHTEN Mann zu machen. Mac erhält das Buch und macht brav Workout. Daraufhin verwandelt er sich wie von Zauberhand in das griechische Männlichkeitsideal und stürmt an den Strand, wo der Rüpel noch immer mit Sand wirft, um seine Freundin zu beeindrucken (unterschwellig wird natürlich suggeriert, dass der Grobian Mac nicht die Freundin ausgespannt hat, sondern dass sie freiwillig zu ihm gegangen ist). Wamm! Mac schickt das andere Alphamännchen mit einem Schlag zu Boden. „Da war noch eine Rechnung offen", sagt er. Die Geschichte endet damit, dass Macs Freundin, deren Liebe für ihren Ex neu erwacht ist, seinen gespannten Bizeps befühlt und ausruft: „Oh, Mac, du bist ja doch ein ECHTER Mann!" Dabei schwebt in geschwungener Schrift „Held der Badegäste" wie ein Lorbeerkranz oder ein himmlischer Heiligenschein über Macs Kopf. Andere Männer werfen ihm neidische Blicke zu, und die Frauen sehen ihn begehrlich an. Sicher wird es nicht mehr lange dauern, bis er seine treulose Freundin gegen eine andere eintauscht!

Jonathan Davis ist dieser Mac, der Otto Normalbürger, der sich vom unbeholfenen, streberhaften Loser zum Helden mausert. Eine Verwandlung, die nichts mit Muskelkraft, sondern mit Coolness zu tun hat: Als cooler Typ kommt er zurück und stellt die Idioten, die ihn früher gequält haben, als die Blödmänner bloß, die sie in Wirklichkeit sind. Er dreht den Spieß um und lacht, während sie nun nach seiner Pfeife tanzen.

Das kalifornische Bakersfield, die Heimatstadt von Korn, gehört zu den vielen ungeliebten und unbesungenen Städten Amerikas, in denen keine Filme spielen, über die keine Songs geschrieben werden, in die niemand voller Begeisterung zieht, um Karriere zu machen, und die man ohne jegliches Bedauern wieder verlässt, wenn man mit ihnen fertig ist. An jeder Imbissbude und in jeder Bar findet man sofort eine Schar Ortsansässiger, die nur zu gern in allen Einzelheiten beschreiben, was dieses Kaff doch für ein ödes, geisttötendes Höllenloch ist. „Hier ist ÜBERHAUPT NICHTS los", jammern die Kids. „Alles, was man nicht ohnehin machen muss, ist illegal." Erwachsene beklagen, dass Bakersfield nicht nur eine kulturelle Wüste ist, sondern auch eine geografische. Bei einem Gang durch die Straßen wirkt die Stadt wie aus einem Film von David Lynch – oberflächlich völlig angepasst und durchaus normal, aber darunter lauern Verzweiflung, dunkle Abgründe, sexuelle Spannungen und okkulte Kräfte.

Nachdem eine Reihe von Ölfirmen ihre Büros aus Texas hierher verlegt hatte und damit die Innenstadt rund um die Western California Avenue neu belebte, hat sich die Stadt in den Neunzigern zwar sehr verändert, aber sie gilt nach wie vor als erzkonservativ; die Polizeikräfte sind für ihr brutales Vorgehen berüchtigt, und die Berufsaussichten beschränken sich für viele auf Schichtarbeit in einer der Fastfoodketten. New York ist das hier jedenfalls nicht.

Wenn man durch die graubraune Wüste fährt (diese Gegend wird von langen Dürreperioden heimgesucht, die häufig jahrzehntelang andauern) und an den oft schon verrosteten Bohrtürmen vorbeikommt, scheint es, als habe man die lebendige Kultur kalifornischer Städte wie San Diego, San Francisco und Los Angeles gegen ein ärmeres, schlichteres Amerika eingetauscht, das sich von hier bis nach West Virginia erstreckt. Hier findet man noch immer das Land, das John Steinbeck in *Früchte des Zorns* beschrieb, das Trockengebiet mit den Staubstürmen, das Amerika der Dreißiger: Kern County war für die armen, besitzlosen „Oakies", die vor dem Elend und der Wirtschaftskrise in den zentralen Staaten der USA flohen, das Tor zum „gelobten Land" – Kalifornien. Für viele endete der Traum vom gelobten Land in einem Arbeitslager, wo sie für einen Hungerlohn wie Sklaven schufteten. Aber durch den Exodus aus Oklahoma, Texas und Arkansas wuchs die Stadt Bakersfield, bis sie sich schließlich in eine Arbeitermetropole verwandelt hatte, die durch die benachbarten Ölfelder und die Farmen von Kern County Beschäftigung bot – auf einem Gebiet, das flächenmäßig größer war als die Staaten Massachusetts, New Jersey oder Hawaii.

Das musikalische Erbe von Bakersfield und den Dörfern und Städtchen der Umgebung bestand aus der hartgesottenen Cowboyromantik eines Buck Owens, dem etwas geleckteren Sechziger-Countrysound eines Merle Haggard, aber auch dem modernen Traditionalismus des „New Country"-Superstars Dwight Yoakam.

„Bakersfield ist die zweite Hauptstadt der Countrymusic", sagte mir Korn-Sänger Jonathan Davis in einem Interview. „Man nennt es auch Nashville West. Ich habe einige meiner Tracks in Buck Owens' Studio aufgenommen. Wir sind schon mit komischen Einflüssen aufgewachsen. Im Grunde sind wir eine inzestuöse Oakie-Bande."

Bakersfield, das mitunter abfällig die „Achselhöhle Kaliforniens" genannt wird, ist ein seltsamer Ausgangspunkt für ein Rock 'n' Roll-Phänomen. Nirvana, die aus Aberdeen im Bundesstaat Washington stammten, sorgten dafür, dass Seattle (wohin die Band alsbald umgezogen war) einen Platz auf der popkulturellen Weltkarte bekam. Die Entwicklung regionaler Szenen in Amerika, meist rund um Collegestädte und mittelgroße Citys, ist eine der interessantesten Auswirkungen des Punk. Man kann aber wohl davon ausgehen, dass Bakersfield auch durch den Erfolg von Korn kaum cool werden wird. Touristen werden sich nur durch Zufall hierher verlieren. Keine Kette wie *Starbucks* wird den Geschmack von Bakersfield in die Welt hinaustragen, es sei denn, dass die Welt plötzlich eine Vorliebe für tiefgefrorenes Fleisch entwickelt.

1993 taten sich die Musiker zweier verschiedener Bands – SexArt und LAPD – zusammen, um Korn zu gründen. Jonathan Davis sang bei SexArt. Zu LAPD gehörten der Bassist Fieldy alias Reggie Arvizu, Brian „Head" Welch (Gitarre), James „Munky" Shaffer (Gitarre) und der Schlagzeuger David Silveria, den aber jeder nur David nannte. Beide Bands liefen einander eines Abends in Bakersfield über den Weg, als Munky und Brian in einem Club auftauchten, wo gerade SexArt spielten. Munky berichtet: „Wir wollten eben gehen, und wir waren schon fast aus der Tür … Jon sang in dieser Band, und als wir ihn hörten, sahen Brian und ich uns an. Uns klappte die Kinnlade runter: Wahnsinn. Wir drehten uns um, gingen wieder rein und sahen uns das ganze Konzert an." Später fragten sie ihn, ob er nicht bei ihnen singen wollte, aber Davis war sich nicht sicher. Er kannte Brian aus der Junior High School, und das Angebot schmeichelte ihm zwar, aber er musste dennoch überlegen, ob er deswegen seine jetzigen Bandkollegen verlassen wollte und ob das nicht SexArt gegenüber ziemlich unloyal wäre. Dann aber, berichtete er Jaan Uhelszki, einem Reporter der amerikanischen Musikwebseite *Addicted To Noise*, „ging ich zu meiner Astrologin, einer Lehrerin meiner Tante. Sie erzählte mir von dieser Band und sagte, ich wäre blöd, wenn ich dort nicht einstiege. Sie hat mir die ganze Entwicklung vorhergesagt. Ich habe noch Aufnahmen, die das beweisen."

Ob dieser Erfolg nun wirklich in den Sternen gestanden hatte oder nicht, Korn zogen jedenfalls aus, um den Hardrock in der Zeit nach Kurt Cobains Selbstmord zu revolutionieren. Shaffer und Welch hatten jahrelang an der Perfektionierung ihrer Doppelgitarren-Attacke gearbeitet und spielten dabei auf siebensaitigen Instrumenten, um einen größeren Tonumfang zur Verfügung zu haben; sie stimmten die Gitarren nach ihren eigenen Vorstellungen, und das gab Korn einen einzigartigen, gelegentlich atonalen Sound, der vermutlich näher an Arnold Schönbergs Zwölftonmusik heranrückte als jede andere Metalband. Bassist Fieldy eignete sich eine Slaptechnik an, die in eine ähnliche Richtung ging wie der Stil, der in den Siebzigern von progressiven Jazzmusikern wie Stanley Clarke oder Funkpionier Bootsy Collins entwickelt worden war und den in den Neunzigern auch Funk-Crossover-Bands wie die Red Hot Chili Peppers verwendeten. Davids Schlagzeugspiel war brutal und präzise.

„Wir repräsentieren das neue Genre harter Musik", sagte Fieldy einem Journalisten nach ihrem Gastspiel bei der Lollapalooza-Tour 1996. „Der Old-School-Metal ist Geschichte. Dieses ganze Weicheizeug, das im Radio läuft, nervt mich total. Das ist doch kein Rock 'n' Roll mehr. Das packt dich doch überhaupt nicht mehr."

Es war jedoch die raue, gefühlsbeladene Stimme des neuen Korn-Sängers, die sich zum perfekt zu vermarktenden, einzigartigen Verkaufsmerkmal entwickeln sollte. Davis, der früher nicht nur Dudelsack gespielt, sondern auch als staatlicher Sachverständiger gewaltsame und unnatürliche Todesfälle untersucht hatte, besitzt eine der erstaunlichsten Stimmen im Rock 'n' Roll, die innerhalb weniger Takte von gequältem Leid zu ultragewalttätiger Bedrohung und schließlich zu sanftem Flehen wechseln kann. LAPD – wie sie zunächst immer noch hießen – wären trotz Davis' Sangeskünsten weiter durch die Clubs und Bars der halbprofessionellen kalifornischen Szene getingelt, hätte sich nicht eine fruchtbare Connection zum damals noch recht unbekannten Gitarristen und aufstrebenden Produzenten Ross Robinson ergeben.

Robinson spielte in einer Band mit Dave McClain, der später mit Machine Head berühmt werden sollte, und als die Frischlinge von Korn erstmals zusammentrafen, kämpfte Robinson gerade mit den Aufnahmen einer weiteren Band, die kurz vor ihrem Durchbruch stand: Fear Factory. Fear Factory erhielten zwar aufgrund der Qualität des von ihm produzierten Demos einen Plattenvertrag, aber Robinson musste leider feststellen, dass die Band ihn nicht weiter an ihrem Schicksal teilhaben lassen wollte, was ihn noch zehn Jahre später heftig ärgerte. Damals begann Robinson, regelmäßig ins Fitnessstudio zu gehen, um zumindest in der Lage zu sein, Fear Factory bewusstlos zu schlagen, falls er sie jemals wieder treffen sollte.

Murdercar, die Band von Robinson und McClain, spielte zu irgendeinem undefinierbaren Zeitpunkt Anfang der Neunziger mit LAPD zusammen; daher kannte er Munky, mit dem er sich sofort gut verstanden hatte. Robinson war überrascht, als er ihn später wieder traf, während die Band mit ihrem neuen Sänger Davis in einem Club namens *Coconut Teaser* auftrat.

Bei einem Interview mit dem BBC-Jugendsender Radio One erzählte Robinson: „Anfang der Neunziger wollten alle Kids so sein wie Eddie Vedder oder Alice In Chains. Korn waren ziemlich einzigartig. Als ich sie das erste Mal live sah, hätte ich fast geheult. Sie kamen auf die Bühne und fingen an zu spielen, und Jonathan war geschminkt wie Robert Smith von The Cure …"

Robinson blieb weiterhin in engem Kontakt mit der Band. An Korn zeigten währenddessen eine Reihe großer Labels Interesse, unter anderem RCA und Atlantic. Schließlich unterschrieb man bei Immortal, einer Tochterfirma von Epic, die vor allem durch ihren Enthusiasmus überzeugt hatte. Korn und Robinson begannen daraufhin, im Indigo Ranch Studio, das außerhalb von Los Angeles in den Malibu Hills lag, erste Aufnahmen einzuspielen.

Korn erschien im Oktober 1994. „Das war eine Wahnsinns-Kraftanstrengung, ich hatte absolut keine Ahnung, wie man eine Platte produziert", erklärte Robinson der britischen Webseite *Metal-Is*. „Es war eine Zeit des Erwachens; ich bewegte mich weg von dem Zorn, der mein Leben geprägt hatte, und begann mich auf Musik und Kunst zu konzentrieren. Das Album gab mir eine Ausdrucksmöglichkeit, es rettete mir das Leben und bewegte Millionen von Menschen. Für mich war diese Platte enorm wichtig. Und die Jungs haben zu mir gehalten, als die ganzen großen Produzenten zu ihnen kamen und meinten: ‚Hey, wir bringen euch groß raus.' Sie hielten zu mir und ermöglichten mir meinen Karrierestart. Verdammt, wir sind heute wie Brüder, Mann. Ich werde nie vergessen, was sie für mich getan haben.“

Robinson hat jedoch mittlerweile das Gefühl, dass der Korn-Sound, der mit seiner Hilfe entstand, eine Entwicklung in Gang setzte, mit der er heute nichts mehr zu tun haben möchte.

„Wir haben ein musikalisches Genre geschaffen, das meiner Meinung nach extrem ätzend geworden ist“, sagte er. „Heute würde es mich ankotzen, wenn ich so etwas machen müsste. Ich habe nichts gegen Korn, aber die ganzen Bands, die sie kopieren, die finde ich übel. Es ist Zeit, dass sich etwas ändert. Damals war das okay, aber heute ist es nicht mehr cool, finde ich. Ich würde alles tun, was in meiner Macht steht, um dieses Genre zu zerstören, weil jede Band, die dreist kopiert, einfach beschissen ist. Total beschissen.“

Das Debütalbum von Korn avancierte allmählich zu einem Riesenerfolg, der die Band schließlich bis an die Spitze der obersten Rockliga beförderte. Im ersten Jahr nach Erscheinen wurden fünfhunderttausend Alben verkauft; inzwischen gingen beinahe zwei Millionen über die Ladentische. Die Kritiker ignorierten das Album ebenso wie die Rockradiosender und MTV, abgesehen vom ersten Titel, „Blind“, der sich zu einem kleinen Hit entwickelte. Korn waren ununterbrochen auf Tournee und spielten entweder als Headliner in kleinen Clubs oder traten im Vorprogramm von 311 und dem sich damals gerade im Aufwind befindlichen Marilyn Manson oder Ozzy Osbourne auf und schufen sich so eine treue Fangemeinde aus Skatern, Punks, unzufriedenen Grungefans und all jenen, die einfach eine gute Band zu schätzen wussten.

Der „ungestimmte“ High-Energy-Sound von Korn kam bei den Kids, die von den Medien das Etikett „Generation X“ verpasst bekommen und die Blütezeit des Grunge nicht miterlebt hatten, bestens an. Sie mochten aggressive Musik und konnten sich mit Davis' Texten identifizieren.

Für Punk und Hardrock in den USA war die Skaterszene ebenso wichtig wie die der Surfer in den Sechzigerjahren. Während die Gutelaunemelodien, Mitsingharmonien und Sonnenscheinsounds der Beach Boys, von Jan And Dean und der Surfaris perfekt zur relaxten, hedonistischen kalifornischen Strandkultur passten, entsprachen Thrash Metal, Speed Metal, Hardcore-Rap und Nu Metal dem eher

städtischen Vergnügen des Skateboardfahrens. Die Skaterkultur
bewegte sich in der Grauzone zwischen Sport und Kriminalität; Skateboarden war (und ist) an vielen öffentlichen Plätzen verboten, und
die Skater wurden stets von Gesetzeshütern verfolgt, die die ganze
Szene am liebsten schön ordentlich in extra angelegte Skaterparks abge-
schoben hätten. Dem echten Skater liefern allerdings nur die Straßen
und Pisten des Betondschungels den authentischen Adrenalinkick. Wie
andere halblegale Subkulturen hatten auch die Skater ihren eigenen
Look, ihren eigenen Slang und ihren eigenen Schriftstil, der von Graf-
fiti und Comics geprägt war. Der Look – dicke Ketten, unglaublich
schlabberweite Hosen, Basemallmützen, Trainers, Dreadlocks, Piercings an Gesicht und Körper – ging über weite Strecken mit dem der
meisten Nu-Metal-Bands konform. Auf frühen Fotos wirken Limp Bizkit, die Deftones oder Korn, als kämen sie gerade vom Skaterpark.

Davis hatte schon früh mit der Musik angefangen. Sein Vater Rick
arbeitete in einem Musikgeschäft sowie in Buck Owens' Aufnahme-
studio. Jonathan berichtet, dass er dort „aus Rache" an seinem Vater
aufnahm, denn Daddy war immer dagegen gewesen, dass ihm sein
Sohn ins Musikbusiness folgte. Für Jonathan hingegen stand das schon
von klein auf fest. Im Alter von fünf Jahren spielte er Schlagzeug; als
er auf der Highschool war, lernte er Klavier und Dudelsack. Seine
schottische Großmutter spielte dieses Instrument, und nachdem er
„Amazing Grace" von den Royal Scots Dragoon Guards gehört hatte,
das 1972 überraschenderweise sowohl in Großbritannien wie auch in
den USA in die Charts kam, wollte er ebenfalls die Kunst des Dudel-
sackpfeifens erlernen. Erfolg ist, wie es heißt, die beste Rache, aber
Jonathan rächte sich auch auf andere Weise. Der junge Davis trug den
Spitznamen HIV: „Als ich zur Band stieß, war ich so dürr, dass alle
meinten, ich hätte Aids. Also ließ ich mir ‚HIV' auf den Arm tätowie-
ren." Er war der klassische Außenseiter: Dünn, ein wenig streberhaft
und linkisch, zählte er nicht zur Highschool-Aristokratie der Sportlertypen, die denen, die weiter unten in der Hackordnung standen, das
Leben sauer machten. Der darauf bezogene Song „Faget" [mit seinem
Verweis auf „fag" oder „faggot", dem angloamerikanischen Ausdruck
für „Schwuchtel"; *Anm. d. Übers.*] auf dem selbstbetitelten Debütalbum
von Korn wurde gelegentlich als homophobe Attacke missverstanden.
Viele der Holzköpfe, die sich für kaum mehr als den Titel eines Songs
interessieren, halten an dieser Einschätzung wohl noch immer fest.

Dieses Gerücht erhielt noch mehr Nahrung, als die Erklärung die Runde machte, der Name Korn sei entstanden, nachdem Jonathan auf einer Party zwei schwulen Männern zugehört hatte, die über das so genannte „Rimming" sprachen (Oralsex durch gegenseitiges Lecken des Afters). Einer von ihnen erzählte, er habe Durchfall gehabt und Kot auf das Gesicht seines Partners ausgeschieden; als der seinen Mund öffnete, hatte er ein Maiskorn auf seiner Zunge. Seit diesem Tag habe er stets beinahe kotzen müssen, wenn er das Wort „Korn" benutzte. Korn veränderten die Schreibweise, indem sie das R in der Mitte umdrehten, so wie es vielleicht kleine Kinder schreiben würden. (Es gibt allerdings eine Reihe anderer Erklärungen für den Bandnamen: Einmal ist es angeblich eine Kurzform von „Kid Porn", was die Band jedoch stets energisch bestritten hat, ein Wortspiel um Kern County oder auch eine Zusammenziehung von Jonathans Berufsbezeichnung *Coroner*, Sachverständiger bei Todesfällen.)

Drummer David änderte die Schreibweise des Bandsponsors Jägermeister für einen Track in „Fagermeister", wobei Jonathan auch hier bestritt, dass es sich um einen schwulenfeindlichen Titel handelte und das Wortspiel im britischen Metalmagazin *Kerrang!* 1996 folgendermaßen erklärte: „Ich gehörte nicht zu der coolen Clique mit den ganzen Sportlertypen, und ich wurde oft als ‚faggot', als Schwuchtel tituliert. Wenn man nicht zur coolen Clique gehört, dann fallen die anderen dauernd über einen her, und das hier ist mein Rachesong – weil jetzt nämlich die ganzen Sportlertypen, die mich früher eine Schwuchtel genannt haben, zu unseren Konzerten kommen und begeistert zu den Songs einer Schwuchtel rumspringen. Und ich lache nur noch über sie."

„Faget" illustriert vielmehr Jonathans Gefühl des Ausgegrenztseins: „Here I am different in this normal world / Why did you tease me? Made me feel upset / Fucking stereotypes feeding their heads / I am ugly / Please just go away" („Hier stehe ich, andersartig in dieser normalen Welt / Warum gehst du immer auf mich los? Das macht mich total fertig / Diese Leute denken nur in scheiß Stereotypen / Ich bin hässlich / Bitte lasst mich einfach nur in Ruhe").

Die Bitterkeit und der Groll in den Texten von Korn stammen fast ausschließlich aus Davis' autobiografischen Schilderungen, aus seinen eigenen Erfahrungen und der Bekanntschaft mit den dunkleren Seiten des Lebens, die er beruflich bei der Untersuchung von Todesfällen machte. Zwar hat man Korn wie allen anderen Nu-Metal-Bands häufig vorgeworfen, eine kindliche „Mama-und-Papa-Wut" zu kultivieren, aber in ihrem Fall ist das unfair. Korn erstellten zwar die Blaupause für viele dieser Bands, aber die Gefühle und Themen ihrer Songs beziehen sich stets auf sehr reale Erfahrungen. Es gibt zwar einige Rockstars, die vor ihrer Karriere als Totengräber tätig waren – Joe Strummer von The Clash zum Beispiel, ebenso Ian Dury –, aber auch wenn viele Death-Metaller gern so tun, als praktizierten sie Nekrophilie, ist Davis wohl einer der wenigen Sänger, die tatsächlich in menschlichen Innereien herumgewühlt haben.

Davon abgesehen, ist seine „Mama-und-Papa-Wut" ebenso authentisch und schmerzvoll wie die eines Kurt Cobain. Wie viele seiner Fans und überhaupt ein großer Teil der Babyboom-Generation ist auch er ein Scheidungskind. Seine Eltern trennten sich, als er drei Jahre alt war; er war zwölf, als sein Vater wieder heiratete. Er macht keinen Hehl daraus, dass er seine Stiefmutter hasste und noch immer das Gefühl hat, er sei von ihr missbraucht worden.

„Daddy", der gequälte letzte Song des ersten Albums, handelt von Kindesmissbrauch, und fälschlicherweise ging man davon aus, Jonathan habe hier eigene Erlebnisse verarbeitet. „Die Leute denken, dass ‚Daddy' geschrieben wurde, weil mich mein Dad in den Arsch gefickt hat, aber darum geht es nicht. Es hat nichts mit meinem Dad oder meiner Mom zu tun. Als ich klein war, wurde ich von jemand anderem vergewaltigt, und ich ging zu meinen Eltern und habe ihnen davon erzählt. Sie glaubten, ich würde lügen und nur Witze machen, und haben daher nie etwas unternommen. Sie glaubten nicht, dass so etwas ihrem eigenen Sohn passieren könnte", erzählte Davis in einem *Kerrang!*-Interview.

„Kill You" vom zweiten Album *Life Is Peachy* war dagegen direkt an seine Stiefmutter adressiert. „Ich hasse die blöde Schlampe. Sie ist der böseste, kaputteste Mensch, den ich in meinem ganzen Leben getroffen habe. Sie hasste mich von Grund auf, und sie hat alles getan, um mir das Leben zur Hölle zu machen. Als ich krank war, hat sie mir zum Beispiel Tee mit Tabasco gegeben, was ja nichts anderes als scharfes Pfefferöl ist. Das musste ich trinken, damit die Erkältung rausgebrannt wird, wie sie sagte. So richtig beschissene Sachen. Jede Nacht vor dem Einschlafen habe ich davon geträumt, die Schlampe umzubringen. Dabei hatte ich sogar ziemlich kranke sexuelle Fantasien, in denen sie vorkam, wobei ich nicht weiß, worin sie ihren Ursprung hatten. Aber ich habe immer davon geträumt, sie erst zu ficken und dann umzubringen."

Das zweite Album von Korn präsentierte die Band vielseitiger als zuvor, wobei die Aggression und die Wut des Debüts erhalten blieben. Hier fand sich auch eine Coverversion des wegweisenden Street-Funk-Klassikers von War, „Low Rider", auf dem Jonathan Dudelsack spielte. Immer stärker war die Verbindung zum HipHop zu spüren. Hier wurde ihm mit einem Cover von Ice Cubes „Wicked" Rechnung getragen, bei dem Chino von den Deftones den Gesang übernahm: „HipHop ist heavy und emotionsgeladen. Ich habe noch nie einen schlappschwänzigen HipHop-Song gehört."

Das Album erhielt gemischte Kritiken („Das Leben ist hart und gemein", bemerkte ein Kritiker abschätzig), stieg 1996 aber sofort nach der Veröffentlichung auf Platz drei in die *Billboard*-Charts ein und wurde schließlich von der amerikanischen Schallplattenindustrie mit Platin ausgezeichnet.

Life Is Peachy, erneut eine Ross-Robinson-Produktion, versprühte zwar nicht mehr ganz dieselbe brutale Durchschlagskraft wie das Debüt von Korn, aber in den Texten von Songs wie „Swallow" (in dem es um Drogenmissbrauch geht) und der kompromisslos nackten Fremdenfeindlichkeit von „Kunt" zeigten Davis und die Band durchaus, dass sie noch immer in der Lage waren, Kontroversen loszutreten. Der Song „ADIDAS" war einerseits ein Akronym für „All Day I Dream About Sex", aber auch eine Verbeugung vor den Old-Skool-Schuhen mit den klassischen drei Streifen, die in den Achtzigern von Run-DMC bevorzugt wurden (die übrigens mit „My Adidas" einen ähnlichen Tribut einspielten). Der Song zeigte aber auch, dass die Band über sich selbst lachen konnte. Der Sportartikelhersteller adidas sponserte Davis und versorgte ihn zum Dank für sein Engagement mit Bühnenkleidung.

Sponsoring hat sich seit den Achtzigern im Rockgeschäft breit gemacht, als Brauereien und Softdrinkhersteller versuchten, das umsatztechnisch enorm wichtige jugendliche Publikum anzusprechen. Mainstream-Popstars wie Michael Jackson zeigten sich gern bereit, beispielsweise mit Pepsi zusammenzuarbeiten, Songs darüber zu schreiben, das Logo des Konzerns gut sichtbar bei Konzerten und auf Tickets zu präsentieren und in den entsprechenden Kino- und Fernsehspots aufzutreten. Künstler aus dem Metal- und Alternative-Rock-Bereich standen diesen Dingen aufgrund ihrer Punk- und Hippiewurzeln grundsätzlich weniger bereitwillig gegenüber. Das schmeckte zu sehr nach Ausverkauf und Anbiederung an die Großkonzerne. Man war allenfalls bereit, mit Instrumentenherstellern zusammenzuarbeiten, mit dem Beckenhersteller Zildjan etwa, mit der Gitarrenfirma Fender oder der Verstärker-Company Marshall (die oft auf Albumcovers genannt wurden). Mit anderen Verpflichtungen tat man sich schwer.

Korn hingegen arbeiteten nicht nur bereitwillig mit adidas zusammen, sie ließen die Firma auch unbarmherzig fallen, als ihnen der adidas-Konkurrent Puma einen besseren Deal anbot. Es kristallisierte sich eine neue Einstellung gegenüber dem Sponsoring heraus. Korn gingen bei ihren Texten niemals Kompromisse ein – nach wie vor zierte der „Parental Advisory"-Aufkleber ihre Alben. Sie sahen jedoch kein Problem darin, mit bestimmten Markennamen in Verbindung gebracht zu werden – trotz der wachsenden Anti-Marken-Bewegung der Neunziger. Und den Fans war das ebenfalls herzlich egal.

1998 wurde das große Jahr von Korn. Mit ihrem dritten Album *Follow The Leader* erlebten sie ihren großen Durchbruch, und der Hit „Freak On A Leash" – eine bösartige Tirade, in der die Rolle eines Entertainers im Musikgeschäft mit der einer Prostituierten gleichgesetzt wurde – erhielt einen MTV Music Video Award als bester Musikclip des Jahres 1998. Es gab noch zwei weitere Hitsingles, „Got The Life" und „All In The Family", ein Duett von Jonathan und Fred Durst von Limp Bizkit, bei dem sich die beiden wechselweise beleidigten: „You look like one of those dancers from the Hanson video" / „You little fairy / Smelling all your flowers / Nappy hairy chest, look it's Austin Powers!" / „Throwing rhymes at me like Vanilla Ice" / „You call yourself a singer / You're more like Jerry Springer / Your favourite band is Winger" („Du siehst aus wie ein Tänzer aus 'nem Hanson-Video" / „Du kleine Schwuchtel / total parfümiert / mit deinem Brusthaartoupet, sieht ja aus wie Austin Powers!" / „Du textest mich an wie Vanilla Ice" / „Du bezeichnest dich als Sänger / dabei erinnerst du mehr an [US-Talkshow-Moderator] Jerry Springer / deine Lieblingsband ist Winger"). Der Titel nahm Bezug auf die gleichnamige Fernsehserie aus den Siebzigern, die von einem reaktionären Vater und seiner liberalen Hippiefamilie handelte.

Auf dieser dritten Platte gab es zwar kaum Überraschungen, aber sie stellte erneut die Qualitäten unter Beweis, die bereits auf den ersten beiden Alben zu finden waren: Sie enthielt eine Reihe ausgefeilter Songs, die kommerziell funktionierten, ohne die Härte und Rauheit der

Band zu untergraben. Die Produktion wurde dieses Mal Steve Thompson, Toby Wright und Korn zugeschrieben, nachdem sich Ross Robinson aus dem Dunstkreis der Band verabschiedet hatte, um sich anderen großen Dingen zuzuwenden. Abgesehen von Durst kann man weitere Gäste auf dem Album hören, auf dem Hidden Track am Schluss sind beispielsweise Ice Cube, Tre Hardson von The Pharcyde und Cheech Marin (die eine Hälfte des Kiffer-Comedyduos Cheech & Chong) mit dabei. Wieder erntete das Album weitgehend verächtliche Kritiken in der Mainstreampresse. Der *Rolling Stone* bemühte jedoch den renommierten Journalisten David Fricke für eine fachkundige Bewertung. Fricke war begeistert: „*Follow The Leader* folgt der alten, lebendigen Hardrock-Tradition aus reinigender Brutalität und überwältigender Gitarrenwut – wie der Speed-Freak-Angriff *Vincebus Eruptum* von Blue Cheer aus dem Jahr 1968, die frühen Metallica und die sehr frühen Black Sabbath, das geschmeidige Heben und Aufstampfen auf *Cosmic Slop* von Funkadelic oder die klaustrophobische Wildheit von Steve Albinis Mittachtzigerband Big Black. Vielleicht liegt es daran, dass Shaffer und Welch beide siebensaitige Gitarren spielen, auf alle Fälle haben ihre Riffs eine so starke, raue Qualität, dass sie mit voller Wucht die Musik in zwei Hälften zu spalten scheinen und alle anderen Soundelemente gegen die beiden Ränder drücken. Silverias ehrlicher Discobeat spielt den Lockvogel bei ‚Got The Life‘, aber letzten Endes ist es die knackige Attacke aus Bass und Doppelgitarre, die für die fette Spannung in diesem Track sorgt. Wenn die Band abrupt vom kalten, abgekappten Refrain von ‚It's On‘ zur aufgeräumten und von großen Akkorden getragenen Bridge wechselt, klingt das, als seien Korn aus dem Bunker ihrer Ängste in ein weißes Atombombensonnenlicht getreten."

Das Album schoss an die Spitze der US-Charts. Im gleichen Jahr wurde ein Schüler aus Zeeland in Michigan, im tiefsten amerikanischen Mittelwesten, der während des Unterrichts ein Korn-T-Shirt trug, beurlaubt, weil sein Direktor die Korn-Texte als „obszön" beurteilte. Die Band reagierte darauf, indem sie vor der Schule umsonst T-Shirts verteilte, den Direktor schließlich zum Umdenken bewegen konnte und dadurch jede Menge Publicity erhielt.

Die Band nutzte ihren neuen Ruhm, um ein eigenes Wanderfestival ins Leben zu rufen: Family Values. Im Sommer 1998 spielten sie mit Limp Bizkit, Orgy und Ice Cube, und dieses Nu-Metal-Package wurde schnell zur ernst zu nehmenden Konkurrenz für das eher traditionelle Ozzfest des Black-Sabbath-Frontmanns Ozzy Osbourne; es ersetzte schließlich das stilistisch offenere Lollapalooza. Korn nutzten zudem schnell das damals noch neue Medium Internet. Über ihre Webseite *Korn TV* informierten sie die Fans stets über die neuen Alben und Liveshows, stellten vorab neue Musik vor und versuchten den Zusammenhalt der inzwischen aufgebauten Fangemeinde zu stärken. Davis hatte erkannt, welches Potenzial in diesem Medium steckte. Er erklärte mir: „Ich bin jeden Abend online und unterhalte mich mit Fans oder schreibe Antworten in Diskussionsforen. Sie wollen mehr über uns erfahren, und sie wollen, dass ich ihnen bei der Lösung von Problemen helfe. Das ist gut, das schmeichelt mir sehr, und ich tue, was ich kann. Es zeigt mir, dass sie verstehen, wovon ich singe. Für uns ist der Kontakt zu ihnen sehr wichtig, damit wir wissen, was sie denken. Wir können ihnen auf diesem Weg unsere Musik zukommen lassen. Eines Tages könnte das der Weg sein, über den wir Alben vertreiben.“

1999 erhielt Davis den ersten „Silicon CD"-Preis für *Follow The Leader,* mit dem das Album als die CD gewürdigt wurde, die weltweit am häufigsten auf den Computern der Fans abgespielt worden war. (Die Internet-Database CDDB stellt Informationen für über zweihundert verschiedene Anwenderprogramme zusammen, die Soundfiles abspielen, darunter auch RealJukebox und Winamp. Die von CDDB entwickelte Erkennungstechnologie „spioniert" User aus, während sie online sind, und erstellt in einer Database Hitlisten jener Alben, die dabei am häufigsten abgespielt werden.)

Nachdem sie den Status einer „Rock 'n' Roll-Supermacht" erlangt hatten, festigten Korn diese Position 1999 mit ihrem bisher bestverkauften Album. Der Titel *Issues* – „wichtige Themen" – grenzte beinahe an Selbstparodie, und das, obwohl Korn trotz gelegentlicher Demonstrationen des Gegenteils generell als eher humorlos galten.

Die Presse hatte die Band bislang nie sonderlich gefördert, daher konnte man bei den Kritiken zu *Issues* nicht direkt von einem Rückschlag sprechen. Jon Pareles meinte im *Rolling Stone:* „Es entsteht der leichte, aber unübersehbare Eindruck, dass die Band nach einer bestimmten Formel vorzugehen beginnt. Die Texte beackern denselben Boden wie die drei anderen Alben zuvor: Vater-Sohn-Konflikte, Borderline-Psychosen, Betteln, Abstürzen, Vergewaltigung, Prügel,

Schmerz. Während Davis früher private Details herausschrie, hagelt es nun auf *Issues* Allgemeinplätze wie ‚There's so much shit around me' oder ‚We crumble under pressure'. Das neue Thema von Korn ist der eigene Ruhm, und das ist nicht besonders aufregend. Davis wechselt nun zwischen Gejammer über die Oberflächlichkeit der ganzen Geschichte und Speichelleckerei gegenüber seinen Fans." Das britische Wochenmagazin *NME* schrieb: „Das Album strotzt vor mickrigem Selbstwertgefühl und Zorn."

Issues, das mit melancholischem Dudelsack und dem sehnsuchtsvollen Refrain „All I want in life is to be happy" („Ich will im Leben nichts als glücklich sein") begann, ist wesentlich ausgefeilter als sein Vorgänger, und obwohl sich die Kombination aus Rock und Rap Ende der Neunziger beinahe als Standard etabliert hatte, war hier recht wenig davon zu spüren. Stattdessen wurde ein Orchester bemüht – eine seit Jahrzehnten sehr beliebte Masche, wenn man dem Rock 'n' Roll den Anstrich echter „Kultur" geben will. Wie bei „Falling Away" setzte die Band zunehmend auf straffe Harmonien (eine Vorgehensweise, die die Epigonen von Korn sofort übernahmen). Selbst Fans schmeckte die Platte ein wenig nach Warteschleife.

Zwar hatten sie sich inzwischen einen gewissen Status erarbeitet, aber dennoch betrachteten die meisten „etablierten" Rockkritiker Korn nach wie vor als Aussätzige, und der Bandname wurde gern synonym für alles verwendet, was in der modernen Rockmusik als grob, konstruiert und billig galt.

„Die Unberührbaren [englisch: *untouchables*] sind eine Gruppe innerhalb des indischen Kastensystems", sagte Davis gegenüber *MTV News*. „Danach gibt drei verschiedene Arten von Menschen: die Reichen, die Menschen mittleren Ranges und die allerunterste Schicht, eben die Unberührbaren. Die anderen sollen sie nicht einmal ansehen oder mit ihnen sprechen; sie werden angespuckt. Meiner Meinung nach hat Amerika seine eigene Kaste der Unberührbaren, zu denen die ganzen Kids mit Piercings und Tattoos gehören. Dabei suchen sie nur nach einer eigenen Ausdrucksmöglichkeit und möchten ihr Leben anders gestalten. Wenn sie Rockstars oder Künstler werden oder zum Film gehen wollen, dann lehnen ihre Eltern sie ab, weil sie es schrecklich finden. Sie sagen ihren Kindern, sie sollten es bleiben lassen und sich lieber einen richtigen Job suchen. Wir sind auch Unberührbare. Einige Kirchen halten uns für Satanisten. Jeder, der anders ist und nicht in diese sehr konservative Welt passt, in der wir leben, kann in die Kategorie der Unberührbaren fallen."

Das nächste Korn-Album erhielt daher den Titel *Untouchables;* mit der gleichnamigen Polizei-Spezialeinheit, die einst Al Capone dingfest gemacht hatte [und in Deutschland als *Die Unbestechlichen* bekannt wurde; *Anm. d. Übers.*], hatte es wohl weniger zu tun. Gemeinsam mit dem Produzenten Michael Beinhorn (der zuvor unter anderem Marilyn Manson und Hole betreut hatte) igelte sich die Band im Studio ein.

Korn standen unter dem Druck, entweder erneut etwas so Überwältigendes wie ihr Debüt, zumindest aber etwas so Massenkompatibles wie *Follow The Leader* vorzulegen – nicht zuletzt deshalb, weil es inzwischen eine ungeheure Zahl an Kopisten gab, die alle gut zugehört und die Korn-Formel für den eigenen Erfolg genutzt hatten. Alle großen Plattenfirmen hatten sich inzwischen mindestens eine Nu-Metal-Band an Land gezogen; 2001 wurde beispielsweise eine Gruppe namens Adema von allen Seiten heiß umworben: Ihr Leadsänger Mark Chavez war kein anderer als Jonathan Davis' Halbbruder.

Wie sich im Juni 2002 herausstellte, war *Untouchables* weder der zweite Teil von *Issues* noch eine Neuauflage von *Life Is Peachy.* Das Album, dessen Produktion angeblich vier Millionen Dollar gekostet hatte, folgte auf ein recht peinliches HipHop/Metal-Projekt von Fieldy und eine vergleichsweise interessantere Zusammenarbeit von Head und Jonathan, deren Früchte auf dem Soundtrack-Album zum Film *Königin der Verdammten* zu hören waren. Der knallharte Punk-Funk von „Tear Me Down" wirkte beinahe wie die Annahme der Herausforderung, die Slipknot 2001 mit *Iowa* präsentiert hatten, oder als Antwort auf Ross Robinsons häufig geäußertes Verlangen, das Nu-Metal-Monster zu töten, das er selbst erschaffen hatte.

Die Gothic-Anleihen, die sich bereits in Jonathan Davis' Songs für *Königin der Verdammten* bemerkbar gemacht hatten, fanden sich auch in „From Your Heart". Ebenso wie Pop-Elemente, die erneut beweisen, dass Korn nicht nur die Fans im Moshpit glücklich machen konnten: Das radikal poppige „Falling Through Time" beispielsweise schreit geradezu danach, sich zu einem kommerziellen Hit zu entwickeln. Zudem zeigt es eine bisher noch völlig unbekannte Nu-Romantic-Tendenz: „Falling Through Time" klingt fast wie eine Zusammenarbeit mit der 1979 aktiven Tubeway Army (Gary Numans ehemaliger Band) und verbreitet eine eisige, apokalyptische Atmosphäre.

Etwa neunzig Prozent des Albums bestehen aus MTV-freundlichem, sofort ins Blut gehendem, kommerziellem Hardrock: harte, bösartige und emotionale Songs, die am Kopf vorbei direkt aufs Herz zielen. Aber es gibt auch Tracks wie das verwirrende „All My Hate", das sich höchst eigenwillig vom Rest abhebt: Das Stück klingt, als hätte die Band häufig Massive Attack gehört, den Gesang daraufhin bis zur Unkenntlichkeit verzerrt und schließlich Computerbeats, ein grobschlächtiges Gitarrenriff und ein paar Samples hinzugefügt. Solche Experimente könnten natürlich schief gehen und einige Fans verschrecken, aber genauso gut könnten sie auch den Beweis für das Entwicklungspotenzial der Band erbringen. Zu den übrigen Titeln des Albums passt der Song wie ein Hitlerbärtchen zur *Mona Lisa*. Dennoch ist es ein Track, den man sich vielleicht ein paar Mal öfter intensiv anhören sollte: Immerhin ragt er aus einer ansonsten sehr geradlinigen und auf den Massengeschmack ausgerichteten Zusammenstellung stark heraus.

Die Verkaufszahlen waren enttäuschend: Der Platte gelang es nicht, Eminems *The Eminem Show* vom ersten Platz der Charts zu verdrängen. *Untouchables* erzielte dennoch einen Umsatz von vierhundertvierunddreißigtausend Stück und sorgte dafür, dass die Band den vierthöchsten Neueinstieg in die Charts des Jahres 2002 verbuchen konnte. Zudem wurde darüber spekuliert, ob die Verkäufe darunter gelitten hatten, dass der größte Teil der Songs bereits Monate vor dem eigentlichen Erscheinungstermin über Musiktauschbörsen wie KaZaa oder Gnutella erhältlich gewesen war. Allerdings nicht ganz zufällig.

Das Management von Korn, The Firm, hat sich zu einem der größten Unternehmen im Rockbusiness gemausert. Zwar gab es stets Managerlegenden wie Peter Grant, Don Arden, Andrew Loog Oldham, Malcolm McLaren und Sharon Osbourne, die im Zusammenhang mit den von ihnen betreuten Bands häufig selbst Berühmtheit erlangten (Loog Oldham brachte Jagger angeblich bei, wie man richtig sexy über die Bühne stolziert, während Peter Grant Led Zeppelin im fachgerechten Zerlegen eines Hotelzimmers unterrichtete); The Firm hingegen blieb stets eine schattenhafte Eminenz im Hintergrund. Firm-Boss Jeff Kwatinetz meidet Publicity und gewährt nicht einmal der respektablen Finanzpresse Interviews. Neben den großen Metalbands wie Korn, Limp Bizkit, The Deftones und Staind managt The Firm zudem das Latin-Pop-Idol Enrique Iglesias, die Dixie Chicks sowie Filmstars wie Cameron Diaz, Samuel L. Jackson und Leonardo

DiCaprio. Das Unternehmen, das 1997 von Kwatinetz und seinem (mittlerweile ausgestiegenen) Partner Michael Green gegründet wurde, beschäftigt sich in seinen Unterabteilungen zudem mit Mode, Aufnahmetechnik, Zeichentrick, Livekonzerten sowie Film- und Fernsehproduktionen. 2002 schluckte The Firm den Konkurrenten Artist Management Group für eine angeblich achtstellige Summe und zählt seither zu den Spitzenagenturen in Hollywood.

In den letzten Jahren haben sich mehrere riesige Multimedia-Imperien entwickelt, bei denen Plattenfirmen, Zeitschriften, Fernsehen, Verlage und Filmproduktionen unter einem Dach zusammengefasst wurden. AOL-Time Warner vereint beispielsweise Internetanbieter, Zeitschriften, Labels und Filme. Eine Band, die bei einem Label unter Vertrag steht, das zu einem solchen Riesenunternehmen gehört, könnte sich beispielsweise auf dem Soundtrack zu einem der Filme der Gesellschaft wiederfinden, der wiederum auf unternehmenseigenen Fernsehsendern und Webseiten beworben wird. Früher einmal gab es sieben große Plattenfirmen, so genannte Majors – heute sind es nur noch vier, und möglicherweise wird die Zahl in naher Zukunft auf zwei sinken, wenn die nächste Firma ihren Konkurrenten geschluckt hat.

The Firm und ihr Gründer haben größere Pläne als nur Konsolidierung und Wachstum: Kwatinetz macht kein Geheimnis daraus, dass er den Entertainmentsektor insgesamt verändern will. Er möchte „Marken" aus seinen Künstlern machen, indem er ihren Einfluss vergrößert und sie mithilfe der verschiedenen Abteilungen seines Unternehmens über den bloßen Popkulturstatus hinaushebt. Ein Beispiel für diese neue Denkweise zeigte sich vor der Veröffentlichung von *Untouchables,* als Korn ein Konzert gaben, das Kwatinetz live in etwa dreißig Kinos in den USA übertragen ließ. Es war ein neuer Weg, um mit der Musik auch jene Leute zu erreichen, die sonst möglicherweise keine Chance gehabt hätten, die Band live zu sehen, oder aber um einen Vorgeschmack auf die Liveauftritte zu geben und Appetit auf mehr zu machen.

Kwatinetz spielte eine große Rolle beim Aufbau des Elementree-Labels von Korn, und während Metallica ihre eigenen Fans wegen des Austauschs von MP3-Dateien über Napster verklagten, ließ Kwatinetz Limp Bizkit, die er ebenfalls betreute, einen Vertrag abschließen, um Konzerte unter dem Napster-Banner zu absolvieren. Zwar schien diese Aktion damals wie eine Kampfansage gegenüber den großen Firmen, aber hinter seiner Unterstützung für Napster steckte ein anderer Plan.

Man hätte vermuten können, dass die Band auf die vorzeitige Verbreitung von *Untouchables* über das Netz verärgert reagierte. Einem Bericht der amerikanischen Schallplattenindustrie zufolge waren die CD-Verkäufe um insgesamt sechs Prozent gesunken, und dies wurde als direkte Folge dessen betrachtet, dass sich die Fans die Musik umsonst aus dem Netz herunterluden.

„Die Platte war zwar im Internet verfügbar, aber es kommen nach wie vor zehntausend Leute zu unseren Konzerten. Uns tut das also nicht weh, höchstens der Plattenfirma", meint Fieldy.

„Unser Vertrag mit Sony umfasst sechs Alben und läuft daher bald aus", erklärte mir Munky. „Und danach werden wir unsere Musik über unsere eigene Webseite vertreiben. Ich weiß noch nicht genau, wie das vor sich gehen wird, weil da noch ein paar technische Fragen zu klären sind, beispielsweise, wie viele Tracks man bekommen kann und so weiter."

Kwatinetz hat sich schlicht die Ideen über Synergieeffekte und Konsolidierung zu Eigen gemacht, die von den Mediengiganten AOL-Time Warner und Vivendi-Universal zu einer Zeit entwickelt worden waren, bevor ihre Aktienkurse in den Keller stürzten, nachdem die Venture-Capital-Geber nichts mehr von Hightech-Wertpapieren wissen wollten. Sie hatten die Vision verfolgt, dass sie dem Kunden alles verkaufen konnten, von Rockmusik bis Unterwäsche, indem sie ihn mit Filmen voller subtiler Werbebotschaften bombardierten: Er würde nie wieder eine CD besitzen, sondern jedes Mal zahlen, wenn er einen Track würde abspielen wollen. Ihr Traum war natürlich der Albtraum der Öffentlichkeit. The Firm könnte ihn allerdings in der Tat wahr werden lassen.

Korn öffneten die Türen für eine Reihe anderer Bands: Tatsächlich erinnert die Geschichte des Nu Metal an eine Art Stafettenlauf, wo eine Band der anderen den Stab übergibt. Auch wenn man sich gegenseitig gern mal schlecht macht, gibt es dennoch bei aller harten Konkurrenz eine Menge Kooperation. 1994, als sie noch auf dem Weg nach oben waren, spielten Korn in Jacksonville, Florida. Damals arbeitete dort der Leadsänger einer anderen Band als Tätowierer. Nach der Show zogen Fieldy und Head los, um sich im Laden des besagten Sängers die Haut verschönern zu lassen. Die drei fanden einander sofort sympathisch und wurden Freunde. Als Korn das nächste Mal dort spielten, gab der Tätowierer ihnen ein Demo seiner Band, und Korn versprachen, es an Ross Robinson weiterzureichen. Robinson fand die Aufnahme großartig. Der Tätowierer hieß Fred Durst, und die Band war Limp Bizkit.

3. Whiggers With Attitude

Die große Klappe von Limp Bizkit

Im Juli 1999 unternahm man auf einem Gelände im Staat New York den Versuch, dreißig Jahre nach dem legendären Woodstock-Festival eine Jubiläumsshow abzuhalten. Beim ursprünglichen Festival, das unter dem Titel „Drei Tage Liebe, Frieden und gute Musik" veranstaltet worden war, spielten Jimi Hendrix, Jefferson Airplane, Country Joe And The Fish und eine Reihe anderer Musiker, die sich wie ein *Who's who?* der damaligen Rock-, Folk- und Jazzszene las. Woodstock war Höhepunkt des Idealismus der Sechziger, der Antikriegsbewegung und der Vorstellung, dass die junge Generation in der Lage sei, eine bessere Welt zu erschaffen. Dieser Traum fand wenige Wochen später ein jähes Ende, als bei einem ähnlichen Festival in Altamont ein schwarzer Jugendlicher von Hell's Angels erstochen wurde, während gerade die Rolling Stones auf der Bühne standen. Bei Woodstock '99 spielte Idealismus kaum eine Rolle. Zwar ließen die Organisatoren den üblichen Hilfsorganisationen als nette Geste ein wenig Geld zukommen – wie sich ironischerweise später herausstellte, unter anderem einem Notruf für Vergewaltigungsopfer –, aber letzten Endes ging es lediglich um den Umsatz. Der Event schien voll und ganz im Zeichen des Markensponsorings zu stehen, als hätten die Firmenlogos die Friedenssymbole abgelöst. Die vergiftete Atmosphäre, die bei diesem Festival herrschte, wurde durch die leichte Verfügbarkeit von Alkohol und Drogen zusätzlich angefacht; zudem waren nicht immer und überall Sicherheitskräfte anwesend. Beim ersten Woodstock-Festival war vor allem Haschisch konsumiert worden, und die Besucher erlebten die drei Tage angenehm bekifft – vom berühmten „Brown Acid" mal abgesehen, das so manchen Hippie aus seinen schönen Träumen holte. Bei der '99er-Variante schwelgte alles in Bier, Ecstasy, Amphetaminen, Crack und Kokain. Als man die ersten blutüberströmten Opfer aus der Moshpit vor der Bühne zog, war allen klar, dass es hier um alles Mögliche ging, aber auf keinen Fall um „love and peace".

Am Schluss des Festivals kam es zu Unruhen; Besucher kippten Autos um, plünderten die Stände auf dem Gelände, setzten sie in Brand und zerstörten Geldautomaten. Die Polizei musste einschreiten, um die Menge zu zerstreuen. Und nachdem alles vorüber war, wurde berichtet, dass eine Frau auf grauenhafte Weise direkt vor der Bühne von mehreren Männern vergewaltigt worden war. Zu der Zeit hatten Limp Bizkit gespielt, und noch immer wird der Band vorgeworfen, diesen schrecklichen Vorfall indirekt ausgelöst zu haben. Durst wurde dafür kritisiert, dass er die bereits aufgeheizte Menge mit Songs wie „Break Stuff" ermunterte, „was kaputtzumachen", obwohl sein Auftritt, als es zu den Unruhen kam, bereits vierundzwanzig Stunden zurücklag. Als sich das Chaos im Publikum immer weiter ausbreitete – abgesehen von der Vergewaltigung gab es zahlreiche Verletzte –, sahen sich die Veranstalter gezwungen, das Bizkit-Konzert abzubrechen. Durst sagte später gegenüber der Webseite *Dotmusic:* „Wir schauten von der Bühne und sahen hunderttausend Leute, die völlig ausrasteten; es sah aus, als würden sie sich klasse amüsieren. Die Sonne ging unter, die ganze Situation war einfach unglaublich, und dauernd leuchteten uns Kameras entgegen. Dann kamen wir von der Bühne und sagten noch: ‚Wow, war das supergeil, die Leute sind alle so total ausgerastet, habt ihr das mitgekriegt?' Und dann hieß es plötzlich: ‚Ey, ihr habt Woodstock kaputtgemacht!' Wir sind aufgetreten, wir haben keine Unruhen ausgelöst. Aber es ist eben leicht, mit dem Finger auf uns zu zeigen; wir sind eben so, die perfekten Sündenböcke. Von mir aus."

1994 hatte Fred Durst ein kurzes und nicht sonderlich gut durchdachtes Gastspiel in der Navy sowie dreißig Tage Knast hinter sich, weil er den neuen Freund seiner Exfrau angegriffen hatte. Er beschloss, eine Band zu gründen. Mit dabei waren Gitarrist Wes Borland, Drummer John Otto und Bassist Sam Rivers; später stieß der frühere Turntable-Wizard von House Of Pain, DJ Lethal, dazu. Vielleicht war es so geplant, vielleicht auch nicht, aber auf alle Fälle stand schnell fest, dass es bei der Gruppe um mehr ging als nur um Musik. Ihre intensive Mischung aus HipHop, Metal und Punk trat beinahe hinter den Lifestyle zurück, den sie transportierten: Promipartys, Festnahmen, die für Furore sorgten, öffentliche Fehden mit anderen Bands und eine Scheißdrauf-Einstellung gegenüber allem, was sich ihnen in den Weg stellte. Sie genossen jeden Augenblick.

Derartige Rüpeleien haben in der amerikanischen Rockmusik eine gewisse Tradition, und häufig wird behauptet, die Story von Limp Bizkit laufe ganz ähnlich ab wie die der Beastie Boys Mitte der Achtziger. Gelegentlich wirkt diese Ruppigkeit wie ein Gegengift zur aufgeblasenen Wichtigtuerei und bemühten Ernsthaftigkeit des Rock 'n' Roll. Selbst die Bizkit-Förderer Korn haben, als Gott den Humor verteilte, nicht gerade als Erste „hier" gerufen. Die Musik von Limp Bizkit war möglicherweise neu, aber letzten Endes waren sie von den politisch engagierten, bisweilen etwas bemüht wirkenden Collegerockern gar nicht so weit entfernt – von den Pearl Jams und Smashing Pumpkins, die sich um die Rettung des Regenwaldes, die Freiheit Tibets und andere wichtige Dinge sorgten. Dabei waren sie durchaus auch der Meinung, dass das Leben scheiße sei; sie drückten es nur mit Zeilen wie diesen aus: „I did it all for the nookie ... / So you can take that cookie / And stick it up your ... yeah!" („Ich hab das nur für Sex getan / damit du dir diese Latte nimmst / und sie dir sonst wo reinsteckst ... yeah!"; „Nookie", vom zweiten Album *Significant Other*). Man hat die Bizkits für alles Mögliche verantwortlich gemacht, vom Selbstmord von Jugendlichen bis hin zu Massenmorden (nach dem Massaker an der Columbine High School 1999 waren viele Journalisten krampfhaft bemüht, eine Verbindung zwischen der Band und den beiden durchgedrehten jugendlichen Tätern herzustellen) – und schließlich sogar für die immer schlechter werdende Qualität der gesamten Rockmusik. Sie dienten und dienen als Allround-Sündenböcke. Wenn es Limp Bizkit noch nicht gäbe, man müsste sie erfinden.

„Ich habe so oft gesündigt, es ist unglaublich. Ich habe Läden leer gemacht. Ich hatte jede Menge Sex. Ich habe schrecklich gelogen. Ich habe betrogen, ich war gierig, ich war geil. Alles. Ich habe alles gemacht. Jetzt brauche ich etwas Unterstützung und Hilfe von oben. Als Kind war ich ziemlich aufmüpfig und wurde oft in meinem Zimmer eingeschlossen. Wenn ich rauskam, war ich nicht böse, ich wusste nur nicht, was richtig und was falsch war. Mein Dad war mein Adoptivvater – wir kamen nicht so richtig super miteinander aus. Ich habe noch einen Bruder, der ist sein richtiger Sohn. Meine Mutter und ich gingen immer aufeinander los. Es war für mich ziemlich leicht, meiner Mutter eins reinzuwürgen, und für sie war das genauso. Es war einfach eine komische Situation", erklärte Fred Durst, der wohl das Bedürfnis verspürte, deutlich darauf hinzuweisen, dass auch er unter einer kaputten Kindheit zu leiden hatte. Limp Bizkit brachten ihm zwar nicht die Erlösung – auch wenn er sich als überzeugter Christ zeigt, bleibt Durst doch ein Schwerenöter der alten Schule –, aber sie ersparten ihm zumindest ein schlimmeres Schicksal. Er hätte so enden können wie Millionen anderer amerikanischer Malocher, die entweder arbeitslos oder in schlecht bezahlten Jobs in gesichtslosen Städten dahinvegetieren und darüber bitter werden, dass ihnen kein Ausweg aus ihrer Situation einfallen will. Stattdessen verwandelte er sich in Amerikas größten weißen „Assi"-Superstar, einen anspruchslosen Renaissancemenschen, das Sprachrohr seiner Generation, eine Pöbelikone, eine Art lebendiger Bart Simpson, der es bis zu seinem Dreißigsten geschafft hat, alle Anzeichen von altersgemäßer Reife erfolgreich zu meiden. Mit seiner roten Baseballmütze, die er verkehrt rum trägt – und so dauerhaft, dass man bereits darüber spekuliert, ob er damit den typischen Männerfluch, die Glatzenbildung, verstecken will –, wirkt Fred wie ein erwachsener Mann, der so tut, als sei er ein weißer Vorstadtjugendlicher, der wiederum vorgibt, ein richtig fieser Gettozuhälter aus einem Blaxploitation-Film zu sein. Sein Foto ziert die Klatschkolumnen der Hochglanzmagazine wie *Hello, USA Today* oder *Playboy* ebenso wie die Artikel in *Rolling Stone, Alternative Press* oder *Spin*.

Limp Bizkit sind, wie sie selbst immer wieder sagen, die Band, die zu hassen Spaß macht. Und es gibt jede Menge potenzieller Hasser, die sich diesem Genuss nur allzu gern hingeben. „Da draußen wird so viel Hass gesoffen", schrieb Durst 2001 in einer Message auf der offiziellen Webseite der Band. „Jedes Magazin, jede Zeitung, Band und so weiter ist voll auf dem Limp-Hasstrip, und das macht uns richtig wild. In uns hat sich jetzt so viel aufgestaut, das werden wir auf der neuen Platte alles rauslassen."

Zwar gibt es im Internet eine enorme Anzahl Fanseiten, die der Band gewidmet sind, aber beinahe genauso viele widmen sich dem Motto „Limp Bizkit sind zum Kotzen". Eine dieser Hasstiraden fasst hübsch zusammen, was den meisten Leuten bei Bizkit im Allgemeinen und bei Durst im Besonderen gegen den Strich geht: „Fred Durst und Limp Bizkit sind einfach ätzend. Durst ist ein Loser, der sich für einen schwarzen ‚Gangsta' aus dem Getto hält (oder für Eminem, der dieselbe Macke hat). Ich verstehe nicht, wie man irgendetwas ernst nehmen kann, was dieser lächerliche Typ erzählt. Er versucht so angestrengt, auf hart zu machen, auf alle Fälle fünf- oder sechsmal pro Satz zu fluchen und dauernd von Gewalt zu reden, von wegen ,Da nehme ich mir eine Kettensäge' und so ... hör doch auf, Mann. Der Typ ist doch ein Feigling. Was erreicht er denn damit, wenn er in jeder Zeile mehr als einmal das Wort *fuck* unterbringt? Das ist irgendwann total langweilig. Die meiste Zeit macht das noch nicht mal Sinn, da geht es nur darum, dass er knallhart rüberkommt. Hey, Fred ... DAS FUNKTIONIERT NICHT. Und was soll dieser andere Scheiß, er würde das alles ja nur wegen dem ,nookie' machen? Das könnte doch höchstens stimmen, wenn ,nookie' bei ihm ein anderer Ausdruck für Geld wäre. Er probt doch jeden Tag auf MTV den Ausverkauf, wenn wieder eins von seinen beschissenen Produkten angepriesen wird, die nur für ,nookie' gemacht worden sind (oder nur, um daran zu verdienen, weil er ja weiß, dass seine Fans jeden Scheiß, den er veröffentlicht, toll finden und kaufen)" (zitiert nach Anti-Bizkit auf http://www.angelfire.com/rock/Static7/limpbad.html).

Journalisten, die ein gutes Wort über die ersten drei Alben der Band zu sagen wussten, waren schwer zu finden; selbst gute Kritiken waren meist von Abneigung durchzogen. „Sie wollen unbedingt glaubwürdig erscheinen, aber vor allem wollen sie den Erfolg wiederholen, den ihr Debütalbum mit seinen anderthalb Millionen verkauften Exemplaren erzielt hat. Deswegen versuchen sie es mit einem Durcheinander aus Hardcore-HipHop und schlappen, radiotauglichen Refrains. Die Jungs bei MTV werden ja vielleicht begeistert sein. Wir nicht", urteilte der *New Musical Express* abfällig in seiner Rezension des zweiten Albums *Significant Other*.

„*Significant Other* könnte ein Problem für Limp Bizkit werden, die sich ja bevorzugt als Band darstellen, die jeder gern hasst. Es könnte auch ein Problem für ihre eingeschworene Fangemeinde werden – und für uns, die wir den Gedanken daran, diese grässliche Band vielleicht zu mögen, als äußerst unangenehm empfinden. Aber im Moment scheint es etwas unaufrichtig, an dieser Abneigung festzuhalten. Sie sind tatsächlich (schluck) richtig gut", schrieb Lorraine Ali – offensichtlich mit zusammengebissenen Zähnen – im *Rolling Stone*.

„Das Urteil steht noch aus", behauptete die britische Traditions-Rockbibel *Q* in derselben Woche, als das Album von null auf eins in den Charts stürmte. Bei fünfundzwanzig Millionen verkauften Platten – Tendenz steigend – war es unübersehbar, dass Dursts Image als etwas angegrauter Skater und der brüllend laute Thrash seiner Band zumindest bei einigen Leuten den richtigen Ton getroffen hatten.

Fred Durst stand auf Kiss, Blondie, Eric B And Rakim, Suicidal Tendencies, Smashing Pumpkins und Tool. Anfang der Achtziger hatte er gleichzeitig Punk und Rap entdeckt und spielte gelegentlich den DJ; daran, selbst Musik zu machen, dachte er zunächst nicht. Durst, der in Gastonia, Nordkarolina, aufgewachsen war, zog noch als Jugendlicher nach Jacksonville in Florida. Dieser Staat kann auf ein höchst gemischtes rockmusikalisches Erbe zurückblicken: Einerseits haben Death-Metal-Bands wie Obituary und Deicide in den Neunzigern im Morrisound-Studio in Miami gearbeitet, aber zu den berühmten Söhnen Jacksonvilles zählen auch die Redneck-Rocker Lynyrd Skynyrd, die bei Auftritten die Bühne mit der Konföderiertenflagge dekorieren und mit „Sweet Home Alabama" einst eine Hymne an die stolzen Südstaaten ablieferten – zu einer Zeit, als die Erinnerung an Übergriffe des Ku-Klux-Klan auf die Kirchen schwarzer Gemeinden noch ebenso frisch war wie an die reaktionären Cops, die Bürgerrechtler bei Demonstrationen mit Wasserwerfern, Schlagstöcken und Hunden in Schach hielten. Wenn die Sechziger die Rockmusik radikalisierten, dann halfen die Skynyrds mit, ihr ein reaktionäres Gesicht zu geben.

Wie auch Jonathan Davis hatte Durst in seiner Kindheit einiges auszustehen, allerdings war er nicht gerade ein Sensibelchen. Die Schule war, wie er sich erinnerte, „für mich so eine Art gesellschaftliches Ereignis. Da konnte ich skateboarden, rappen oder Beatbox und Breakdance ausprobieren".

Später stellte er eine erste Band zusammen, die aus einem Drummer mit Jazzerfahrung, einem funkbegeisterten Bassisten sowie einem Gitarristen bestand, der unter den Punk- und Metalgrößen Floridas bereits einen recht guten Namen hatte. „Ich wollte den perfekten Mix aus HipHop, Alternative Rock und allem, worauf ich stand", sagte er.

Während Fred für die Öffentlichkeit das Gesicht Limp Bizkits darstellt und dabei ein konkurrenzloses Talent für Selbstvermarktung und publikumswirksame Sprüche entwickelt hat, war Wes Borland bisher der musikalische Wegweiser, der Mann, der eigentlich für den Limp-Bizkit-Sound verantwortlich zeichnete. Nachdem Borland im Oktober 2001 nach monatelanger Spekulation bei Bizkit ausstieg, bleibt abzuwarten, ob die Band seinen Weggang unbeschadet überstehen wird.

Der allererste Bizkit-Gig fand 1995 gemeinsam mit Korn in Jacksonville statt. Wie bereits berichtet, hatten sich beide Bands miteinander angefreundet, als Fieldy und Head in Freds Tattoo-Shop auftauchten. Ross Robinson zeigte sich von dem Demo, das Korn an ihn weiterleiteten, sofort begeistert, und bald kam die Karriere der Band in Schwung. Durst hing stundenlang am Telefon und rief eine Plattenfirma nach der anderen an. „Dabei tat ich so, als sei ich mein eigener Manager", erzählte Durst 1997. „Ich sprach mit verstellter Stimme, meldete mich unter anderem Namen und erzählte diesen Leuten irgendwelche Storys. Irgendwas, ich gab einfach nur an. Zwar hatte ich keine Ahnung von der Musikindustrie, aber sie glaubten mir trotzdem, weil ich so überzeugend wirkte. Ein paar jedenfalls. Ich dachte immer: ‚Gott, das müssen die doch merken.' Dann brauchte ich aber wirklich dringend einen Manager, weil die Leute nun zu Meetings kamen und niemand da war, der mit ihnen reden konnte." Schließlich nahm Jordan Schur, Vorsitzender und A & R-Manager beim Independent-Label Flip Records, die Band unter Vertrag.

Vorab stand bereits fest, dass Ross Robinson das erste Album, das später den Titel *Three Dollar Bill, Yall$* erhalten würde, produzieren sollte; dabei war das endgültige Line-up der Band noch nicht einmal komplett. Das sollte sich bald ändern, nachdem die Bizkits Ende 1995 gemeinsam mit der irisch-amerikanischen HipHop-Crew House Of Pain auf Tour unterwegs waren.

House Of Pain zählten zu den ersten weißen HipHop-Bands, die nicht nur aufgrund ihrer Eigenständigkeit Aufsehen erregen, sondern wirklich in den HipHop-Markt vordringen wollten. Sie öffneten gewissermaßen die Türen für Eminem und Kid Rock und stellten klar, dass weiße Rapper nicht zwangsläufig Trittbrettfahrer im Stil von Vanilla Ice sein mussten. Ihr erstes Album, das von Cypress-Hill-DJ Muggs produziert worden war, avancierte zu einem echten Hit, aber es gelang ihnen nicht, diesen Erfolg weiter auszubauen. Als sie mit Limp Bizkit unterwegs waren, schleppten sie ein Album namens *Truth Crushed To Earth Shall Rise Again* mit sich herum, das von ihrer Plattenfirma so gut wie keine Unterstützung erhielt. Ihre Fangemeinde schwand zusehends. Frontmann Everlast begann eine einigermaßen erfolgreiche Solokarriere, während sich DJ Lethal (alias Leor DiMant) mit Limp Bizkit anfreundete und schließlich bei ihnen einstieg.

Dadurch, dass bei ihnen nun ein DJ auf der Bühne Scratching, Breakbeats und Samples in den Sound mixte, unterschieden sich Limp Bizkit stark von anderen amerikanischen Heavy-Rockern. Zwar übernahmen viele andere – allen voran Linkin Park – dieses Muster. Aber zunächst sorgte die ständige Zusammenarbeit mit einem DJ für eine neue Dimension im standardisierten Line-up von Gitarre, Bass, Schlagzeug und Gesang, das Rockbands seit Elvis' Tagen weitgehend beibehalten hatten.

Der Sound von *Three Dollar Bill, Yall$* entsprach eher Ross Robinsons wohl bekannten Vorlieben – harter Noiserock, ungestimmt und voll aufgedreht – als der hörerfreundlichere Mix, der die beiden Nachfolger *Significant Other* und *Chocolate Starfish And The Hotdog Flavored Water* prägte. In den Texten spiegelte sich einerseits ein bierseliger, etwas grober Mackerhumor sowie eine gegen die ganze Welt im Allgemeinen und vielleicht gewisse Exfreundinnen im Besonderen gerichtete Aggression. Zudem nutzte Durst die Songs, um sich bei Bands wie Fear Factory, The Deftones, Korn (in „Field Dog") und House Of Pain (in „Indigo Flow") zu bedanken: „Yo what up / got Cristian and Dino in the house / Fear Factory action kick off this new joint / here for all my homies / separating the true breeds my friends and my family / had the vision when the bounds now it's blowing up / props to the Field Dog / with the funk through the campaign gold records and Champaign / Everlast for the tour on St. Paddy's / Chino, man we had a blast with ya / Deftones rock that microphones / daily props to the maestro Ross you're an angel" („Hey, was läuft / Cristian und Dino sind am Start / und mit Fear Factory gibt's jetzt fett Action / für meine Homies / da zeigt sich, wer wirklich zu meinen Freunden und meiner Familie gehört / hatte die Vision, dass es ohne Grenzen voll abgeht / ein fettes Dankeschön an Field Dog / totaler Funk auf den Goldenen Schallplatten und jede Menge Schampus / Everlast ist am St. Patricks Day dabei / Chino, Mann, wir hatten eine geile Zeit / Deftones rocken voll ab / jeden Tag 'ne Lage für Maestro Ross, du bist ein Engel"). Die Metalzeitschriften und Rocksender wurden auf die Platte aufmerksam, deren Verkaufszahl zwar langsam, aber stetig stieg. Es folgten Tourneen mit Faith No More und Primus – die den Sound, auf den Limp Bizkit nun aufbauten, entscheidend mitgeprägt hatten –, und allmählich rückten Durst und Co. dadurch mehr und mehr ins Bewusstsein der Rockgemeinde. Aber erst mit ihrem etwas geschmacklosen Cover von George Michaels „Faith" konnten sie den ersten richtigen Hit verbuchen. Diesen Erfolg konnten sie weiter ausbauen, indem sie die Platte unentwegt live präsentierten; im Anschluss an ihre eigenen Tourneen waren sie mit den Wanderfestivals Ozzfest und Family Values quer durch die USA unterwegs.

Beim Ozzfest schlugen sie die Konkurrenz schon allein durch ihren Bühnenaufbau, eine riesige versiffte Toilette, aus dem Rennen. Ihre Show bei Family Values war ebenso übertrieben angelegt und glich einer Liveaufführung von *Star Wars*. Wie es schien, waren Limp Bizkit zudem bereit, alles zu tun, um bei MTV gespielt zu werden; sie traten bei einer Frühjahrssondersendung ebenso auf wie bei der Silvestershow. Sie flimmerten praktisch dauernd über den Bildschirm – live oder als Video.

Als ruchbar wurde, dass das Bizkit-Label Interscope (das die Indie-Firma Flip inzwischen übernommen hatte) Radiostationen Geld dafür bezahlte, dass man dort die richtigen Platten spielte, brach ein Sturm der Entrüstung los. In Portland, Oregon, hatte ein Sender fünftausend Dollar dafür erhalten, dass er die Limp-Bizkit-Single „Counterfeit" fünf Wochen lang auf die Playlist setzte. Dieser Skandal schaffte es sogar auf die Titelseite der *New York Times* und rief Erinnerungen an die Payola-Affäre der Fünfzigerjahre wach, als DJ Alan Freed (der übrigens den Begriff Rock 'n' Roll erfunden und bekannt gemacht hatte) für das gleiche Vergehen angezeigt und geächtet wurde. Dabei handelte es sich bei Bizkit um keine illegale Praxis, da jedes Mal, bevor der Titel lief, ein kleiner Spot gesendet wurde, in dem es hieß: „Der nächste Song wird von Flip/Interscope gesponsert." Es war lediglich eine einzige Radiostation daran beteiligt, und es ging um eine winzig kleine Summe; die gesamte Aktion hatte vermutlich nur minimale Auswirkungen auf den nationalen und internationalen Erfolg von Limp Bizkit. Dennoch schien sie zu beweisen, dass die Band auch zu schmutzigen Tricks greifen würde, um den großen Durchbruch zu schaffen.

Ihr ehemaliger Förderer Ross Robinson, der die Produktion des zweiten Bizkit-Albums abgelehnt und sich daraufhin mit der Band zerstritten hatte, verglich Fred im Dezember 2000 in einem *NME*-Interview mit Britney Spears: „Fred hält sein Gesicht in jede Kamera, was für einen Rocksänger ungewöhnlich ist, denn die meisten haben davon schnell die Nase voll. Er macht es unermüdlich. Er ist bereit, alles zu tun, was man von ihm verlangt, genau wie sie [Britney]. Ich weiß nicht, wahrscheinlich ist er wild entschlossen, immer mehr Platten zu verkaufen. Das kann eigentlich nicht mehr lange so weitergehen. Falls doch, dann wünsche ich ihnen dabei alles Gute."

Das zweite Album von Limp Bizkit, *Significant Other,* entstand mit dem Produzenten Terry Date, der zuvor mit den Metalgiganten Pantera und

White Zombie gearbeitet hatte. Nun war schon das Debüt keine Sammlung von Gutelaunesongs, doch das zweite Album erschien durch und durch von Bitterkeit gegen eine ehemalige Freundin geprägt. „Auf dieser Platte geht es ums Betrogenwerden", erklärte Fred auf MTV. „Wahrscheinlich bettle ich darum, und es liegt an meinem eigenen Verhalten, dass mich meine Freunde und meine Mädchen irgendwann so hinterlistig abservieren."

Auf „Nookie" singt Fred: „I came into the world as a reject / Look into these eyes / Then you'll see the size of the flames / that are pullin' on my past / Burnin' on my brain / Everyone that burns has to learn from the pain / Hey, I think about the day / My girlie ran away with my pay / When fellas came to play / Now she's stuck with my homies that she fucked / And I'm just a sucker with a lump in my throat" („Ich kam als Ausgestoßener zur Welt / Sieh in diese Augen / Dann siehst du, wie groß die Flammen sind / die in meiner Vergangenheit lodern / mein Gehirn verbrennen / Wer sich verbrennt, lernt aus dem Schmerz / Hey, ich denke an den Tag / an dem meine Freundin mit meinem Lohn abgehauen ist / weil irgendwelche Typen zum Spielen kamen / Jetzt hängt sie mit meinen Homies rum, die sie gevögelt haben / und ich bin nur ein Weichei mit einem Kloß im Hals"). „Trust", einer der stärksten Titel dieses Albums, beginnt mit dem heulenden Schrei: „Backstabber! Two-faced low-life! It's time to step up to the plate! One-two-one-two – what the fuck ya gonna do?" („Hinterlistiger Betrüger! Doppelzüngiger Gammler! Jetzt musst du dich zu erkennen geben! Eins-zwei-eins-zwei – und was machst du jetzt, verdammt noch mal?") Hier rechnete Durst mit einem Freund ab, der ihn verraten hatte, und endete mit den Worten: „I don't trust anybody cuz nobody trust me / Never gonna trust anybody / And that's the way it's gonna be" („Ich vertraue niemandem, weil niemand mir vertraut / Niemals irgendjemandem vertrauen / So wird es immer sein").

Im Anschluss an Woodstock '99 wurden Limp Bizkit gern als Beispiel für eine neue frauenfeindliche Strömung in der Rockmusik zitiert, wobei Journalisten sich auf alles Mögliche beriefen, von den Texten auf *Significant Other* bis zu den deutlich präfeministischen Kommentaren der Band in Interviews. Jim Fouratt, der sich neben seiner leitenden Stellung in der Musikindustrie seit Jahren für die Rechte Homosexueller einsetzt, veröffentlichte ein vernichtendes Vorwort im Branchenmagazin *Billboard,* in dem er Limp Bizkit und Eminem scharf angriff:

Ihre Musik „richtet ihren Zorn gegen Frauen, Schwule, gegeneinander und auf all jene, von denen es heißt, sie seien an der Macht. Eminem schlägt dabei in dieselbe Kerbe wie die blöde, hasserfüllte Rhetorik von Limp Bizkit. Sie haben jetzt offenbar eine Masche daraus entwickelt, bei Rage Against The Machine zu klauen und aus den Problemen männlicher Heranwachsender eine politische Botschaft von starker Durchschlagskraft zu machen.“ In der Januar-Ausgabe 2000 des amerikanischen Musikmagazins *Spin* machte Charles Aaron Eminem, Korn und Limp Bizkit für die Vergewaltigung und die Ausschreitungen bei Woodstock '99 verantwortlich. „Woodstock wurde deshalb zum entscheidenden Ereignis des Jahres, weil darin der überwältigende Wunsch zum Ausdruck kam, die Rockmusik der zornigen weißen Rapper als Stimme der aufsässigen Jugend zu etablieren. Das geschah tragischerweise auf Kosten aller, vor allem auf Kosten der Frauen, die dabei zufällig im Weg standen.“

Aaron war zudem der Meinung, die Bizkits stünden für die Gegenreaktion auf die „Feminisierung“ der Rockmusik in den frühen Neunzigern, als Künstlerinnen wie Alanis Morissette und Courtney Love, aber auch „neue Männer“ wie der sensible Kurt Cobain die Szene beherrschten.

Diese Einstellung vertrat auch Corin Tucker von der Frauenband Sleater-Kinney in einem Interview mit dem amerikanischen Webmagazin *Snowball*: „1999 gab es eine Menge hässlicher Umschwünge in der Rockmusik, vor allem kam es zu einer heftigen Gegenreaktion auf den Erfolg, den Frauen im Mainstreamrock hatten verbuchen können. Das zeigt sich für mich beispielsweise an den Vergewaltigungen und sexuellen Belästigungen, zu denen es bei Woodstock kam, an Publikumsausfällen wie ‚Zeig deine Titten!‘ oder an der Beliebtheit von Bands wie Insane Clown Posse oder Limp Bizkit mit ihren frauenfeindlichen Texten. Für mich ist das mehr ein offener Machtkampf, bei dem es um die Anerkennung innerhalb der kapitalistischen Gesellschaft geht. Nachdem Veranstaltungen wie Lilith Fair und Frauen wie Alanis Morissette oder die Spice Girls derart massiv erfolgreich wurden, kann man die kommerzielle Kraft weiblicher Rockacts nicht mehr wegdiskutieren, und damit haben einige Leute offenbar ein Problem.“

Sicherlich gehörten Limp Bizkit in der Tat zu einer breiten Bewegung, die sich gegen das neue „Bewusstsein“ und den „neuen Mann“ richtete und nicht damit zurechtkam, dass Frauen nun den Ton angaben. Das zeigte sich auch am Erfolg von Männermagazinen wie *Maxim* oder *Loaded*, den Filmen von Adam Sandler und der angeblich ironisch gemeinten Wiederentdeckung von Swingerkultur, Männerkumpanei, Las-Vegas-Ästhetik und der nostalgischen Verklärung der Pornografie alter Schule in Filmen wie *Boogie Nights* oder *Larry Flynt – Die nackte Wahrheit*.

Fred Durst hatte sich sein Image allerdings nach dem Vorbild von Rappern wie Snoop Dogg, Tupac Shakur, Ice-T, Ice Cube, Method Man und Puff Daddy gestaltet, die allesamt Zuhälter, Drogendealer und Gangster als Männer mit Macht und Einfluss porträtierten. Frauen waren „hos", „bitches" und „sluts" – Nutten, Zicken oder Schlampen – und traten bei den Liveshows der Rapper als Go-go-Tänzerinnen in Käfigen auf. Weiße Liberale fanden es problematisch, die Machomythen der schwarzen Kultur offen anzugreifen; mit weißen Männern wie Eminem und Fred Durst hatte man dagegen ein leichteres Spiel. Nicht dass sich Limp Bizkit nicht auch gern als Zielscheibe für liberale Attacken angeboten hätten. Bei ihrer *Ladies' Night In Cambodia*-Tour hatten die ersten zweihundert Frauen, die an der Tür erschienen, freien Eintritt.

Courtney Love, die eine kurze Affäre mit Fred Durst unterhielt, erklärte bei einer feministischen Musikkonferenz: „Fred ruft mich oft an und sagt, er würde so gern lernen, wie man Frauen respektiert, aber er weiß nicht, wie er das anstellen soll. Ich habe ihm gesagt: ‚Fred, das fängt schon damit an, dass man seinen Geburtstag nicht in der *Playboy Mansion* feiert.'"

Trotzdem – oder vielleicht gerade deswegen – war *Significant Other* ein Album, das den Geist seiner Zeit perfekt einfing. In der ersten Woche nach der Veröffentlichung war die beeindruckende Zahl von einer halben Million Exemplaren abgesetzt worden, und Ende 1999 war es praktisch unmöglich, der Platte zu entgehen. Limp Bizkit stellten sich auf die Seite der Musiktauschbörse Napster, die es Fans ermöglichte, weltweit über das Internet umsonst MP3-Dateien mit Musik herunterzuladen. Im Gegensatz dazu unterstützten hochrangige Künstler wie Metallica oder Dr. Dre die Position der Musikindustrie-Vereinigung Recording Industry Association of America (RIAA), die Napster scharf unter Beschuss nahm. Metallica zogen sogar gegen ihre eigenen Fans – größtenteils Teenager – vor Gericht. Limp Bizkit dagegen organisierten eine von Napster gesponserte Tour und garantierten ihren Fans freien Eintritt.

„Bei vielen Labels herrschen diktatorische Verhältnisse, und alles wird kontrolliert, aber bei unserem Label ist das glücklicherweise nicht der Fall", sagte Durst den *MTV News*. „Dort stellt man sich auf keine Seite, denn sie wissen ja selbst nicht, wohin das alles führen wird. Jeder muss mit dem zurechtkommen, was die Zukunft bringt, und diese ganze Download-Geschichte scheint nicht mehr aufzuhalten zu sein. Das ist doch alles verrückt, der ganze technische Fortschritt – Autos, Telefone, der ganze Haushalt, Computer, Internet, Uhren, SMS ... Es geht doch in jeder Hinsicht mit Riesenschritten voran, und ständig wird daran gearbeitet, alles noch praktischer und besser zu machen, mit einer neuen Idee auf den Markt zu gehen. Das lässt sich von niemandem mehr aufhalten. Unsere Fans machen im Internet eben ihr Ding, deswegen sind sie aber trotzdem unsere Fans und kommen zu den Konzerten. Sie unterstützen uns. Sie besorgen sich unsere Platten."

Durst war der Meinung, Napster stelle eine großartige Möglichkeit für Fans dar, Alben vor dem Kauf probeweise zu hören. „Über diese Sachen machen sich doch nur jene Leute Sorgen, die Angst um ihr Bankkonto haben. Das Internet ist nun mal da, und die Leute, die sich dagegenstellen, sind eben diejenigen, die von bestimmten Standards und Praktiken der Plattenindustrie leben – das sind die Einzigen, die vor dieser Entwicklung Angst haben und sich bedroht fühlen", sagte Durst bei einer Pressekonferenz zu Beginn der Tour.

Die Tour war zwar umstritten (enttäuschte Fans bewarfen Polizei und Sicherheitskräfte in Illinois mit Flaschen, als sie keinen Einlass mehr bekamen, nachdem die kostenlosen Tickets nach dem Motto „Wer zuerst kommt, mahlt zuerst" ausgegeben worden waren), und die Band machte sich damit weder bei den Fans noch bei den Medien Freunde. Napster musste sich der einstweiligen Verfügung eines kalifornischen Gerichts beugen und überlebte zwar zunächst, offerierte danach jedoch nur noch einen drastisch eingeschränkten Service. Falls aber die Gegner von Limp Bizkit glaubten, die Band sei ebenfalls nur eine kurze Modeerscheinung und binnen kurzem würden die Musiker wieder Burger braten, ohne dass sie jemand vermisste, dann sollte das dritte Album sie alle eines Besseren belehren.

Wie ein Koloss in Schlabberhosen stampften Limp Bizkit und Fred Durst über den ganzen Globus. Durst erhielt die Möglichkeit, bei einem größeren Filmprojekt – *Nature's Cure* – gemeinsam mit David Fincher *(Se7en, Alien III, The Game – Das Geschenk seines Lebens)* Regie zu führen, während „Take A Look Around", der Beitrag von Bizkit zum Soundtrack von *Mission: Impossible II* die Spannung der Fans auf das neue Album enorm steigerte.

Dessen Titel, *Chocolate Starfish And The Hotdog Flavored Water,* war insofern ein Verweis auf David Bowies *The Rise And Fall Of Ziggy Stardust And The Spiders From Mars* sowie auf Eminems *Slim Shady,* als sich hinter Chocolate Starfish ein Alter Ego verbarg, das sich Fred Durst geschaffen hatte [dieser Begriff bedeutet wörtlich übersetzt Schokoladen-Seestern, aber dahinter verbirgt sich offenbar ein Slangausdruck für den Schließmuskel]. Ob das nun als ein Zeichen von Unsicherheit zu werten war – und ihm die Möglichkeit geben sollte, sich von den widerwärtigeren Statements der beiden ersten Alben zu distanzieren, für die er so viel Dresche bekommen hatte – oder ob es lediglich ein etwas ungeschickter Witz sein sollte, ist schwer zu sagen. Er hängte diese Sache jedenfalls nicht an die große Glocke, und den 1 054 511 Fans, die sich die Platte in der ersten Woche nach Erscheinen zulegten, schien das auch herzlich egal zu sein. Auf dem Album waren Gäste wie der damals mit starken Drogenproblemen kämpfende Stone-Temple-Pilots-Sänger Scott Weiland dabei, Method Man vom Wu-Tang Clan, Red Man, DMX, Xibit und der vom Pop- zum Filmstar mutierte Mark „Marky Mark" Wahlberg. Bizkit drehten nun richtig auf: Es hagelte Popsongs mit perfekten Hooks, die für den Radioeinsatz, MTV-Videoclips und Aufsehen erregende Liveauftritte wie geschaffen waren. Songs wie „My Generation" kamen nun schneller auf den Punkt und äußerten ihre Unzufriedenheit direkter als zuvor: „Generation X / Generation Strange / Sun don't even shine through our window pain / So go ahead and talk shit / Talk shit about me / Go ahead and talk shit / about my g-g-generation" („Generation X / eine seltsame Generation / Für uns scheint in unserem Schmerz nicht mal die Sonne / Also erzählt ruhig weiter Scheiße / über mich / und über meine Generation").

Fred stürzte sich außerdem mit Begeisterung in ein tendenziell ermüdendes Wortgefecht mit Trent Reznor, dem Frontmann von Nine Inch Nails. Reznor hatte Durst im britischen *Kerrang!* angegriffen: „Es ist ja okay, wenn man nicht weiß, wo sein Platz ist, aber es ist was anderes, wenn man sich für David Bowie hält, nachdem man die Nacht durchgemacht und dabei einen Song wie ‚Break Stuff' geschrieben hat. Wahrscheinlich hat Fred Durst das Wort ‚break' die ersten Male nicht mal richtig geschrieben." Durst schoss zurück: „Trent Reznor muss wohl jeden Tag an mich denken. Wahrscheinlich nehme ich achtzig Prozent seines Lebens ein. Es ist doch scheiße, wenn man jemanden ohne Grund hasst, jemanden, den man nicht mal kennt." Es war ein hübscher Zufall, dass Durst – der seit 2000 bei Interscope im Vorstand saß – gewissermaßen Reznors Boss war, da TVT, das Label von Nine Inch Nails, inzwischen zu Interscope gehörte. Durst behielt in ihrem Streit das letzte Wort, indem er auf „Hotdog", dem ersten Track des neuen Bizkit-Albums, den Fürsten der Finsternis und seine Texte zu einem Nine-Inch-Nails-Sample von „Closer" parodierte: „You want to fuck me like an animal, you want to burn me from the inside, you like to think I'm a perfect drug, just know that nothing you do will bring you closer to me", spottete Durst. („Du willst mich ficken wie ein Tier, du willst mich von innen verbrennen, du träumst davon, dass ich die perfekte Droge bin, aber damit du's weißt: Nichts, was du tust, bringt dich mir näher.")

Durst gehörte nun zu den Großen in der Szene: Als Vorstandsmitglied bei Interscope und als Boss seines eigenen Labels Flawless erwies sich der oft geschmähte Sänger als fähiger Talentscout, der im Hintergrund für andere Bands die Fäden zog und damit sein Image als beschränkter, geldgieriger Redneck gründlich infrage stellte. Er wirkte maßgeblich daran mit, dass Cold, die ebenfalls aus Jacksonville stammten, einen Vertrag bei Flip erhielten, und wie wir im nächsten Kapitel erfahren werden, brachte er auch die Karriere einer jungen Band aus Neuengland gehörig in Schwung: Staind zählen inzwischen ohne Frage zu den Größen des Genres. Auf Flawless erschienen derweil das Livealbum *Family Values* sowie das Debüt von Big Dumb Band, einem Soloprojekt des Bizkit-Gitarristen Wes Borland. Außerdem nahm das Label Puddle Of Mudd unter Vertrag, von deren Debüt *Come Clean* in kurzer Zeit eine halbe Million Exemplare verkauft wurden. Zu Dursts weiteren Entdeckungen zählten Swish, ein junger Rapper aus Las Vegas, und die Band Sinisstar. Es handelt sich dabei allesamt um Künstler, die wenig mit Limp Bizkit gemeinsam haben, aber mit ihrem eigenen Stil ein enormes kommerzielles Potenzial besitzen.

Auch hier gleicht Durst den erfolgreichen Drahtziehern im Hip-Hop, von Dr. Dre bis Sean „Puffy" Combs, die sich alle ein eigenes Künstlerimperium aufgebaut haben, ihre Protegés formen und fördern und damit der Gemeinschaft, die sie groß gemacht hat, etwas zurück-

geben. Fred Durst und Limp Bizkit mögen vielen Leuten als Sündenböcke gelegen kommen, und möglicherweise helfen sie anderen Künstlern nicht die Karriereleiter empor, ohne dabei an ihren eigenen Vor-
teil zu denken, aber in dieser Haltung liegt vielleicht ihr größtes Ver-
mächtnis – eine Art Kooperationsvirus. Für die Musik kann das nur
gut sein. Der Schauspieler Ben Stiller – Fred Dursts Showbiz-Kumpel
– spricht über *Chocolate Starfish And The Hotdog Flavored Water:* „Wer
sonst wäre in der Lage, Rap, HipHop, Thrash, Punk und Metal zu
nehmen, alles zusammenzuschütten und dabei was anderes als Dünge-
mittel rauszukriegen?"
  Gute Frage.

4. Generation Next –
Die nächste Generation

Staind

Staind zählen zur zweiten Generation des Nu Metal. Sie haben es klugerweise vermieden, auf den Spuren von Korn zu wandeln, wie es die Band ihres Förderers Fred Durst so erfolgreich tut. Bei ihnen gibt es keinen Rap, keinen DJ auf der Bühne, keine Dreadlocks und kein „Weißer Gangsta"-Image. *Break The Cycle* schoss auf den ersten Platz der amerikanischen Albumcharts. Und als gäbe es etwas umsonst, stand plötzlich der ganze Kontinent Schlange, um mehr über diese neue Band zu erfahren, angefangen beim *Rolling Stone,* der eine Titelstory brachte, bis hin zu den zahllosen Kritikern kleiner Lokalzeitungen und Magazine. Staind hatten im Juli 2001 das Glück oder das Pech, der angesagteste Act der ganzen Szene zu sein. Aber wie Fred Durst ihnen immer wieder sagte: Wenn man gerade denkt, man habe das Spiel der Rockindustrie durchschaut und halte sich für hart und clever genug, um mitzuspielen, dann ändern „die da oben" plötzlich und ohne Vorwarnung die Regeln.

Über sieben Jahre lang hatten Staind ihre Livepower erprobt, indem sie unermüdlich durch die Clubszene von Neuengland tingelten und gemeinsam mit anderen Bands auf Tour gingen. Dabei waren sie 1995 ursprünglich als Coverband gegründet worden, nachdem Mike Mushok und Aaron Lewis einander zufällig bei einer Weihnachtsparty kennen gelernt hatten. In Neuengland erspielten sich Staind schnell einen guten Namen als respektable Liveband. Höchstwahrscheinlich wäre ihre Karriere auch in Schwung gekommen, wenn man sie sich selbst überlassen hätte; schließlich sind Mushok und Lewis beide ehrgeizig und von Musik besessen. Aber es half natürlich, dass sich Fred Durst ihrer annahm.

Staind spielten im Oktober 1997 als Vorgruppe für Limp Bizkit. Kurz bevor sie auf die Bühne gehen wollten, stürmte Fred Durst in ihre Garderobe und schwang dabei ein Exemplar ihrer selbst produzierten Debüt-

CD *Tormented*. Das Cover – das die Band heute selbst als naiv bezeichnet – zeigt eine verkehrt herum gekreuzigte Barbiepuppe, in der ein Messer steckt. Durst beschuldigte Staind, sie seien Satansanbeter, und wollte sie aus dem Programm streichen lassen. „Ich erklärte einfach, wie es war", sagte Mike Mushok Jahre später in einem Interview. „Er [Durst] brüllte, wir seien ja wohl total krank, und schrie uns nur an. Ich versuchte ihn zu beruhigen und ihm zu erklären, dass wir damit einen Menschen darstellen wollten, der nach außen hin völlig normal wirkt, aber eine schwere Zeit durchmacht. Dieser Jemand hat einen Zufluchtsort, wo er diese ganzen kranken Dinge tut, einen Ort, wohin er sich von allen anderen zurückziehen kann. Es ging um jemanden, der jeglichen Glauben verloren hat. Das sollte gar nicht diese große religiöse Dimension haben, aber es kam so rüber, weil die Bibel so einen großen Schockfaktor hat. Wir mussten die CD-Releaseparty verschieben, weil sich vier verschiedene Firmen geweigert hatten, das CD-Cover zu drucken."

Staind traten an jenem Abend dennoch auf, und Durst war schließlich so beeindruckt, dass er sie einlud, gemeinsam mit ihm und seinem Bizkit-Kollegen DJ Lethal einige Aufnahmen in seinem Studio in Jacksonville zu produzieren. Einige Monate später brachte Durst Staind bei Flip Records unter und vermittelte ihnen 1998 einen Auftritt bei der Party, die anlässlich der Gold-Verleihung für das Bizkit-Album *Three Dollar Bill, Yall$* veranstaltet wurde.

Das erste Album von Staind für Flip/Elektra, *Dysfunction,* erschien 1999. Anschließend spielten sie auf der Family-Values-Tour mit Method Man und Red Man, Run-DMC, Mobb Deep, Primus, Korn und Limp Bizkit, was ihnen zum einen eine größere Fangemeinde einbrachte, aber auch ihre Freundschaft mit Korn und Limp Bizkit festigte. Prompt buchten Korn Staind als Vorgruppe auf ihrer *Sick And Twisted*-Tour im Jahr 2000. Fred Durst führte Regie beim Video für die dritte Single „Home", und bei der *Return of the Rock*-Tour von MTV waren sie als Headliner dabei. Das Management von Staind übernahm The Firm, ein Unternehmen, das sich auch um Limp Bizkit kümmert (und außerdem um die Backstreet Boys, Korn, Orgy und Michael Jackson). Terry Date, der bereits bei *Significant Other,* dem internationalen Durchbruch von Limp Bizkit, an den Reglern gesessen hatte, produzierte nun auch *Break The Cycle.*

Auch wenn sie praktisch über Nacht enorm erfolgreich wurden – die Kritiker zeigten sich Staind gegenüber nie besonders wohlgesonnen. Der *NME* fertigte *Break The Cycle* mit mickrigen zwei von zehn möglichen Punkten ab. „Für alle, die mit dem Sound von Nirvana groß geworden sind, gab es nichts Schlimmeres als die Katerstimmung nach dem Ende der Grungewelle. Ein ganzer Strom strubbelköpfiger Slacker ging plötzlich auf der schwankenden Planke der Großkonzerne zitternd seinem Untergang entgegen, klammerte sich an jedem Strohhalm fest und hoffte die ganze Zeit, dass niemand merkte, dass es mit dem ‚alternative' ja gar nicht so weit her war." Louis Pattison schrieb in seiner Kritik: „Wir verdanken es dem Nu Metal, dass er endgültig den letzten Nagel in den Sarg des Grunge geschlagen hat. Aber das hat wohl noch nicht gereicht. Auf *Break The Cycle* schüttelt der Geist des kommerzialisierten Grunge sein altes Karohemd ab, zieht sich einen frisch ausgepackten Kapuzenpulli über und stellt sich als neue Ausgabe der Abteilung ‚Angst der neuen Generation' vor … *Break The Cycle* ist Nu Metal, wie Tipper Gore ihn sich vorstellt – vierzehn Tracks elternfreundlicher Softrock mit Grungegeschmack, neben dem Creed im Vergleich wie G. G. Allin wirken."

Selbst die normalerweise begeisterungsfähigeren Metalmagazine haben sich Staind gegenüber recht abfällig geäußert; zwar nahmen sie die Band gern aufs Titelblatt, moserten aber in den Artikeln über die „Deftones für Arme". Und dann gab es natürlich noch diejenigen, die das von Terry Date produzierte *Break The Cycle* mit dem raueren, weniger kommerziellen Werk der frühen Tage verglichen.

Bei der gesamten „Nu"-Generation fällt auf, dass die Kritikermeinung und die Reaktion der Fans weit auseinander liegen. Das war jedoch in gewissem Maß immer der Fall: Black Sabbath, Led Zeppelin und Deep Purple wurden während ihrer besten Zeit von der Presse regelmäßig fertig gemacht. Dieses Phänomen beschränkt sich dabei nicht auf die Rockmusik: Jede Form von Entertainment, die in der Öffentlichkeit besonders gut ankommt, zieht sich schnell den Zorn der Kritiker zu. Wie hieß es so schön in einem Kommentar zu den Filmen von Stan Laurel und Oliver Hardy: „Niemand mochte sie, außer den Zuschauern."

Vielleicht liegt es daran, dass die Musikjournalisten das Business aus der Nähe erleben und mitbekommen, wie die Plattenindustrie funktioniert. Falls man einmal die Illusion gehabt hat, dass eine Band aus dem Nichts aufsteigen und die Welt erobern kann, wenn sie tolle Songs schreibt, dann verliert man sie in der Regel, sobald man den ersten Blick hinter die Kulissen der Unterhaltungsindustrie geworfen hat. Letzten Endes gibt es keinen großen Unterschied zwischen der Herstellung, Vermarktung, dem Kauf und Verkauf von Musik und von Waschpulver. Es gibt auch kein goldenes Zeitalter, in dem das jemals anders gewesen wäre; heute funktionieren die entsprechenden Mechanismen nur noch reibungsloser als früher. (Der Konflikt zwischen wahrgenommener Authentizität und Konstruiertheit wird später im Zusammenhang mit Linkin Park noch genauer beleuchtet.)

Staind folgten der alten Rock 'n' Roll-Tradition, jederzeit und überall dort zu spielen, wo sie ihre Instrumente einstöpseln konnten. Auf diese Art schufen sie sich eine solide Fangemeinde, die sich durch Mundpropaganda weiter vergrößerte, indem die bereits Überzeugten zum nächsten Konzert ihre Freunde mitbrachten. Diese Methode funktionierte schon bei Elvis, den Beatles und Black Sabbath – heute hat man diesem Phänomen lediglich einen neuen Namen gegeben und spricht von „viral marketing", wenn man die virusähnliche Verbreitung einer Werbebotschaft meint.

Flip-Records-Boss Jordan Schur, der Staind auf Empfehlung von Fred Durst 1998 unter Vertrag nahm, sagte über die Band: „Die Jungs haben ihre Musik überall direkt vor Ort vorgestellt, und so wurden sie vom Publikum entdeckt, bevor die Radiosender und MTV so weit waren." In gewisser Hinsicht lief es tatsächlich so. Als ich 2001 zu einem Treffen mit der Band in die USA flog, war es offensichtlich, dass sich Staind durch die ausgedehnten Tourneen bereits eine treue Fangemeinde aufgebaut hatten. Viele der Konzertbesucher hatten die Band in den zurückliegenden Jahren bereits mehrere Male live gesehen (was in einem flächenmäßig kleinen Staatenverbund wie Neuengland wiederum nicht besonders schwierig ist). Es war jedoch ebenso offensichtlich, dass rund um die Band eine fleißige Industriemaschinerie zu arbeiten begonnen hatte, die Staind geradezu mit Gewalt an die Spitze schob. Ihr Managementunternehmen The Firm gehört zu den weltweit Größten in der Branche und musste bisher kaum Flops verbuchen.

Als Staind Mitte 2001 von der *Wake The Fuck Up*-Tour mit Godsmack zurückkehrten, stand ihnen der große Durchbruch noch bevor. Dabei schien jedoch niemand zu bezweifeln, dass sie eines Tages kistenweise Singles und Alben verkaufen und über kurz oder lang zu den Spitzenbands im Rockgeschäft zählen würden.

Ob Staind überall bei ihren Konzerten in den USA sofort mit offenen Armen empfangen wurden, ist schwer zu sagen, aber in Hartford hatten sie definitiv eine fanatische Anhängerschaft, deren Hingabe beinahe Besorgnis erregende Ausmaße annahm. Die Fans belagerten die Lobby der *Meadows Concert Hall* und diskutierten über die Texte von *Break The Cycle,* das zu diesem Zeitpunkt noch nicht einmal erschienen war, aber auf einer inoffiziellen Fan-Webseite zum Download angeboten wurde. Als Staind schließlich auf die Bühne kamen, sangen, sprachen oder murmelten die Kids die Texte alter Lieblingssongs wie „Mudshovel" oder „Just Go" vom zweiten Album *Dysfunction* ebenso mit wie die neuerer Titel; „It's Been A While", die erste US-Single von *Break The Cycle,* wurde von den Rocksendern und im Collegeradio häufig gespielt. Es war deutlich zu spüren, dass die Themen, die Aaron Lewis in seinen zornigen, melancholischen und gelegentlich auch aufbauenden Songs zur Sprache brachte, den Zuschauern wirklich unter die Haut gingen.

Am Abend vor diesem Gig waren Staind in der *David Letterman Show* zu Gast gewesen, ihr Name hatte sich daraufhin schnell über die Grenzen der Fan-Gettos bis in die Welt der Pseudopromis verbreitet. Der Taxifahrer, der mich zum Konzert fuhr, wusste bereits, wer sie waren, weil er sie im Fernsehen gesehen hatte, und er fand sie recht gut. Er war Ende fünfzig und stand ansonsten auf den Entertainer Jimmy Buffett. War das vielleicht ein schlechtes Zeichen?

Staind umgibt nach wie vor das Flair einer Undergroundband. Wer behauptet, dass sie nur groß geworden sind, weil sie von einflussreichen Musikern gefördert wurden, ohne dass sie dafür gearbeitet hätten, der hat keine Ahnung; meist kommt dieser traurige Vorwurf von gescheiterten Existenzen, die anderen Künstlern ihren Erfolg nicht gönnen. Staind sind in erster Linie Musiker und erst in zweiter Geschäftsleute. Allerdings gibt es in ihrem Team einige Furcht einflößende Leute, die sie geschäftlich vertreten.

Staind sind von einer Gruppe ausgefuchster Branchenkenner umgeben, die nach dem Motto „Nichts ist unmöglich" vorgehen, sowohl bei der Plattenfirma, im Management oder beim Tourneepromoter, dessen Mitarbeiter für den reibungslosen Ablauf der Konzerte sorgen. Sie alle versuchen zwar den Eindruck zu vermitteln, dass sie nur aus Spaß an der Sache dabei sind und sich bestens amüsieren, aber man merkt, wie viel Schweiß und Einsatz dahinter steckt. Jeder scheint mit mindestens zwei Mobiltelefonen ausgestattet zu sein, wie misstrauische Wächter stehen sie überall herum, schicken einige Leute zum Teufel und führen wiederum andere ins Allerheiligste – zu einem Treffen mit der Band. Journalisten der örtlichen Radiosender, vom Fernsehen und der Presse werden in die Garderobe der Band geführt, um dort einige schlaue Sprüche aufzuzeichnen. Andere – die Schmarotzer, überaus anhängliche Fans und Möchtegern-Groupies – werden höflich, aber bestimmt abgewiesen. Würden diese Leute für die Mafia arbeiten, dann würden sie lächeln, während sie ihre Feinde erschießen, und dem verblutend am Boden liegenden Opfer noch das Gefühl vermitteln, sie hätten ihm einen Gefallen getan.

Nach der Show wird die Band für einen Fototermin zusammengetrommelt. Alle Musiker stecken von Kopf bis Fuß in Dickies-Sweatshirts und -Jeans, wobei Aaron Lewis tatsächlich noch sein Oberteil wechselt und eins mit einem Pony-Logo überstreift, weil da offenbar gerade ein neuer Deal abgeschlossen worden ist. Zwar lächelt keiner der Jungs, aber man merkt trotzdem, dass sie der ganze Rummel noch immer ungeheuer amüsiert. Sie tauschen sich über die immer seltsameren Bemerkungen der Fans und über die Fragen der Journalisten aus und freuen sich auf ein Treffen mit dem MTV-Comedystar Pauly Shore, der vorbeikommen will, um der Band ein paar Ausschnitte aus seinen Filmen zu zeigen.

Wie Gitarrist Mike Mushok mir verrät, sind Staind eher Geschäftspartner als eine Gang wilder Rock'n'Roller, die miteinander aufwuchsen und in irgendeiner Garage so lange übten, bis sie mit ihrer Musik die Welt erobern konnten. Aber es besteht kein Zweifel, dass sie jede Menge Spaß haben. Die geheimnisvolle Aura, die sie umgibt, wird sorgfältig kultiviert, was angesichts der Tatsache, dass sie im Grunde noch immer relative Newcomer sind, ein wenig unpassend wirkt. Sänger Aaron Lewis gibt sich lakonisch und sieht aus, als hätte er eine Woche lang nicht geschlafen. Er spricht nicht gern über seine Songs, aber generell ist er guter Laune und froh, hier ein Heimspiel geben zu können. Mit ihrer neuen Platte sind Staind wirklich sehr zufrieden; jetzt bereiten sie sich seelisch darauf vor, dieses Werk auf langen Tourneen der ganzen Welt vorzustellen. Auf der Bühne und im Studio öffnet sich Aaron in einer Art und Weise, die sich die wenigsten Künstler zutrauen, und es gelingt ihm dabei, eine unmittelbare Kommunikation zwischen ihm und seinem Publikum herzustellen, die jede Barriere überwindet. Aber zu

möglichen verborgenen Bedeutungen der Songs oder zu ihrem Entste-
hungsprozess will er nicht allzu viel verraten. „Wir haben nicht versucht,
irgendwas zu erzwingen", meint er. „Wir haben einfach immer weiter
Songs geschrieben, und die wurden schließlich besser."

Break The Cycle klingt positiver als ihre Vorgänger, die eher wie Wut-
ausbrüche wirkten, gewalttätige Gefühlseruptionen mit Gitarren. „Wie
kam es zu dieser Veränderung?", frage ich. „Weiterentwicklung und
Lebenserfahrung", antwortet Aaron. „Wir alle haben uns verändert.
Was das ‚breaking the cycle', das Ausbrechen aus dem Kreislauf,
betrifft: Da geht es darum, dass ich die Augen selbst weit genug auf-
mache, um zu sehen, welche Teufelskreise es in meinem Leben gibt."

„Die Melodien, die Strukturen und die Songs wirken als Ganzes
reifer", sagt Gitarrist Mike Mushok. Geschliffene Antworten wie diese
geben keinerlei Hinweis auf die Power ihrer Musik.

Jetzt, in diesem Augenblick, stehen überall auf der Welt picklige Teenager in irgendwelchen Garagen und versuchen so zu klingen wie Korn.
Darüber hinaus gibt es noch ein paar tausend etablierte Bands, die sich
darüber streiten, ob sie vielleicht ihren Sound ändern und ein wenig
mehr in die Rap-Metal-Richtung gehen sollten. Wie auch die Deftones
sind Staind, wenn man ein kleines bisschen an ihrer Oberfläche kratzt,
im Grunde eine sehr konventionelle Rock 'n' Roll-Band, die Anfang der
Neunziger gut zur Szene um Nirvana gepasst hätte und die noch ein Jahrzehnt früher wohl irgendwo zwischen The Smiths und R.E.M. aktiv
gewesen wäre. Wie auch die Deftones blasen sie ihre persönliche Wut
über ihren Alltag zu einer großen Tragödie von beinahe kosmischen
Dimensionen auf. Sie finden Anklang bei den unzufriedenen Jugendlichen, die für Limp Bizkit vielleicht zu cool sind und die den Depri-Rock
von Bands wie den Smashing Pumpkins nur noch vom Hörensagen kennen, weil die älteren Brüder oder Schwestern auf die standen.
Wenn Aaron Lewis bei „Mudshovel" singt: „You can feel my anger,
you can feel my pain" („Du kannst meinen Zorn fühlen, du spürst meinen Schmerz"), dann singen große Teile ihres gut situierten, gut geklei-
deten amerikanischen Teenagerpublikums aus vollem Herzen mit. Im
Gegensatz zur Schockwirkung der Show von Disturbed, die vor ihnen
auf der Bühne waren, geht bei Staind von Band und Publikum eine
geradezu erschreckende Offenheit aus, und genau darin liegt die Stärke
der Band: Sie zapft den real existierenden Zorn und Schmerz der unzu-

friedenen Jugendlichen der weißen amerikanischen Mittelklasse ebenso an, wie das zehn Jahre zuvor Nirvana und Pearl Jam taten. Im Gegensatz zu Korn und Limp Bizkit, die eher die partysüchtigen Biertrinker, die unreifen Collegejungs und eben die „Whigger" ansprechen, zielen Staind auf die Bewohner der eher introspektiven Gefilde, die sich in der Vergangenheit dem Trost spendenden Elend von Künstlern wie The Cure, The Smiths, Leonard Cohen, Joni Mitchell oder Nick Cave zugewandt hatten.

Aaron Lewis tigert über die Bühne und brüllt seine Unzufriedenheit, seine Wut, seine Genervtheit angesichts so vieler ungelöster Probleme heraus – mit einer vollen, warmen Tenorstimme, der er zwar einen rauen Klang verleihen kann, die aber nebenbei auch Töne trifft, die man eigentlich kaum für möglich halten würde. Dabei exorziert er eher die Frustrationen und Zweifel des Publikums, anstatt zu dessen Unterhaltung in seinen eigenen emotionalen Wunden zu bohren. Man merkt, dass Staind sorgfältig dafür trainiert haben, eines Tages zu den ganz Großen im Musikgeschäft zu gehören: Sie geben sich alle Mühe, ihrer Rolle bis in alle Einzelheiten genau zu entsprechen.

Vergleicht man das 1996 erschienene Debüt *Tormented* mit *Break The Cycle,* so scheint man eine völlig andere Band zu hören. *Tormented* ist eine einzige lange und unreife Hardcore-Attacke, der Überschallschrei eines Mannes, der aus Frustration seinen Kopf gegen eine Wand schlägt. Nur wenig weist hier darauf hin, dass sich Staind von den zahllosen anderen Punkrockbands, die wie ein ständiges Hintergrundgeräusch im Untergrund aktiv sind, unterscheiden könnten. *Dysfunction* von 1999 hingegen lässt bereits erkennen, dass die Band versucht, mit ihrer geballten Wut irgendwie zurechtzukommen und etwas daraus zu formen, das auch Zuhörer abseits ihrer Hardcorefans ansprechen könnte; dabei ging es nicht um „Ausverkauf" oder „Kommerzialisierung", sondern schlicht darum, den Sound überhaupt erst einmal erträglich zu machen. *Break The Cycle* avancierte zum Durchbruch für die Band, die damit ins Herz des klassischen amerikanischen Songwritings vorstieß.

Natürlich drängen sich Vergleiche mit Nirvana, Soundgarden, Alice In Chains, Pearl Jam und Stone Temple Pilots auf, aber auch mit gut abgehangenen amerikanischen Rockikonen wie Neil Young And Crazy Horse, Bruce Springsteen und einem hartgesottenen Countrysänger wie Steve Earle. Überraschenderweise kommen nicht die üblichen Verdächtigen rund um die Sabbath-Zeppelin-Nirvana-Achse ins Spiel, wenn es um die Einflussgeber von Staind geht. Stattdessen nennt die Band Crosby, Stills, Nash And Young, Jim Croce, Gordon Lightfoot und Cat Stevens. „Ich hatte schon immer eine Schwäche für Singer/Songwriter", erklärt Aaron.

Das bekennende Element in seinen Songs – deren Texte manchmal klingen, als habe er sie direkt aus seinem Tagebuch abgeschrieben – erinnert dabei gelegentlich an einen anderen von Sorgen zerfressenen Neuengländer: James Taylor. Aber während James sich jahrelang mit Drogenabhängigkeit und Entzugsversuchen plagte, um schließlich als moderner Troubadour seinen Frieden mit sich selbst zu machen, kämpft Aaron nach wie vor mit der Wut und dem Abscheu gegenüber der Welt, die ihn umgibt.

Auf „Outside", dem ersten Track auf *Break The Cycle,* singt er: „A boy just thirteen on the corner for sale / Swallows his pride for another hit / Overpopulation there's no room in jail / But most of you don't give a shit / That your daughters are porno stars / And your sons sell death to kids / You're so lost in your little worlds / Your little worlds you'll never fix" („Ein Junge von dreizehn steht an der Ecke und bietet sich an / Für den nächsten Schuss schluckt er seinen Stolz hinunter / Überbevölkerung, im Knast ist kein Platz / Aber den meisten von euch ist es scheißegal / dass eure Töchter Pornostars sind / und eure Söhne den Kids den Tod verkaufen / Ihr seid so gefangen in euren kleinen Welten / die ihr nie reparieren werdet").

In „It's Been A While", einem Lied von Liebe und Erlösung, heißt es: „It's been a while / Since I could say that I wasn't addicted / Since I could say I love myself as well / Since I've gone and fucked things up just like I always do / But all that shit seems to disappear when I'm with you" („Es ist eine Weile her / dass ich sagen konnte, ich sei nicht abhängig / Seit ich mich selbst lieben konnte / Seit ich das letzte Mal alles kaputtgemacht habe, wie ich das immer tue / Aber diese ganze Scheiße scheint keine Rolle mehr zu spielen, wenn ich bei dir bin").

„Wenn man die Entwicklung vom ersten Album bis hin zu diesem hier verfolgt, dann spiegelt sich die Veränderung definitiv in den Texten wider, zudem kann man erkennen, dass wir deutlich gereift sind, was die musikalische Seite des Songwritings betrifft", erklärt Aaron: „Ich habe immer noch sehr viel Wut in mir, und die ist auf dem Album natürlich spürbar ... aber es ist auch ein kleiner Funken Hoffnung dabei. Es gibt eine Zeit im Leben, so zwischen fünfzehn und zwanzig, wo man mit der ganzen Welt hadert, ob das nun nötig ist oder nicht. Wenn man älter wird, ist man aus anderen Gründen zornig." Reden wir jetzt von Jugendlichen auf der ganzen Welt oder nur von denen in den USA oder Europa? „Keine Ahnung", meint Aaron achselzuckend, „ich kenne bisher nur Amerika."

Staind sind also nicht unbedingt eine Gutelauneband. Aber sie sind auch nicht ausschließlich deprimiert und negativ; in Aarons Songs werden vielfach Fragen aufgeworfen. „Epiphany" – eine überwältigende Ballade, die ebenso gut als trauriger Country & Western-Song oder als düsterer Joy-Division-Track durchgehen würde – setzt sich in wirklich bewegender Weise mit den Zweifeln und dem Unbehagen auseinander, das Aaron bezüglich seiner eigenen Rolle als Sprachrohr einer Generation empfindet: „I speak to you in riddles because / My words get in my way / I smoke the whole thing to my head and feel it wash away" („Ich spreche in Rätseln zu euch / weil mir meine eigenen Worte in die Quere kommen / Ich ziehe mir das alles rein und merke, wie es verblasst"). „Manchmal rede ich mit den Fans, als ob sie Kinder wären, wenn ich mir selbst über meine Gefühle nicht sicher bin", sagt er. „Der Song heißt deswegen ,Epiphany', weil er wie eine Erscheinung plötzlich in meinem Kopf auftauchte. Ich konnte den ganzen Song komplett hören, mit Schlagzeug und allem. Ich ging ins Studio und arbeitete so lange daran, bis er der Version, die ich zuerst gehört hatte, komplett entsprach."

Natürlich zieht jeder Künstler, der sich zu tiefgründigeren Texten als „awopbopaloobopawopbamboom!" verleiten lässt, sofort besessene Fans an, deren Begeisterung weit über den bloßen Spaß an der Musik und dem schlichten Interesse an den Texten hinausgeht. Staind gehören zu den wenigen echten Rockbands, die sich auf dieses Terrain vorwagen, seit Pearl Jam ihren Biss verloren haben und Kurt Cobain sich erschoss. Die Leidenschaft und Ehrlichkeit in den Songs von Staind ziehen die gequälten Seelen ebenso magisch an wie die Tatsache, dass sie sich mit genau jenen Ängsten und Problemen beschäftigen, denen sich Jugendliche in den USA und auf der ganzen Welt immer wieder ausgesetzt fühlen.

Das auf *Break The Cycle* enthaltene „Waste" beschreibt Aarons Gefühle nach dem Selbstmord eines Fans. „Seine Mutter kam zu uns; sie stand weinend am Bus und wollte, dass ich rauskomme und mir ihr rede. Der Song handelt von meinen Gedanken zu seinem Tod, was ihn wohl dazu bewogen hat, diesen Schritt zu tun, und von ihr, wie sie zu uns an den Bus kam."

Hat sie dir Vorwürfe gemacht? „Nein. So war das nicht, sie suchte nach Antworten. Sie wollte mit mir reden und von mir die Antwort bekommen, die sie sich eigentlich selbst geben müsste. Ich habe ihn nicht gekannt." Wie hast du darauf reagiert? „Gar nicht. Ich bin nicht zu ihr rausgegangen."

Diese lakonische Antwort passt nicht recht zum Text dieses Tracks, der von Wut und Zorn durchzogen ist: „Did Daddy not love you? / Or did he love you just too much? / Did he control you? / Did he live through you at your cost? / Did he leave no questions for you to answer on your own? / WELL FUCK THEM! / AND FUCK HER! / AND FUCK HIM! / AND FUCK YOU! / For not having / The strength in your heart / To pull through" („Hat dich dein Daddy nicht geliebt? / Oder vielleicht zu sehr? / Hat er dich kontrolliert? / Hat er versucht, auf deine Kosten durch dich zu leben? / Hat er dir keine Fragen gelassen, die du für dich selbst beantworten konntest? / SCHEISS AUF SIE ALLE! / SCHEISS AUF SIE! / UND SCHEISS AUF IHN! / UND SCHEISS AUF DICH! / Weil du nicht die Stärke hattest / dich durchzubeißen").

Fühlt er eine gewisse Verantwortung für jene Fans, deren Interesse eine ungesunde Intensität annimmt? „Es ist schwer, sich davon zu lösen", sagt er. „Das ist wieder eine von diesen beschissenen Widersprüchlichkeiten. Es ist schwer, sich nicht verantwortlich zu fühlen, aber man will ja auch nicht predigen, und man will sich selbst nicht zu ernst nehmen. Wir machen einfach Musik und haben Spaß dabei. Aber man kann die Verantwortung nicht abschütteln, wenn man so viele Menschen erreicht, die sich offensichtlich damit identifizieren können, was ich selbst zu einer bestimmten Zeit gefühlt habe. Das ist schon ziemlich heavy."

Hast du niemals Lust, einfach mal Surf Music, R & B oder Instrumentals zu spielen? Er lacht. „Nein, ich muss das ausdrücken, was gerade aus mir herauswill." Ist das deine Art, das Leben zu bewältigen? „Ganz genau. So verarbeite ich, was in mir vorgeht, und kann es jede Nacht loswerden."

Findet diese Katharsis eher beim Songwriting statt oder während der Konzerte? „Überall. Auf verschiedene Weise. Ich liebe es, die Energie in einem Raum zu fühlen …" Brauchst du die Bewunderung des Publikums? „Nein." Aber du genießt sie schon, wenn du sie bekommst? Gibt dir das kein Hochgefühl? „Vielleicht nicht so, wie du denkst. Ich ziehe daraus viel Energie. Es ist ein tolles Gefühl, wenn man spürt, dass man erfolgreich ist. Ich bin ein sehr zurückhaltender Mensch, wenn ich nicht gerade auf der Bühne stehe. Ich gehe selten aus, und ich weiß, dass Mike ähnlich ist. Ich sitze entweder bei mir zuhause auf dem Sofa, oder ich gehe angeln." Und dennoch arbeitest du in einem Bereich, der die gesamte Privatsphäre auffrisst und dein Leben zum öffentlichen Eigentum erklärt, ob dir das gefällt oder nicht. „Wenn ich auf Tour bin, mache ich meinen Job!"

Hast du keine Angst, dass diese öffentliche Seite sich auch in dein Privatleben hineindrängt? „Oh, da haben wir vorgebaut. Es gibt ein großes Grundstück, das ich als privaten Rückzugsraum nutzen kann … ich gehe dort hin, wenn ich Songs schreiben und mich nicht als Rockstar, sondern als Musiker fühlen will, wenn es mir nicht darum geht, die ganzen Mädchen aufzureißen. Ich bin verheiratet und ein Einsiedler!"

Momentan sind Staind als Rockband mittlerer Größe, die gerade erst zum Sprung an die Spitze ansetzt, noch amüsiert von den kleinen Auswirkungen, die ihre Berühmtheit auf ihr Leben hat. „Mir ist aufgefallen, dass die Leute in Springfield hinter unserem Rücken zu flüstern begonnen haben", sagt Mike. „Da steht man dann irgendwo in einem Laden und bekommt mit, wie jemand flüstert: ‚Hey, das ist dieser Typ aus der Band.' Das ist aber eigentlich ganz schön."

„Ich habe die Erfahrung gemacht, dass es in zweierlei Richtungen geht", sagt Aaron. „Entweder haben sie zu viel Angst, um mich anzusprechen, oder ich sitze gerade mit meiner Frau beim Essen, und sie kommen direkt an den Tisch und sagen, sie wollten nicht stören, während ich esse, aber … und ich denke mir dann: Aber genau das tut ihr gerade!"

Es wird momentan viel darüber diskutiert, ob Staind eine Nu-Metal-Band sind oder nicht; vom Sound her haben sie mit anderen Bands wie Korn, Papa Roach oder Godsmack wenig gemeinsam. Noch weniger verbindet sie mit den voll aufgedrehten, aufrührerischen Hymnen ihrer Förderer Limp Bizkit. Sie sehen ähnlich aus – Trainingsklamotten, Skaterhosen, Kapuzenshirts –, und sie sprechen in ihren Songs dieselben pubertären Probleme und Ängste an. Reicht das aus? Wenn man bedenkt, wie willkürlich und bedeutungslos diese Definitionen letztlich sind, dann sollte es wohl genügen; schließlich hatten Nirvana und Soundgarden auch nicht mehr gemeinsam als eine Vorliebe für Karohemden und Texte über innere Zerrissenheit, wenn man davon absieht, dass sie aus derselben Gegend kamen. Dennoch weiß man, worum es geht, wenn man sie als Grungebands bezeichnet, und hinterfragt nicht unbedingt, ob sie wirklich zu dieser Szene gehörten.

Staind werden es wohl am ehesten überleben, falls die ganze Nu-Metal-Begeisterung einmal abflauen sollte und viele ihrer jetzigen Mitstreiter wieder bei *Burger King* hinterm Tresen stehen. Zwar sind sie mit Bands wie Godsmack befreundet, aber die einzigen Gemeinsamkeiten liegen für sie darin, dass sie im gleichen Alter sind und aus Neuengland stammen.

Momentan sind Tourneen in den USA mit einer gewissen strategischen Entscheidung verbunden: Es existieren zwei große Wanderfestivals, zum einen das eher der Nu Skool zugerechnete Family Values rund um Korn und Limp Bizkit und zum anderen das etwas traditioneller geprägte Ozzfest. Dahinter steckt ein idealistisches Konzept: Indem man Bands zusammenstellt, die einen unterschiedlichen Bekanntheitsgrad besitzen und unterschiedliche Erfahrungen gemacht haben, übernehmen die etablierten Künstler sozusagen eine Mentorenrolle für die Newcomer. Über eine mögliche Rivalität zwischen beiden Lagern wollen sich Staind nicht äußern: „Ein Freund von mir hat es sehr gut formuliert, als er sagte, wir könnten entweder als Support für die Foo Fighters auf Tour gehen oder als Support für Pantera", meint Mike. „Wobei ich sagen muss, dass wir natürlich nicht planen, mit Pantera loszuziehen …"

„Wir könnten aber definitiv einen Set zusammenstellen, der sich dafür eignen würde", sagt Aaron. Zu wem die Band aber wirklich hält, daran lässt sie keinen Zweifel: „Ich werde bis ans Ende meiner Tage dankbar dafür sein, dass wir bei der Family-Values-Tour auftreten durften. Und wir werden auch Fred Durst immer dankbar sein, nicht nur dafür, dass er uns die Tour und den Plattenvertrag vermittelt hat, sondern auch, weil wir unterwegs so viel von ihm und Bizkit gelernt haben. Die haben uns wirklich was beigebracht."

Allerdings fällt Staind der ständige Verweis auf Durst langsam auf die Nerven. „Ich glaube nicht, dass die Beziehung von Limp Bizkit zu Korn so lang anhaltend war wie unsere zu den Bizkits", sagte Mike

Mushok 2001 in der August-Ausgabe des amerikanischen Rockmagazins *Circus*. „Fred hat sehr viel für uns getan, und das tut er immer noch. Er hat unser neues Video gedreht“ – *(It's Been A While)* – „und dabei meiner Meinung nach einen großartigen Job abgeliefert. Er hat uns sehr viele Ratschläge gegeben – ich meine, wenn man betrachtet, was er für sich und seine Band geschafft hat, dann wären wir doch blöd, wenn wir seinen Rat in den Wind schlügen. Wenn man sich mit erfolgreichen Menschen umgibt, mit Leuten, die wissen, was läuft, dann färbt das hoffentlich ein wenig ab. Sie haben sich uns gegenüber toll verhalten, aber letzten Endes haben wir unsere Platte dann allein gemacht.“

Die Unterstützung für Staind war sicher eine der besseren Ideen von Limp Bizkit. Sie halfen der Band nicht nur bei der Produktion jenes Albums, das ihnen letztlich den Durchbruch brachte, und nahmen sie mit auf Tour; sie ermutigten Staind vor allem, eine musikalische Richtung einzuschlagen, in der Aarons ausdrucksvolle, erhabene Stimme gut zur Geltung kommt. Hier liegt wiederum ein großer Unterschied zwischen den Nu-Metallern und der alten Schule. Dass eine Band die andere unterstützt, ist sicherlich keine neue Errungenschaft. Die neue Generation unterstützt jedoch junge Künstler, die höchstwahrscheinlich Platten verkaufen und Fans um sich scharen werden. In der Vergangenheit halfen Bands, die selbst Labels gegründet hatten, in der Regel vornehmlich solchen Acts, die ihnen nicht gefährlich werden konnten, und schufen damit eine Kaste mittelmäßiger Supportbands.

Während der Grungeära versuchte Kurt Cobain, die Karriere zweier seiner Lieblingsbands wieder in Schwung zu bringen, nämlich die der obskuren schottischen Punkband The Vaselines (Cobain nahm mit „Molly's Lips“ und „Son Of A Gun“ zwei ihrer Songs auf) sowie die der längst aufgelösten elitären Feministinnenband The Raincoats, die sich daraufhin wieder zusammenschloss, um als Support für Nirvana auf Tour zu gehen. Aber beide Bands zeigten sich trotz der Unterstützung durch Cobain völlig unfähig, daraus Kapital zu schlagen und sich eine Fangemeinde aufzubauen, die über die bereits eroberte Kultnische hinausging. Staind hingegen könnten Limp Bizkit bezüglich der Verkaufszahlen den Rang ablaufen – nachdem die Bizkit-Zukunft seit dem Weggang von Gitarrist Wes Borland selbst etwas unsicher erscheint, ist das zumindest nicht unmöglich. Staind sprechen außerdem ein wesentlich breiteres Publikum an. Während häufig behauptet wird, niemand über vierundzwanzig könne Limp Bizkit oder Korn ernsthaft gut finden, sind Staind mehr auf den Mainstream ausgerichtet und könnten sich daher eine wesentlich größere Fangemeinde aufbauen.

Und ebenso, wie Fred Durst ihnen den nötigen Anstoß gegeben hat, werden sie selbst eines Tages andere Bands fördern. „Das gehört zur Abmachung", sagt Aaron. „Als der Videodreh zu ,It's Been A While' mit Fred vorbei war, nahm er uns zur Seite und sagte: ,Ich bitte euch nur um das eine. Wenn die Zeit reif ist, dann tut ihr für eine Band dasselbe, was wir für euch getan haben.'"

Wie werdet ihr diese Band finden?, frage ich. „Keine Ahnung", sagt Aaron. „Aber wir werden sie finden."

Im Januar 2003 unterzeichneten Lo-Pro einen Vertrag mit Aaron Lewis' neuem Label, das er gemeinsam mit dem Geffen-Vorsitzenden Jordan Schur gegründet hatte. Lewis sagte mir: „Ich weiß noch nicht, wie es heißen wird, momentan läuft es noch unter ADD, aber dabei bleibt es möglicherweise nicht. Es ist ein bisher noch nicht offiziell operierendes Label, das über Geffen/Interscope vertrieben werden wird."

Lo-Pro, deren Musik als elektronisch und mit schwerblütigen Metalgitarren beschrieben wird, gingen mit Produzent Josh Abrahams ins Studio, der schon bei *Break The Cycle* und dem darauf folgenden Album *14 Shades Of Grey* an den Reglern gesessen hatte.

Staind hatten sich mental bereits darauf vorbereitet, dass *14 Shades Of Grey* im Vergleich mit dem phänomenalen Vorgänger schlechter abschneiden könnte, schon allein deshalb, weil mit „Outside", einem Duett von Lewis und Durst, vorab ausgesprochen hohe Erwartungen geschürt worden waren. Außerdem, gab Lewis zu, hatte die Geburt seiner Tochter seinen Seelenzustand enorm verbessert. Ob sich das auf seine Texte und die Musik ausgewirkt hatte? „Ich würde zwar nicht sagen, dass es jetzt ausgesprochen fröhlich zugeht, aber ich fühle mich wesentlich besser als das letzte Mal, als ich an einer Platte arbeitete", sagte Lewis auf MTV. „Ich bin noch immer derselbe Mensch, aber in besserer Verfassung."

5. Echt getürkt oder falsch authentisch?

Linkin Park

Seit seiner Veröffentlichung im Jahr 2000 wurde *Hybrid Theory* von Linkin Park viermal mit Platin ausgezeichnet – das entspricht vier Millionen verkauften Tonträgern. Damit rückte die Band nicht nur in die erste Reihe der Nu-Metal-Szene, sondern auch ins Zentrum einer hitzigen Diskussion über die Authentizität des Rock 'n' Roll. Frontmann Chester Bennington sieht so gut aus, dass er problemlos bei einer Boyband mitmischen könnte. Abseits der Bühne gibt er sich ruhig, respektvoll und lässt sich nicht leicht aus der Ruhe bringen. Aber dennoch ist Chester, wie alle Frontmänner, von brennendem Ehrgeiz erfüllt. „Ich will Rockstar sein", sagte er mir gegenüber. „Das wollte ich schon immer, solange ich denken kann."

Als Chester frisch aus dem heimischen Arizona auf die übrigen Linkin-Park-Mitglieder traf und die Band zum ersten Mal hörte, wusste er, wie er dem *Kerrang!* im Januar 2001 erzählte: „Das ist der große Wurf. Das ist die goldene Eintrittskarte zu Willy Wonkas Schokoladenfabrik."

Zwar streben die anderen Musiker nicht unbedingt ebenso entschlossen nach Rockstarruhm wie Chester. Dafür haben sie ihren eigenen Ehrgeiz – sei es, ihre Musik besser und mehr Leuten zugänglich zu machen, davon leben zu können oder tatsächlich reich zu werden.

Alle Bands schließen einen faustischen Pakt, um dieses Ziel zu erreichen, obwohl sie heute wohl nicht mehr unbedingt um Mitternacht zum Kreuzweg gehen und dort ihre Seele dem Teufel verkaufen. Das tun sie vielmehr in den klimatisierten Büroräumen der großen Major-Plattenfirmen. In dieser Hinsicht unterscheiden sich Linkin Park überhaupt nicht von allen anderen Musikern, deren Ehrgeiz über die Pressung einer Vinylsingle und einen gewonnenen Lokalband-Wettbewerb hinausgeht. Linkin Park tun das, was im dritten Jahrtausend von erfolgreichen Musikern verlangt wird. Früher reichte es, wenn eine

Band Platten aufnahm, Konzerte gab und sich den Rest der Zeit zugeknallt von Drogen mit Groupies amüsierte oder auf die tödliche Überdosis im Swimmingpool hinarbeitete. Das hat sich inzwischen gründlich geändert. Viele Bands beklagen sich über ihr schweres Schicksal, wobei sie im Vergleich zum Mitarbeiter einer Hilfsorganisation in Afghanistan eigentlich ein recht angenehmes Leben führen. Trotzdem steht dem naiven jungen Kleinstadtmusiker, der sich für die Rockkarriere entschieden hat, um nicht arbeiten zu müssen, ein heftiger Schock bevor, wenn er es mit seinen Ambitionen ernst meint.

Heute gehört es zur Routinearbeit einer Band, zu jeder Tages- und Nachtzeit für Fotos zu posieren und auch noch so zu tun, als mache das einen Heidenspaß, während man sich gleichzeitig mit den Vertretern der Handelsketten, mit DJs, Medienleuten, Angestellten von Plattenfirmen, Journalisten mit blödsinnigen Fragen und den Arbeitsameisen herumschlägt, die dafür sorgen, dass die Platte im Radio gespielt wird, die Poster in den Städten hängen und die Alben vorn in den Regalen stehen. Man muss Videos drehen, ein Interview nach dem anderen geben, in zahllosen Plattenläden Alben signieren und Fans treffen. Ganz egal, wie erschöpft die Band vielleicht ist, sie muss ihr Bestes geben. Linkin Park sind dazu bereit, für den Erfolg im Mainstream-Rockbereich geben sie alles. Sie nutzen jedes Mittel der modernen Zeit, das ihnen zur Verfügung steht. Das betrifft nicht nur die Marketingmethoden, das heißt auch, dass sie müde und schlecht gelaunt von der Bühne kommen, um sich dann noch an den Laptop zu setzen und einer Hand voll Fans, die viele Kilometer entfernt an einem Chat teilnehmen, ein paar Fragen zu beantworten.

Dennoch hält sich im Musikbusiness und unter „Eingeweihten" hartnäckig das Gerücht, Linkin Park seien eine von der Industrie aufgebaute Band, ein Grüppchen formbarer Puppen, die auf die gleiche Weise zusammengestellt wurden wie die Spice Girls, 'N Sync oder 5ive im Popbereich. Zwar lassen sich die Kids, die in die Konzerte gehen und ihre Platten kaufen, davon nicht beeindrucken, aber es herrscht ihnen gegenüber ungefähr dasselbe Misstrauen, das man einer in Taiwan gefertigten Rolex entgegenbringt.

Dabei kann niemand diesen Vorwurf wirklich beweisen – es sind eben nur Gerüchte, die man sich unter Freunden hinter vorgehaltener Hand zuflüstert. Natürlich könnte es sich dabei auch um schwarze Propaganda handeln, mit der konkurrierende Plattenfirmen ihre Karriere schädigen wollen; vielleicht hatten Linkin Park auch einfach nur

Pech. So oder so, die Gerüchte halten sich. Und angesichts mancher Gepflogenheiten im Musikgeschäfts fällt es leicht, daran zu glauben.

Seit die Produktionsfirma Screen Gems Mitte der Sechziger eine Gruppe jugendlicher Hoffnungsträger zusammenstellte, die für die Fernsehserie *The Monkees* eine groteske Rockband nach Beatles-Muster – sogar mit original englischem Leadsänger – mimen sollte, übten sich die elitäreren Fraktionen der Rocksubkultur in überheblicher Ablehnung und sahen mitleidig auf die „Plastik"-Popbands herab. Don Kirshner, der die Monkees ins Leben gerufen hatte, trommelte eine Gruppe von Top-Songwritern zusammen, zu der unter anderem auch Neil Diamond und das Team Carole King/Gerry Goffin gehörten, um die Band mit Pophits zu versorgen. Plötzlich verschwamm die Grenze zwischen der fiktionalen Band, die man im Fernsehen sah, und der „Realität" der Top Forty. Die Monkees gingen auf Tour und spielten vor zahllosen kreischenden Mädchen, für die es keinen Unterschied zwischen der „Künstlichkeit" der Monkees und der „Authentizität" der Beatles, Byrds und Beach Boys gab.

Dabei wurden die richtig großartigen Popsongs immer „von der Industrie gesteuert", ob es sich nun um die Künstler handelte, die der „Teen-Tycoon" Phil Spector um sich scharte, oder um die Hitschmiede von Tamla Motown, wo Labelboss Berry Gordy mit derselben Einstellung an Popmusik hcranging, die anderswo in Detroit auf die Produktion von Autos angewandt wurde. Weder Spector noch Gordy hatten irgendein Problem damit, eine Gruppe aus gut aussehenden Jungen oder Mädchen zusammenzustellen, sie im Studio einen hervorragenden Popsong aufnehmen zu lassen, den einer der im Haus unter Vertrag stehenden Songwriter wie Neil Sedaka, Ellie Greenwich oder das Motown-Team Holland/Dozier/Holland auf Knopfdruck lieferte, und damit einen Hit zu produzieren. Für sie – und auch fürs Publikum – spielte es überhaupt keine Rolle, dass die Leute, die diese Platte später präsentierten, einander vor ihrem ersten Studioengagement noch nie gesehen hatten. Bei den Monkees war diese Tatsache nur wesentlich offenkundiger.

Seither hat man dieses Prinzip ohne Rücksicht auf Verluste und mit viel Erfolg immer wieder angewandt, bei komplett auf dem Reißbrett konstruierten Bands wie The Smurfs ebenso wie bei Hear'Say [die britische Ausgabe der No Angels; *Anm. d. Übers.*], die in einer „Reality"-Fernsehsendung aus einer Masse von Bewerbern ausgewählt wurden. Dennoch begegnen die Fans, Kritiker und Musiker des „authentischen" Rock 'n' Roll diesem Phänomen gern mit einer gewissen Überheblichkeit. Denn Rockbands, so meint man zumindest, besitzen eine gewisse Integrität. Sie schreiben ihre eigenen Songs – dieser Punkt ist seit den Beatles sozusagen eine heilige Kuh –, sie mimen nicht zu Playback und heuern auch keine Sessionmusiker an, die ihnen im Studio die Arbeit erleichtern. Überhaupt: Bands gründen sich mit der löblichen Absicht, Kunst zu produzieren und nicht nur Geld zu verdienen.

In den Sechzigern gab es die deutlichste Trennung zwischen Pop und Rock: Wenn Rockbands ins Poplager überwechselten – wie Alice Cooper und T. Rex es 1972 taten –, hieß es allgemein, sie hätten ausverkauft. Für Popbands war es wesentlich schwieriger, in den Rockbereich einzudringen. Nach dem Ende ihrer Fernsehserie versuchten die Monkees beispielsweise ganz bewusst, ihr konstruiertes Image zu überwinden, indem sie den psychedelisch durchgeknallten Film *Head* drehen ließen, in dem außer ihnen auch Frank Zappa, Jack Nicholson und ein riesenhafter Victor Mature in Gastrollen zu sehen waren. Sie gingen sogar auf Tournee und präsentierten die Songs von Mit-Monkee Mike Nesmith, der sich tatsächlich als talentierter Songwriter entpuppte. Aber Pop ist nun einmal von Natur aus kurzlebig – Rock hingegen überdauert.

Anfang der Neunziger zeigte die traurige Geschichte von Milli Vanilli, dass man durchaus Erfolg haben kann, wenn man nur so tut, als ob – solange man sich nicht erwischen lässt. Fabrice Morvan und Rob Pilatus waren zwei Dressmen, die der Boney-M-Produzent Frank Farian angeheuert hatte, um Aufnahmen zu präsentieren, die er mit Sessionsängern eingespielt hatte. Milli Vanilli landeten in Europa eine Reihe von Hits; in den USA erreichten sie viermal Platz eins der Charts. Schließlich wurden sie als beste Newcomer mit dem Grammy ausgezeichnet, aber der Preis wurde ihnen wieder aberkannt, als Frank Farian, von seinen übermütig gewordenen Schützlingen finanziell unter Druck gesetzt, die Seifenblase platzen ließ. Die Plattenfirma Arista ließ die Band umgehend fallen und behauptete, über diesen Betrug – von dem man bei Vertragsabschluss natürlich nichts geahnt habe – schockiert zu sein. Sie musste schließlich sogar Gutscheine an verärgerte Fans verteilen, die sich von den Geschehnissen verarscht fühlten. Die Rockgemeinde sah sich bestätigt: Die Geschichte war der perfekte Beweis dafür, dass Pop von Natur aus verlogen war und die Fans zum Besten hielt.

Selbst jene Musikhörer, Kritiker und Bands, die alles verabscheuten, das mit Limp Bizkit, Korn und den Deftones zu tun hatte, mussten zugeben, dass sie zumindest echt waren – richtige Bands, die richtige Musik machten. Als dann aber Linkin Park die Bühne betraten, witterte man Verrat. Auch hier liegt die Wurzel wieder in der überlieferten Tradition, dass sich Bands ihren Weg nach oben normalerweise hart erarbeiten müssen, um anerkannt zu werden. Linkin Park aber waren erfolgreich, ohne sich vorher jahrelang auf kleinen Bühnen abgerackert zu haben. Im Gegensatz zu Staind, denen nun wirklich niemand mangelnden Arbeitseinsatz vorwerfen konnte, schienen Linkin Park aus dem Nichts zu kommen.

Die Band – Chester Bennington (Gesang), Mike Shinoda (MC/Gesang), Brad Delson (Gitarre), Phoenix (Bass), Joe Hahn (DJ) und Rob Bourdon – hatte sich größtenteils auf der Schule beziehungsweise auf dem College kennen gelernt. Zunächst hieß die Band Xero, später Hybrid Theory, was letztendlich zum Titel des Linkin-Park-Debütalbums avancierte. Sie spielten eine Reihe von Showcases für die großen Labels, unter anderem im *Whiskey A Go Go,* und unterschrieben schließlich im November 1999 bei Warner Brothers. Als Erstes wurde ein Namenswechsel fällig, weil es bereits eine Gruppe namens Hybrid Theory gab. Da es in nahezu jeder amerikanischen Stadt einen Lincoln-Park gibt, beschlossen sie, sich so zu nennen; für die Schreibweise (inklusive des kyrillischen I, das wie ein umgedrehtes N aussieht) entschieden sie sich, um die dazugehörige Internet-Domain kaufen zu können, und nicht, wie sie behaupteten, um eine Verbindung mit Korn oder Limp Bizkit zu betonen. Das Internet ist ihnen sowohl als Marketingmöglichkeit als auch für die Kommunikation mit ihren Fans sehr wichtig.

„Unser Album war schon Monate vor der Veröffentlichung über Napster erhältlich", sagte mir Drummer Rob Bourdon. „Aber wir haben sogar noch früher damit begonnen, MP3-Dateien zu verschicken, in Chatrooms zu gehen und auf den Seiten anderer Bands Nachrichten zu hinterlassen, damit die Leute den Weg zu uns finden und sich unsere Tracks herunterladen. Nach einem Gig gehe ich jeden Abend online und rede mit Fans in den Staaten über das Konzert. Fans können uns über unsere Seite eMails schicken. Wir werden auch bald ein Tourtagebuch beginnen, das dann jeden Tag ein Update erhält."

Weniger wohlwollende Zeitgenossen weisen darauf hin, dass der Name Linkin Park ein wenig nach Limp Bizkit aussieht; er taucht in alphabetischen Listen auch häufig direkt hinter Dursts Band auf, sei es bei den Internet-Suchmaschinen oder in Mailorder-Katalogen, und das kyrillische I erinnert in der Tat an das umgedrehte R von Korn.

Bei einem Interview mit dem *Metal Hammer*-Journalisten Neil Kulkarni wehrte sich Sänger Chester Bennington Anfang 2001 gegen die Geschichten, die ihrer ersten Europatournee vorausgingen. „Willst du wissen, welche Frage mich am meisten ankotzt? Wenn die Leute meinen, wir wären gezielt gecastet worden, wir wären nicht echt. Das ist die größte Beleidigung, die man unserer Band entgegenbringen kann, uns und allen, die uns unterstützt haben. Und den Fans gegenüber ist es eine unglaubliche Bevormundung. Ich muss die Geschichte der Band doch nicht immer wieder erzählen, um zu beweisen, dass das Schwachsinn ist. Ich muss doch nicht immer wieder erklären, wie wir arbeiten, wie hart wir darum gekämpft haben, dass man uns irgendwo hören kann, oder welche Beziehung wir zu unseren Fans aufgebaut haben. Wir sind irgendwie in eine Zeit geraten, in der man uns mit Dingen in Verbindung bringt, die mit uns überhaupt nichts zu tun haben – Modetrends, die nur oberflächlich an das erinnern, was wir tun –, aber wenn man sich ein wenig intensiver damit beschäftigt, dann wird klar, dass unsere Musik völlig anders ist. Vielen Leuten ist es vielleicht zu einfach, dass eine Band hart arbeitet, ihr Ding durchzieht und deshalb beim Publikum ankommt. Sie versuchen dann immer, ein Geheimnis dahinter zu entdecken, das es überhaupt nicht gibt. Letzten Endes können sie denken, was sie wollen, aber wenn sie mir diese Scheiße ins Gesicht sagen, dann kriegen sie was zurück."

Seltsamerweise scheuen Linkin Park davor zurück, die Songs auf *Hybrid Theory* näher zu erläutern: Einige davon, wie beispielsweise „One Step Closer", sind aus der Perspektive eines Icherzählers geschrieben. Wie viele gute Metaltexte beschäftigt auch er sich mit einem Menschen, der vor dem Abgrund steht: „Everything you say to me / Takes me one step closer to the edge / And I'm about to break / I need a little room to breathe / Cause I'm one step closer to the edge / And I'm about to break" („Alles, was du sagst / treibt mich noch mehr auf den Abgrund zu / Ich bin kurz davor, durchzudrehen / Ich brauche Raum zum Atmen / weil ich noch näher am Abgrund stehe / und ich bin kurz davor, durchzudrehen".) Ziemlich emotionsgeladen. Dennoch sagte Mike Shinoda in einem Interview mit *CD Now* über das Songwriting: „Wir haben sehr lange im Studio an den Texten gearbeitet. Dieser Song entstand in einer dieser Phasen, in denen uns das Songwriting sehr frustriert hat. Wir waren auch von anderen Dingen, die in unserem Leben abliefen, ziemlich genervt, und das alles haben wir in diesem Song rausgelassen."

Diese Zurückhaltung ist darauf zurückzuführen, dass die Songs als Gemeinschaftsproduktion entstehen und zudem zwei Frontmänner existieren. Daher wird vorsichtig vermieden, sich auf eine einzige Sichtweise festzulegen, auch wenn der Song, da er vielleicht nur von einem der beiden gesungen wird, in der ersten Person geschrieben ist.

„Wir mussten uns überlegen, wie man ein Thema so rüberbringt, dass wir es beide nachvollziehen können; dann erst können wir darüber schreiben. Ich kann ja nicht jemandem eine Geschichte erzählen, die mir passiert ist, und erwarten, dass er darüber schreibt und genau dieselben Gefühle hat. Wir hören also gemeinsam erst mal die Musik und fragen dann, was der andere dabei empfindet; das ist unser Ausgangspunkt", erklärte Chester der australischen Zeitschrift *Time Off*.

Interessanterweise ist das Album völlig frei von jeglichen ordinären Ausdrücken – ein Novum in der Nu-Szene.

Dem *Rolling Stone*-Journalisten Rob Sheffield sagte Chester im März 2001: „Als Mike und ich uns an die Texte machten, wollten wir so ehrlich und offen sein wie nur möglich. Wir wollten etwas erschaffen, mit dem sich die Leute identifizieren können, nicht nur Gefluche und Gewalt. Es sollte auch keine allzu große Sache sein, dass wir auf *fuck* und dergleichen verzichten, wir brauchen das lediglich nicht, um zu beweisen, wie hart wir sind."

„Am Anfang war es ganz schön beängstigend, das aufzuschreiben, was wir fühlten", sagte Shinoda. „Aber als uns einmal klar wurde, dass wir nicht die Einzigen waren, die so dachten, als wir erlebten, wie das Publikum mit uns mitging, das hat uns total befreit. Wir wollten mehr Inhalte beschreiben, mehr Details bringen und nicht nur die ganze Zeit *fuck* brüllen." Zwar gibt es offiziell keine Zensur, von den berüchtigten Parental-Advisory-Aufklebern einmal abgesehen, aber dennoch weigern sich manche Handelsketten, Platten zu vertreiben, deren Inhalt oder Sprache sie als obszön beurteilen. Daher veröffentlichen viele Bands heute zwei Versionen ihrer Alben: Eine „saubere", auf denen entweder die Kraftausdrücke ausgeblendet oder mit einem Pieps überlagert werden oder die man für diesen Zweck tatsächlich neu eingespielt hat, sowie eine „explizite", die alle bösen Wörter in ihrer ganzen Pracht enthält. Natürlich kann man das als Kompromiss und als Einknicken vor der Zensur betrachten, aber viele Bands erachten es mittlerweile schlicht als notwendig, um ihre Musik den Fans zugänglich zu machen. Als Wal-Mart sich weigerte, *In Utero* von Nirvana wegen des Titels „Rape Me" und des als obszön bewerteten Covers ins Programm zu nehmen, veröffentlichte die Band eine neue Version und begründete das so: Für Kurt und Krist Novoselic gab es in ihrer Jugendzeit in Aberdeen nur ein Geschäft, wo sie Schallplatten kaufen konnten, und das war der örtliche Wal-Mart. Wenn man um jeden Preis an seinen Prinzipien festhält, kostet das zum einen Umsatz. Doch in den Provinzstädten, in denen es nur wenige Plattenläden gibt, geht es vor allem auf Kosten der Fans.

Bezüglich Linkin Park gibt es allerdings noch eine weitere „Verschwörungstheorie": Es heißt, sie seien gewissermaßen ein Trojanisches Pferd der christlichen Rockliga, die auf diese Weise versucht, saubere Texte und saubere Moralvorstellungen in die dreckige und drogengeschwängerte Welt des Nu Metal einzuschmuggeln. Auf alle Fälle nennt Chester bei der Danksagung auf dem Albumcover auch „Gott", zudem trägt er gelegentlich ein Kreuz um den Hals; die Band spielte auch schon mit bekennend christlichen Bands wie POD und Project 86. Es ist wohl die Ironie der heutigen Zeit, dass eine Band als suspekt gilt, weil ihre Sprache nicht dreckig genug ist.

Dass gerade so überaus „glaubwürdig" erscheinende Bands wie Linkin Park der Heuchelei beschuldigt werden, ist ebenfalls ein aktuelles Phänomen. Sie sind dabei nicht die Ersten, die in letzter Zeit ins Kreuzfeuer der Kritik gerieten. Ähnlich erging es Hole, der Band von Courtney Love, die mit ihrem zweiten Album *Live Through This* enormen Erfolg verbuchen konnte. Zu der Zeit, als die Platte entstand, war Courtney mit Kurt Cobain verheiratet. Sofort machten sich Gerüchte aus angeblich gut unterrichteten Kreisen breit, dass der größte Teil der Songs auf dieser Platte eigentlich von Kurt geschrieben worden war. Dafür gab es zwar zahlreiche Beweise, die aber durchweg auf Indizien beruhten. Alle direkt Beteiligten an dieser Sache sind heute entweder tot oder haben etwas zu verlieren und sprechen deshalb nicht darüber. Im Grunde geht es bei diesem Vorwurf ohnehin nur um eine der heiligen Kühe im Rockbusiness: dass „richtige" Rockbands ihre Songs selbst schreiben. Dessen ungeachtet ist *Live Through This* ein Albumklassiker, ganz egal, ob Kurt, Courtney oder vielleicht beide für das Songwriting verantwortlich zeichnen.

Sowohl in Europa als auch in den USA existiert eine wachsende Untergrund-Industrie von Songwritern, die gegen ein gewisses Honorar Songs verfassen und sie dann etablierten Künstlern überlassen.

Diese Songwriter erhalten eine Einmalzahlung, und der Künstler, der den Titel aufnimmt, wird als Urheber eingetragen. Während diese Vorgehensweise in der Popmusik seit Jahren Usus ist, ging man allgemein davon aus, dass sich Rockbands für derlei Betrügereien zu fein wären. Der altgediente Marketingleiter einer großen amerikanischen Plattenfirma erklärte mir dazu: „Natürlich wird das nie jemand zugeben. Plattenfirmen sind keine Kunstmäzene wie die Medici. Sie arbeiten eher wie Buchmacher. Sie wollen, dass sich ihre Investition auszahlt und dabei möglichst kein Risiko eingehen. Wenn man eine Band unter Vertrag nimmt, ist das ein Risiko. Möglicherweise sind die Musiker gute Songwriter und gute Performer, vielleicht haben sie aber auch nur den richtigen Look. Die Bands reden immer von künstlerischer Freiheit – so etwas gibt es überhaupt nicht. Der Künstler wird vom Label unter Vertrag genommen, weil wir die Musik verkaufen können, weil wir dazu eine Strategie entwickeln können. Und die traurige Wahrheit ist: Wenn eine Firma die Wahl hat zwischen fünf Bands, die genau wie Marilyn Manson oder Limp Bizkit klingen, und einer, die etwas ganz Eigenständiges macht, dann wird sie sich für die fünf Nachahmer entscheiden. Die Band mit dem eigenständigen Sound ist ein Risiko. Etwas Originelles erfordert eine viel größere Investition. Viel zu oft schon hat man Geld damit verloren, dass man Künstler gefördert hat, die vielleicht nur der Rockkritiker im *Rolling Stone* mag. Dann muss man sich vor seinen Vorgesetzten dafür verantworten, die wiederum den Aktionären Rede und Antwort stehen müssen. Das ist wie diese Szene in *Goodfellas* – du hast eine tolle Platte gemacht, und sie hat sich nicht verkauft? Ist mir scheißegal, ich will mein Geld. Du hast ein tolles Kunstwerk abgeliefert? Ist mir scheißegal, ich will mein Geld. Die wollen das Geld, und zwar sofort und nicht erst in fünf Jahren, wenn der Künstler Zeit gehabt hat, sich zu entwickeln und zu einem guten Songwriter zu werden. Alle Bands haben einen Produzenten. Alle haben sie ein Management, das sie berät. Alle bringen ihre Fachleute mit. Von diesem Punkt aus ist es im Grunde nur ein kleiner Schritt, dass Bands von solchen Fachleuten zusammengestellt werden. Ich bin mir sicher, dass die Labels zukünftig immer weniger Interesse daran haben werden, gute Bands zu finden, sondern eher auf die Suche nach Bandmitgliedern gehen, aus denen man dann eine Gruppe formt."

Die Vorstellung, dass Major-Labels, Managementunternehmen und Marketingspezialisten Bands unter Ausnutzung kühler Analysen demografischer Daten nach dem jeweils herrschenden Trend zusammenstellen, die dann genau auf die Zielgruppe zugeschnitten sind und Songs präsentieren, die einer genau durchdachten Formel entsprechen und im Studio von Sessionmusikern und Produzenten eingespielt worden sind, lässt jedem die Haare zu Berge stehen, für den es im Rock 'n' Roll um Leidenschaft, Intensität und Talent geht. Selbst der sorgfältig durchkonstruierte Pop von Tamla Motown wirkt im Vergleich geradezu harmlos.

Es gibt jedoch noch einen anderen Grundsatz in der Musikindustrie: Da man so viel Geld investieren muss, um eine Popband zusammenzustellen und sie zum Erfolg zu führen, dauert es fünf Jahre, bevor sich die Sache lohnt und Profit einbringt. Allerdings liegt die durchschnittliche Lebenszeit einer Popgruppe bei drei Jahren; danach langweilen sich die jugendlichen Fans und suchen nach etwas Neuem. Würde es überhaupt Sinn machen, Rockbands ebenso zu konstruieren, wenn doch die „echten" auch ganz gut zurechtkommen?

Es ist allerdings eine Tatsache, dass die Plattenfirmen in letzter Zeit trotz solider Verkäufe in eine Krise geraten sind. Künstler wie Madonna, Prince oder Courtney Love haben die Öffentlichkeit darauf hingewiesen, wie unfair die Verträge oft sind, zu deren Unterschrift man vor allem zu Beginn der Karriere gezwungen wird. Zudem hat sich die digitalisierte Musik zur Bedrohung für die Plattenindustrie entwickelt, weil sie die Verbreitung von Songs ohne Zahlung von Tantiemen ermöglicht. Daher experimentiert man mit alternativen Geschäftsmodellen, die zwar vielleicht nach unsauberen Praktiken aussehen, aber dennoch gesetzlich zulässig sind und sich im Grunde nicht von denen unterscheiden, die andere Unternehmen zur Kostensenkung und Gewinnmaximierung ergreifen.

In den letzten zehn Jahren gab es in Großbritannien mehrmals Skandale um Platten, die in die Top Forty „hineingekauft" worden waren: Im Rahmen strategischer Marketingmaßnahmen hatten Plattenfirmen beispielsweise die Preise in jenen Läden besonders gesenkt, aus deren Verkaufszahlen die Charts ermittelt werden, und Radiosender gezwungen, die Titel auf die Playlists zu setzen. Zudem sind mittlerweile einige britische Sender mit Plattenfirmen geschäftlich verbunden und bevorzugen von daher jene Künstler in ihren Programmen, an denen sie finanziell beteiligt sind. Der Skandal um Limp Bizkit, den wir im dritten Kapitel gesehen haben, zeigt einen konkreten Fall von

Bestechung, bei dem den DJs, Musikredakteuren und Programmchefs eines Senders Geld für den Einsatz einer Single gezahlt worden war. Diese Art von Payola gibt es in der amerikanischen Radiolandschaft seit den Zwanzigern. Die Öffentlichkeit geht ohnehin davon aus, dass die Musikindustrie von Korruption geprägt ist.

Vielleicht ist es diese zynische Denkweise, die dazu verführt, bei einer Band wie Linkin Park vom Schlimmsten auszugehen. Sie sind jung, haben Energie, sehen gut aus und bringen Killersongs. Ihre Platte stieg in den *Billboard*-Charts von null auf eins – da muss doch etwas faul sein. Aber selbst wenn eines Tages herauskommen sollte, dass Linkin Park genauso echt sind wie die Brüste von Britney Spears, sollte man eins darüber nicht vergessen: *Hybrid Theory* ist ein richtig gutes Album, und das sehen die Kritiker genauso.

Der inzwischen eingestellte britische *Melody Maker* sprach von einem „absolut überwältigenden Debüt". *CMJ* schrieb: „Selbst wenn man am verkehrsreichsten Tag des Jahres mitten auf New Yorks Grand Central Station stünde, wäre das Rauschen im Blätterwald noch zu hören, das dieses Album verursacht. Dabei ist es den jungen Musikern gelungen, dem massiven Medienrummel gerecht zu werden, der um sie herum entstanden ist. Mit seinen dynamischen Rhythmen, die durchaus ohne Rap auskommen, ist *Hybrid Theory* eine solide Hitmaschine, deren Songs von eingängig bis knackig und von melodisch bis unglaublich reichen."

Dem widersprachen nur wenige. Falls die gut informierten Musikjournalisten tatsächlich glaubten, Linkin Park seien eine von der Industrie aufgebaute Band, so hinderte sie das nicht daran, ihnen Titelstorys zu widmen oder sich auf die Gästeliste der immer heißer werdenden Gigs setzen zu lassen. Live sind Linkin Park definitiv ein aufregendes Erlebnis für Kids, die gutes Geld dafür bezahlt haben, um im Moshpit vor der Bühne einmal richtig auszurasten.

Dabei ranken sich auch um die Liveshows böse Gerüchte. Angeblich „kommen sie komplett von DAT". Bei den Tourneen der meisten Bands ist es inzwischen gängige Praxis, zumindest einen Teil der Backingtracks vom Band einzuspielen. Das betrifft beispielsweise die Basis der Schlagzeugarbeit; der Drummer spielt dann nur noch die Fillins und Soli live. Das hat unter anderem logistische Gründe, liegt aber auch daran, dass große Bands oft Schwierigkeiten haben, den Sound ihrer Platten live zu reproduzieren. Die Technik spielt eine immer größere Rolle, und das macht die Bands anfälliger für schlechte Akustikverhältnisse und fehlerhafte Anlagen. DAT (Digital Audio Tape) bietet da eine Lösung.

Immer neue Geschichten bestätigen die „Verlogenheit" des Pop – Victoria „Posh Spice" Beckham wurde bei einer Show des BBC-Jugendsenders Radio One sogar mit Gegenständen beworfen, als klar wurde, dass sie nur die Lippen zum Gesang vom Band bewegte. Wenn bekannt würde, wie viele „glaubwürdige" Rockbands ihre Instrumente nicht wirklich live spielen, gäbe es einen Aufschrei. Daher bleiben Presseabteilungen und Bandmanagements bei diesem Thema ausgesprochen defensiv; der News-Redakteur einer großen britischen Wochenmusikzeitschrift sagte mir einmal, man habe ihm mit „einem Killer von der Lower East Side" gedroht, falls er tatsächlich mit einer Story über eine große amerikanische Band an die Öffentlichkeit treten würde, die ihre Europatournee abgesagt hatte, weil sie nicht in der Lage war, überzeugend zum Playback zu mimen.

HipHop-Stars haben dabei von jeher Backing-Tapes verwendet und mit Scratching, Drumcomputern und DAT-Aufnahmen gearbeitet, ohne dass man ihnen dabei Verlogenheit vorwarf. Wenn also Linkin Park tatsächlich DATs einsetzen, stehen sie damit nicht allein und gehören sicherlich nicht in die vorderste Reihe der großen Betrüger – wenn es denn wirklich Betrug sein sollte.

In einem Interview mit *Shoutweb* wehrte sich Mike Shinoda gegen entsprechende Gerüchte: „Diese Leute werden sich ziemlich wundern, wenn sie uns live sehen. Ihnen wird dann nämlich klar werden, dass vieles, das nach Sampling klingt, in Wirklichkeit live gespielt wird. Brad spielt auf seiner Gitarre Melodien, die nur als Harmonien über seinen unverzerrten Sounds eingesetzt werden, und sie klingen wie ein Keyboard, eine Harfe oder Glocken. Es hat schon hundert verschiedene Vergleiche gegeben, wonach dieser Sound angeblich klingt, und niemand glaubt, dass es tatsächlich eine Gitarre ist. Die gesamte Strophe bei ‚In The End' besteht aus Harmonien. Dieses ganz hohe Geräusch erzeugt Brad auf seiner Gitarre."

Vielleicht gibt es nur ein Kommunikationsproblem zwischen Linkin Park und dem Rest der Welt: Sie sind noch jung und haben in Interviews noch nicht so viel zu sagen; das kann natürlich auch zu falschen Schlüssen führen. Und wie die meisten Bands wollen auch sie auf keinen Fall zu irgendeiner Szene gehören oder zugeben, dass offensichtlich hörbare Einflüsse für ihren Sound eine Rolle gespielt haben. Ganz besonders verärgert reagieren sie, wenn man sie mit Limp Bizkit oder Korn in einen Topf wirft, räumen aber ein, dass sie ausgerechnet The Deftones – nach denen sie nun überhaupt nicht klingen – als Helden verehren. „Die sind ein großer Einfluss. Aber auch alles andere, von HipHop wie Black Star, The Roots, Mos Def bis hin zu elektronischen Sachen. Roni Size, The Aphex Twin, sogar Depeche Mode. Diese Bands mögen wir wirklich", verriet Mike Shinoda dem britischen *Dotmusic* im Januar 2001.

Obwohl sie stets auf ihre Einzigartigkeit hinweisen, können sie die Parallelen zu Limp Bizkit bis hin zum DJ auf der Bühne nicht leugnen. Textlich gleichen sie fast schon auf unheimliche Weise Jonathan Davis und Korn, bei denen ebenfalls Paranoia, Einsamkeit, Angst und Anspannung eine große Rolle spielen. Ihr Sound orientiert sich zudem unüberhörbar an denselben Rock- und Rapwurzeln, wobei Linkin Park wegen ihrer polierteren, eingängigeren Songs die Nase vorn haben.

In vieler Hinsicht kann man Linkin Park am ehesten mit Depeche Mode vergleichen. In den Achtzigern wurde das blitzsaubere Elektronikquartett, verglichen mit den anderen großen Postpunkbands wie New Order, The Cure oder The Psychedelic Furs, stets als Leichtgewicht abgetan. Sie bedienten die „künstliche" Welt des Pop, erschienen in Teeniemagazinen und im gerade durchstartenden MTV, spielten aber durch ihre Konzeptalben, die Qualität ihrer Songs sowie Interviews im *Rolling Stone* auch in der „authentischen", ernsthaften Rockwelt eine Rolle. Im Vergleich zu anderen Bands wirkten sie blass, aber ihr größtes Talent lag gerade darin, das „Künstliche" und das „Authentische" miteinander zu verknüpfen. Indem sie sich ausgesprochen experimentelles Material vornahmen und es ein klein wenig verwässerten, bis es auch für ein Stadionpublikum und die Plattenkäufer im amerikanischen Mittelwesten verdaulich war, konnten sie sich einen Vorsprung gegenüber den eigentlich cooleren Bands herausarbeiten. Depeche Mode sind noch immer eine aktive Größe, während ihre hippen Zeitgenossen vielfach bereits in Rente gegangen sind oder völlig die Richtung verloren haben.

Aber Depeche Mode waren darüber hinaus wichtige Wegbereiter: Ihr hauptsächlich jugendliches Publikum wandte sich später „harten Sachen" zu, beispielsweise den Chicagoer Industrial-Metallern Ministry, Skinny Puppy, Front 242 oder Nine Inch Nails. Die frühe Techno-szene von Detroit war stark von Depeche Mode beeinflusst – sicher ein Schlag ins Gesicht für die „glaubwürdigen" Electro-Formationen wie Cabaret Voltaire, die mit ihrer Musik niemals mehr als eine kleine Kult-gemeinde erreichten. „Als Jugendlicher hatte ich einen immer wieder-kehrenden Traum: Depeche Mode landeten mit ihrem Jet auf unserem Schulhof und baten mich, als fünftes Mitglied bei ihnen einzusteigen", sagte Chester dem *Metal Hammer* im Februar 2001. „Ich wollte ja schon immer Sänger werden und war natürlich total begeistert. Dann gaben wir ein Konzert vor meinen Schulkameraden, flogen mit dem Jet weg und gingen gemeinsam auf Welttournee."

Die Musik von Linkin Park ist weitaus leichter zugänglich als die von Korn oder Limp Bizkit. Chester hat eine ansprechende, melodi-sche Stimme, wobei es in den Songs durchaus rauere Momente gibt, in denen er klingt, als ob sein Gesang durch ein ganzes Arsenal von elektronischen Effekten geschickt wurde. Der Sound ist laut und gefährlich, aber immer nur für kurze Augenblicke. Für einen Sech-zehnjährigen, der vom Pop die Nase voll hat, sich aber richtig hefti-gen Rockattacken noch nicht recht gewachsen fühlt, sind Linkin Park eine optimale Alternative. Sie gehen als Rockband durch, arbeiten ein bisschen mit HipHop, integrieren experimentelle Dance-Elemente und auch ein wenig Pop. Für ihre jungen Hörer bieten sie einen idealen Ausgangspunkt für weitere Entdeckungen. Ihre Videos haben ein leich-tes Boyband-Feeling, und sie sehen allesamt gut aus – wie eine freund-liche Streetgang. Ihre sechzehnjährigen Fans würden auch gern so wir-ken. In der Musik und den Texten ist nichts, was zu herausfordernd wäre. Sie sind geradezu maßgeschneidert für ihre Zielgruppe, aber das gehört zum natürlichen Vermarktungsprozess einer jeden Rockband und beweist keinesfalls, dass sie auf dem Reißbrett entstanden sind.

Die größten Reißbrettzeichner sind in der Regel ohnehin die Bands selbst. Sie sind letzten Endes alle ihre eigenen Schöpfungen. Bei sämt-lichen Rockbands handelt es sich um sorgsam konstruierte Konzepte, und jede von ihnen hat bei der Gründung ein gewisses Zielpublikum im Auge. Sie alle haben einen Plan, und sie alle sind zu Kompromissen bereit, wenn es darum geht, die Fans möglichst effektiv zu erreichen. Linkin Park dafür rauszuwinken ist dasselbe, wie einem Fahrer beim Rennen von Indianapolis ein Knöllchen wegen überhöhter Geschwin-digkeit zu verpassen.

6. Die größte Kultband der Welt

The Deftones

Zu den wichtigsten Stützen des Nu Metal zählen die Deftones. Zwar ist die Band in verschiedenen Line-ups bereits seit den Achtzigern aktiv, aber bekannt wurde sie etwa zur gleichen Zeit wie Korn, und ihr Aufstieg vollzog sich parallel zum großen Durchbruch von Limp Bizkit, Slipknot und Coal Chamber. Sie selbst bestehen darauf, keine Nu-Metal-Band zu sein: „Wir wollten uns stets von jeder Schublade distanzieren", erklärte Deftones-Sänger Chino Moreno der *New York Post*. „Ehrlich gesagt, glaube ich nicht, dass es außer den Beastie Boys überhaupt eine Band gibt, die weiß, wie man richtigen Rap Metal spielt. Alle anderen kommen mir albern vor. Es ist schon hart, wenn in der MTV-Wunschclip-Show *TRL* ständig diese beschissenen Kopien eines Sounds gespielt werden, den wir maßgeblich mitentwickelt haben, während unser eigener Clip allenfalls einmal um drei Uhr morgens läuft."

Natürlich bestreiten alle Nu-Metal-Bands, zur Szene dazuzugehören, genau, wie die Grungebands auch nie Grungebands und die New-Wave-Bands niemals New-Wave-Bands sein wollten. Den Deftones hat es beim Verkauf von Alben und Konzerttickets dennoch zweifellos geholfen, dass es eine solche Szene gibt: Ihr überragendes drittes Werk, *White Pony*, stieg von null auf drei in den *Billboard*-Charts ein, holte nach nur einem Monat Gold (nach fünfhunderttausend abgesetzten Exemplaren) und hat sich inzwischen über eine Million Mal verkauft.

Von Bill Clinton stammt der berühmte Spruch, sein erstes Kabinett solle „so aussehen wie Amerika", was die ethnische Zusammensetzung betrifft. Die Deftones repräsentieren auf ähnliche Weise das Kalifornien des einundzwanzigsten Jahrhunderts: „Wir sind zwei Mexikaner, ein Chinese und ein weißer Typ. Metal und Punk müssen nicht weiß sein, Rap ist ja auch nicht mehr ausschließlich schwarz."

Wie wir später noch sehen werden, gibt es in der amerikanischen Musik noch immer eine starke Trennung zwischen schwarzen und weißen Künstlern. Der Anteil von Musikern lateinamerikanischer oder karibischer Herkunft hat sich in der Rockmusik jedoch auf überraschende und positive Weise stark erhöht. Den Anfang machten die Brasilianer Sepultura und Max Cavaleras Soloprojekt Soulfly; Dino Cazares von Fear Factory, die mexikanische Band Titan und die latinogeprägte East-Coast-Band Ill Niño zogen inzwischen nach.

Aber die wahre Trennlinie in der aktuellen Musikszene verläuft genreübergreifend zwischen Musik, die als „intelligent" wahrgenommen wird, und der, die dieses Kriterium eben nicht erfüllt. „Intelligente" Musik mit komplizierten – oder, böswillig formuliert, aufgeblasenen – Texten, schwierigen Songstrukturen und Insiderhinweisen auf andere Aspekte der Popmusik oder Populärkultur steht bei Collegestudenten, existenzialistischen Kleinstadtintellektuellen oder problembeladenen Möchtegern-Dissidenten immer hoch im Kurs. Überspitzt betrachtet folgt aus dieser Definition, dass die Fans ohne Universitätsabschluss, die auf solche Feinheiten und Nuancen in Text und Musik keinen gesteigerten Wert legen, auf „hirnlose" Musik abfahren.

Ebenso, wie die Musik Mitte der Sechzigerjahre in „Pop" und „Rock" aufgeteilt wurde, entwickelte sich in der tendenziell elitär eingestellten Rockszene eine neue Art von Snobismus. Da reichte es nicht, auf den Primitiv-Boogie einer Band wie Mott The Hoople oder Grand Funk Railroad zu stehen; der „kritische" Musikhörer entschied sich vielmehr für die „schwierige" Musik von Frank Zappa, Emerson, Lake & Palmer oder Yes, die von Künstlern mit klassischen Ambitionen oder unüberhörbarer Jazzbegeisterung produziert wurde. Das war zwar in jeder Hinsicht ein ebensolches kommerzielles Massenphänomen wie Pop oder Rock, erlaubte seinen Anhängern jedoch, sich als Mitglieder einer erleuchteten intellektuellen Bruderschaft zu betrachten und herablassend auf die ungebildeten Elemente unter ihnen zu blicken. „Intelligente" Musik ist in der Regel bei den Rockkritikern angesagt, „hirnlose" Mucke hingegen bei den Kids.

Heute zählt man allgemein Künstler wie Radiohead, The Aphex Twin, Massive Attack oder die Smashing Pumpkins zu den „Intelligenten", während Limp Bizkit, Destiny's Child oder Britney Spears der hirnlosen Fraktion zugeordnet werden. Als Gegenargument muss jedoch angeführt werden, dass es wesentlich mehr Intelligenz erfordert, einen zeitlosen Popsong zu erschaffen, der eine große Zahl von Fans anspricht – egal, ob man Beach Boys, Ramones, Eminem oder Destiny's Child heißt. Was ist denn daran intelligent, könnte man fragen, wenn die Smashing Pumpkins eine derart überkandidelte Platte einspielen, dass es eine übermenschliche Anstrengung erfordert, sie von Anfang bis Ende zu hören? Rückblickend werden meist die „hirnlosen" Bands rehabilitiert und die „intelligenten" nachträglich abgestraft: Heute sind dieselben Kritiker größtenteils der Meinung, dass in den drei Minuten eines Ronettes-Songs mehr „Intelligenz" steckt als in den ganzen achtzig und ein bisschen von *Tales From Topographic Oceans* der Yes. „Intelligente" Musik ist bisweilen traurig, düster, zornig oder depressiv. Aus irgendeinem Grund werden Künstler wie Leonard Cohen, Joy Division oder The Cure häufig den Gutelaunebands überlegen dargestellt. Der Melancholie schreibt man oft eine Tiefe zu, die man Glücksbekundungen grundsätzlich aberkennt.

Für Fans, die auf Tiefsinnigkeiten Wert legen, sind die Deftones wie maßgeschneidert; der Gastauftritt von Tool-Sänger Maynard James Keenan besiegelte zudem ihre Verbindung zur harten Fraktion des Rock 'n' Roll. Sie sind dabei keine Band, die sich wie Korn mit „wichtigen Themen" auseinander setzt. Die Deftones gehen dafür musikalisch wesentlich komplizierter und beinahe impressionistisch zu Werke, indem sie dem Hörer sozusagen eine Leinwand zur Verfügung stellen, auf die er seine emotionalen Reaktionen projizieren kann. Und trotz der volltrunkenen Nummer mit dem entblößten Penis in Holland sind die Deftones keine Band, die wie Nirvana direkt am Abgrund steht. Vielmehr deutet alles darauf hin, dass es sich um ein entschlossenes Team handelt, das alles unter Kontrolle hat – eine Band, die nicht von einem unberechenbaren Genie im ständigen Kampf mit inneren Dämonen geführt wird, sondern von einem cleveren und kompetenten Sänger und Songwriter.

Mit ihren abstrakten, surrealen Texten erreichen Chino und die Deftones genau jene wichtige Gruppe aus problembeladenen Jugendlichen und Anfangszwanzigern, die sich für zu intelligent halten, um sich mit jemandem wie Jonathan Davis von Korn identifizieren zu können. Chino erklärte dem Magazin *NY Rock:* „Ich möchte meine Gefühle ausdrücken, aber auf eine Art und Weise, dass ich Emotionen nicht explizit beschreibe, die Worte nicht wirklich singen muss. Nicht die Worte sollen meine Gefühle transportieren, sondern die Musik. Ich war stets ein großer Fan von The Cure, wobei es mir immer am besten gefiel, wenn sich Robert Smith besonders abstrakt und kryptisch ausdrückte.

Wie auf *Pornography* mit diesen verklausulierten, aber gleichzeitig sehr intensiven Texten, bei denen jeder verstand, was er sagen wollte."

Bei „Elite", einem Song, bei dem seine Stimme durch einen Vocoder einen bedrohlichen, entmenschlichten Klang erhält, erscheint der eigentliche Text bedeutungslos: „When you're ripe you'll bleed out of control / You'll bleed out of control / You like attention / It's proof to you you're alive / Stop parading your angles / Confused?" („Wenn du so weit bist, wirst du unkontrolliert zu bluten beginnen / Du wirst unkontrolliert bluten / Du liebst die Aufmerksamkeit / Das beweist dir, dass du am Leben bist / Hör auf, dich von jeder Seite zur Schau zu stellen / Durcheinander?")

Der Text von „Change (In The House Of Flies)" ist beinahe kafkaesk: „I watched you change / Into a fly / I looked away / You were on fire / I watched a change in you / It's like you never had wings / And you feel so alive" („Ich beobachtete, wie du dich verändertest / In eine Fliege / Ich sah weg / Du standest in Flammen / Ich beobachtete eine Veränderung in dir / als ob du nie Flügel gehabt hättest / Und du fühltest dich so lebendig").

In dem Interview mit *NY Rock* sagte Chino: „Unsere Texte sind eher introvertiert und manchmal sehr komplex. Viele Leute beschreiben auch die Texte von Jonathan Davis so, aber ich glaube, das kann man nicht vergleichen. Bei Korn sind die Texte ganz anders. Wenn Jon von etwas singt, dann weiß man, was er meint. Er kommt direkt auf den Punkt, während ich eher versuche, ein Gefühl für das zu vermitteln, was ich sagen will, und daher benutze ich lieber Metaphern. Die Texte haben nicht unbedingt etwas mit meinem wirklichen Leben zu tun, sie sind nicht zwingend autobiografisch. Die Musik erfordert einfach bestimmte Texte."

Unsinnstexte haben dabei schon für alle möglichen Bands funktioniert, von den Cocteau Twins bis hin zur französischen Progressive-Jazz-Gruppe Magma, die in den Siebzigern sogar ihre eigene Sprache erfand.

Als 2000 *White Pony* erschien, hatten die Deftones als Liveband, im Studio und als Songwriter bereits reichliche Erfahrungen gesammelt, was ihnen gegenüber ihren Zeitgenossen und Konkurrenten durchaus Vorteile einbrachte. Sie waren bereits mit Ozzy Osbourne, Kiss, Anthrax, White Zombie, Pantera und Bad Brains auf Tour gewesen und konnten dabei eine große Fangemeinde für sich gewinnen. Zahlreiche Musikfans, die eigentlich keinen Nu Metal (oder Metal überhaupt) mögen, machen bei den Deftones eine Ausnahme. Auch ältere Rockhörer, Metalkenner und eingebildete Rockkritiker, die für Limp Bizkit, Korn und Slipknot nichts übrig haben, begeistern sich häufig für die Deftones – was wohl daran liegt, dass man sie als „intelligent" wahrnimmt.

Der britische *NME* schrieb in seiner Kritik zu *White Pony:* „Zu Anfang schienen die Deftones nur eine weitere viel versprechende Band aus den Skaterparks und Rockclubs Kaliforniens zu sein. Eine Band, die mit Iron Maiden, Metallica und Faith No More aufgewachsen war, aber auch Bands wie The Cure und The Smiths gehört hatte – Musik also, mit der man die eigene Sensibilität erhöht und größere Chancen hat, eine Freundin zu kriegen. Nach den ersten beiden Alben war klar, dass die Deftones keine weitere hirnlose Rap-Rock-Opportunistenkapelle sind; hinter ihren maschinenähnlichen Riffs und den plakativen Raps liegen Songs von größerer Tiefe verborgen, die letztendlich durchaus ein Massenpublikum ansprechen ... Hätte Marilyn Manson nur die Hälfte des Gespürs, mit dem die Deftones anrührende Songs für die Massen fabrizieren, wäre er inzwischen Präsident der USA."

Im *Rolling Stone* zeigte sich die Journalistin Ann Powers in ihrer Kritik ebenso begeistert: „Im Spannungsfeld zwischen Zärtlichkeit und Brutalität erwächst Leidenschaft, wenn das Bedürfnis, sich gehen zu lassen, auf den Kontrollimpuls trifft. Im Rock 'n' Roll findet dieses Paradox oft seinen Ausdruck, ohne dass allzu viel Planung dahinter steckt. Aber einige Künstler gehen dieses Thema direkt an und erschaffen Musik, die diesem uralten Hunger in uns nicht nur Nahrung gibt, sondern auch versucht, diese Widersprüche aufzulösen. So eine Platte ist *White Pony*. Die Deftones haben sich stets der versponneneren Seite härterer Musik gewidmet. Und sie haben seit langem damit gedroht, sich von dem headbangenden Zuhälterrock, den sie mit ins Leben gerufen haben, Abschied zu nehmen. Aber ein derartig konsequentes Experiment war dennoch nicht zu erwarten, schon gar nicht von einer Band, der ein Festhalten an ihren offensichtlichen Qualitäten nur Vorteile gebracht hätte."

Chino Moreno, Gitarrist Stephen Carpenter, Schlagzeuger Abe Cunningham und Bassist Chi Cheng hatten die Deftones 1988 im kalifornischen Sacramento gegründet (DJ Frank Delgado stieß erst wesentlich später zur Band). Die vier kannten einander bereits aus der Schule und waren von den üblichen Thrash- und Metalbands der Achtziger beeinflusst, aber auch von Bad Brains, Smashing Pumpkins oder Jane's Addiction (im aktuellen Sound der Deftones finden sich noch immer Spuren von Perry Farrells Hochdruck-Gesangsstil). Sie tourten kreuz und quer durch Kalifornien, spielten unermüdlich und nahmen Demos auf – aber dennoch passierte überhaupt nichts, bis eines der Bänder bei Maverick Records, dem von Madonna ins Leben gerufenen Tochterlabel von Warner Brothers, landete.

Terry Date (der bereits erfolgreich bei Soundgarden und White Zombie aktiv gewesen war und später noch mit Limp Bizkit und Staind ins Studio gehen sollte) produzierte 1995 das Debüt *Adrenaline*. Er zeichnete auch für das Nachfolgewerk *Around The Fur* verantwortlich, das weitgehend an das erste Album anknüpfte und den straffen Deftones-Sound, der mal feinsinnig, mal brutal daherkam, perfekt einfing.

Max Cavalera spielte auf „Head Up" Gitarre, und „My Own Summer (Shove It)" wurde sogar recht häufig im Radio und bei MTV gespielt, was zuvor für einen derartig harten Song undenkbar gewesen wäre. Dabei ist die Musik der Deftones nicht nur laut und energiegeladen, sondern vor allem dynamisch; ihr Sound ist wesentlich fokussierter als der anderer Bands, und ihre Texte mögen noch so kryptisch sein, sie haben doch einen Reifegrad und eine Ausgefeiltheit erreicht, von der Bands wie Staind noch weit entfernt sind. Ihre grenzenlose Offenheit zu allen Seiten erlaubt es ihnen, sich schnell in andere Richtungen weiterzuentwickeln, wenn die musikalischen Möglichkeiten eines Bereichs ausgeschöpft sind. Vom Hardcorepunk auf *Adrenaline* haben sie sich übergangslos dem rasiermesserscharfen Rap von *Around The Fur* und von dort aus dem Jahrtausendrock von *White Pony* zugewandt. Sie verknüpfen ihre Punkattitüde mit einer gewissen Rockästhetik, wie sie seit den Pixies nur noch wenige Bands erreicht haben. Viele der Nu-Metal-Klischees haben sie erfunden: Die Gesangstechnik, die sich vom Flüstern zum Schreien steigert, aber auch die Mischung aus sanften Strophen und harten Refrains, die Nirvana ursprünglich entwickelten, haben die Deftones vervollkommnet. Auch das Line-up mit einem DJ auf der Bühne und der harte Postpunk/Skater-Look stammen von ihnen. Ihre Shows sind mitreißend, oft aber auch unberechenbar: Während ihrer Europatournee 2001 stand Chino beim Waldrock-Festival in den Niederlanden so neben sich, dass er den größten Teil des Konzerts damit verbrachte, auf der Bühne herumzutaumeln

und das Publikum zu beleidigen. Er kam nur für ein Duett mit Mike
Muir von Suicidal Tendencies kurzzeitig zu sich, zeigte den Zuschauern
sein Genital, schloss den Set mit „Bored" und stolperte dann von der
Bühne, nachdem er den Fans zugerufen hatte: „Wenigstens bin ich
nicht Fred Durst!"

Die Band gab später zu, während dieser Tour den absoluten Tiefpunkt erreicht zu haben, und Chino erzählte Journalisten, dass er
bereits morgens nach dem Aufstehen zu trinken begann und dann
nicht mehr aufhörte. Aber obwohl derartiges Verhalten die Fans durchaus ernsthaft hätte verärgern können, verstärkte es im Fall der Deftones sogar den Charme der Band. Zwar waren sie vielleicht nur über-
arbeitet und litten unter Jetlag und Heimweh, aber stattdessen wurden
sie eher als „gemarterte Seelen" betrachtet, und das kam bei ihren
Anhängern tatsächlich gut an. Weshalb die Deftones derzeit die beste
Band Amerikas sind, erklärte mir ein amerikanischer Fan auf seine
eigene differenzierte Weise: „Die gehen einem nicht auf den Sack", versicherte er mir.

Die Deftones sind dabei auch die Band, die von der zweiten Nu-Metal-
Generation am häufigsten als Einfluss genannt wird. Doch obwohl
sie recht gut mit Korn befreundet sind, da sich ihre Wege schon in
den Anfangstagen häufig kreuzten, als beide Bands noch quer durch
Kalifornien tourten, haben sie sich allen lukrativen Angebote zum
Trotz noch nie einem der Wanderfestivals angeschlossen. Die Deftones
halten vorsichtigen Abstand zu anderen Nu-Metal-Bands, da ihnen
offenbar bewusst ist, dass es zum eigenen Untergang beitragen kann,
wenn man einem Phänomen zugerechnet wird, das bereits Schlagseite
hat. Der *Washington Post* sagte Chino Moreno 2000: „Family Values
wäre eine gute Sache für uns – wir könnten vor wesentlich mehr Leuten spielen, und es gäbe eine Menge Geld. Wir wollen jedoch, dass
unsere Band lange lebt. Ich möchte so lange Platten einspielen, wie es
irgendwie geht. Und wenn sie sich nicht mehr verkaufen, sollte das
allein an uns liegen und nicht an irgendeiner Szene. Wenn die eines
Tages nicht mehr angesagt ist, würden wir mit abstürzen. Musik durch-
läuft verschiedene Phasen. Da spielt es keine Rolle, wie viele Leute
diese Woche auf Limp Bizkit stehen. Ich garantiere, dass die fünf Millionen Menschen, die *Significant Other* im Schrank stehen haben, in fünf
Jahren keine neue Bizkit-Platte mehr kaufen. Das ist schon zu einer For-

mel geworden. Ehrlich, wenn ich einen Bizkit-Song höre, kann ich nach den ersten paar Takten schon sagen, wie es weitergeht. Limp Bizkit können sich natürlich weiterentwickeln und ihren Sound ein wenig verändern, aber sie hängen jetzt schon mit drin. Sie sind nun mal eine dieser Macker-Party-Bands. Wenn der Lack ab ist, wenn die Leute sehen, was dahinter steckt, und diesen Sound satt haben, dann möchte ich nicht, dass wir gleich mit abgeschrieben werden." Ob sie dazugehören wollen oder nicht, auf alle Fälle werden sie dennoch von vielen Nu-Metal-Bands als wichtiger Einfluss genannt. Linkin Park, allesamt große Deftones-Fans, begleiteten die Band auf ihrer Europatournee, nachdem sie in der Bandbiografie auf ihrer Webseite aus ihrer Begeisterung für die kalifornischen Musiker keinen Hehl gemacht hatten.

„In der Biografie, die wir schon vor langer Zeit veröffentlicht haben, stand drin, dass die Deftones einen Rieseneinfluss auf uns ausübten", sagte mir Linkin-Park-Mann Mike Shinoda. „Wir wollten denen nicht hinten reinkriechen, damit wir mit ihnen auf Tour gehen können, sie sind schlicht und einfach eine unserer Lieblingsbands. Und jetzt, wo wir tatsächlich mit ihnen unterwegs sein können … also wir erstarren fast vor Ehrfurcht."

Chino war von seinem Support-Act jedoch eher unter- als überwältigt, wie er auf Radio One erklärte: „Ich höre ihre Musik überhaupt nicht. Aber ich denke, dass sie unseren Fans, vor allem den jüngeren, durchaus gefällt. Ob diese Bands es zugeben oder nicht, sie sind der Inbegriff des Nu Metal. Sie sind gut, ich würde sie vielen anderen Bands vorziehen. Wenn man aber die Sachen hört, auf die ich stehe, sieht man doch vieles anders."

Natürlich reiben sich die Deftones stark an den Grenzen der formalistischen Rockwelt, in die sie sich hineinbegeben haben und die ihnen schnell zu eng geworden sind. Ihre Single „Elite" wurde 2001 mit dem Grammy für die beste Metalperformance ausgezeichnet; *White Pony* stieß in der Kritik allgemein auf positive Reaktionen, und die Verkaufszahlen gingen steil nach oben. Sie hatten eine starke Position erreicht, von der aus sie ihre Musik in jede von ihnen gewünschte Richtung führen konnten.

In gewisser Weise füllen die Deftones die Lücke, die in der amerikanischen Rockszene nach der Auflösung der Smashing Pumpkins entstanden ist. Mehr noch als Nirvana hatten die Alternative-Altmeister das Muster „ruhige Strophen – explodierende Refrains" perfektioniert, und eines hört man allen Nu-Metal-Sängern, von Incubus-Shouter Brandon Boyd bis zu Jonathan Davis von Korn, deutlich an: Sie würden alles dafür tun, um in die Haut von Billy Corgan zu schlüpfen, der die nasale, etwas jammernde Klangfarbe, die heute zum Markenzeichen des Genres geworden ist, sozusagen patentierte.

Auf dem 1995er-Album *Mellon Collie And The Infinite Sadness* begann Corgan, den bisher melodischen, depressiven Sound der Band zu verändern und in experimentelleren, wenn auch immer noch zugänglichen Rock 'n' Roll zu verwandeln. Damit hatte er sein Ziel jedoch noch nicht erreicht; Corgan erklärte, ihm „schwebe ein bestimmter Sound im Kopf herum", und er deutete an, dass er – beeinflusst von TripHop-Künstlern wie Tricky, Portishead und Massive Attack – etwas radikal anderes machen wollte. Die folgenden Veröffentlichungen, *Adore* und *Machina: The Machines Of God,* waren tatsächlich komplett anders als erwartet, boten in ihrer Dichte und Düsternis jedoch kein leichtes Hörvergnügen und verschreckten viele alte Fans. Zusätzlich hatten die Pumpkins mit internen Problemen aufgrund Heroinmissbrauchs und persönlicher Reibereien zu kämpfen, und das führte schließlich zum Auseinanderbrechen einer Band, die zuvor als die große Hoffnung der amerikanischen Rockmusik gehandelt worden war. Ein Musterbeispiel für die Gefahren, die lauern, wenn Musiker auf die Stimmen in ihren Köpfen hören und sich um jeden Preis weiterentwickeln wollen.

Der Deftones-Song „Change (In The House Of Flies)" von *White Pony* wirkte wie ein Strategiepapier für die Art von Alternative Music, die sie nun zu erforschen begannen. Die unbehagliche Spannung dieses Tracks wurde zusätzlich durch Samples und Effekte gesteigert, die eine schwere, psychedelische Atmosphäre schufen. Verglichen mit den Smashing Pumpkins in ihrer späten Phase oder mit Radiohead nach *OK Computer,* war das zwar nicht gerade revolutionär, aber für eine Band, deren Fangemeinde eine kräftige Dosis bombastischer Rocksongs und emotional aufgeladenen Punk erwartete, war es ein mutiger Schritt. Dass sich dieser Titel zu einer erfolgreichen Single und einem Abräumer bei Livekonzerten entwickelte, hat Chino offenbar darin bestärkt, diesen Weg weiter zu erforschen. 2001 kündigte er an, an einem Soloprojekt namens Team Sleep zu arbeiten, zu dem auch die ehemalige Hole- und Smashing-Pumpkins-Bassistin Melissa Auf Der Maur gehöre und das seiner Meinung nach so klinge „wie Portishead, nur eben mit meiner Stimme". Er plante zudem, mit den sperrigen, experimentellen Briten von Mogwai zusammenzuarbeiten und möglicherweise den Gesang zu einem ihrer Postrock-Instrumentals beizusteuern, was nun tatsächlich eine neue Richtung für die Deftones anzudeuten schien. Art Metal? Nu Progressive? Weiterentwicklung und die Lust am Experiment waren für die Band von Beginn an von großer Bedeutung. Zwar wurde er offiziell erst kurz vor der Veröffentlichung von *White Pony* offizielles Deftones-Mitglied, aber Frank Delgado, der zu den besten DJs Sacramentos zählt, stand mit seinen Musikerfreunden bereits auf der Bühne, bevor 1995 deren erstes Album *Adrenaline* erschien. Frank gehört dabei noch immer zu der in Sacramento aktiven HipHop-Crew The Socialistics, die sich mit den Deftones einst den Proberaum teilte; auf diese Weise lernte man sich gegenseitig kennen und stellte fest, dass es genug Gemeinsamkeiten gab, um gelegentlich zu jammen. Auf der Musik-Webseite *The PRP* sagte Frank 2000: „Es wurde nicht vorher geplant, wie ich mich in den Mix einbringen könnte; wir haben nicht gesagt: ‚Hey, wir machen jetzt dieses Metal-HipHop-Ding mit Scratching-Einlagen.' Ich webe einfach meine Beiträge in den Sound mit ein."

Frank spielte bei der Ausformung des typischen Deftones-Sounds eine wesentliche Rolle und war an sämtlichen Alben beteiligt. Bei den Aufnahmen zu *White Pony* entwickelte er sich zu einem integralen Bestandteil der Band, indem er die atmosphärischen Samples und Sounds mit einbrachte.

Die Rolle des DJ auf der Bühne – sei es DJ Lethal von Limp Bizkit, (hed)-pe-Mann DJ Product, DJ AM von Crazy Town, DJ Kilmore von Incubus, DJ Homicide von Sugar Ray oder Joe Hahn von Linkin Park – hat sich derartig weiterentwickelt, dass es mittlerweile völlig normal erscheint, wenn bei den Shows ein Mann im Hintergrund fürs Scratching sorgt. Dabei bringen die Soundbastler gelegentlich eine zusätzliche Rhythmuskomponente mit ein, manchmal steuern sie auch Samples bei, und bisweilen fragt man sich, was sie überhaupt tun, wenn nämlich die Samples vom Keyboarder übernommen werden. Das Konzept an sich ist nicht neu, schon seit zehn Jahren versuchen Rockbands, DJs in ihre Liveshows zu integrieren. Im Studio ist es mittlerweile gang und gäbe, dass DJs Remixe rockiger Titel abliefern. Diese Praxis hat einerseits den Rockbands neue Möglichkeiten eröffnet, andererseits wurden dadurch auch die Grenzen zwischen einzelnen Genres abgebaut.

Bereits 1990 hatte sich beispielsweise die britische Rockband Primal Scream mit einem DJ zusammengetan, der eigentlich aus der House-Szene stammte, die 1987/88 während des so genannten „Summer of Love" in voller Blüte stand. Primal Scream waren zu dieser Zeit überzeugte „Rockklassizisten", die sich musikalisch und imagemäßig bei amerikanischen Bands wie den MC5, The Byrds und Big Star bedienten. Das wirkte im Vergleich zur äußerst energiegeladenen House-Szene ebenso abgehangen und altmodisch wie Led Zeppelin und Rod Stewart ein Jahrzehnt zuvor, als gerade der Punk losbrach.

Andrew Weatherall zählte zu jener Gruppe von DJs, die in Londoner Clubs wie dem *Shoom,* aber auch auf den Balearen, vor allem auf Ibiza, einen neuen und einzigartigen Stil europäischer House Music geprägt hatten. Nun bat man ihn, mit „I'm Losing More Than I'll Ever Have" einen Track vom zweiten Primal-Scream-Album *Sonic Flower Groove* zu remixen. Daraus entstand der Titel „Loaded", ein bahnbrechender Erfolg, der die Karriere der Band mit einem Ruck in Schwung brachte. Primal Scream galten seitdem als Pioniere dieser neuen, lebendigen musikalischen Mischform, die zahlreiche Nachahmer fand und das Gesicht britischer und europäischer Rockmusik dauerhaft veränderte.

Der so genannte „Indie-Dance-Boom" brachte wie alle derartigen Bewegungen teilweise wirklich innovative Musik hervor, aber auch ebenso viel Müll. In den USA blieb man von diesem neuen Trend völlig unbeeindruckt, obwohl House ursprünglich ein amerikanisches Phänomen darstellte. Wenn es um DJs ging, dann war natürlich Hip-Hop nach wie vor führend. Wenn Rockbands und HipHop-Crews zusammenarbeiteten, rappten MCs meist zu Rocktracks, wie Run-DMC zu „Walk This Way" von Aerosmith, oder man kooperierte bei Liveauftritten, wie Chuck D und Flava Flav mit Anthrax. Mit verändertem Line-up ändert sich auch die Musik, so eröffnet selbst ein DJ der „hirnlosesten" Band neue Horizonte.

Die Beteiligung der DJs am Sound des Nu Metal markiert eine drastische Veränderung mit explosivem Potenzial, deren Einfluss weit über das Genre hinausgehen könnte.

7. Ketzer und Ausgestoßene

Slipknot

Slipknot verabschiedeten sich 2001 vom Nu Metal. In jenem Jahr erschien *Iowa,* ein Album, das einen riesenhaften Schatten auf den Rock 'n' Roll warf und die Messlatte für alle Möchtegern-Konkurrenten ein gutes Stückchen höher legte. Ab sofort waren Slipknot keine Nu-Metal-Band mehr, auch keine Death-Metal-Band oder sonst irgendwas. Sie waren Slipknot. Punkt. Zwei Jahre zuvor war ihr selbstbetiteltes Debüt erschienen, und seitdem hatten sich Mudvayne, Hatebreed, Disturbed und andere daran gemacht, ihre eigenen Werke an Knot-Fans zu verkaufen, die Nachschub an Death-Metal-Schaustückchen brauchten. Auch die großen „vergessenen" Death-Metal-Bands, deren Einfluss bei Slipknot spürbar war, wurden wieder herausgekramt, und bei Konzerten tauchten die angesagteren Kids mit T-Shirts von Carcass, Morbid Angel oder Immortal auf. *Iowa* war nicht nur für Slipknot selbst von großer Bedeutung, sondern auch für ihre vielen Fans (die den liebevollen Namen „Maggots", Maden, tragen), für ihren Produzenten und I-AM-Labelboss Ross Robinson sowie für Roadrunner, die dazugehörige Mutterfirma.

Hinter verschlossenen Türen herrschte im gesamten Metalbereich – unter Angestellten von Plattenfirmen, Journalisten, DJs, Fernseh- und Radioproduzenten, Promotern und Redakteuren – eine ungewöhnliche Nervosität. Allgemein rechnete man in diesem Jahr damit, dass der Aufwärtstrend im Hardrock-Segment seinen Höhepunkt erreichen würde, und *Iowa* war in diesem Zusammenhang das mit der meisten Spannung erwartete Album. 2000 hatte *Chocolate Starfish And The Hotdog Flavored Water* von Limp Bizkit die Szene bei Kritikern und Fans gerettet. Marilyn Mansons *Holy Wood ...* lag wie Blei in den Regalen (wobei er ohnehin nie der große Verkaufsschlager war, sondern nur aufgrund seiner Präsenz auf MTV und den *Newsweek*-Titelseiten so wirkte). Slipknot hingegen waren eine Band auf dem Weg nach oben, Platin-Kandidaten, die möglicherweise zu richtigen Megasellern werden konnten, vielleicht eines Tages ihr eigenes Wanderfestival ins Leben rufen und die ganze Szene einmal kräftig durchschütteln würden. Ihr Debütalbum und die fulminanten Liveshows hatten enorm hohe Erwartungen geschürt. Eine müde Platte von einem derart hochgelobten Act wie Slipknot hätte das Ende dieser besonders heißen Phase der Rockgeschichte einläuten können. Die Musikindustrie funktioniert ganz ähnlich wie der Aktienmarkt. Beide kennen Jahre des Aufschwungs, aber auch Rezessionen, wenn das Wachstum zurückgeht. Die Zeit nach dem Tod von Kurt Cobain zeigte einen solchen Abwärtstrend, der erst durch die Veröffentlichung des Korn-Debüts aufgehalten wurde. Daraufhin ging es wieder aufwärts, bis zum Jahr 2000, als die jüngste Euphorie ihren vorläufigen Höhepunkt erreichte. So, wie sich die schlechten Umsätze eines Großunternehmens wie Microsoft negativ auf die Technologiewerte und letztlich auf die gesamte Wirtschaft auswirken, so kann auch ein enttäuschendes Album einer großen Rockband verheerende Konsequenzen zeitigen. Wäre *Iowa* gefloppt, hätte es das Vertrauen der anderen Labels in ihre eigenen Acts erschüttert. Der Rückgang von CD- und Ticketverkäufen hätte sich zudem auf die Verkaufszahlen, Einschaltquoten und Seitenzugriffe bei Rockmagazinen, Radiosendern und Webseiten ausgewirkt. Labels hätten weniger Anzeigen geschaltet und sich zügig von einigen Künstlern getrennt. Letzten Endes hätten dadurch einige Existenzen auf dem Spiel gestanden. Aber Slipknot enttäuschten nicht. Die Welt war gerettet. Jedenfalls für den Augenblick.

Wie der 1999 erschienene Vorgänger war auch *Iowa* kein bahnbrechendes, originelles Album, es war nur besser. Besser im Hinblick auf den Sound, die Songs, die Verkaufszahlen. In jeder Hinsicht besser. Slipknot haben es bisher geschafft, alles besser zu machen als ihre Zeitgenossen, von den Liveshows über ihre Alben bis hin zu ihrem Bühnentheater. *Iowa*, der Nachfolger des welterschütternden, selbstbetitelten Debüts, war der vollendete Beweis.

Unmittelbar vor der Veröffentlichung des Albums erklärte mir das Sprachrohr der Band, der hyperaktive Schlagzeuger Joey Jordison (#1): „Ich muss mit dieser Platte absolut nichts beweisen. Wir zeigen darauf jeder anderen Band den Mittelfinger; wer gemeint ist, weiß schon Bescheid. Wir mögen und respektieren viele Bands da draußen, aber diese Platte ist sozusagen ein musikalischer Tritt ins Gesicht. Es ist die musikalische Umsetzung dessen, wenn dir irgendein Arschloch die Kehle durchschneidet. Die neue Bibel erscheint diesen Sommer!"

Produzent Ross Robinson war während der Arbeit an diesem Album angeblich völlig zugedröhnt, da er aufgrund einer Rückenverletzung starke Schmerzmittel nahm. Er erklärte, die Platte werde „da draußen alles andere zerstören. Das ist richtig harter Stoff, und der kriegt alles andere klein. Super-, super-, superperfekt, extrem und knallhart!"

Iowa ist eines dieser Werke, die in keinem Haushalt fehlen dürfen – ein Album, das den Zeitgeist ebenso einfängt wie weiland *Never Mind The Bollocks* von den Sex Pistols, *Master Of The Puppets* von Metallica und *Dark Side Of The Moon* von Pink Floyd.

Nachdem ich das Album ein einziges Mal im Büro ihrer britischen Plattenfirma hatte hören dürfen – um zu verhindern, dass MP3-Dateien mit neuen Tracks im Internet auftauchen, schicken manche Plattenfirmen keine Rezensionsexemplare mehr an Journalisten –, gab ich ihm in meiner Kritik für den *Metal Hammer* zehn von zehn möglichen Punkten und schrieb: „Falls irgendjemand daran gezweifelt hat – *Iowa* ist ein verdammtes Meisterwerk. Zwar gab es dieses Jahr bereits einige gute Platten, aber nur wenige mit ‚Wow-Faktor' und keine, die auch nur annähernd so perfekt gelungen wäre wie diese … Es ist ein fantastisches Album, das *Sergeant Pepper* negativer Grundeinstellung, und es setzt einen Standard, an dem sich in den nächsten Jahren alle Künstler in diesem Bereich messen lassen müssen. Wobei die meisten ihn sicherlich nicht erreichen werden. *Iowa* geht einem durch und durch und ist so intensiv und schrecklich, dass man es sofort wieder auflegen möchte, um das ganze verdammte Ding noch mal zu hören, kaum dass am Ende die Stille einsetzt."

Sogar die Mainstreampresse fand fast ausschließlich lobende Worte. Die *New York Times* bezeichnete Slipknot als „eine der faszinierendsten und rätselhaftesten Bands der neuen Rockwelle". Der *Rolling Stone* fuhr ein großes Geschütz auf und schickte die Rockkritiker-Legende David Fricke an den Start, der schrieb: „*Iowa* ist nicht nur die erste wirklich großartige Platte der Nu-Metal-Ära – sie ist besser als das. Vermutlich wird das zweite Slipknot-Album das einzige Werk dieser Ära und in diesem eng umrissenen Genre sein, das wir in fünf oder zehn Jahren als ‚Klassiker' betrachten werden. Das wir mit ähnlicher Ehrfurcht behandeln werden wie die frühen Monsterplatten von Black Sabbath, *Master Of The Puppets* von Metallica und die Songs von Rage Against The Machine. Neben dem Höllenritt der Drums, den Nagelbomben der kreischenden Gitarren und den Schrei-Samples erscheint der restliche moderne Doom Rock so banal wie die leeren Drohgebärden von Möchtegern-Gangstas."

Iowa stieg auf Platz drei der *Billboard*-Charts ein und verkaufte sich in den USA innerhalb nur dreier Monate mehr als eine Million Mal.

Die Furcht erregend gekleidete Band verrät wenig über ihre Vorgeschichte – komplett mit allen neun Mitgliedern war sie plötzlich da, so wie Athene einst aus dem Kopf des Zeus hervortrat. Bekannt ist allerdings, dass Slipknot 1995 in Des Moines, Iowa, gegründet wurden – „mitten im Niemandsland", wie sie selbst ihre Heimat beschreiben. Iowa gilt als der Staat der Schweinefarmen, der sich in der Vergangenheit nicht gerade um die Rockszene verdient gemacht hat. Es existieren keine anderen großen Bands oder wichtige Künstler in dieser Gegend. Joey witzelte einmal, da Cleveland ja die Rock and Roll Hall of Fame hätte, sollte man in Des Moines vielleicht die Rock and Roll Hall of Obscurity errichten, in der dann alle unbedeutenden Musiker geehrt würden.

Die Bandmitglieder trugen Masken – zuerst recht grobe, selbst gemachte Dinger – und ersetzten ihre Namen einfach durch Zahlen. Zum festen Line-up gehörten von null bis acht der DJ Sid Wilson, Schlagzeuger Joey Jordison, Bassist Paul Grey, Percussionist Chris Fehn, Gitarrist James Root, Sampler/Programmierer Craig Jones, Percussionist Shawn Crahan, Gitarrist Mic Thompson und Sänger Corey Taylor. Die Band wollte die eigenen Identitäten deshalb schützen, weil man hoffte, Slipknot würden dann als Einheit und nicht als Produkt verschiedener Individuen betrachtet werden.

„Wir ziehen das Zeug nicht an, damit die Leute auf uns abfahren", sagte Joey Jordison. „Es war vielmehr so, dass wir in Des Moines dauernd dafür runtergemacht worden sind, wenn wir Musik machen oder etwas anderes auf die Beine stellen wollten. Schließlich kam es uns so vor, als seien wir eine anonyme Einheit. Es hat sich keine Sau für uns interessiert, also ging es bei uns nie um unsere Namen oder unsere Gesichter, nur um die Musik. Als wir dann aber die Masken aufsetzten, kamen die Leute plötzlich, und es wurde zu einer großen Sache aufgeblasen. Die Musik ist aber dennoch das Wichtigste. Das mit den Verkleidungen hat sich einfach so ergeben. Aus irgendeinem Grund funktionierte es, und deswegen müssen wir damit auch weitermachen."

Zwangsläufig wurden Slipknot häufig mit Insane Clown Posse verglichen, einer Rap-Metal-Crew, die sich vom Massenmörder John

Wayne Gacy und seinem Alter Ego Pogo the Clown dazu inspirieren ließ, im Clownskostüm aufzutreten. Sicherlich standen aber auch Kiss und Alice Cooper Pate, die ähnliche Theaterelemente von jeher in ihre Shows integrierten. Slipknot sind allerdings stets bemüht, darauf hinzuweisen, dass das Publikum der Musik und nicht der Masken wegen zu den Konzerten kommt. Wenn sie ihre Verkleidungen nach den Gigs in der Garderobe ablegen, ist große Erleichterung spürbar; sie fühlen sich darin im Grunde nicht sehr wohl. Dennoch legen sie die Masken immer wieder an, wenn sie sich anschließend noch unter das Publikum mischen oder in Clubs gehen.

Nachdem die Band im Anschluss an die Veröffentlichung von *Iowa* ihren „neuen Look", also andere Masken und Verkleidungen, vorgestellt hatte, erklärte Corey Taylor dem *HitParader:* „Ich will mal deutlich machen, wie blöd wir tatsächlich sind. Man hätte ja denken können, nach all den Erfahrungen, die wir gemacht haben, und in dem Wissen, dass uns auf dieser Tour mehr als dreißig Konzerte bei Openairs in der Sommerhitze bevorstehen, dass wir uns dünnere, bequemere Kostüme zulegen würden. Tja, wir haben das genaue Gegenteil getan. Wir haben sie noch dicker und aus noch härterem Material gemacht. An manchen Tagen waren draußen über dreißig Grad, wenn wir auf die Bühne gingen, und in unseren Anzügen war es wahrscheinlich doppelt so warm. Aber immerhin ist es eine gute Möglichkeit, um abzunehmen. Vielleicht gehen wir demnächst mal in die Fernsehtalkshows und präsentieren die neue Slipknot-Diät: Man zieht sich die dicksten Sachen an und springt dann bei dreißig Grad eine Stunde lang in der Hitze herum. [Die Masken] wurden geändert, um unsere veränderten Gefühle auszudrücken. Sie sind jetzt dunkler und bedrohlicher als früher, und das entspricht auch der Musik auf *Iowa*. Für uns sollen diese Masken sozusagen der Erweiterung unserer Persönlichkeiten und unserer Musik Rechnung tragen. Ich wollte eine haben, die überhaupt keine Gefühle ausdrückt. So bin ich darauf beschränkt, meine Empfindungen mit Bewegungen und mit meiner Stimme rüberzubringen."

Der Einsatz von Masken bei Auftritten hat eine lange Geschichte. Im klassischen römischen oder griechischen Drama hatte jede Maske ihre eigene Form und Farbe und stellte damit eine bestimmte Figur oder eine bestimmte Emotion dar. Die bekanntesten sind die beiden Gesichter der Komödie und der Tragödie, lachend und weinend, die heute noch als Symbol für das Theater dienen. In der Antike, als es noch keine Möglichkeit zur Korrektur von Sehschwächen gab, sah wahrscheinlich ein großer Teil des Publikums nur verschwommen und brauchte die deutliche „Kodierung" durch die Masken, um zu verstehen, was vorn auf der Bühne vor sich ging. In den griechischen Dramen, die nach heutigen Maßstäben eher religiösen Riten als unseren Theaterstücken ähnelten, schlüpften die Schauspieler in die Rollen von Göttern und Helden, und man verlangte buchstäblich von ihnen, dass sie sich verwandelten. In allen religiösen Stammesritualen werden Masken – Tier- oder Menschengesichter, Monster oder aufwändige Kopfbedeckungen – verwendet, nicht nur im alten Rom und Griechenland, sondern auch in China, Tibet, Indien, Sri Lanka, Thailand, bei den mexikanischen und peruanischen Urvölkern ebenso wie bei den Indianern, den Inuit und den afrikanischen Stämmen.

Die extreme Baptistengruppe Way of Life dachte in den gleichen Bahnen und warf Slipknot daher vor, eine Voodoosekte zu sein und sich an einer Verschwörung zu beteiligen, die Amerikas Jugend einer Gehirnwäsche unterziehen wolle – die Masken seien der Beweis dafür. Obwohl Slipknot nicht unumstritten sind, haben sie dennoch weniger hysterische Reaktionen ausgelöst als andere Bands. Bei der Ozzfest-Tour 2000 richteten sich die meisten Proteste gegen Marilyn Manson, die möglicherweise ein wenig von der Band aus Iowa ablenkten.

Hätten sich die christlichen Gruppen etwas eindringlicher mit dem Background von Slipknot beschäftigt, dann hätten sie – abgesehen von den Halloweenmasken – möglicherweise weitere Hinweise auf eine Verbindung zum Gehörnten entdeckt. Slipknot sind von einer Vielzahl von Death-Metal-Bands aus den späten Achtzigern und frühen Neunzigern beeinflusst, vor allem von der nordenglischen Gruppe Venom, die das Genre mit ihrem 1981 erschienenen Track „Black Metal" sozusagen offiziell begründet hatte: „Black is the night, metal we fight / Power amps set to explode / Energy screams, magic and dreams / Satan records the first note / We chime the bell, chaos and hell / Metal for maniacs pure" („Schwarz ist die Nacht, unsere Waffe ist der Metal / Verstärker, die fast explodieren / Energiegeladene Schreie, Magie und Träume / Satan nimmt den ersten Ton für uns auf / Wir läuten die Glocken, Chaos und Hölle / Metal für die wahren Verrückten").

Das Trio Venom bestand aus Frontmann Cronos und seinen zwei Getreuen Abaddon und Mantas, die gemeinsam drei Alben einspielten, die in den frühen Achtzigern Kultstatus erreichen sollten: *Welcome To Hell,*

Black Metal und *At War With Satan* waren schnell, gefährlich verrückt und voller satanischer Texte. Metal erreichte damit eine neue Ebene. Später beschleunigten Bands wie Slayer, Exodus, Sodom, Nuclear Assault, Destruction, Kreator, Bathory und Celtic Frost den Death Metal derart, dass er wie ein Gefecht mit automatischen Schnellfeuerwaffen klang. Darüber hinaus verflochten sie den comichaften Okkultismus der ersten drei Black-Sabbath-Alben mit einer ultranihilistischen Ästhetik, die vor Blut und Chaos nur so troff. Der Unterschied zwischen Black Sabbath und Slayer entsprach dabei dem zwischen Hammer-Horrorfilmen und dem *Exorzisten:* Bei allem angeblichen Realismus und aller Ernsthaftigkeit war der *Exorzist* in erster Linie Unterhaltung.

Sämtliche Slipknot-Mitglieder, vor allem aber Joey, sind Death-Metal-Fans, aber wie sich in ihrer Arbeit zeigt, kennen sie auch andere musikalische Berührungspunkte. In einem Interview mit *Metal Update* wehrte sich Joey gegen die Vorwürfe, man betreibe den Ausverkauf: „Im Underground verehren die Fans bestimmte Bands, die ihnen unheimlich viel bedeuten, die unglaublich wichtig für sie sind. Und dann kommt zum Beispiel irgend so ein blöder Typ aus der achten Klasse, trägt ein Korn-T-Shirt und hat auch die Platte – da macht sich das Gefühl breit, dass die Band an Wert verloren habe. Die kann oft gar nichts dafür. Wenn man sich zum Beispiel mal den Bonustrack auf unserem Album, ‚Eeyore‘, anhört oder ‚Get This‘ vom Digipak, ‚Surfacing‘, ‚[sic]‘ oder von mir aus sogar ‚Scissors‘, dann ist doch klar, dass die Wurzeln unserer Musik im Death Metal, Thrash und Speed Metal liegen. Ich könnte jetzt stundenlang über diese Bands reden. Ich kenne all die Songs, und ich kenne jedes Scheißlabel … Die Underground-Metalkids sollten über den Erfolg von Slipknot froh sein, denn bei Songs wie ‚Surfacing‘ und ‚[sic]‘ spielen wir einen superschnellen Sechzehntelnoten-Bass – damit kann es kein anderer Wichser aus den Bands, mit denen man uns immer in einen Topf wirft, aufnehmen. Wartet, bis ihr unsere nächste Scheißplatte hört …“

Nach wie vor gibt es weltweit einen lebendigen Death/Black-Metal-Underground, in dem sich Bands wie die Norweger Emperor mit ihrem kosmischen Doom Rock, aber auch die Gothic-Rocker My Dying Bride mit ihrem pseudoklassischen Sound tummeln. Dass diese Szene überhaupt für so viel Furore sorgte, lag vor allem an der Berichterstattung über den Kriminalfall um Burzum-Frontmann Varg Vikernes, der derzeit wegen Mordes an seinem Rivalen Euronymous im

Gefängnis sitzt, sowie an den Geschichten über Kirchenverbrennungen, Neonazi-Verbindungen und Blutrituale. Allerdings haben diese Bands nicht besonders viel mit Slipknot gemeinsam. Zum einen vermeiden Slipknot die typischen okkulten Klischees: Sie beschäftigen sich lieber mit der härteren Welt von Massenmördern und Serientätern, eben mit den echten Monstern, die Amerika heimsuchen. Die Gacys, Geins oder Mansons (Charlie, nicht Marilyn) sind die wahren Dämonen des heruntergekommenen weißen Amerika, durchgeknallte Rednecks, die sich mit Strychnin oder schwarzgebranntem Fusel zudröhnen und dann auf ihre sinnlosen, todbringenden Touren gehen. Die Fantasiewelt von Slipknot erinnert an Filme wie *The Shining* (das Video zu „Spit It Out" wurde Kubricks verdrehter und beklemmender Vision nachempfunden), *The Texas Chainsaw Massacre, A Nightmare On Elm Street, Freitag, der Dreizehnte* oder *Halloween*. Hier geht es um das Böse, das weniger mit übernatürlichen Kräften, Teufeln oder Dämonen zu tun hat, als vielmehr mit den psychologischen Auswirkungen von Isolation und Missbrauch sowie einer Gewaltbereitschaft, die längst zur gesellschaftlichen Normalität gehört. Zwar widersetzen sich Slipknot nicht jeglicher Kategorisierung, ihr Sound setzt sich jedoch aus wesentlich mehr Elementen als nur ein paar wiederbelebten Death-Metal-Riffs, etwas Rap und Scratching zusammen.

Wie Jordison im Oktober 2001 dem *Rolling Stone* erzählte, hatte die Band bei ihrer Gründung noch keine Ahnung, wohin die musikalische Reise gehen sollte: „Zwischen 1995 und 1997 habe ich nachts in einer Tankstelle gearbeitet. Das war die Zeit, in der das Slipknot-Konzept langsam Formen annahm. Ich kam um zehn von den Proben, brachte mir ein Radio und einen Fernseher mit und hörte dröhnend lauten Metal. Shawn kam dann so gegen halb zwölf, und wir begannen Pläne zu schmieden. Wenn er sich um fünf Uhr früh wieder auf den Weg machte, hatten wir einen Haufen neuer Ideen. So lief das. Bis ich gefeuert wurde. Meine Chefs hatten kein Problem mit mir, aber ich schreckte die Kunden ab. Es war tatsächlich so, dass Leute an die Zapfsäule fuhren, mich und Shawn am Kassenfenster sitzen sahen, die Flucht ergriffen und zur Amoco auf der anderen Straßenseite fuhren. Wir suchten nach dem richtigen Stil für uns. Wir hatten einen Song namens ‚Bitchslap', in dem wir von Metal zu Jazz und von Disco zu Thrash wechselten."

Shawn Crahan erklärte: „Zu unserer Philosophie gehörte es von jeher, dass wir etwas ganz anderes machen wollten. Damals passierte im Metal nicht allzu viel, Hardcore oder so was gab es nicht, daher beschlossen wir, einfach uns selbst treu zu bleiben. Wir spielten alle in Bands, die sich schon gegenseitig bei Konzerten supportet hatten, doch inzwischen war die Szene richtig scheiße geworden. Keine Sau interessierte sich wirklich für Musik. Deswegen gründeten wir Slipknot, und als Erstes spielten wir in einer Reggaebar. Die lag in einem ziemlich üblen Teil der Stadt, und der einzige Termin, den wir bekommen konnten, war der Donnerstag. Wir pflasterten die ganze Stadt mit Flyern, wir haben bestimmt zwischen drei- und fünftausend Stück aufgehängt. Der Barbesitzer erhielt einen Anruf von der Stadtverwaltung, und es hieß, dass er für jeden dieser Zettel eine Strafe zahlen müsste."

Corey Taylor ergänzte: „Danach wurde die Geschichte immer kranker und kaputter."

Die Band nahm eine Reihe von Demos auf und veröffentlichte die ersten acht Tracks auf ihrem Debüt *Mate. Feed. Kill. Repeat.* „Diese Platte geriet Ross Robinson in die Hände, und 1998 kam er zu einer Probe vorbei. Er stand dann in Shawns Keller direkt neben mir, und ich fing an vorzuzählen – als ich bei ‚drei' ankam, fiel mir der Trommelstock aus der Hand. Ich hab's total vergeigt", erinnerte sich Joey gegenüber dem *Rolling Stone*.

Nachdem man dann mit Robinson durch ein paar Stripbars gezogen war – „das ist in Des Moines die beliebteste Form von Unterhaltung" –, war er so weit von der Band überzeugt, dass er sich bereit erklärte, ihr nächstes Album für sein neu gegründetes Label I AM Records aufzunehmen. „Ich musste jeden Morgen früh aufstehen und Workout machen, um genug Kraft für die Platte zu haben", erinnerte sich Robinson Anfang 2001. „Ich ging joggen, ich musste mich geistig und körperlich absolut in Hochform bringen, damit ich im Studio an diesem Album arbeiten konnte."

„Wir sind eine hochgradig aggressive Band", sagte Crahan. „Wir treffen nur sehr selten auf Leute, die sich darauf einlassen, wenn wir als Einheit auftreten. Ross holte uns in den Aufnahmeraum und teilte richtig Schläge aus. Er hat sich total in die Sache reingehängt."

Angeblich war Robinson nach den Aufnahmen und dem Abmischen von *Slipknot* völlig erschöpft. Dafür geriet das Album intensiver als alles andere, was er zuvor jemals auf Band festgehalten hatte.

Nicht jeder kapierte sofort, worum es ging. Es gab die unvermeidlichen Vergleiche mit Limp Bizkit und Korn und eine lange Diskussion darüber, wo Slipknot in diesem Kontext hingehörten. Als die Band beim Ozzfest '99 ihre ersten wirklich großen Auftritte absolvierte, wusste man noch immer nicht so recht, was man von ihnen halten sollte. Dennoch erreichte das Album beinahe völlig ohne die Unterstützung von Presse, Radio oder MTV binnen dreier Monate Platin-Status.

Es war eine brutale, abgestumpfte Abhandlung über Wut und Verzweiflung. Von der Anspannung und Angst in Jonathan Davis' Texten war bei Slipknot nichts zu spüren. In der rohen Attacke von „Eyeless" brüllt Corey Taylor: „Insane – Am I the only motherfucker with a brain? / I'm hearing voices but all they do is complain / How many times have you wanted to kill / Everything und everyone – Say you'll do it but never will / You can't see California without Marlon Brando's eyes / I am my father's son / He's a phantom, a mystery and that leaves me / Nothing! / How many times have you wanted to die? / It's too late for me / All you have to do is get rid of me!" („Verrückt – bin ich der einzige Wichser mit einem Hirn? / Ich höre Stimmen, aber die beklagen sich immer nur / Wie oft hast du schon töten wollen / Alles und jeden – du sagst vielleicht, dass du's tun wirst, aber das wirst du nie / Du kannst Kalifornien ohne Marlon Brandos Augen nicht sehen / Ich bin der Sohn meines Vaters / Er ist ein Phantom, ein Rätsel, und deswegen bin ich / Gar nichts! / Wie oft wolltest du schon sterben? / Für mich ist es zu spät / Du musst mich jetzt nur noch loswerden!") Der Text ist von den schizophrenen Tiraden eines Obdachlosen inspiriert, den die Band in New York traf, als sie gerade auf dem Weg zum Roadrunner-Büro war, um ihren Vertrag zu unterzeichnen. Wie Mic Thompson erzählte, „rannte er herum und brüllte jedem dieses Zeug entgegen. Meiner Meinung nach hat er eine ziemlich coole Show abgeliefert. Der war total neben der Spur."

In „Surfacing" zeigte sich die Band herausfordernder: „Fuck it all / Fuck this world / Fuck everything that you stand for / Don't belong / Don't exist / Don't give a shit / Don't ever judge me" („Scheiß auf alles / Scheiß auf die Welt / Scheiß auf alles, wofür ihr steht / Ich gehöre nicht hierher / Ich existiere nicht / Mir ist das scheißegal / Fällt nie ein Urteil über mich").

Aber der intensivste Track war „Scissors", ein unzusammenhängender, wahnsinniger Bewusstseinsstrom, der an einen geistesgestörten Killer denken ließ; er versprühte in etwa dieselbe Power wie der Moment, in dem Linda Blair im *Exorzisten* den Kopf um dreihundertsechzig Grad dreht oder in *Alien* die Brust aufbricht: „I play doctor for five minutes flat / Before I cut my heart open and let the air out / Three bugs, a pound of dust / Some wind spilled before me / In the strangest manner that had / Broke away my tear spout" („Ich spiele für knapp fünf Minuten Doktor / bevor ich dann mein Herz aufschneide und die Luft rauslasse / Drei Käfer, ein Pfund Staub / Ein Luftzug bläst es vor mir auseinander / auf die seltsamste Weise die / mir die Tränendrüse wegreißt").

Für manche Kritiker mochte das nach Horrorcomics klingen, aber die Basis dieser Texte lag in den sehr menschlichen Seelenqualen, die einige der Bandmitglieder durchgemacht hatten. Das geheimnisvolle Flair der Band wurde durch Gerüchte über Kindesmissbrauch, Selbstmordversuche und das besessene Bedürfnis nach selbst zugefügten Schnittwunden noch verstärkt.

In einem Interview mit dem ehemaligen *Metal Hammer*- und *Kerrang!*-Redakteur Robyn Dorrean sagte Joey Jordison: „Wenn man neun Jungs zusammenbringt, die vorher noch nie in ihrem Leben die Möglichkeit hatten, irgendwas rauszulassen, und die dann noch aus Iowa kommen und plötzlich auf einer Bühne stehen, dann passieren eben richtig heftige Dinge. Wir sind wie Geister herumgewandelt, haben uns die Pulsadern aufgeschnitten und gesagt: ,Bitte, seht her, seht, was wir hier zu tun versuchen.' Als wir uns zusammentaten und auf die Bühne gingen, kam alles raus, das Gefühl, heruntergemacht und abgelehnt zu werden und dass du ohnehin keine Chance bekommst, weil du aus so einem Scheißkaff stammst. Du kannst ja nicht dein Leben lang so tun, als wäre alles toll, wenn es das nicht ist. Sieh dir doch an, was überall für eine Scheiße läuft. Die Welt ist doch total krank. Bei unseren Shows kannst du all deine Aggressionen rauslassen, und wenn du dann nachhause gehst, geht es dir besser. Ich möchte, dass bei den Gigs jeder einen echten Gefühlskick kriegt."

Slipknot gingen auf Tour und spielten beim Wanderfestival Tattoo The Planet (stilistisch eine Mischung aus Family Values und Ozzfest) sowie beim Ozzfest 2001. Die Band hatte sich auf der '99er-Tour mit Ozzy Osbournes Sohn Jack angefreundet und wurde bei ihrer Rückkehr zwei Jahre später wie Helden gefeiert. Joey sagte dazu: „Ich war schon immer ein Riesenfan von Black Sabbath, seit meine Eltern mir dieses Zeug, als ich noch klein war, um die Ohren gehauen haben, ,Master Of Reality' und all so was. Und Jack, Ozzys Sohn, ist ein großer Slipknot-Fan. Als wir das letzte Mal beim Ozzfest spielten, stellte mich Jack seinem Vater vor, und ich war so überwältigt, dass ich ihn umarmte und ihm dabei Cola auf den Rücken schüttete. Er nahm das total locker, aber der Rest der Band brüllte, ich sei ja wohl komplett bescheuert."

Slipknot übernahmen zudem einen kurzen Auftritt in John McTiernans Remake von *Rollerball*, einem Film, der sich bereits zur Katastrophe entwickelt hatte, als ihr Beitrag bei einem Hallenkonzert im Juli 2001 aufgezeichnet wurde.

Trotz ihres enormen Erfolgs vermieden es Slipknot, in die typischen Fallen der Nu-Metal-Szene zu tappen. Einen Sportswear-Sponsor gab es nicht. Sie gestatteten lediglich die Werbung von Instrumentenherstellern – „weil wir es uns nicht leisten können, den Scheiß zu kaufen, Alter", erklärte mir Shawn Crahan dazu –, hielten sich aber von adidas, Puma und Konsorten fern. Sie waren eine echte No-Logo-Band, wobei gerade ihre Anonymität und Uniformität paradoxerweise zur größten „Marke" überhaupt wurden. Diese Tatsache wurde für allerlei kitschige Merchandise-Artikel ausnutzt, von „Action-Figuren" bis zu Trading Cards.

„Ich weiß nicht, wie das passiert ist", sagte mir Joey. „Wir hatten gerade die Merchandise-Firma gewechselt oder so. Wir hatten uns kaum umgedreht, da gab's Schulbrotdosen mit Slipknot drauf, derselbe Scheiß, den Kiss früher gemacht haben. Ich weiß, dass wir durchaus viele Kids ansprechen, aber dieses ganze Zeug machte den Eindruck, als wären wir eine Kinderkackeband. Es vermittelte einen völlig falschen Eindruck, deswegen achten wir jetzt auf solche Dinge. Slipknot war eine Zeit lang mehr eine Klamottenmarke als eine Band. Aber aus solchen Sachen kann man nur lernen."

Das Magazin *IGN For Men* fragte Corey Taylor, ob es je eine Gap-Werbung mit Slipknot geben würde: „*Fuck*, nein! Auf keinen Fall. Das wirst du nicht erleben. Und wenn doch, Alter, dann kannst du uns erschießen, weil wir dann nämlich nicht mehr wissen, was wir eigentlich tun. Wir machen das doch nicht, um Models zu werden. Dieser ganze Scheiß interessiert uns nicht. Es geht in allererster Linie um die Musik. Diese ganze andere Kacke ist uns scheißegal."

Die unvermeidliche öffentliche Fehde mit Fred Durst – der wohl keiner der Major-Players in der Musik- und Entertainmentszene entgehen kann – brach aus, als ein Freund der Band (vermutlich wohl Ross Robinson) in einem Forum oder in der Abschrift eines Webchats entdeckte, dass Durst die „Maggots", also die Slipknot-Fans, als „fette, hässliche Kids" bezeichnet hatte. Corey Taylor schlug wütend zurück: „Du hast ja vielleicht einen Haufen Geld und bist berühmt, aber das nächste Mal, wenn du über Slipknot und ihre Fans irgendwelche Scheiße erzählst, bringen wir dich um." Slipknot legten dabei noch nach, indem fortan bei jeder Show Limp-Bizkit-Sachen verbrannt oder sonst wie zerstört wurden.

In einem anderen Interview teilten sie auch gegen Korn aus: „Manche Leute denken, wir hätten was gegen Korn und Limp Bizkit, aber das stimmt nicht ganz, wir hassen nur das dritte Album von Korn und das zweite von Limp Bizkit. Die ersten Platten haben uns ziemlich drastisch beeinflusst. *Issues* von Korn ist allerdings auch sehr okay, einiges davon klingt wie auf der ersten, aber sie hätten es noch besser machen können. Wir haben niemanden von diesen Bands bisher getroffen, aber das würden wir gern mal."

Ob nun Robinson diesen Krieg angefacht hatte oder ob er hauptsächlich aus Publicitygründen inszeniert wurde, ist unklar. Durst machte tatsächlich ein paar Friedensangebote; er erklärte öffentlich, wie toll er Slipknot fände, und bestritt, jemals etwas Abfälliges über deren Fans gesagt zu haben. Corey reagierte auf seine typische Weise, indem er laut und deutlich erklärte, was Fred Durst sage, sei ihm scheißegal.

Als die Band mit der Arbeit an *Iowa* begann, war ein großer Teil der Songs bereits live getestet worden, vor allem das berüchtigte „People= Shit", das unerlaubt mitgeschnitten wurde und seinen Weg auf die Seiten der damals größten Musiktauschbörsen Napster und Audiogalaxy fand. Aber niemand wusste, wie das Album sein würde; es gab Gerüchte, die von einer poppigeren Platte sprachen, während andere vermuteten, Slipknot arbeiteten an einer fast unhörbar extremen Death-Metal-Collection.

Die Songs entstanden dabei in kurzer Zeit, binnen weniger Monate. Die Band igelte sich in Robinsons Indigo-Studio in der Nähe von Malibu ein, und die Aufnahmen schritten schnell voran. Die Veröffentlichung war für den Frühsommer 2001 geplant, als provisorische Titel galten *People=Shit* und *Iowa*. Wie sich herausstellte, dauerte das abschließende Abmischen durch Andy Wallace in New York länger als erwartet, und das Erscheinungsdatum wurde auf August verschoben. Die Tatsache, dass es nach den zügig verlaufenen Aufnahmen zu einer solchen Verzögerung kam, schien anzudeuten, dass der Schöpfungsprozess dieses Mal tatsächlich problematisch verlaufen war. Robinson schwärmte in Interviews von der Platte, und auch die Band erzählte jedem, den sie traf, wie großartig sie geworden sei; das fertige Werk wurde jedoch so lange wie möglich unter Verschluss gehalten. Heute wissen wir, dass es eine überwältigende Platte, ein epochales Ereignis war. Textlich, musikalisch und produktionstechnisch übertraf *Iowa* das Debüt. Das Instrumental „(515)" zu Beginn und die Überleitung zum explodierenden „People=Shit" zählt zu den aufsehenerregendsten Openers der letzten zehn Jahre. „Here we go again, motherfucker!", spuckt Corey. Die entfesselte Wut von „The Heretic Song" („Throw a suicide party and I'm guaranteed to fucking snap / It's evilsonic, it's pornoholic / Breakdown, obscenities it's all I wanna be / you're 555, then I'm 666 / What's it like to be a heretic?" – „Gib 'ne Selbstmordparty, und dann dreh ich garantiert durch / Es ist böse klingend und pornoholisch / Zusammenbruch, Obszönitäten, mehr will ich nicht sein / Bist du eine 555, dann bin ich die 666 / Wie ist es denn so, ein Ketzer zu sein?") und das tollwütige „Left Behind" zählten zu den stärksten und einprägsamsten Rocksongs, die je aus der Nu-Metal-Szene gekommen sind.

„I Am Hated" verspottete gnadenlos die Weicheier-Konkurrenz: „Welcome to the same ol' fuckin' scam / Same ol' shit in a dead fad / Everybody wants to be so hard / Are you real or a second-rate sports card? / They all lost their dad or their wife just died / They never got to go outside – SHUT UP / Nobody gives a fuck / It doesn't change the fact that you suck" („Willkommen zum immer gleichen Theater / demselben Scheiß und einem toten Trend / Alle wollen sie total hart sein / Seid ihr echt oder nur eine zweitklassige Sportnummer? / Sie alle haben ihren Vater verloren, oder ihnen ist gerade die Frau gestorben / Sie sind nie wirklich rausgekommen – HALTET EUER MAUL / Dieser Scheiß interessiert keine Sau / und ändert nichts daran, dass ihr nervt").

Der letzte Track, „Iowa", gibt einen düsteren und beklemmenden Einblick in das Hirn eines Killers. Seine langsame und bedrohliche Atmosphäre wird mit Samples, verfremdeten Stimmen und kaum hörbaren Geräuschen aufgebaut; er erinnert dabei an *Dirt* von den Stooges und an *The Gift* von The Velvet Underground: „Relax ... it's over, you belong to me, I fill your mouth with dirt / Relax ... it's over, you can never leave / I take your second digit with me ... Love ... / You are ...

my first, I can breathe / I find you fascinating / You are … my favourite, lay you down to sleep" („Entspann dich … es ist vorbei, du
gehörst mir, ich fülle deinen Mund mit Schmutz / Entspann dich …
es ist vorbei, du kannst nicht mehr weg / Ich sorge dafür, dass du keinen zweistelligen Geburtstag feierst … Liebes … / Du bist … mein
erstes Mal, ich kann atmen / Ich finde dich faszinierend / Du bist …
mein Liebling, ich lege dich schlafen"). Das war heftig. Es war kein
Witz, keine Parodie oder lediglich krank. Das hier sollte provozieren
und erschrecken, wie ein Roman von James Ellroy oder ein Film von
David Lynch. „Iowa" war einer der düstersten Rocksongs überhaupt,
weil er nicht einmal ansatzweise so tat, als sollte er irgendeinem moralischen Zweck dienen. „Iowa" war böse, auf sehr direkte Weise.

Ende September 2001 gab Joey in einem Gespräch mit mir zu, dass
Iowa ihnen ein unerwartetes Problem bereitet hatte: „Jetzt sagt es zwar
noch keiner, aber es war wirklich nicht sonderlich schwer, das erste
Album zu übertreffen. Nach diesem hier werden wir uns stärker
anstrengen müssen."

Mehr noch – sie haben die Messlatte für die gesamte Rockszene
höher gelegt und einen Standard vorgegeben, den der Rest der Szene
zumindest versuchen muss zu übertreffen. Slipknot haben andere
Bands inzwischen derart provoziert, dass sie nun beweisen müssen, ob
sie künftig mithalten können – oder sogar noch besser werden. Noch
spricht niemand, weder Ross Robinson noch die Band, über das Nachfolgewerk, aber *Iowa* hat Limp Bizkit, Korn und Marilyn Manson den
Ball zurückgeworfen. Wenn sie sich der Herausforderung stellen, kann
das für die Rockszene nur gut sein. Amen.

8. Frauenpower

Kittie

Kittie, Coal Chamber, A Perfect Circle, Defenestration und My Ruin stellen mit ihren weiblichen Bandmitgliedern Ausnahmeerscheinungen im Nu Metal dar. Die kanadische Band Kittie aus London, Ontario, ist insofern einzigartig, als sie derzeit die einzige Band in dieser Szene ist, die ausschließlich aus Frauen besteht. Zwar gab es zu Beginn der Neunzigerjahre eine Phase, in der Frauen sowohl die Top Forty wie auch die Spitze der Alternative-Charts beherrschten, heute dominieren jedoch „aggressive", „harte" Männer. Die Position der Frauen in der Rockmusik erlebte eine erdrutschartige Veränderung. Ebenso wie Slipknot sind Kittie nur unter extremer Dehnung der herrschenden Kriterien als Nu-Metal-Band zu betrachten. Nicht nur dass sie eine reine Frauenband sind, sie haben mit den Rap-Metal-beeinflussten Männerbands auch sonst wenig gemeinsam – sieht man davon ab, dass auch sie jung und energiegeladen sind und einer der vernachlässigten Strömungen der Rockgeschichte wieder neues Leben eingehaucht haben, in ihrem Fall dem Glamrock. Zudem passen auch sie in keine der anderen gängigen Rockschubladen.

Die amerikanische Rockmusik ist von Männern beherrscht; das war schon immer so und wird vermutlich auch so bleiben. Doch hat sich heutzutage erneut eine Mentalität durchgesetzt, wie man sie in den Studentenverbindungen der Fünfzigerjahre fand und wie sie in Komödien wie *Porky's* oder *Die Supertrottel* gefeiert wurde: Die Jugendkultur ist von der albernen, unsicheren Angeberhaltung eines heimlichen Pornoheftlesers geprägt, was die Einstellung zum Sex betrifft, und von einer offenen Schwulenfeindlichkeit („totally gay" – „total schwul" – zählt zu den schwersten Beleidigungen, die man jemandem in den USA entgegenbringen kann), die direkt aus der Eisenhower-Ära zu stammen scheint. Frauen spielen dabei nicht einmal eine untergeordnete Rolle, sie scheinen schlichtweg gar nicht da zu sein. Wenn man allerdings ein Konzert von Korn oder Limp Bizkit besucht, dann besteht die Hälfte des Publikums aus Frauen und Mädchen. Metal war immer eine Männerdomäne, obwohl es einige Bands gab, die ausschließlich aus Frauen bestanden oder zumindest eine Frontfrau hatten. In der heutigen Metalwelt hingegen scheint die Bühne der einzige Ort zu sein, an dem man keine Frau erlebt.

Als man Courtney Love nach dem bleibenden Einfluss von Nirvana auf die aktuelle Musikszene fragte, reagierte sie mit einem ihrer typischen Ausbrüche: Nu-Metaller, sagte sie, eigneten sich zwar die Kultur schwarzer Amerikaner an, allerdings ohne jemals die schmerzhaften Erfahrungen gemacht zu haben, denen man als Schwarzer in den USA unvermeidlich ausgesetzt sei. „Sie sind nervige Wichser, diese Old-Skool-Typen, langweilige Sexisten, die aber die Kultur der Frauen in den USA allmählich wirklich beschädigen." Courtney hat inzwischen die Frauenband Bastard ins Leben gerufen, die aus der ehemaligen Hole-Schlagzeugerin Patty Schemel, der Nashville-Pussy/ The-Masons-Gitarristin Corey Parkes, der früheren Veruca-Salt-Gitarristin Louise Post und der ehemaligen Rockit-Girl-Bassistin Gina Crosley besteht. Love beschreibt Bastard als „eine weibliche Version von Megadeth" und behauptet, dass eine weibliche Supergroup dieser Art bei der frauenfeindlichen Stimmung in der Rockszene unbedingt nötig sei. In einer Message auf ihrer Webseite erklärte sie: „Ich versuche nicht, erneut eine richtige Pop-Platte zu produzieren, denn das habe ich bereits getan. Das Bastard-Demo ist sehr rau, sehr rockig und absolut persönlich. Ich schreibe keine Songs, in denen es um das Business oder um die Zerstörung meines Starstatus geht, es sind eher gefühlsbetonte, intime Songs. Ich habe sehr hohe Ansprüche, und jetzt wird es ernst. So gern ich Kittie mag, aber wir müssen uns jetzt auf die Led-Zeppelin-Ebene begeben. Denn wenn wir Fred Durst nicht in den Arsch treten können, brauchen wir meiner Meinung nach gar nicht erst anzufangen. Ich bin nicht zufrieden, wenn es keine absolut großartige Sache wird."

Sie bemerkte interessanterweise jedoch auch, der Erfolg von Limp Bizkit läge möglicherweise darin begründet, dass die Mainstreamszene der frühen Neunziger stark von der Musik sensibler Frauen wie Alanis Morissette, Tori Amos, Joan Osborne, Jewel, Sarah MacLachlan und anderen Künstlern aus dem Umfeld des Frauen-Wanderfestivals Lilith Fair geprägt war, und fügte hinzu, als pubertierender Heranwachsender würde sie vielleicht auch auf Limp Bizkit stehen. „Vielleicht", schrieb sie in einem weit verbreiteten Newsgroup-Beitrag, „hatten die

Jungs plötzlich alle keinen Bock mehr auf die Singer/Songwriter-Girls und die sanften Emo-Alternative-Bands. Das ginge mir wahrscheinlich auch so, wenn mir das Testosteron bis zu den Ohren stehen würde." Andere Beobachter äußerten die Vermutung, dass eben dieser Separatismus – Events wie Lilith Fair – den Machorockern eine prächtige Ausrede für den Ausschluss von Frauen geboten habe. Indem Frauen ihre hübsche eigene Ecke bekamen, blieb der Rest des Markts offen für das, was wirklich zählte, nämlich die Musik echter Männer. Die Kritik an Fred Dursts Einstellung gegenüber Frauen wurde an anderer Stelle bereits erwähnt. Allerdings wirkt Durst geradezu wie ein sensibler „neuer Mann". Zumindest im Vergleich mit den Vertretern jenes musikalischen Genres, das am meisten mit dem Nu Metal um die Herzen und Hirne der amerikanischen Jugend konkurriert – dem neu aufgelegten Punk rund um Bands wie Blink-182, Bloodhound Gang und Weezer, die wie etwas zurückgebliebene, inzestuöse Cousins des Nu Metal daherkommen. Von einem selbst ernannten „männlichen Feministen" wie Kurt Cobain, der im Kleid auf die Bühne kam, sind sie meilenweit entfernt.

Stattdessen ist es Usus geworden, dass sich Bier trinkende Jungs über die schlechte Behandlung durch Frauen beklagen und dabei wie eine Gruppe Schuljungs wirken, die sich um ein Pornoheft zusammenscharen, als suchten sie den Schutz durch die Gang. Einige wenige der ausschließlich männlich besetzten Bands stellen sich jedoch diesem Trend entgegen. Orgy flirten mit dem androgynen Image, etwas, das – von Marilyn Manson einmal abgesehen – aus der amerikanischen Rockszene komplett verschwunden ist. Musiker, die ihre Homosexualität offen zeigen, gibt es im Rockbusiness der USA kaum und im Nu Metal schon gar nicht: Orgy, die gezielt verlauten ließen, sie seien Stammgäste in Striplokalen, mögen sich zwar anziehen wie die Transvestiten von *Raumschiff Enterprise,* legen aber viel Wert darauf, dass sie allesamt so heterosexuell sind, wie man überhaupt nur sein kann. Sie spielten sogar in *Backstage Sluts* mit, einem berüchtigten Pornovideo, bei dem der selbst ernannte Gen-X-Pornofilmer Matt Zane Regie geführt hat.

Zane erklärte dem *Kerrang!:* „In den Filmen tauchen die größten Rockbands der Welt auf. Sie berichten von dem, was backstage bei ihnen passiert, und wir spielen das dann nach. So haben zum Beispiel Mark McGrath von Sugar Ray, Jay Gordon von Orgy und die Jungs von Sevendust ihre Geschichten erzählt. Fred Durst von Limp Bizkit trat als Vinnie ‚The Weapon' Malone auf und hatte sich dafür mit Pornostar-Schnurrbart und Perücke verkleidet. Er ließ sich übrigens interviewen, während ein bekanntes Mädel ihre Hände in seiner Hose hatte und er an ihren Nippeln nuckelte, ihren Hintern und ihre Pussy massierte. Lynn Strait von Snot ist in dem Film sogar dabei zu sehen, wie er eines der Mädchen fickt, bei einem Dreier mit seiner Freundin." Möglicherweise sind Zanes Filme als postmoderne Pornografie zu betrachten. Vordergründig wird darin eine befreite, Rock 'n' Roll-mäßige Einstellung zum Sex gefeiert, die ein Gegengewicht zum Puritanismus zu bieten scheint, wie er von feministischen Autorinnen wie Andrea Dworkin präsentiert wird, die jede Art heterosexuellen Verkehrs zwischen Mann und Frau als Vergewaltigung betrachtet, oder von der linksliberalen Anti-Porno-Aktivistin Catherine McKinnon, die inzwischen gemeinsame Sache mit der republikanischen und christlichen Rechten macht. Genauso gut kann man diese Filme allerdings auch schlicht als stinknormale Pornos, als Rockvideo verpackt, betrachten, bei denen die beteiligten Bands die Ausbeutung von Frauen unterstützen.

Natürlich vertreten nicht alle Nu-Metal-Bands diese Machohaltung. In einem Interview mit *Spin* im November 2001 erklärte Incubus-Sänger Brandon Boyd: „Die meisten meiner Lieblingskünstler sind Frauen – Björk, PJ Harvey, Ani DiFranco. Männer haben viel weniger, worüber sie schreiben können, außer vielleicht Tom Waits oder John Lennon. Weibliche Stimmen sind außerdem viel besser für Melodien geeignet. Männer brüllen schnell – wir sind letzten Endes domestizierte Affen mit einem Mikrofon."

In der Rapszene gibt es bei aller Frauenfeindlichkeit einige sehr starke Frauenstimmen, wie beispielsweise EVE, Li'l Kim, Lauryn Hill, Da Brat, Foxy Brown, Lady Luck und Gangsta Boo. R & B wird beinahe völlig von Frauen dominiert. Rock 'n' Roll hingegen ist und bleibt eine Männerwelt. Zwar gab es immer Sängerinnen, aber meist realisieren sie hauptsächlich die Ideen männlicher Produzenten, Songwriter und Manager. In den Sechzigern setzte sich zwar eine neue Schule weiblicher Singer/Songwriter durch, aber ihre Protagonistinnen wie Joni Mitchell, Carole King oder Joan Baez waren größtenteils der Folkszene verhaftet. Glaubwürdige weibliche Performer wie Grace Slick und Frauenbands wie Fanny, The GTO's, The Chicago Women's Liberation Rock Band, The Runaways oder Bertha waren selten. In der Postpunkära schienen sich mehr Frauen in der Musikszene breit zu machen und in gemischten oder ausschließlich weiblich besetzten Bands zu spielen. The Slits, Siouxsie And The Banshees, X, The Mekons, The Delta 5, The Au Pairs und The Raincoats brachten ein neues, weibliches Bewusstsein in die Rockmusik, das herrschende Zustände kritisierte. Plötzlich stellte man den offenkundigen Sexismus infrage, wie er sich beispielsweise in den Songs der Rolling Stones fand: Warum waren Frauen in Rocksongs immer entweder billige „honky-tonk women", böse Schlampen, blöde Kühe oder geheimnisvolle Jungfrauen?

Die Metalszene trieb es in dieser Hinsicht scheinbar am wildesten. Whitesnake schmückten das Cover ihres Albums *Lovehunter* mit dem Airbrush-Gemälde einer Frau mit üppigem Hintern, die rittlings auf einer zischenden, züngelnden Riesenschlange saß. Die Welt veränderte sich zwar, aber Metal hielt standhaft an den alten Vorurteilen fest. In den Achtzigern galt der Ausdruck „Metalfan" sozusagen als Kürzel für „sexuell unerfahrener weißer Jugendlicher, der sich in eine Fantasiewelt zurückzieht, ohne eine Möglichkeit zu haben, seinen sexuellen Frust abzubauen". Aber auch das änderte sich allmählich, als die Metalszene sich selbst zu verändern begann: Frauenbands wie L7, die Lunachicks, Babes In Toyland, Bikini Kill und Seven Year Bitch gehörten allesamt zum harten Kern der Metal- und Grungeszene Anfang der Neunziger. Die Throwing Muses, Kim Deal mit ihren Bands The Breeders und The Amps, Luscious Jackson, Veruca Salt und Tanya Donnelys Gruppe Belly schufen Musik, die ihnen auch abseits des oft mit Frauenbands verbundenen Exotenbonus Anerkennung eintrug und dazu führte, dass man sie tatsächlich ernst nahm. Sie machten keine Kompromisse, und ihre Musik war auf keinen Fall „sexlos". Stattdessen war sie aufregend und herausfordernd, und das auf eine Weise, die Liz Phair, Jewel, Natalie Merchant, Sarah MacLachlan und all den anderen Poetinnen des Menstruationszyklus abging.

Kittie stehen in genau dieser Tradition selbstbewusster Frauenrockbands. In Interviews haben sie es vermieden, irgendeine der genannten Gruppen explizit als Einfluss zu nennen, und angesichts ihrer Jugend ist es unwahrscheinlich, dass sie überhaupt von ihnen gehört hatten, bevor man sie danach fragte. Aber sie haben zu viel mit ihnen gemeinsam, um diesen Punkt außer Acht zu lassen. Sie betonen ebenfalls, dass sie sich aufgrund ihres Talents durchgesetzt hätten und nicht etwa deshalb, weil sie ungewöhnlicherweise Frauen sind. Zwar ist es ihr Geschlecht, das sie zu einem einzigartigen und entsprechend vermarktbaren Phänomen macht, aber sie haben sich hinter dieser Tatsache niemals versteckt oder sie ausgenutzt. Sie sollten daher in erster Linie als Rockband, nicht als Frauenband betrachtet werden. Leider ist Letzteres, weil sie in dieser Hinsicht nun einmal einzigartig sind, kaum zu vermeiden.

Kittie selbst haben sich vorsichtig von allen Frauen-in-der-Rockmusik-Klischees fern gehalten und sind stets davon ausgegangen, dass es nichts Ungewöhnliches ist, wenn vier Girls eine Band gründen. Vom Sound und von ihrer Attitüde her sind sie stärker von Pantera und Machine Head beeinflusst als von L7 oder Bikini Kill. Bassistin Talena Atfield erklärte 2000 der Webseite *NY Rock:* „Es gibt natürlich noch viele Leute, die keine Ahnung haben, die immer noch meinen, Frauen könnten sowieso nicht spielen. Dann hören sie unsere Musik, und manchmal ändern sie dann ihre Meinung, aber es ist dennoch anders. Ich meine, eine Band mit lauter Männern bezeichnet man schließlich nicht als Männerband. Aber uns passiert das dauernd, wir werden immer als Frauenband klassifiziert. Uns geht es um unsere Musik. Wir wollen nicht als Frauenband wahrgenommen werden, sondern schlicht und einfach als Band. Wenn man das Wort ‚weiblich‘ ins Spiel bringt, haben die Leute sofort Vorurteile, als würden wir auf die Bühne gehen und hauptsächlich Sex verkaufen. Aber so läuft das bei uns nicht.“

Morgan Lander erklärte dem *Metal Hammer* im Dezember 2001: „Mit der britischen Presse haben wir zunächst sehr schlechte Erfahrungen gemacht, Mercedes war fast so weit, diesem einen Typ eine reinzuhauen! Er hatte wohl seine eigene Vorstellung, worum es uns als Band gehen sollte, und versuchte, uns zu der gleichen Meinung zu bringen. Er ging davon aus, dass bei uns alles, was wir tun, irgendwie mit Sex zu tun habe. Dass wir auf der Bühne schwere Stiefel tragen, war für ihn ein Zeichen, dass wir promiskuitiv seien und Sex wollten! Die Stiefel gehören zur Bühnenkleidung, und die Leute tragen alles Mögliche, wenn sie auf die Bühne gehen, aber weil wir eben Frauen sind, musste ja irgendwie Sex ins Spiel kommen.“

Kittie wurden von Schlagzeugerin Mercedes Lander und Gitarristin Fallon Bowman gegründet, die einander bei einem Sportkurs auf der Highschool kennen gelernt hatten. Zunächst spielten sie Coverversionen von Nirvana- und Silverchair-Songs, bei denen Mercedes' Schwester Morgan bereits die Vocals übernahm; wenig später stieß Bassistin Talena Atfield zur Band. Sie sind, ebenso wie Slipknot, Metalkids der zweiten Generation; sie erinnern sich beispielsweise daran, dass ihre

Eltern sie zu Bon-Jovi-Konzerten mitnahmen, und inzwischen hat Morgans und Mercedes' Vater das Management der Band übernommen. Kittie sind wohl kaum wüste Rock 'n' Roll-Rebellinnen, die auf Tournee die Sau rauslassen und ihre armen Eltern in den Suff treiben.

Zunächst spielten Kittie bei örtlichen Bandwettbewerben, bis sie dem Produzenten GGGarth Richardson über einen Freund, der in Richardsons Studio arbeitete, ein Demo zustecken konnten. Richardson, der zuvor unter anderem mit Rage Against The Machine und den Red Hot Chili Peppers gearbeitet hatte, fand die vier Girls großartig, nahm sie unter seine Fittiche und produzierte ihre erste Platte – ähnlich wie Ross Robinson mit Korn, Limp Bizkit, Amen, Slipknot und anderen verfahren war. Die Band unterschrieb wenig später beim New-Yorker Indie-Label Artemis (zu dessen Künstlern der Rapper Kurupt und die Countrylegende Steve Earle gehören). *Spit,* ihr 1999 erschienenes Debüt, offenbarte eine kraftvolle Mischung aus Glamrock der Kiss-Ära und düsterstem Death Metal; die Single „Brackish" war beinahe schockierend, wenn man darüber nachdachte, dass hinter diesem Sound vier Teenagermädchen steckten.

Im Gegensatz zu Sleater-Kinney, Bikini Kill oder Courtney Love haben Kittie keine feministische Agenda, sie verlangen lediglich, musikalisch anerkannt zu werden. Dementsprechend reagieren sie auf Fragen zu Britney Spears oder ihrem Lieblingsboy von 'N Sync, wie sie gerade die Mainstreampresse immer wieder stellt, inzwischen schnell genervt. „Wir schreiben Songs, wir geben Konzerte, wir spielen unsere Instrumente selbst, wir machen Platten", erklärte Morgan, als ich die Band 2000 interviewte. „Was müssen wir denn noch tun, um glaubwürdig zu sein? Warum löchert man uns dauernd nach Britney oder danach, mit wem wir schlafen?" Morgan Landers Stimme wechselt zwischen dämonischem Death-Metal-Geknurre, das durchaus an den späteren Glenn Benton von Deicide erinnert, und schlichtem, nettem Kleinmädchengesang. Abseits der Bühne sind sie typische mürrische amerikanische Kids um die zwanzig. Auf der Bühne sind sie wie besessen. Die Texte klingen wie eine wütende feministische Replik an die Adresse von Durst und Co. In „Spit" singt Morgan: „Why do I get shit all the time? / From you men / You are swine / You think dick is the answer / But it's not" („Warum werde ich dauernd mit dieser Scheiße konfrontiert? / Von euch Männern / Ihr seid Schweine / Ihr denkt, mit eurem Schwanz könnt ihr alles regeln / aber das stimmt nicht"). „Viele Typen wollen nicht, dass ein paar kleine

Mädchen sich in ihrer Musik breit machen", erklärte Fallon, von der dieser Song stammt. „Hier geht es um jemanden, der dir erst sagt, wie sehr er dich liebt, und dich auf einen Sockel stellt, um sich dann umzudrehen und so was zu sagen wie: ‚Ey, du bist mir so was von egal.'"

Im noch brutaleren „Choke" beschimpft Morgan den Mann, der sie – tatsächlich oder nur fiktiv – missbraucht hat: „There's only one word to describe you, and that's a hypocrite / I looked over you, I looked over me / Look at you and smile, you fucking paedophile / I looked over you, I looked over me / Look at you and smile, paedophile!" („Es gibt nur ein Wort, um dich zu beschreiben, und zwar Heuchler / Ich musterte dich, ich musterte mich / Sieh dich an und lächle, du verdammter Kinderschänder / Ich musterte dich, ich musterte mich / Sieh dich an und lächle, Kinderschänder!")

Vielleicht wären die Texte sogar noch schockierender, wenn man tatsächlich verstehen könnte, was sie singt: Landers Stimme erinnert durchaus an die von Linda Blair im *Exorzisten* (wobei im englischsprachigen Film Mercedes McCambridge, eine kettenrauchende altgediente Schauspielerin, die junge Hauptdarstellerin im Studio nachsynchronisierte), wie sie vom Teufel besessen brüllt: „Die Sau gehört mir!"

Auf der US- und der Europatour mit Slipknot – einer echten Feuerprobe für die Band – entwickelten sich Kittie zu einer stärkeren musikalischen Einheit und erprobten einen härteren Sound. Das macht sich auf dem zweiten Album, bei dem wiederum GGGarth Richardson an den Reglern saß, bemerkbar: *Oracle* ist wesentlich brutaler und bösartiger als sein Vorgänger, was bereits einiges heißen will, präsentiert aber gleichzeitig bessere Songs und vertraut weniger auf Schocktaktiken. Bei den meisten Nu-Metal-Bands hat es sich als Muster herauskristallisiert, dass sich das zweite Album als das künstlerisch ausgereifteste Werk erweist, während das dritte schließlich zum Megaseller wird; das ist bei Kittie nicht anders. Nach dem Abschied von Gründungsmitglied Fallon Bowman war die Band Ende 2001 zum Powertrio geschrumpft, das sich jedoch auf der neuen Platte aufsässig und selbstbewusst gebärdete.

Mit diesem Album versuchten Kittie zudem, aus dem Gefängnis kurzer, kantiger und brutaler Rocksongs auszubrechen. „Pink Lemonade", der letzte Titel, war langsam und von geradezu bösartiger Länge, ähnlich wie „Scissors" oder „Iowa" von Slipknot, und präsentierte den teilweise erfolgreichen Versuch, eine neue Richtung einzuschlagen; die Coverversion des Pink-Floyd-Tracks „Run Like Hell" entsprach allerdings dem allgemeinen Trend in der Metalszene, sich an Achtziger-Popsongs zu versuchen. Wer jedoch von Kittie kühne feministische Statements erwartete, wurde enttäuscht. Aber vielleicht machten sie ihren Standpunkt dadurch klar, indem sie sich einfach so darstellten, wie sie eben waren: normale Mädchen, die gerade ihre Goth-Phase durchleben. Ihre Plattenfirma hatte sie nicht zum Schönheitschirurgen, Imageberater oder Trendfriseur geschickt, um etwas anderes aus ihnen zu machen – was in der Vergangenheit den meisten Künstlerinnen widerfahren ist –, und man ermutigte sie auch nicht, ihre Sexualität für ihre Karriere auszunutzen. Sicherlich trägt es dazu bei, dass Daddy ihr Management übernommen hat – da sind Nacktaufnahmen für die *Maxim*-Posterbeilage eher unwahrscheinlich. Ein Sprichwort besagt, dass Frauen doppelt so kompetent sein müssen wie Männer, damit man sie für halb so gut hält. Und ganz gleich, wie gut ihre Musik ist, letztlich werden sie nach ihrem Aussehen beurteilt. Dem *Metal Hammer* sagte Talena Atfield Anfang 2001: „Wie man genannt wird, hängt davon ab, was man anzieht. Wenn man mit einem kurzen Rock und einem Tanktop ankommt, was Girls in unserem Alter ja öfter tragen, dann heißt es, man sehe aus wie eine Schlampe. Wenn man Jeans und T-Shirts trägt, dann heißt es, man sehe aus, als sei man gerade aus dem Bett gekommen."

Morgan Lander erklärte: „Das Blöde ist: Wenn es von dir als Frau ein unschmeichelhaftes Bild in irgendeiner Zeitung gibt, dann reden alle sofort schlecht über dich. Das passiert heute sogar schon den Männern, Chino von den Deftones zum Beispiel. Nachdem er ein bisschen zugenommen hatte, hieß es gleich: ‚Die Deftones sind scheiße, weil Chino fett geworden ist.'"

Erste Anzeichen deuten darauf hin, dass die männliche Vorherrschaft in der Rockwelt demnächst wieder herausgefordert werden wird; inzwischen haben auch Bands wie Defenestration und SugarComa, bei denen Männer und Frauen spielen, ein wachsendes Publikum. Aber noch stehen wir hier am Anfang, und es gibt nur wenige Bands dieser Art. Ob Kittie die Vorreiter einer neuen Welle von Girlbands sein werden oder lediglich ein Einzelfall, wird die Zukunft zeigen, aber angesichts der starken Position der Machorocker könnten sie lediglich die Ausnahme der alten Regel sein, dass Rock 'n' Roll eben doch eine reine Männerdomäne ist.

Kurz vor dem Wechsel zu Puma:
Jonathan Davis von Kopf bis Fuß
in adidas

Korn-Bassist Fieldy beeinflusste
mit seinem Stil den Sound aller
anderen Nu-Metal-Bands

1994 erschien das Debütalbum von Korn mit dem einfachen Titel
Korn, das Ross Robinson produziert hatte. Das Anti-Logo der Band
wurde in Sekundenschnelle mit Magic Marker hingekritzelt

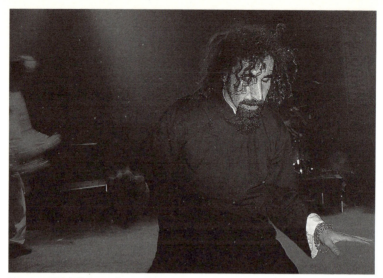

System Of A Down, Armeniens größter Beitrag zur Rockszene

Fred Durst von Limp Bizkit, der Promi-König des Nu Metal

Wes Borland, der musikalische Kopf von Limp Bizkit, dessen Weggang eine große Lücke im Bandgefüge hinterließ

Sepultura: Ihre Rückbesinnung auf die Ethno-Sounds ihrer Heimat eröffnete dem Nu Metal neue Möglichkeiten

Frisch aus der Gruft: Coal Chamber, die dunkle Seite des Nu Metal

Rage Against The Machine: Mit ihrem 1992 erschienenen Debüt beeinflussten sie die zukünftige Ausrichtung des Nu Metal stärker als jede andere Band

Slipknot, Negativitätskünstler par excellence

Das bahnbrechende Erfolgsalbum von Faith No More enthielt unter anderem den Rap-Rock-Klassiker „Epic"

Sind Linkin Park nur Marionetten? Sieht man hier vielleicht die Fäden?

The Deftones, die größte Kultband der Welt

Ministry erschufen den dreckigsten Industrialsound und prägten
damit Bands wie Static-X

Staind erlebten 2001 ihren
großen Durchbruch

Sugar Ray, berühmt für ihre
berühmten Freunde

Disturbed: Frontmann Dave Draiman (Zweiter von links) macht dem „gestörten" Bandnamen alle Ehre

Die Paten des Funk Metal: Red Hot Chili Peppers

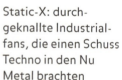

Static-X: durch-geknallte Industrial-fans, die einen Schuss Techno in den Nu Metal brachten

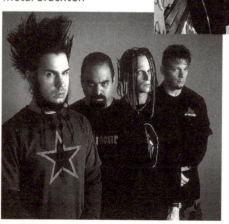

Taproot: Hoffnungs-träger der neuen Generation von Nu-Metal-Bands

Nevermind von Nirvana – oft kopiert und kaum je erreicht

Spineshank: Spitzenreiter der zweiten Nu-Metal-Liga

(hed) pe: Von diesen Energiebolzen ist auch zukünftig noch einiges zu erwarten

Mudvayne: blutiges Gruseltheater

Papa-Roach-Sänger
Coby Dick: Kakerlaken
und Rock 'n' Roll

Incubus: theatralischer
Metal der Extraklasse

9. The New Nu Breed

Die Helden von morgen

Auf die großen Acts wie Korn und Limp Bizkit folgte inzwischen eine zweite Welle von Bands, die das ursprüngliche Rap-Metal-Muster variieren und eine kleinere, stärker eingegrenzte Fangemeinde ansprechen. Das soll nicht heißen, dass es sich hier um Undergroundbands handelt; viele von ihnen sind regelmäßig in den *Billboard*-Charts vertreten, haben bereits Gold und Platin für ihre Alben kassiert und sind als Tournee-Headliner äußerst erfolgreich. Beim Mainstreampublikum haben sie jedoch bisher noch keinen großen Namen, sondern sind hauptsächlich einem eingeweihten Kreis bekannt. Es sind durchweg Bands, deren Videos auf MTV in der Heavy Rotation laufen, allerdings eher in den Rock-Spezialsendungen, nicht unbedingt zur Prime Time zwischen Britney Spears und J-Lo. Spineshank, Orgy, System Of A Down und Static-X haben beispielsweise alle ihre Wurzeln in der Industrialszene der Achtziger und Neunziger. Die West-Coast-Band (hed) pe hingegen hat die Rock-Rap-Formel von Limp Bizkit weiter verfeinert und mit einem kräftigen Schuss zusätzlicher Energie und einer gesunden Dosis Sex versehen. Die Rockszene ist eben ständigen Veränderungen unterworfen: Wenn ein Genre stirbt, bleiben stets einige Bands auf der Strecke, während andere überleben. Aus denen rekrutieren sich dann die großen Stadionbands der nächsten einhundertsiebenundvierzig Jahre, allerdings derartig mutiert, dass sich kaum noch jemand daran erinnern wird, dass sie einst überhaupt irgendetwas mit Nu Metal zu tun hatten.

Zur zweiten Nu-Metal-Welle zählt eine Vielzahl verschiedener Bands, angefangen bei den richtig guten Acts wie Dry Kill Logic, Ill Niño, Papa Roach und (hed) pe bis hin zu den auswechselbaren Klonen bereits erfolgreicher Gruppen. Jede Szene, ob sie sich nun als solche versteht oder nicht, folgt einem derartigen Muster. Alle Musikströmungen tragen die Saat für ihren Untergang bereits von Beginn an in sich. Sie fordern zudem immer eine Opposition heraus, die ihnen den Erfolg zum Vorwurf macht. Letzten Endes wird Nu Metal am Ansturm drittklassiger Nachahmerbands zugrunde gehen, und von der Szene wird nichts weiter übrig bleiben als eine Hand voll treuer Anhänger, die weiterhin ihre Fanzines schreiben, die in kleinen Auflagen erscheinenden Singles kaufen und eher zu hunderten als zu zehntausenden zu den Konzerten pilgern. In diesem Kapitel werfen wir einen Blick auf die Speerspitze der zweiten Generation, auf die Newcomer und die wenigen, denen es gelingt, Spannung, Energie und Mut in ihre Musik einzubringen, auch wenn Originalität vielleicht nicht gerade ihre starke Seite ist.

Andere Acts wiederum präsentieren bereits Spielarten, die über den Nu Metal hinausgehen, und deuten damit die nächste Phase der musikalischen Entwicklung an. Zukünftige Trends in der Rockmusik vorherzusagen ist dabei schwieriger als eine akkurate Prognose auf dem Börsenmarkt oder beim Pferderennen. Falls es denn ein Muster geben sollte, dann orientiert es sich am ehesten am berühmten Verdikt des Genossen Lenin: „Zwei Schritte vorwärts und einen zurück." Nachdem eine recht komplizierte und intelligente Ebene erreicht ist, findet eine Erneuerung statt, die zunächst auf eine primitivere Stufe zurückführt und von dort aus wiederum von vorn anfängt. Mit dem Rock 'n' Roll verhält es sich wie mit einer südamerikanischen Bananenrepublik, in der es alle paar Jahre wieder zu einem Aufstand, einem Militärputsch oder einer marxistischen Revolution kommt und jedes Mal wieder die Stunde null vor der Tür zu stehen scheint, sobald sich die Lage gerade ein wenig beruhigt hat. Aber man kann wohl davon ausgehen, dass einige dieser Bands – vor allem Coal Chamber, Static-X und System Of A Down – auch in den nächsten fünf Jahren noch zum harten Kern der Spitzenbands in diesem Sektor zählen werden.

Godsmack

Das Quintett aus Boston – bestehend aus Sully Erna (Gesang), Tony Rambola (Gitarre), Robbie Merrill (Bass) und Tommy Stewart (Schlagzeug) – veröffentlichte 1997 auf einem unabhängigen Label sein Debüt *All Wound Up*, das mit einem Budget von nur zweitausendfünfhundert Dollar eingespielt worden war. Universal Records wurde auf die Band aufmerksam und brachte das Werk – nun unter dem schlichten Titel *Godsmack* – ein Jahr später mit ein paar Bonustracks erneut auf den Markt; inzwischen hat das Album Platin-Status erreicht. Godsmack wären nichts weiter als erfolgreiche Zweitligisten, wenn diese Veröffentlichung nicht derartig kontrovers diskutiert worden wäre: Kevin Clarke, seines Zeichens engagierter Kämpfer für saubere Rockmusik, tat ihnen jedoch den Gefallen und setzte sich engagiert dafür ein, dass die Platte bei Wal-Mart aus dem Programm genommen wurde. In den USA kam es schon vor dem Columbine-Massaker immer wieder einmal zum Aufflackern moralisch indizierter Panik, wobei es wechselweise um Rock, Rap, Kino, Videospiele und Fernsehen ging: Ins Kreuzfeuer geriet dabei stets die Darstellung von Sex und/oder Gewalt, je nach persönlichem Standpunkt. Bei Godsmack nahm Clarke (der auch schon gegen Powerman 5000 vorgegangen war) Anstoß an der obszönen Sprache und den Texten, die angeblich zum Selbstmord aufzurufen schienen.

Das Verbot, bestimmte Platten bei Wal-Mart zu verkaufen, nutzt die christliche Rechte seit Jahren, wobei sie sich moralisch darauf zurückzieht, es handle sich hier schließlich nicht um Zensur, und der Künstler habe nach wie vor das Recht, sich frei zu äußern. Dennoch: In einigen Gebieten der Vereinigten Staaten kommt ein Verkaufsboykott für bestimmte Bücher und Platten durch die Wal-Mart-Kette einer Zensur gleich.

Allerdings ist die rechtliche Lage recht kompliziert: Der Künstler hat kein moralisches oder gesetzliches Recht darauf, dass seine Werke von bestimmten Privatunternehmen vertrieben oder verkauft werden. Das christliche Magazin *The World* jubelte: „Es ist eine hervorragende Taktik, sich an die Verkäufer und nicht die Hersteller zu wenden, um eine Säuberung unserer Kultur ohne Zensur zu erreichen. Es mag unmöglich sein, das Internet zu überwachen, aber wäre es nicht bereits ein wichtiger Schritt, wenn man die großen Suchmaschinen dazu bringen könnte, keine Links zu pornografischen Seiten mehr anzuzeigen? Jeder Mensch hat das Recht zu schreiben, was er möchte, aber kein Verleger ist gezwungen, es zu kaufen und zu drucken. Vielleicht könnte bei denjenigen, die Unterhaltung für unsere jungen Menschen produzieren, ein gewisses Schamgefühl geweckt werden, sodass es ihr Gewissen gar nicht zulässt, unsere Kinder weiter so zu verderben wie bisher. Eine Reihe von Filmemachern hat zugegeben, dass sie selbst ihre Filme den eigenen Kindern nicht zeigen würden. Warum aber muten sie das dann anderen Kindern zu?"

Der Wal-Mart-Gründer Sam Walton war ein gläubiger Christ, der selbst noch in der Sonntagsschule unterrichte, nachdem er zu einem der reichsten Männer Amerikas geworden war. Wal-Mart kennt zudem seine Kunden. Die großen Kaufhausketten konzentrieren sich auf eine städtische Klientel, aber Walton begriff, dass der größte Teil der amerikanischen Bevölkerung in kleinen Ortschaften lebt. Indem er konkret diesen bisher vernachlässigten Markt anvisierte, überflügelte Wal-Mart schließlich jeden anderen Händler, trieb kleine Familienbetriebe in den Ruin und errichtete mit seiner Philosophie, große Mengen einzukaufen und dann zum Spottpreis anzubieten, ein beinahe unüberwindbares Monopol. Wal-Mart sieht in seinem Image als „Familien"-Supermarkt den Schlüssel zum Erfolg. Das Management weiß um die Position, die seine Kunden im amerikanischen Mittelwesten in dieser Kulturkontroverse beziehen, und seine Entscheidung, Musik dadurch zu „zensieren", dass man sie nicht ins Programm aufnimmt, wurde im US-Hinterland, weit weg von den Städtern mit ihrem cleveren Gerede über die Verfassung und die Meinungsfreiheit, tatsächlich begrüßt.

Auf Wal-Mart entfallen zehn Prozent der amerikanischen CD-Verkäufe, was einige Künstler und Plattenfirmen inzwischen tatsächlich dazu gezwungen hat, „saubere" Versionen ihrer Werke zu produzieren, um auch dort in die Regale zu kommen. Nirvana änderten beispielsweise den Songtitel „Rape Me" für die Wal-Mart-Version von *In Utero* in „Waif Me", wobei Wal-Mart jedoch auch an dem Cover mit seiner Abbildung eines Fötus Anstoß nahm. Kurt Cobain und Krist Novoselic stimmten diesen Veränderungen zu, weil für sie – wie wir bereits in einem früheren Kapitel gesehen haben – in jungen Jahren der Wal-Mart in Aberdeen der einzige Laden gewesen war, in dem es überhaupt Schallplatten zu kaufen gab. Der *Playboy* kommt bei dieser Kette ebenso wenig ins Regal wie bestimmte Ausgaben von *Cosmopolitan, Rolling Stone* oder *Vibe,* wenn deren Titelseiten als zu provokativ eingeschätzt werden. Das Godsmack-Album – auf dem ein „fuck" das andere jagt und es vor gotteslästerlichen Flüchen nur so wimmelt (wenn auch nicht mehr als auf den Werken anderer Künstler) – wurde aus dem Programm genommen, weil es keinen „Parental Advisory"-Aufkleber trug, der sicherstellen soll, dass derartig markierte Schallplatten nicht an Minderjährige verkauft werden.

Für einen Verkaufsboykott spielten aber noch andere Faktoren eine Rolle: Sully Erna ist bekanntermaßen ein Anhänger des Wicca-Kults, der die alte Keltenreligion unter der Salem-Hexe Laurie Cabot praktiziert, die Wicca-Künste und -Rituale in den Alltag hineinwebt. Er selbst erklärte dazu: „Das war meine Rettung. Viele Menschen stehen Hexenkunst sehr misstrauisch gegenüber; dabei wird dort lediglich die Macht der Erde angebetet, das ist alles! Es ist eine positive Religion, die mir geholfen hat, viele Krisen durchzustehen."

Zwar hat man schon seit langem Satanismus und Metal miteinander in Verbindung gebracht, aber ernst genommen wurde das wohl nur von völlig verblendeten Fans und gleichermaßen vernagelten Kritikern. Sully Erna zeigte sich nun allerdings als gebildeter und gut informierter Fürsprecher eines Glaubens, der von christlichen Fundamentalisten stets ebenso vehement bekämpft worden ist wie der Satanismus.

Dann war da auch noch der Bandname: Er stammt ursprünglich aus einem Song von Alice In Chains und stellt eine niedliche Kombination aus dem Namen des Herrn und dem Straßenausdruck für Heroin dar. Zum Bandnamen und seinen persönlichen Glaubensgrundsätzen erklärte Sully gegenüber der *NY-Rock*-Webseite: „Wir beten weder Satan noch den Teufel an, weil wir nicht daran glauben. Unserer Meinung nach ist die Erde uns allen eine Mutter, die wir ehren, respektieren und mit der wir in Einklang leben sollten. Die Erde gehört uns nicht, aber wir sind ein Teil von ihr, und wenn wir sie zerstören, zerstören wir uns selbst. In erster Linie achten wir das Leben. Die Achtung vor dem Leben und die Freiheit der Gedanken sind meiner Meinung nach die Grundlagen des Wicca. Wir respektieren jede andere Religion, weil für uns alle Götter und Göttinnen dieselben sind; sie werden nur auf verschiedene Weise angebetet. Wicca wird irrtümlicherweise oft mit dem Bösen in Verbindung gebracht, aber wir glauben an das Karma, und wenn wir etwas Schlechtes tun, dann kommt es zu uns zurück, um uns zu quälen, als so genannter ‚Godsmack', ein Schlag Gottes. Ich habe mich einmal über jemanden lustig gemacht, der Herpes an der Lippe hatte. Einen Tag später hatte ich das selbst, und jemand sagte mir, das sei ein Godsmack. Der Name prägte sich ein. Den Song von Alice In Chains kannten wir zwar auch, aber an den haben wir eigentlich nicht gedacht. Es ist ein cooler Song, und der Name hat für uns eine besondere Bedeutung."

Letzten Endes trug ihnen die Sache mit Wal-Mart wahrscheinlich einen großen Sympathiebonus und einige neue Fans ein, und das machte die Umsatzeinbußen durch den Boykott vermutlich wett. Wie viele Bands der zweiten Nu-Metal-Welle orientieren sich Godsmack ein wenig zu stark an Metallica der „Enter Sandman"-Phase, an Soundgarden und Alice In Chains, wobei sie sich auf ihrem zweiten Album *Awake* bereits um größere Eigenständigkeit bemühten. Zudem ist es unüberhörbar, dass sich die Band zwar generell von ihren Grungewurzeln einschränken lässt, in Sully aber einen talentierten und charismatischen Frontmann und Songwriter besitzt, der sich alle Mühe gibt, dem Brei aus Einheitsriffs und Monokultur-Bass eine persönliche Note zu verleihen.

Static-X

Als Wayne Static vor der Veröffentlichung des zweiten Static-X-Albums *Machine* sagte, es sei „zwei Teile Ministry, ein Teil Pantera, ein Teil Donna Summer, bestreut mit ein bisschen Joy Division", hielt man das für einen Witz. Es war keiner, wie sich herausstellte. *Machine,* das im Mai 2001 erschien, sorgte zwar nicht für einen großen Charterfolg, wie ihn Staind oder Slipknot verbuchen konnten, aber spätestens mit ihrer Beteiligung an den Wanderfestivals Tattoo The Planet und Family Values 2001 rückten Static-X definitiv in die Oberliga der Nu-Metal-Szene auf. Energie, Power, Leidenschaft und ein Presslufthammer-Beat, der das Brustbein erbeben lässt und die Luft aus der Lunge drückt, finden immer ihre Fans – und großartige Discoplatten sind ebenfalls dauerhaft gefragt. Abseits der Bühne sind Static-X ganz normale, unauffällige Jungs; auf der Bühne explodieren sie gemeinsam.

Dabei wurden Static-X oft mit Ministry verglichen, sogar bevor das Debütalbum *Wisconsin Death Trip* erschienen war. Das bezog sich nicht allein auf die Musik – ein wilder Mix aus härtestem Techno, riffgeladenem Speed Metal und maschinengewehrähnlichen Industrialbeats –, sondern auf die Bühnenpräsenz, die mitunter an Irrsinn grenzte. Ihre Coverversion von „Burning Inside" von Ministry markiert nach wie vor einen der Höhepunkte ihrer Konzerte, sie injizieren dem ohnehin schon völlig ausgeklinkten Klassiker einen zusätzlichen Energieschub, bei dem der Drehzahlmesser mit Schwung in den roten Bereich knallt. Wer vermutet, das Static-X ihre Hauptnahrung von einem Spiegel schnupfen, der auf einem echten Totenschädel balanciert, ist bei ihnen allerdings an der falschen Adresse.

Werfen wir bei dieser Gelegenheit doch erst einmal einen kurzen Blick auf Ministry selbst, eine Band mit einer höllisch lustigen Geschichte, die jedoch einen traurigen Kern hat. Der dämonische Al Jourgensen (alias Buck Satan) und sein etwas weniger dämonischer Partner Paul Barker hatten die Band in Chicago Anfang der Achtziger als gothicbeeinflusstes Electro-Projekt gegründet und sich daran versucht, jene Grenzen zu überschreiten, die beispielsweise Depeche Mode festgeschrieben hatten; Ministry schufen eine Art von Electropop, die etwas weniger freundlich und nett ausfiel. Dabei gaben Frühwerke wie *Twitch* noch keinerlei Hinweise auf den düsteren Wahnsinn, der sich auf ihren späteren Alben offenbaren sollte, beispielsweise auf *The Land Of Rape And Honey,* auf dem überwältigenden *The Mind Is A Terrible Thing To Taste* von 1989 und vor allem auf *Psalm 69,* das zum Paradestück tiefster Dunkelheit geriet. Zu dieser Zeit produzierten auch noch andere Bands unerreicht zerstörerischen Tech Metal, darunter Skinny Puppy, The Young Gods, Front 242 und Nitzer Ebb. Letztendlich jedoch wurden Ministry zum Inbegriff dessen, was wir heute unter dem Begriff Industrial Music verstehen.

Zu ihren Bestzeiten erschufen Jourgensen und seine Mitstreiter ein apokalyptisches, an *Mad Max* erinnerndes Universum aus Gasbrennern, Flammenwerfern und ausgesprochen echt wirkendem, verrücktem Bühnengebaren. Leider verkörperten Ministry dabei gleichzeitig die sehr realistische düstere Seite dieses Genres, den Nihilismus, der auf verschiedene Weise seinen Tribut von Frontmann Jourgensen forderte.

Ministry hatten den Höhepunkt ihrer Karriere erreicht – die Plattenverkäufe zogen mächtig an, die Presse schrieb sich die Finger wund, und die Band spielte endlich in großen Hallen –, als Jourgensen abdrehte.

Es wird Al nicht gerecht, wenn man ihn als Junkie bezeichnet und damit ausschließlich auf seinen Heroinkonsum anspielt – er war allen Drogen gegenüber offen. Ein Journalist erzählte mir einmal von einem Interview, das er mit Al in Texas geführt hatte. Das Gespräch sollte in einer Limousine stattfinden, und nachdem Al nach Drogen durchsucht worden war, stiegen beide ein. Als die Türen zuschlugen, zog Al einen Crack-Kristall und das dazugehörige Pfeifchen aus dem ausgehöhlten Absatz seines Cowboystiefels und dröhnte sich erst einmal zu. Das Interview bestand dann aus unzusammenhängendem Gebrabbel, Ein-Wort-Antworten und langem, langem Schweigen …

Nun ergeben bedingungslose Negativität und reichlicher Drogenkonsum zwar schnell eine gute Pressestory, nicht aber zwingend ein gutes Album, und *Dark Side Of The Spoon,* der mit Spannung erwartete Nachfolger von *Filth Pig,* fiel prompt ein wenig enttäuschend aus. Dennoch, es gibt ja allgemein zwei Arten „wichtiger" Bands: Die einen haben Millionen von Platten umgesetzt und damit diesen Status erreicht, und andere haben vielleicht nur ein paar tausend verkauft, aber größtenteils an Leute, die davon so beeindruckt waren, dass sie selbst zu einem Instrument griffen. Zu letzterer Sorte gehören Ministry: Fear Factory, Stabbing Westward, Nine Inch Nails und zahllose andere hörten ihr düsteres Evangelium und beschlossen, es von nun an selbst zu verkünden.

Aber kommen wir zu Static-X zurück, deren Geschichte etwas weniger dramatisch verlief und sich vor allem auf das ganz normale Bandgeschäft – Musik machen, auf Tour gehen und Platten aufnehmen – konzentrierte. Wayne stammt aus Shelby in Michigan, Ken aus Jamaica, Illinois. Beide zogen in die vergleichsweise kosmopolitische Großstadt Chicago, die Schlachthofmetropole, in der neben House Music und Chicago Blues auch der ganze Wax-Trax/Ministry-Komplex beheimatet war. Ken spielte in einigen Metalbands, während Wayne die Goth-Formation Deep Blue Dream ins Leben rief, die sich ihren Proberaum mit den damals noch unentdeckten Smashing Pumpkins teilte. Über diesen Kontakt lernte Wayne Ken kennen, der mit Billy Corgan im gleichen Plattenladen arbeitete, und nachdem Ken bei Deep Blue Dream eingestiegen war, zog es ihn und Wayne 1994 in die sonnigeren Gefilde von L. A., wo schließlich Static-X gegründet wurde.

„Unser Grundkonzept basiert vor allem auf einem konstanten, nach vorn treibenden Beat, ähnlich wie bei Ministry auf deren ersten, in Chicago entstandenen Platten. Diesen Sound wollten wir weiter ausbauen und zugänglicher machen, so wie bei ‚Push It‘", erklärte Wayne in einem frühen Interview. Genau das gelang Static-X auf gewisse Weise auch. Inzwischen haben sie einige der scharfen Kanten ihrer Musik gründlich geglättet und damit einen Sound kreiert, der sowohl für MTV und den Mainstreamgeschmack als auch für die Alternative-Szene und die Rocksender akzeptabel ist. Sie nahmen gewissermaßen das Ministry-Grundmuster und verwässerten es ein wenig.

Das ist keine Kritik an Static-X, und es soll auch nicht bedeuten, dass ihr Vorgehen irgendwie unmoralisch wäre. Im Gegenteil: Sie haben nur das getan, was jede andere große Rockband der letzten fünfzig Jahre auch praktiziert hat – etwas Extremes, Abseitiges oder sehr Ungeschliffenes zu nehmen und daraus Stoff für klassische Top-Forty-Hits zu formen. Elvis, die Rolling Stones, The Jam, sie alle gingen genauso vor. Das beste Beispiel für diese Technik in jüngerer Zeit sind sicherlich Limp Bizkit, die sich freimütig bei einer ganzen Reihe von Underground-, HipHop- und Punkacts bedienten und den daraus resultierenden Mix ins Musikfernsehen brachten.

Dabei hätten Static-X durchaus eine andere Richtung einschlagen können, denn in ihrer ersten Besetzung experimentierten sie mit einem völlig anderen Sound. „Wir waren viel zu weiß, um es mit Rap Metal zu versuchen", erklärte Ken. „Wayne hat mal etwa einen Tag lang zu rappen versucht, aber wir haben gleich gemerkt: O Gott, das ist Scheiße. Das war ein paar Jahre, bevor alle anderen Rap Metal entdeckten."

Andere Bands ließen sich vom HipHop inspirieren, aber nur wenige probierten es mit einem Mix aus Rave und Metal. Static-X sind unverkennbar eine Rockband, auch wenn sie Samples, Synthie-Effekte und kybernetische Bassfiguren verwenden. Selbst der Name klingt nach einem Studioprojekt der späten Achtziger mit Smiley-T-Shirts und reichlichem Vorrat an Disco-Glückspillen. War House Music durch die Zeit in Chicago noch ein großer Einfluss? „Na klar", meint Wayne. „House stammt aus Chicago, die Stadt ist das House-Hauptquartier." Ken ergänzt: „Ende der Achtziger war ich in dem Plattenladen, in dem ich arbeitete, Einkäufer für Dance Music, deswegen bekamen wir alle sehr gut mit, was da lief."

„Eine Zeit lang habe ich sehr viel Techno gehört", berichtet Wayne. „Da gibt es im Moment wenig Neues, was mich begeistert, aber '94, '95, '96 fand ich die Sachen von Prodigy und Crystal Method ziemlich geil. Heute gibt es viele Bands, die Prodigy zu kopieren versuchen, aber das ist inzwischen reichlich öde. Im Grunde ist es immer wieder derselbe Kram. Als ich das letzte Prodigy-Album hörte, dachte ich: ,Wow, das ist ja total anders.' Aber danach hat offenbar niemand mit ihnen gleichziehen wollen."

Dennoch kehrten Static-X dieser musikalischen Brutstätte letzten Endes den Rücken. „Chicago ist eine Großstadt voller Kleinstädter", sagt Wayne. „Abgesehen von einer sehr kleinen Undergroundszene herrscht dort ziemlich viel Engstirnigkeit. Die Leute kommen alle aus dem Mittleren Westen und sind sehr konservativ. L. A. ist wesentlich offener." Ken fügt hinzu: „L. A. ist wie ein Zusammenschluss mehrerer kleiner Citys zu einer großen, und die Kultur dort ist sehr vielfältig." Static-X sind L. A. und seiner Szene nach wie vor sehr dankbar, vor allem Bands wie Coal Chamber und Fear Factory, die den Newcomern in ihren Anfangstagen stark unter die Arme griffen. „Die Tour mit Fear Factory war mit das Beste, was uns passieren konnte", erklärt Ken. „Wir haben unglaublich viel von ihnen gelernt – von allen Bands in L. A. Wir hatten auf diesen Tourneen wahnsinnig viel Spaß. Für uns war es auf diese Weise ein bisschen leichter, weil wir immer ein Stück Zuhause bei uns hatten. Es war einfach ein besseres Gefühl. Das soll nicht heißen, dass wir etwas gegen Bands hätten, die nicht aus L. A. stammen. Wir kommen gerade von einer Tour mit Godhead zurück, und die sind aus Washington D. C. ... aber sie wollen demnächst auch nach L. A. übersiedeln." Wie schon gesagt: Static-X sind sehr bodenständige, durch und durch normale Jungs, die keineswegs die negative Aura eines Al Jourgensen umgibt. Auch ohne ihnen die Ärmel hochzukrempeln kann man davon ausgehen, dass es in der Band keine großen Drogenkatastrophen gibt. Sie glauben sogar daran, dass sie ihren Fans ein gutes Beispiel geben sollten. „Oh, wir übernehmen die echte Vaterrolle", lacht Ken. „Ich rate ihnen, nicht zu rauchen. Bei den Konzerten sehe ich viele Kids mit Zigaretten, und ich sage immer gleich, dass ich das überhaupt nicht cool finde."

„In Philadelphia war ein Mädchen beim Konzert, das in der ersten Reihe stand und aus Leibeskräften ‚Fuck me!' brüllte. Nach dem Gig wartete sie draußen mit ihren ganzen Freundinnen vor dem Bus und rauchte. Ich habe sie gefragt, wie alt sie sei, und sie sagte, sie sei elf. Ihre Freundinnen waren alle auch höchstens dreizehn. Ich hab nur gefragt: ‚Leute, was ist bloß mit euch los?', und habe ihnen die Zigaretten und das Bier weggenommen", erinnert sich Bassist Tony Campos.

„Ich hatte ihr ja schon in der Halle einen Vortrag gehalten, als sie wollte, dass ich ihren Busen signiere. Ich sagte nur: ‚Mädchen, du hast doch noch nicht mal einen'", erinnert sich Ken, und Tony ergänzt: „Diese Kids haben es so eilig mit dem Erwachsenwerden, und wenn sie es schließlich sind, dann wundern sie sich, wo ihre Kindheit geblieben ist."

Das ist in der Tat interessant: Eine von Ministry beeinflusste Band ärgert sich über minderjährige Fans, die rauchen? „Al ist ein wirklich gutes Vorbild", grinst Tony, und Wayne fügt hinzu: „Ich stand noch nicht auf Ministry, als ich zwölf war. Ich war achtzehn, und das ist was ganz anderes." – „Seit der Veröffentlichung von *The Land Of Rape And Honey* hat sich einiges verändert", meint Ken. „Die Medien berichten ganz anders über diese Art von Musik. Auch über Drogenmissbrauch wird jetzt ganz offen geschrieben, und die Statistiken sind jedem zugänglich. Ich weiß, dass Rock 'n' Roll etwas ‚Gefährliches' haben muss, aber inzwischen gibt es da draußen eine ganze verlorene Generation, die von den Medien als Generation Y bezeichnet wird, so, als wäre das Teil einer Marketingstrategie. Diese Kids brauchen Hilfe ..."
– „... die wir ihnen geben wollen", sagt Wayne.

Sind Static-X-Fans so richtig besessen? „Einige schon", meint Wayne. „Bloß ein paar", meint Ken. Offenbar macht sich der gute Einfluss schon bemerkbar. Und generell benutzen fanatische Static-X-Fans Klebstoff inzwischen wohl eher als Haargel als zum Schnüffeln.

„Da kam so ein Typ zu einem Konzert und bettelte darum, Wayne treffen zu dürfen, weil der sein absoluter Gott sei", erinnert sich Ken. „Als er dann tatsächlich in die Garderobe durfte, war er so schüchtern, dass er Wayne kaum ansehen mochte, und stand einfach nur da. Der Typ hatte kurze Haare, und er benutzte Elmer's Glue [einen bei amerikanischen Heimwerkern beliebten Klebstoff] für die Haare – nicht bloß den normalen Kleber; er hatte diesen gelben Holzleim genommen. Und er fragte Wayne schließlich, ob er auch Elmer's Glue verwende, und Wayne verneinte. Man konnte richtig sehen, wie das Entsetzen über das Gesicht dieses Fans kroch, als er sich wahrscheinlich fragte, wie er das seiner Mutter erklären sollte. Der musste wahrscheinlich für den Rest des Schuljahrs mit diesem Zeug auf dem Kopf rumlaufen oder alle Haare abrasieren." – „Ja, mit einer Kettensäge", grinst Wayne.

Wenn man Static-X als die neuen Ministry bezeichnet, wird man beiden nicht gerecht. Static-X haben etwas Neues, Aktuelles aus ihren Gothic-Industrial-Wurzeln geschaffen, und Ministry sind selbst wieder im Rennen. Ihre Kollektion *Greatest Fits* ist zwar ziemlich nostalgisch ausgefallen, aber ihr Auftritt in Spielbergs *AI – Künstliche Intelligenz* gehörte definitiv zu den wenigen aufregenden Momenten in dieser sentimentalen Filmkatastrophe. Sollte ihr nächstes Album tatsächlich auf ganzer Länge so gelungen sein wie „What About Us", dann sind Ministry-Ersatzbands in Zukunft vielleicht wirklich nicht mehr nötig.

Auch für Paul Barker gehören Static-X zu den ungewöhnlichsten amerikanischen Rockbands der Gegenwart: „Ich habe sie ein paar Mal live gesehen und wurde ihnen vor ein paar Jahren auch einmal vorgestellt. Sie spielen ‚Burning Inside'? Ich kenne die Coverversion, die sie mit dem Sänger von Fear Factory eingespielt haben. Die erschien mir nicht radikal genug, da gingen sie mir zu sehr auf Nummer sicher. Wenn ich Static-X höre, dann muss ich häufig lachen, weil sie diese harten Gitarrenriffs spielen, während alles andere an ihrem Sound total discomäßig ist. Das hat für mich was Komisches."

Doch Barker spart auch nicht mit echtem Lob. „Ich mag Waynes Gesang stellenweise sehr, in seinem Stil und in seiner Phrasierung ist er einzigartig. Und einzigartig zu sein, das ist wirklich nicht leicht. Hier in den USA sind die Bands im Grunde alle austauschbar. Egal, welches Genre man sich ansieht, da sind immer mindestens fünf Bands, die alle den gleichen Stil probieren und auf dasselbe Ziel hinsteuern. Die klingen alle völlig gleich. Aber wenigstens Static-X haben etwas sehr Eigenes, und das ist ihr offensichtlicher Humor. Jedenfalls für mich. Wie gesagt: Wenn ich sie höre, muss ich immer lachen."

Steif und verknöchert sind Static-X tatsächlich nicht. Industrialbands umgibt in der Regel eine Ernsthaftigkeit, die schnell humorlos und langweilig wirkt. Daher wirken einige der ausschließlich in der Undergroundszene agierenden Bands, vor allem aus Skandinavien und den früheren Ostblockstaaten, als würden sie mit faschistischen Strömungen sympathisieren. Ministry und die dazugehörigen Nebenprojekte Revolting Cocks, Lard und 1,000 Homo DJs haben hingegen jede Art von Aufgeblasenheit seitens der Band oder des Publikums sofort mit einer Nadel zum Platzen gebracht. Static-X sind ähnlich gelagert. Kann man eine Band etwa hundertprozentig ernst nehmen, die einen Song wie „Shit In A Bag" schreibt und sich darin mit dem Problem auseinander setzt, das entsteht, wenn man in einem Bus ohne Toilette unterwegs ist, dringend mal ein größeres Geschäft verrichten müsste, aber nirgendwo angehalten werden kann? Das Album *Machine* beginnt mit einer Mariachikapelle – ganz klar, mit Static-X kann man sich hervorragend amüsieren. „Ich will auf keinen Fall, dass man uns ernst nimmt", meint Wayne. „Auf der Bühne, ja, da ist es uns ernst, aber alles andere ist lediglich Entertainment."

Das hätte auch eine echte Discodiva sagen können.

Spineshank

Sie haben wohl einen der besten Rock 'n' Roll-Namen überhaupt. Dabei sehen sie aus wie eine sauber abgeschrubbte Boyband, die sich nett neben 'N Sync bei MTV ausnimmt und auch gut als Poster über dem Bett von kleinen Mädchen hängen könnte. Allerdings klingen Spineshank eher so, als würde die Tür zum tiefsten Abgrund der Hölle mit einem Knall zuschlagen. Nein, Spineshank sind wirklich keine Popband.

Ebenso wie Orgy, Static-X, Coal Chamber und System Of A Down werden es auch Spineshank wohl kaum in die erste Liga der Mainstream-Pop-Promis schaffen, in die Limp Bizkit inzwischen vorgedrungen sind. Sie zählen nicht zu den Stammgästen bei den Partys mit Britney, Madonna und den anderen üblichen Verdächtigen, aber gerade deswegen werden sie den unvermeidlichen Absturz der Nu-Metal-Szene vermutlich überleben. Die Tatsache, dass man sie mit eben dieser Szene in Verbindung bringt, hat dieser hart arbeitenden Rockband sowohl genützt als auch geschadet. Spineshank gelten dabei als die Ziehsöhne von Fear Factory, gut etablierten West-Coast-Schwermetallern, die schon früh einen Mix aus bewährtem Old-School-Thrash-Metal, Marke Pantera und Slayer, sowie der cooleren Variante aus den Neunzigern präsentierten.

Die Spineshank-Mitglieder Jonny Santos (Gesang), Mike Sarkisyan (Gitarre) und Tom Decker (Schlagzeug) lösten ihre Band Basic Enigma auf, nachdem sie das wegweisende Fear-Factory-Album *Demanufacture* gehört hatten, und gründeten gemeinsam mit dem Bassisten Robert Garcia ihr neues Projekt Spineshank.

Fear Factory selbst sind einerseits eine recht traditionelle Metalband, andererseits jedoch beinahe avantgardistisch. Sie ließen Industrial-Elemente in ihren Sound einfließen, arbeiteten mit Samples oder Cut-up-Tapeloops und erschufen damit eine ziemlich ungemütliche Art von Techno Metal. Dabei waren sie stark von der Cyberpunk-Bildwelt aus William Gibsons *Neuromancer* beeinflusst, aber auch vom düsteren L. A. der Zukunft, wie es in den Filmen *Bladerunner* und *Terminator 2* dargestellt wurde, zudem schwelgten sie in düsteren Vorhersagen bezüglich einer rundum überwachten und genmanipulierten Welt. Versuchsweise ließen sie vom kanadischen Industrialduo Frontline Assembly Remixe anfertigen, was zuvor fast nur in der House-Szene vorkam, und veröffentlichten 1997 das Album *Remanufacture,* bei dem Electro-Künstler wie Frontline-Assembly-Mann Rhys Fulber, DJ Dano, Kingsize und der holländische „Gabba"-DJ Junkie XL Tracks vom vorangegangenen *Demanufacture* bearbeitet hatten. Es war ein kühner Schritt, andererseits waren Fear Factory traditionell ganz vorn dabei, was neue Technologien und Ideen betraf.

Dino Cazares von Fear Factory hörte das Demo von Spineshank und bot ihnen spontan an, als Vorgruppe bei einem Konzert seiner Band in Los Angeles zu spielen. Seitdem geben sich Jonny Santos und Co. alle Mühe, als Support mit System Of A Down, (hed) pe, Coal Chamber, Snot, Soulfly, Sepultura, Danzig und Static-X auf Tour zu gehen und dabei ihren sauber produzierten, melodischen Hardrock jedem aufs Ohr zu donnern, der zum Zuhören bereit ist. Sie unterschrieben schließlich beim Fear-Factory-Label Roadrunner, das seit über einem Jahrzehnt für glaubwürdigen Hardrock steht und unter anderem die Musik von Sepultura, Machine Head, Slipknot und Dry Kill Logic unters Volk gebracht hat. Das Spineshank-Debüt *Strictly Diesel* erschien 1998. Beim letzten Track „Stain" war Fear-Factory-Sänger Burton C. Bell zu hören, und das ließ die Metalwelt aufhorchen.

Es war eine ruppige, kantige Platte, die zwar einen Haufen guter Ideen enthielt, von denen jedoch die wenigsten anständig umgesetzt worden waren. Rückblickend war es eine etwas unausgegorene Angelegenheit, wie die Band mittlerweile selbst einräumt.

Drummer Tommy Decker sagte dem Ostküsten-Fanzine *Romper:* „Wir wollen jetzt nichts Schlechtes über diese Platte sagen. Sie war ein notwendiger Schritt, um den jetzigen Level zu erreichen. *The Height Of Callousness* ist eigentlich das erste richtige Spineshank-Album. Das haben wir einfach nur für uns gemacht. Wir entschuldigten uns für gar nichts, wir kümmerten uns nicht darum, was gerade cool war und was nicht. Wir machten das einfach nur für uns und waren damit abschließend auch sehr zufrieden. Bisher waren die Reaktionen darauf sehr gut, was für uns eine große Erleichterung war, weil wir überhaupt nicht wussten, was passieren würde. Gemessen an der ersten Platte haben wir uns wahnsinnig stark weiterentwickelt. Da hatten wir schon die Befürchtung, dass die alten Fans vielleicht enttäuscht sein würden, weil wir anders klangen, und dass alle anderen vielleicht gar nichts kapieren würden. Aber es hat ziemlich gut funktioniert, und wir sind einfach glücklich, weil wir eine Platte haben, auf die wir auch noch stolz wären, wenn sie nur fünf Exemplare verkauft hätte. Und wenn es fünf Millionen gewesen wären, hätte das auch nichts geändert. Für uns ist und bleibt es dieselbe Platte, etwas sehr Greifbares, Reales."

Sie wies zudem die Richtung, die Spineshank von nun an einschlagen sollten: Sie legten Wert darauf, hin und wieder echte Melodien in ihre Arbeit einfließen zu lassen. Bei anderen Bands wäre ein Cover von George Harrisons „While My Guitar Gently Weeps" vielleicht als Witz gedacht gewesen, Spineshank hingegen haben ein echtes Faible für Harmonien.

The Height Of Callousness folgte im Jahr 2000, insgesamt ein extremeres Erlebnis, das vornehmlich auf ein solides Industrialgerüst baute. Der Sound war deutlich von Fear Factory inspiriert, aber mit treibenden Technobeats versehen worden, die durchaus auch The Prodigy zur Ehre gereicht hätten. Die Songs hatte diesmal GGGarth Richardson (Rage Against The Machine, Kittie) in den Mushroom Studios in Vancouver produziert, und sie gaben Jonnys Stimme den nötigen Raum, um tatsächlich alle herzzerreißenden Crescendi rauszulassen, zu denen er fähig war. Die Aufnahmen gestalteten sich offenbar recht schwierig. Jonny Santos erklärte dem britischen Magazin *Metal Hammer:* „Mann, es hat uns tatsächlich Nervenzusammenbrüche gekostet, diese Platte zu machen. Eines Abends hatte ich schon meine Taschen gepackt und mir einen Flug nachhause gebucht, weil ich dachte, ich halte das einfach nicht mehr aus. Ich fühlte mich einfach nicht mehr in der Lage, eine Platte zu machen, während dieser ganze andere Scheiß ablief. Es gab sogar mal eine richtige Schlägerei zwischen uns, so richtig mit Nach-draußen-Gehen und allem Drum und Dran. Die Aufnahmen haben uns so angekotzt. Die ganze Situation war auch bestens dazu geeignet, um uns völlig fertig zu machen. Mit dem Label gab es dauernd Stress, und persönlich liefen auch ein paar sehr schlimme Sachen. Das reichte, um ordentlich Zündstoff zu liefern. Wir haben wohl so um die fünfzig Songs geschrieben und sechzehn davon aufgenommen. Die elf übelsten und bösartigsten haben wir dann für die Platte ausgesucht. Wir machten genau das Album, das uns vorschwebte, bei dem uns niemand sagte, was geht und was nicht geht. Mann, wir haben beinahe die Welt verlassen, um unser Ziel zu erreichen!" Wie ihre ebenfalls in L. A. beheimateten Metal-Industrial-Kollegen von Static-X fügen auch Spineshank ihrer Musik eine Dimension hinzu, die man seit dem Abgang von Ministry für abgenudelt hielt. Sie haben zudem ein Gespür dafür, wie man diesen einst so abseitigen Underground-Sound MTV-tauglich macht. Damit könnten sie eines Tages sogar ihre Mentoren von Fear Factory übertreffen. „Als wir 1996 anfingen, gab es außer Fear Factory keine Metalbands, die Samples in ihre Songs integrierten", sagte Santos dem *Metal Hammer*. „Es gab hunderte von Industrialbands, Godflesh, Ministry oder Foetus, aber im Metalbereich waren das nur wir, Fear Factory und White Zombie. Plötzlich machen es alle. Wir müssen nun also ein drittes Album in Angriff nehmen und dabei gleichzeitig unserem eigenen Stil treu bleiben, ohne dass es so aussieht, als würden wir andere kopieren. Aber eins weiß ich, und da sollten sich all diese Bands warm anziehen: Spineshank sind allen anderen noch immer um Jahre voraus!"

Orgy

Korn zeugten nicht nur Limp Bizkit, sie setzten auch Orgy in die Welt. „Die Band ist für viele Kids aus ganz unterschiedlichen Lagern sehr interessant. Orgy sind modebewusste, gut aussehende Jungs, weshalb sie von weiblichen Fans geschätzt werden. Außerdem sind sie wirklich heavy, was dafür sorgen dürfte, dass viele unserer Fans Orgy ebenfalls klasse finden werden", meinte Jonathan Davis über das erste Signing auf dem Korn-eigenen Label Elementree. Orgy haben ihrerseits zwar noch niemanden gezeugt, aber ihre Coverversion von „Blue Monday" von New Order ist ein schönes Beispiel für eines der gängigen Nu-Metal-Klischees – die Überarbeitung von Songs aus den Achtzigerjahren.

Bei vielen Neueinspielungen stammen die Originale aus dem Hard 'n' Heavy-Bereich, wie beispielsweise „Burning Inside" in der Version von Static-X. Noch häufiger wird jedoch in die Popkiste gegriffen und purer Metalkitsch abgeliefert: Limp Bizkit machten sich über George Michaels „Faith" her, Disturbed lieferten eine reichlich überflüssige Fassung von „Shout" von Tears For Fears ab, und Marilyn Mansons Eurythmics-Tribut „Sweet Dreams (Are Made Of This)" war auch nicht viel besser. Die Begeisterung für die Achtzigerjahre und eigenartige Coverversionen teilen zahlreiche Nu-Metal-Acts mit ihrer Nu-Punk-Verwandtschaft – man denke nur an die Alien-Ant-Farm-Neueinspielung von Michael Jacksons „Smooth Criminal", die sich 2001 vergleichsweise besser verkaufte als Jacksons letzte Single. Künstler aus Pop, Rap und R & B lassen sich allerdings ebenso gern vom Jahrzehnt der Schulterpolster, Vokuhila-Frisuren und ärmellosen T-Shirts inspirieren.

Mit „Blue Monday" legten es Orgy allerdings nicht darauf an, durch cleveres, aber für die Band untypisches Recycling einen Hit einzufahren. Zum einen passte der Song gut zum Hightechsound der Band, zum anderen war er dem größten Teil der Fans ohnehin unbekannt – die meisten von ihnen waren noch nicht einmal geboren, als „Blue Monday" 1983 erschien, und als das Stück 1991 in einer Remixversion wiederveröffentlicht wurde, besuchten sie wahrscheinlich noch den Kindergarten.

Orgy wurden 1997 von Sänger Jay Gordon, Gitarrist Ryan Shuck, Synth-Gitarrist Amir Derakh, Bassist Paige Haley und Schlagzeuger Bobby Hewitt gegründet, landeten wenig später mit dem Produzenten

Josh Abrahams im Studio und hielten ein halbes Jahr darauf ihr Debütalbum *Candyass* in den Händen. Sie wurden für die erste Family-Values-Tour mit Korn, Limp Bizkit und Ice-T gebucht und konnten ihre „Blue Monday"-Version auf dem Soundtrack der Horror-Teeniekomödie *Ich weiß noch immer, was du letzten Sommer getan hast* unterbringen. Der Kontakt zu Jonathan Davis sorgte dafür, dass die Medien sich ausgiebig für das Album interessierten; vor allem, weil Davis auf „Revival", einem der stärkeren Tracks des Albums, höchstpersönlich sang. Zusammen mit Davis hatte Gitarrist Ryan Shuck in der Band SexArt gespielt, bevor er als Sänger der in L. A. beheimateten Punkband Lit reüssierte. Die zwei Musiker blieben in Kontakt, da Jonathan ohnehin stets das Gefühl hatte, SexArt mit seinem Wechsel zu Korn gewissermaßen im Stich gelassen zu haben. Während Fieldy und Head die Karriere von Limp Bizkit auf den Weg brachten, engagierte sich Davis bei Orgy. Hätten Korn bereits damals ein eigenes Label besessen, dann wären sie durch den enormen Profit, den ihre Schützlinge Limp Bizkit einspielten, sicherlich reich geworden. Orgy zündeten weniger spontan und agierten beileibe nicht so spektakulär wie Limp Bizkit, wer von ihnen jedoch die üblichen angstgetriebenen Texte und ungestimmten Gitarrenriffs erwartete, dem stand eine Überraschung bevor.

„Korn 2 braucht wirklich keiner, und Korgy möchte auch niemand sein. Wir jedenfalls nicht, wir sind als Orgy sehr zufrieden. Wer immer einen Korn-Abklatsch braucht, hat ja wirklich genug Auswahl", erklärte Jay dem *Circus* im Februar 1999.

„Im Moment ist es in L. A. ziemlich übel, da jeder versucht, wie Korn zu klingen. Unsere Band dagegen kreuzt britischen Rock mit Hardcorethrash und Industrial, *Star Wars* mit *James Bond*. Aus diesen Zutaten haben wir unser völlig eigenes Ding erschaffen. Orgy ist meiner Meinung nach ein guter Name für unseren Stil. *James Bond,* Slayer, Psychedelic Furs und Duran Duran …"

Ihre düstere, von Industrial inspirierte Musik wurde unter anderem als Nu Goth, Gothcore und Death Pop bezeichnet. Die Band präsentierte sich bei MTV mit einer Überdosis Make-up und sah mit ihrer weißen Gesichtsgrundierung und schwarzem Lippenstift aus, als hätte sie es auf die wachsende Fangemeinde Marilyn Mansons abgesehen.

Jay sang in einem unerklärlichen englischen Akzent und klang dabei wie die Industrialversion des wenig überzeugend auf Cockney getrimmten Dick Van Dyke als Schornsteinfeger in *Mary Poppins,* wobei dieser Stil für die Band seltsamerweise gut zu funktionieren schien. Sie erschienen wie eine nicht ganz so clevere Ausgabe von Fear Factory: hübscher als Nine Inch Nails und zugänglicher als Skinny Puppy. Ihre Art von „Death Pop", wie sie ihre Musik selbst bezeichneten, animierte zumindest einige Kritiker zu dem Vergleich, Orgy klängen, als würden Duran Duran Ministry-Songs nachspielen.

Das erste Album erntete gemischte Kritiken. Jason Pettigrew schrieb in der *Alternative Press:* „Der Zyniker in mir sagt, dass Orgy lediglich Opfer des neuesten Hypes sind, die man mit hoch technisiertem Equipment und schicken Klamotten ausgestattet hat. Aber in einer Zeit, in der die Rockszene in immer kleinere Splittergruppen zerfällt, ist es Orgy gelungen, sich in den Discos und vor dem Moshpit zu bewähren; sie trinken die Konkurrenz unter den Tisch und lassen sich von den Freundinnen kurzsichtiger Idioten, die noch immer KMFDM-T-Shirts tragen, einen blasen."

Das zweite Album, *Vapor Transmission,* sollte der Band gezielt ein futuristisches Image verpassen und war nach einem Muster gestrickt, das deutlich an Fear Factory erinnerte – was sich schließlich in enttäuschenden Verkaufszahlen niederschlug. Zwar stieg es auf Platz achtzehn in die Hot Two Hundred von *Billboard* ein und erreichte schnell Gold-Status, doch dann verschwand es spurlos. Nun kann man Orgy sicher nicht als sperriges Avantgardeprojekt bezeichnen, aber dennoch war ihr Death Pop wohl zu heftig für den noch immer eher konservativ ausgerichteten amerikanischen Markt. Wie bereits erwähnt, herrschte dort Ende der Neunziger eine typische „Macho"-Stimmung. Orgy wiederum waren eine ausgesprochen androgyne Band, die durchaus auf das goldene Zeitalter der Glamrock-Zwitterwesen David Bowie, Marc Bolan, Cockney Rebel, Roxy Music und The New York Dolls einerseits und die modernen Glam-Goth-Stars Marilyn Manson, Nine Inch Nails und Rammstein andererseits verwies. Sie arbeiteten nicht mit den Schockeffekten, die Manson ständig in die Zeitungskolumnen und MTV-Nachrichten brachten und ihm die Titelseiten der Musikpresse sicherten. Orgy versuchten, aufgrund ihrer Musik und ihres Image ihre Fans zu finden, und gerade dieses Image stieß einen großen Teil des potenziellen Publikums ab: Man war der Meinung, die Band sehe „schwul" aus. Die Singles „Opticon" und „Fiction" verkauften sich nur schwach, obwohl Letztere von einem beeindruckenden Video im *Matrix*-Stil begleitet wurde. Gerüchteweise stand ihre Plattenfirma kurz davor, sie fallen zu lassen. 2002 war die Band jedoch wieder im Studio und arbeitete am dritten Album. Orgy-Gitarrist Amir Derakh widmete sich nebenbei der Band Coal Chamber (er und Jay produzierten deren Debüt), deren Demoaufnahmen für das 1999 erschienene Album *Chamber Music* er tatkräftig unterstützte.

Schwer zu sagen, ob nun ein Imagewechsel, eine musikalische Richtungsänderung oder beides angesagt wäre – fest steht, dass Orgy stark unter Druck stehen, den Erfolg ihres Debütalbums zu wiederholen und darauf weiter aufzubauen. Eine schwierige Aufgabe, und bei der bekanntermaßen kurzen Frist, die Künstlern in der Regel nach einem „Scheitern" von ihrer Plattenfirma gewährt wird – egal, ob es sich dabei um Korn handelt oder nicht –, könnte das dritte Album ihre letzte Chance darstellen.

Papa Roach

Papa Roach wollen ernst genommen werden. Sie lächeln selten, sind von Kopf bis Fuß in Schwarz gekleidet, und ihre Songs machen eines klar: Sie sind keine Partyband. Denn wie heißt es in „Last Resort": „Don't give a fuck if I cut my arm bleeding / It all started when I lost my mother / No love for myself, no love for another" („Scheißegal, ob ich mich ritze, bis ich blute / Das hat alles angefangen, als ich meine Mutter verloren habe / Ich habe keine Liebe für mich selbst und auch für niemand anderen"). Ähnlich auch „Never Enough": „Life's been sucked out of me / This routine's killing me / I did it to myself / I cannot say this would not be / Somebody put me out of my misery" („Das Leben wurde aus mir rausgesaugt / Diese Routine bringt mich um / Ich habe mir das selbst zuzuschreiben / Ich kann nicht garantieren, dass es dazu nicht kommt / Kann mich nicht jemand von meinen Qualen erlösen") und „Broken Home": „Broken home / All alone / I know my mother loves me / But does my father even care?" („Kaputtes Elternhaus / Ganz allein / Ich weiß, dass meine Mutter mich liebt / aber bedeute ich meinem Vater überhaupt irgendwas?") Nein, Papa Roach sind wirklich nicht lustig.

In ihren Texten gehen sie ihren Zorn und ihre Frustrationen direkter an als Korn. Ihre Songs, meist in der ersten Person geschrieben, durchlaufen das volle emotionale Spektrum von existenzieller Unzufriedenheit bis hin zu verzweifelten Selbstmordgedanken. Dieses Emotionsgewitter, verpackt in einen explosiven, brutalen Sound, kommt offensichtlich aus dem tiefsten Innern der Band und bringt in Amerikas Jugendlichen eine gewisse Saite zum Klingen. In den Songs, zu denen Band wie Publikum wild herumspringen und moshen, geht es um zerbrochene Familien, durch den Alkohol zerstörte Existenzen und tiefe emotionale Wunden.

Rock 'n' Roll arbeitet traditionell mit Eskapismus und Fantasy-Themen: Da gibt es die ewige Liebe in den Popballaden, die Science-fiction-Ausflüge des Prog Rock oder die sagenhaften Schwerter- und Magiegeschichten des Achtziger-Heavy-Metal, doch auch die auf superhart getrimmten Zuhälterpersönlichkeiten von Kid Rock und Fred Durst passen zum Thema. Selbst die negativen Fantasien, in denen es wie in Slayer- und Slipknot-Songs um Gewalt, Mord und Folter geht, sind eine Form von Eskapismus. Nur wenige Bands besitzen die Fähigkeit, ständig hundertprozentig ehrlich zu sein, aber Papa Roach sind stärker darum bemüht als die meisten anderen. Sie halten ihren Fans einen Spiegel vor, der dabei zum Teil ihren eigenen Schmerz enthüllt. Natürlich ist es möglich, dass auch derart zur Schau gestellte innere Qualen einer gewissen Fantasiewelt entspringen, die ausgeglichene, gut situierte Rockstars sich zu Eigen machen, um darüber zusätzliche Glaubwürdigkeitspunkte zu sammeln. Aber wenn sie den Fans real erscheint, gibt es keine Probleme.

Zwar werden sie oft als Rap-Rock-Band bezeichnet, aber im Grunde klingen Papa Roach eher wie eine stinknormale Rocktruppe, die in den letzten dreißig Jahren zu jeder beliebigen Zeit hätte auf der Bildfläche erscheinen können. An ihnen ist nichts Ausgefallenes, ihr Sound kennt keine Schnörkel oder überflüssigen Schnickschnack, ihre Texte verkaufen keine Botschaft. Alles an ihnen ist rau und direkt. Sie arbeiten mit einem gewissen Minimalismus, angefangen mit den schlichten schwarzen Bühnenklamotten und den nackten Hochgeschwindigkeitsgitarrenriffs, die viel Raum für eigene Fantasien lassen und den Hörer geradezu dazu auffordern, den Sound im Kopf selbst auszupolstern und ihn üppiger zu machen, als er in Wirklichkeit ist. Zwar gibt es Scratching auf den Alben, aber live spielen sie ganz schlicht als Quartett ohne DJ. Sänger Coby Dick spricht die Strophen in schnellem Stakkato – wobei er weniger nach einem Rapper, sondern eher wie Mike Patton von Faith No More klingt –, bevor er die Refrains herausbrüllt.

In einem Interview mit *Shoutweb* wies Coby Dick Anfang 2001 alle weiteren Definitionen ihrer Musik weit von sich: „Es ist einfach Rock 'n' Roll, Mann. Es ist totale Scheiße, unseren Sound ‚Rap-Rock' zu nennen, und ‚Zuhälterrock' ist genauso beschissen. Wir machen Rock 'n' Roll, weiter nichts."

Papa Roach wurden im kalifornischen Vacaville gegründet, einer Stadt, durch die man meistens nur durchfährt und in der selten einmal jemand hält, und sie verfügen über dieselbe entschlossene Arbeitsmoral, die auch schon andere Kleinstadtbands wie Nirvana oder Korn an die Spitze brachte. In Vacaville gibt es das Gefängnis, in dem der Massenmörder Charles Manson seine Haft verbüßte; davon abgesehen sind Papa Roach vermutlich die größten Berühmtheiten, die diese Stadt zu bieten hat.

Wie Coby Dick mir versicherte, musste er ganz einfach Rockmusiker werden, denn es kam nicht infrage, den Rest des Lebens in diesem Nest zu verbringen. Daher also gründeten Sänger Jacoby Shaddix alias Coby Dick, Gitarrist Jerry Horton, Bassist Tobin Esperance und Drummer Dave Buckner 1993 Papa Roach und begannen durch Nordkalifornien zu touren, wobei sie zunächst als Support der aufstrebenden Stars The Deftones, Downset und Incubus unterwegs waren.

Zu den größten Einflüssen auf Papa Roach zählen Faith No More, Nirvana und Primus, aber die Band entwickelte bereits in den drei ersten Karrierejahren durch unablässiges Livespiel und Songwriting einen eigenen Sound, der den Grundstock für ihren knappen, kantigen Powerrock der heutigen Zeit legte. Unter der Oberfläche erkennt man eine Reihe weiterer Einflüsse, dabei nennt die Band neben den unvermeidlichen Deftones auch einen weniger offensichtlichen Namen wie John Coltrane. Coby Dick erinnert sich, wie er als Kind im Auto seiner Mutter *The Wall* hörte, das epische Pink-Floyd-Doppelalbum über Depression und Psychokrisen. All diese Bands – Papa Roach, Staind, Korn – sprechen genau jene Musikfans an, die in den Siebzigern und Achtzigern mit Pink Floyd beschallt wurden: Kids, die intelligent und gebildet sind, es in der Schule aber trotzdem nicht weit gebracht haben und sich häufig als Außenseiter und Einzelgänger fühlen. Aber während sich Roger Waters in überladenen Metaphern ausdrückte, sagen Papa Roach genau, was sie meinen.

Zwar gibt es keine offensichtlichen Parallelen zu Pink Floyd, aber dennoch eine kleine – wenn auch nebensächliche – Gemeinsamkeit: Während sich die Prog-Rock-Dinosaurier nach zwei alten Bluesern benannten (Pink Anderson und Floyd Council), ließen sich Coby Dick und Co. auf der Suche nach einem Bandnamen von einer CD des Jazzmusikers Pancho Sanchez, *Papa Gato,* inspirieren. Der Familienname von Coby Dicks Großvater lautete Roatch – er war also Papa Roatch. Es passte zudem schön zu dem Undergroundprofil, auf das sie so viel Wert legten. 2000 erklärte Coby Dick auf MTV: „Die Kakerlake [englisch: *cockroach*] steht für Langlebigkeit. Denn wenn die Bombe fällt, wer wird dann überleben? Kakerlaken. Sie sind wie wir. Wir sind dreckig, wir kommen aus dem Underground. Wenn man eins von diesen Viechern sieht, dann weiß man, dass in Wirklichkeit Millionen von ihnen da sind, und das ist unser Plan: Wir wollen ansteckend sein. Das steckt hinter Papa Roach."

1994 nahm die Band ihr Debüt, *Potatoes For Christmas,* auf, das noch im gleichen Jahr veröffentlicht wurde; auf ihrem eigenen Label Onion Hardcore Recordings erschien zudem eine Reihe von Singles und EPs sowie das zweite Album, *Old Friends From Young Years.* Erst auf *Infest,* ihrem Major-Debüt, kam der ureigene Papa-Roach-Sound voll zum Tragen und zeigte die wahre Qualität der Band. Die Ehrlichkeit der Songs schreckte die Fans keineswegs ab, sondern berührte einen bloßliegenden Nerv.

Im *Metal Hammer* sagte Coby Dick im März 2001: „Ich hoffe, dass wir auch in Zukunft jeglichen Eskapismus vermeiden können. Darin liegt für mich derzeit das Grundproblem in der Popmusik, in der Rockmusik, im gesamten Entertainmentbereich und in Amerika überhaupt. Überall tut man so, als sei alles in bester Ordnung, als sei die Welt rundum wunderbar, als könnten wir durch die Musik in eine Sphäre gelangen, in der uns niemand wehtun kann. Bei Papa Roach geht es nicht um die Flucht vor den tatsächlichen Gegebenheiten, wir stellen uns der Realität, tauchen in sie hinein, schütteln sie durch, rollen alles in einer Kugel von Energie zusammen und lassen sie explodieren. So läuft das bei uns, wir machen keine Witze über den Schmerz, denn wir wissen, dass es weh tut. Wir stellen uns dem Schmerz und suchen nach einem Weg, um damit fertig zu werden. Deswegen sind wir ehrlicher als viele andere Bands, und damit sind wir natürlich auch eine Zielscheibe für Leute, die das Ganze zynisch betrachten wollen."

Incubus

Incubus hätten um ein Haar Chunk-O-Funk geheißen – ein Name, der die Band aus dem kalifornischen Calabasas wahrscheinlich schon erledigt hätte, bevor es mit ihrer Karriere überhaupt losging (ebenso wie der fantastische Titel ihres Debütalbums, *Fungus Amongus*). Glücklicherweise entschieden sie sich dafür, als Bandnamen lieber die Bezeichnung eines sagenhaften dauererregten Dämons zu wählen, der sich in die Schlafgemächer von Frauen schleicht und mit ihnen Sex hat, während sie sich im Land der Träume befinden.

Incubus waren zu Beginn vor allem vom freiformalen Funk der Band Primus inspiriert, einer ausgesprochen originellen und schrägen Formation. Sie folgten damit der alten Binsenweisheit, dass man, wenn man sich schon an einem anderen Künstler orientiert, am besten eine recht obskure Quelle wählen sollte, die zudem möglichst viele Interpretationsmöglichkeiten bietet, die zu erforschen sich lohnen. Zumindest klingen Incubus weitgehend klischeefrei, und das ist mehr, als man vom Großteil ihrer sämtlich nach einem Muster gestrickten Zeitgenossen sagen kann.

Gegründet wurden Incubus auf der Highschool eines recht wohlhabenden Vororts in der Nähe von Malibu. Hier trafen Sänger Brandon Boyd und Schlagzeuger Jose Pasillas, die seit der Grundschule befreundet waren, und ihr Gitarrist Mike Einziger auf den zukünftigen Bassisten Alex Katunich. Zunächst spielten sie Coverversionen von Megadeth- und Metallica-Songs und traten bei Partys in der Nachbarschaft auf, bis Brandon mit dem Schreiben eigener Titel begann. Die Band spielte schließlich im San Fernando Valley in Clubs wie dem *Roxy* oder dem *Sunset Strip;* angeblich waren sie bei diesen ersten Auftritten so nervös, dass Brandons Mutter ihnen beibrachte, wie man meditiert, um solchen Nervenanspannungen besser gewachsen zu sein. In dieser Zeit entstanden auch erste Demos in einem Studio in Santa Monica, aber diese frühen Aufnahmen erregten nirgendwo größeres Interesse. Die Band beschloss daraufhin, ihr Debütalbum auf ihrem eigenen Label Stopuglynailfungus Music On Chillum herauszubringen.

Wenig später stieß mit DJ Lyfe (Gavin Koppel, der vor dem Erscheinen von *Make Yourself* von DJ Kilmore ersetzt wurde) ein Rapper zur Band, und allmählich begann man sich vom Primus-Abklatsch zu einer eigenständigen musikalischen Einheit zu entwickeln, die zwar eindeutig dem Rock verhaftet war, aber auch starke Souleinflüsse aufwies. Die Konzerte mit einem DJ trugen Incubus die unvermeidlichen Vergleiche mit Limp Bizkit ein. Zwar werden sie in den Plattenläden inzwischen problemlos in der Nu-Metal-Abteilung eingeordnet und tauchen in den Playlists der Rocksender zwischen Slipknot, Korn und Staind auf, aber dennoch verabscheuen Incubus diese ganze Szene.

Mike Einziger erklärte dem Magazin *Mean Street* im November 2001: „Für mich hat die Rockmusik im Moment ihren absoluten Tiefpunkt erreicht. Als wir das letzte Album aufnahmen, habe ich eine Reihe alter Bands wieder entdeckt, die ich früher gern gehört habe, Led Zeppelin zum Beispiel oder die Doors. Das waren Bands, die noch wirklich coole Sachen gemacht haben. In jüngerer Zeit gab es dann Pearl Jam, Nirvana und Soundgarden, die noch kreativ und eigenständig waren. Aber diese ganze Rock/Rap-Metal-Kacke, die überall läuft, finde ich wirklich zum Kotzen. Wie oft ist es denn spannend, wenn jemand seine Gitarre so laut aufdreht, dass ohnehin nur noch Krach rauskommt? Es ist nicht meine Art, Leute zu beleidigen, deswegen will ich mal keine Namen nennen, aber für mich liegt in dieser Musik überhaupt keine Intelligenz. Wie viel Wut kann man denn überhaupt entwickeln, wenn man in einem ruhigen Vorort aufgewachsen ist?"

Auch in ihren Texten vermieden Incubus den Mama-und-Papa-Zorn ihrer Zeitgenossen und widmeten sich stattdessen einer eher sinnlichen, gelegentlich sogar spirituellen Sicht der Welt. Sie waren unglaublicherweise sogar dazu fähig, Optimismus zu zeigen. Auf „The Warmth", einem Song ihres dritten, mit Doppel-Platin ausgezeichneten Albums *Make Yourself,* singt Brandon: „Don't let the world bring you down / Not everyone here is that fucked-up and cold / Remember why you came and while you're alive experience the warmth before you grow old" („Lass dich von der Welt nicht unterkriegen / Nicht alle hier sind so kaputt und kalt / Erinnere dich daran, weshalb du gekommen bist, und während du am Leben bist, spüre die Wärme, bevor du alt wirst"). In „Warning" vom 2001 erschienenen Nachfolgewerk *Morning View* heißt es: „What's so wrong with / Being happy / Kudos to those who / See through sickness / When she woke in the morning / She knew that her life had passed her by / And she called out a warning / Don't ever let life pass you by / I suggest we / Learn to love our-

selves before it's / Made illegal" („Was ist so verkehrt / am Glück-
lichsein / Alle, die kranke Ideen durchschauen / haben Anerkennung
verdient / Als sie am Morgen aufwachte / wusste sie, dass das Leben
an ihr vorbeigegangen war / Und sie sprach eine Warnung aus / Lasst
nicht zu, dass das Leben an euch vorbeigeht / Ich schlage vor / wir lernen uns selbst zu lieben / bevor das gesetzlich verboten wird").

1997, als Incubus vom Korn-Label Immortal unter Vertrag genommen worden waren und ihr erstes Major-Label-Album *Science* erschien,
hatte sich ihr Sound bereits so weit entwickelt, dass ihm die Originalität nicht abzusprechen war, was wiederum die Band wohltuend aus
der deprimierenden Masse von gleich klingenden Zeitgenossen her-
vorhob. Der langjährige R.E.M.-Produzent Scott Litt, einst auch in
Diensten von Nirvana, hatte zuvor versucht, Incubus für sein eigenes
Independent-Label Outpost zu gewinnen. Er blieb jedoch ein Fan der
Band und arbeitete mit ihnen an *Make Yourself,* das Incubus schließlich
den Durchbruch bescherte. Hier verschmolz der Sound zu einer echten
Einheit, blieb dank Litts Produktion aber offen genug, um Brandons
Stimme den Raum zu geben, den sie brauchte. Schließlich hatten Incu-
bus nicht nur intelligente und optimistische Texte, man verstand sie
sogar, weil sie einen Sänger besaßen, der wirklich singen konnte. Die
Reaktionen der Medien waren durchwachsen – ein Kritiker nannte
Incubus die „Backstreet Boys des Nu Metal", während ein anderer von
„Metal für die Bourgeoisie" sprach –, aber die Verkaufszahlen ent-
wickelten sich recht ordentlich. Wenn Incubus einen Fehler haben,
dann einen, den sie mit vielen Bands ihrer Generation teilen: Sie versuchen zu sehr, einem breiten Publikum zu gefallen und dabei die
Bedürfnisse des Rockpublikums mit den Pop-Anforderungen des Mas-
sengeschmacks zu verbinden. Sie wechseln von hammerharten
Rockriffs zu freundlichen, Byrds-ähnlichen Passagen, von akustischen
Balladen zu knallhartem Funk, und das oft in ein und demselben Song.
    Live entwickelte sich Brandon zu einem charismatischen Front-
mann, der einerseits gut genug für eine Boyband aussah, aber gleichzeitig eine schlangengleiche, an Perry Farrell erinnernde Empfindsam-
keit besaß. Das wirkte vor allem auf die weiblichen Fans, was sich an
der Zusammensetzung des Konzertpublikums unschwer erkennen ließ.
    Wenn man sie persönlich trifft, haben Incubus eine Aura von „Net-
tigkeit", die nicht recht zur schlecht gelaunten Attitüde ihrer Generation zu passen scheint: Wenn Korn eine Band mit wichtigen Themen

sind, dann haben Incubus sich mit diesen Themen nicht nur auseinander gesetzt, sondern auch in einer Therapie gelernt, wie man sie bewältigt. Ihr viertes Album, *Morning View,* das wieder mit Scott Litt entstand, stieg auf Platz zwei in die *Billboard*-Charts ein. Das mag noch kein eindeutiger Beweis für ein neues Phänomen sein, aber es belegt zumindest, dass nicht nur jene Bands erfolgreich sind, die ausschließlich Ängste und Probleme thematisieren.

Mudvayne

Mudvayne aus Illinois wurden bereits als Slipknot light bezeichnet, was im Grunde gut zu ihnen passt. Sie kommen als Monster aus dem Mittleren Westen daher, die in Horrorfilm-Make-up von Entfremdung, Verstümmelung, Folter und Mord singen, und ihr erstes Major-Label-Album, *LD-50,* das ihnen den Durchbruch bescherte, wurde zudem von Slipknot-Percussionist Shawn Crahan produziert. Während sich Slipknot optisch mehr an einem Horrorfilm wie *The Texas Chainsaw Massacre* orientieren, gehen Mudvayne eher in Richtung Sciencefiction und Fantasy und bevorzugen „übernatürliche" Kostüme. Sie tragen außerdem Make-up, keine Masken und sehen dabei so sehr wie Aliens oder Dämonen aus, dass Kiss vermutlich vor Neid erblassen würden. Ebenso wie die in Chicago beheimateten Disturbed unterscheiden sie sich insofern von den anderen Nu-Metal-Bands, als sie diese Theaterelemente auch in ihre Liveshows einbauen (wobei Limp Bizkit mit ihrem gigantischen Toiletten-Bühnenaufbau beim Ozzfest in eine ähnliche Richtung gingen).

Mudvayne wurden 1993 gegründet und veröffentlichten 1997 ihr Debüt *Kill I Oughtta.* Aber erst auf dem 2000 erschienenen Album *LD-50* waren Sänger Kud (Chad Gray), Gitarrist Gurrg (Greg Tribbett), Bassist Ryknow (Ryan Martinie) und Drummer Spag (Matthew McDonough) zu einer echten Einheit verschmolzen.

Als Einflüsse nennen sie Stanley Kubrick, Quentin Tarantino, E. E. Cummings und Aleister Crowley, „weil diese Leute den Mut hatten, andere herauszufordern". Das Album selbst klang jedoch mehr nach Pantera, Fear Factory und Slipknot, wobei Ryknow gelegentlich einen Jazzbass beisteuerte, der Mudvayne zwar Eigenständigkeit verlieh, aber in seltsamem Kontrast zu ihrem Bühnenimage stand. Vor ihnen hatten schon Kiss, Alice Cooper, Peter Gabriel – als Sänger von Genesis – und die konsequenten Showrocker GWAR ähnliche theatralische Elemente in ihre Shows eingebunden und damit die Musik in unterschiedlich starkem Maß durch den Einsatz von Masken und Kostümen überschattet.

Die Songs von Mudvayne handeln größtenteils von Killern, Massenmördern, Entfremdung und Angst. In „Nothing To Gein", das Ed Gein gewidmet war (einem Serienmörder aus den Fünfzigern, dessen Lebensgeschichte die Grundlage für den Film *Psycho* bildete), singt Kud: „Sheltered life innocence / Insulated memories, spark reflections of my head / Duality in my consciousness / Caught in the war of hemispheres / Between the love lost in my head / Mommy do you still live inside of me? … Blame mother for the sickness / Mutilate and sew my new clothes for masquerading / Aprons of flesh corpse scalped hair with skin upon my face / Dance and masturbate in night light by myself …" („Die Unschuld eines wohl behüteten Daseins / Isolierte Erinnerungen entzünden Reflexionen in meinem Kopf / Dualität in meinem Bewusstsein / Verwickelt in den Krieg der Gehirnhälften / zwischen der Liebe, die in meinem Kopf verloren ging / Mammi, lebst du noch in mir? … Mach Mutter für die kranken Gedanken verantwortlich / Verstümmeln … neue Sachen zum Verkleiden nähen / Schichten von Leichenfleisch, skalpiertes Haar mit Haut dran über mein Gesicht / Dann tanzen und allein im Nachtlicht masturbieren …")

Wenn man einmal vom sensationalistischen Element absieht, das hier den Einblick in die Gedanken eines Serienmörders gewährt, dann ist dieser Song im Grunde ein Update der Beobachtungen des Dichters Philip Larkin: „Sie machen dich kaputt, deine Mom und dein Dad." Der böse, durch Abwesenheit glänzende Elternteil tritt auch in „Cradle" auf, in dem es Kud zufolge „um meinen beschissenen Vater geht. Verpiss dich, Dad …" Er singt: „Here I stand now and I'm alone / With no one to comfort me / One set of footprints in the sand / No one to take my hand / I'll walk through as long as I need / I'll drift through my life though I'm alone / Outgrown the cradle that once housed me / And I've found that all I need is / Me" („Hier stehe ich, und ich bin allein / Niemand da, um mich zu trösten / Nur eine einzige Fußspur im Sand / Niemand, der meine Hand nimmt / Ich werde allein weitergehen, solange ich muss / Ich werde durch mein Leben treiben, auch wenn ich allein bin / Der Wiege, die mich einst beherbergte, bin ich entwachsen / Und ich habe festgestellt, alles, was ich brauche, bin / ich selbst").

Der häufige Gebrauch des Wörtchens „motherfucker" auf diesem Album ist sicherlich ein Leckerbissen für Freudianer. LD-50 erhielt größtenteils positive Kritiken. Q bezeichnete das Album als „clevere Mischung aus Korn, Tool und Mr. Bungle – wie Slipknot, aber dabei tatsächlich hörbar". Das Mudvayne-Album erreichte Gold-Status, obwohl die Band nie in dieselben kosmischen Höhen aufstieg wie ihre Förderer Slipknot. Als dieses Buch entstand, waren sie gerade dabei, ihr Image und ihre Musik einer Runderneuerung zu unterziehen, aber dennoch bleibt fraglich, ob sie jemals aus dem Schatten von Slipknot heraustreten werden.

(hed) pe

Während viele Bands versuchen, sich vom Rap-Rock zu distanzieren, gibt es wiederum andere, die sich umso intensiver diesem Genre zuwenden. Und keine von ihnen macht das so spannend wie (hed) pe. (hed) pe (das „pe" steht derzeit für „planet earth" – „Planet Erde" –, aber die Bedeutung wechselt immer mal wieder) wurden 1993 in Orange County, einem konservativen Vorort von Los Angeles, gegründet. „Ursprünglich hießen wir nur hed, aber dann sagten unsere Anwälte, dass es damit Schwierigkeiten geben würde, also fügten wir das pe hinzu. Dann dachten die Leute, das sei eine Spielart von ‚head pee', Kopfpisse, obwohl ‚pe' an sich überhaupt kein Wort ist, aber wir änderten es darauf hin in ‚Planetary Evolution', planetarische Evolution. Das geht in Richtung universelles Bewusstsein, von daher fanden wir es cool. Aber auf dieser Platte wollten wir niemanden verwirren, haben also ‚hed planet earth' ausgeschrieben; wir wollten nicht, dass die Kids bei Konzerten ‚head pee, head pee' brüllen, was in einigen Gegenden schon vorgekommen ist. Aber für uns heißen wir eigentlich nur hed", sagte mir DJ Product in einem Interview.

Die sechs Musiker kommen aus den Bereichen Rap, Punk und Metal und haben daraus einen eigenen Stil entwickelt, der zwar durchaus experimentell, aber dennoch so gelagert ist, dass er die Kids im Moshpit nicht verschreckt. (hed) pe kombinieren dabei eine konventionelle Band (bestehend aus den Gitarristen Westyle und Chad, dem Bassisten Mawk sowie dem Drummer BC) mit einem Bühnen-DJ (DJ Product, der wie ein durchgeknallter Vietnamveteran mit Plattenspieler erscheint) und dem Rapper und Sänger Jared alias MCUD. Jared gehört zu den wenigen schwarzen Musikern, die sich voll und ganz dem Nu Metal verschrieben haben. Zwar haben viele Rapper gelegentlich mit Bands zusammengearbeitet – Cypress Hill beispielsweise wagten sich auf ihrem hochgelobten Doppelalbum *Skull & Bones* weit auf Metalterritorium vor, und die aus dem Wu-Tang-Umfeld stammenden Method Man und Red Man kollaborierten mit Limp Bizkit – aber Jared gehört zu den wenigen, die sich konsequent zum Nu Metal bekennen.

„Ich bin zu schwarz für MTV", sagte er mir. „Wenn ein weißer Rocksänger rappt, dann ist das in Ordnung. Aber wenn das ein

Schwarzer tut, finden sie tausend Gründe, weshalb das nicht gezeigt werden kann. " Im April 2000 schrieb Neil Kulkarni im *Metal Hammer:* „Während Rap-Rock größtenteils die irrige Meinung zu vertreten scheint, die Fusion zweier Genres bedeute, dass man sie beide auf ihren kleinsten gemeinsamen Nenner reduziert, beweisen (hed) pe, dass man die Klangatmosphäre des Rap und die rockige Punkaggression durchaus auf eine Weise erhalten kann, die beiden Stilrichtungen mehr als gerecht wird.

Hier finden sich Beats und Rhymes, die sich auch vor dem derzeit besten HipHop nicht verstecken müssen (und die sich nicht an Jahrzehnte altem Zeug von Run-DMC oder Public Enemy orientieren, wie es noch immer die Klangwelt von Limp Bizkit dominiert), während ihr Rocksound wesentlich härter und schwerer ist als der ihrer Zeitgenossen. (hed) pe ist dieser in sich verschmolzene Sound deshalb so wichtig, weil sie genügend Beispiele dafür kennen, wie man es eben nicht machen sollte. "

Jared zählt zudem zu den herausragenden Frontmännern der aktuellen Rockszene, und obwohl sich MTV damit schwer tut, ihm Zutritt zu ihrer weißen Musikwelt zu gestatten, hat sich die Band durch ihre ausgedehnte, zwei Jahre währende Tournee 2000 und 2001 eine große Fangemeinde erspielt, die diesen Nachteil kompensiert.

Nach ausgedehnten Tourneen mit Korn, Slipknot, Kid Rock und System Of A Down entstand das Album *Broke,* auf dem (hed) pe den selbst entwickelten G-Punk in perfekter Form darboten. Anschließend waren sie gleich wieder unterwegs, spielten in Europa mit Papa Roach und absolvierten eine Reihe von Konzerten als Headliner.

Deadsy

Es käme der Wahrheit ziemlich nahe, wenn man das Image von Deadsy als Kreuzung zwischen begütertem Grundschul-Geheimbund und jugendlicher Faschistengruppe bezeichnen würde. Frontmann Elijah Blue Allman (der Sohn von Südstaatenrocker Gregg Allman und Cher, die in den Siebzigern eine kurze und schlagzeilenträchtige Ehe führten) bekam seine erste Gitarre vom damaligen Boyfriend seiner Mutter, Gene Simmons, geschenkt. Deadsy wurden also gewissermaßen mit dem silbernen Löffel im Mund (oder vielleicht eher unter der Nase) geboren.

Nach ihrer Gründung 1997 entwickelte die Band schnell ein einprägsames Image, einen Sound, den sie selbst beschrieben, „als würden Gary Numan und Duran Duran von Morbid Angel überfahren", sowie ein Manifest, das Collegeverbindungen und Geheimbünde wie den Skull and Bones Club auf die Schippe nahm.

„Deadsy sind eine Einrichtung, die ins Leben gerufen wurde, um das menschliche Element von Sound und Vision zu reinigen und zu simplifizieren. Sie hat sich der Aufgabe verschrieben, die synergetische Zusammenführung von Simplizität und Komplexität energisch und umfassend voranzutreiben – eine Art von ‚Komplizität' oder ‚Simplexität', wenn man so will. Diese Einrichtung besteht aus fünf unabhängigen Einheiten: Gelehrsamkeit, Freizeit, Horror, Krieg und Wissenschaft/Medizin. Diese Zutaten sind das Grundrezept der Deadsy-Formel und die Schlüssel zur Erfüllung ihrer Mission. Jedem Mitglied (Frater) wurde eine dieser Einheiten unter Berücksichtigung seiner natürlichen Talente und größtmöglicher Übereinstimmung mit seinen persönlichen Vorlieben übertragen, um die grundlegenden Aspekte und nötigen Konstanten der Humanisierung bestmöglich herauszuarbeiten."

Wie schon Kiss tragen auch Deadsy Make-up und haben „geheime" Identitäten: P. Exeter Blue alias Elijah Blue (Gesang und Gitarre), Dr. Nner (Keyboards), Carlton Megalodon („Z-tar"), Alec Pure (Schlagzeug) und The Beast Craig (Bass). Seit 1997 stellen sie die West-Coast-Geheimwaffe der Nu-Metal-Szene dar. Jay Gordon von Orgy spielte in einem frühen Deadsy-Line-up an Elijahs Seite Bass und war auf ihrem Album *Candyass* als Gast zu hören. Das Debütalbum von Deadsy, *Commencement,* wurde 1999 fertig gestellt, zirkulierte jedoch schon zuvor als Demo unter Rockkennern und in ihrer schnell wachsenden Fangemeinde. Doch erst durch die Unterstützung von Korn-Sänger Jonathan Davis, der ihnen ein Gastspiel bei der Family-Values-Tour und einen Deal mit seiner Plattenfirma Elementree vermittelte, begann ihr Ansturm auf die Welt. Zuvor hatte die Band einen Vertrag mit Warner Brothers geschlossen, war jedoch noch vor der Veröffentlichung des Debüts wieder fallen lassen worden. Davis brachte sie mit dem legendären Death-Metal-Produzenten Scott Burns zusammen, der daraufhin einige der Tracks neu aufnehmen ließ. Deadsy erklärten 2001 im *Kerrang!*: „Mit Scotts Hilfe wird die Platte richtig superradikal. Zwischen uns und den Bands aus Tampa wie Cannibal Corpse oder Six Feet Under besteht eine gewisse Geistesverwandtschaft. Ich glaube, dass Deadsy für den Death Metal so etwas wie das Trojanische Pferd werden – wir werden diesen Stil dem Mainstreampublikum näher bringen, weil wir in unserer Musik auch diese Goth- und Bubblegum-Elemente haben." Zusammen mit dem Hype um Andrew W.K. (in dessen Band unter anderem der Obituary-Drummer Donald Tardy spielt) sowie dem enormen Erfolg von Slipknot und Kittie könnten Deadsy tatsächlich über die nächsten Monate und Jahre die brutale Negativität des Death Metal erneut popularisieren.

Adema

Zu den Bands, die ausnahmsweise mal nicht von Jonathan Davis gefördert wurden, zählen Adema – obwohl dennoch einige Verbindungen zu Korn bestehen. So stammt die Band beispielsweise ebenfalls aus Bakersfield, und Bassist Dave DeRoo und Gitarrist Tim Fluckey spielten bei Juice, einer Formation, die aus den Überbleibseln von SexArt entstanden war. Bei SexArt wiederum hatte Davis in seiner Zeit vor Korn gesungen, während Orgy-Gründungsmitglied Ryan Shuck dort eine Zeit lang Gitarre spielte. Kris Kohls gehörte zu Videodrone, deren Debüt auf dem Korn-Label Elementree erschienen und von Korn-Bassist Fieldy produziert worden war. Vor allem aber handelt es sich bei Adema-Sänger Mark Chavez um niemand anderen als um Jonathan Davis' Halbbruder.

In der Bandbiografie von Arista Records spielt Mark jegliche Verbindung zu seinem Bruder herunter, obwohl es anfänglich hieß, dass Davis sogar als Gast auf dem Album zu hören sei: „Er hat mich lediglich insofern beeinflusst – und das war wirklich das Beste, was er für mich tun konnte –, als er es mir immer sagte, wenn ich nicht gut genug war. Ich bin der Typ, der dann, wenn er etwas will, unbeirrt darauf zugeht, und es hat keinen Zweck, wenn man mir das verweigert oder mir sagt, dass ich es nicht haben könne. Das liegt wohl in unserer Familie. Aber er [Jonathan] war immer für mich da und hat mich unterstützt, das war absolut großartig."

Die übrigen Adema-Musiker – Gitarrist Mike Ransom und Schlagzeuger Kris Kohls – sammelten zuvor reichlich Erfahrung in anderen Bands (Mike spielte unter anderem bei Mento Burro, einer vor Ort sehr beliebten Ska-Punk-Band). Allgemein ging man zunächst davon aus, dass Adema sich wie Korn anhören würden, aber wie sich herausstellte, gingen sie in eine wesentlich kommerziellere Richtung und erinnern eher an den geschliffenen, poppigeren Sound von Linkin Park.

Während diese Verwandtschaftsbeziehung für sie selbst nie eine große Rolle zu spielen schien, war dennoch klar, dass Adema zunächst vor allem wegen der Nähe zwischen Chavez und Davis Aufsehen erregen würden. Noch bevor ihre erste Platte erschienen war, tauschten Fans auf Napster bereits Live-MP3s, Demotracks und Vorabexemplare des Albums und waren daher bei den Konzerten in der Lage, bei allen Songs mitzusingen. Allerdings haben Rockstargeschwister meist ein hartes Los – man denke nur an Chris Jagger und Simon Townshend –, wenn sie nicht gerade in derselben Band spielen wie in Johnny und Edgar Winters' White Trash, der Allman Brothers Band, Redd Kross oder Kittie.

Zwar lieferten Adema ein überzeugendes Debütalbum ab und konnten sich live mehr als behaupten, aber dennoch unterschied sie wenig von den zahllosen anderen Bands, die Ende 2001 an zweiter oder dritter Stelle im Programm durch die Staaten tingelten und davon träumten, in die Fußstapfen von Linkin Park, Incubus oder Staind zu treten.

Der *Rolling Stone* schrieb über das Debüt: „Sänger Mark Chavez singt vor allem von Entfremdung, klar, aber im Gegensatz zu seinem Halbbruder Jonathan Davis von Korn ist er eher ganz normal besorgt und nicht etwa aufregend verrückt. Hier gibt es nichts, was sich nicht durch eine kleine Dosis Valium in Ordnung bringen ließe."

Die Kritiker urteilten insgesamt recht freundlich über die Band, aber ob ihnen das zusammen mit der Korn-Connection und ihren sauber nach dem Nu-Metal-Lehrbuch verfassten Songs tatsächlich eines Tages den Durchbruch bescheren wird, bleibt abzuwarten. Chavez ist sicherlich ein talentierter Sänger und Frontmann, aber in den zahllosen Bands, die außer ihnen im Rennen sind, gibt es reichlich Sänger, die ebenso gut sind wie er – wenn nicht besser.

Apartment 26

Apartment 26 zählen zu den wenigen europäischen Bands, die es schaffen könnten, den scheinbar unangreifbaren amerikanischen Rockmarkt zu erobern. Vielleicht hat es etwas damit zu tun, dass sie über ein wenig Vitamin B verfügen und gute Verbindungen zur zweiten Metalgeneration pflegen. Gegründet wurde die Band von Biff Butler, dem Sohn des Black-Sabbath-Bassisten Geezer. Apartment 26 genossen zudem den enormen Wettbewerbsvorteil, dass sie ins Programm des Ozzfest '99 aufgenommen wurden und Burton C. Bell von Fear Factory zu einem Gastauftritt überreden konnten, was sonst nur wenigen Bands gelingt. Ihr Debütalbum *Hallucinating* bewies allerdings, dass sie sicherlich auch aus eigener Kraft auf sich aufmerksam gemacht hätten, und das ist gut so: Der Rockstarstatus vererbt sich eben nicht.

Biff, Keyboarder und Programmierer A. C. Huckvale, Gitarrist John Greasley und Bassist Louis Cruden gründeten die Band in der beschaulichen Kleinstadt Leamington Spa kurz nach dem Ende ihrer Schulzeit. Zunächst versuchte man sich an einer Art von Grungesound, entwickelte aber schnell ein Gespür für elektronische Experimente, wobei man sich eher in Richtung Nine Inch Nails und vor allem Fear Factory bewegte.

Alle bösen Kommentare über angebliche Vetternwirtschaft überhörend, waren Apartment 26 gern bereit, den aufreibenden Job als Anheizer beim Ozzfest '99 zu übernehmen, bei dem in jenem Jahr auch die Band von Biffs Dad, Black Sabbath, ihre Reunion im legendären Original-Line-up feierte. Ebenso wie Biff hat auch Ozzy Osbournes Sohn Jack einen wachsenden Einfluss auf die Szene, nicht zuletzt deshalb, weil seine Eltern bei ihrer Bandauswahl für das Ozzfest durchaus Wert auf seine Meinung legen. Taproot schafften es beispielsweise über diesen Weg ins Programm.

Dennoch besteht Biff darauf, dass Apartment 26 letztlich aufgrund ihrer Qualitäten für die Festivaltour ausgewählt wurden: „Ozzy und Sharon sind für mich wie Familie, aber sie hätten uns nie fürs Ozzfest ausgesucht, wenn wir uns da blamiert hätten. Wir mussten denselben Weg gehen wie alle anderen Bands und ein Demo einschicken."

Zwar weist fast jede moderne Metalband einen gewissen Sabbath-Einfluss auf, aber *Hallucinating* reizte eher zu allen möglichen anderen

Vergleichen, von The Prodigy bis zu Korn und den Deftones. Bisher waren Apartment 26 hauptsächlich in den USA unterwegs, wo sie offenbar darauf hoffen, ähnlich wie Bush zuerst den amerikanischen Markt zu knacken, bevor sie zuhause anerkannt werden. Dabei begleiteten sie alle möglichen Bands als Support, von Papa Roach, Pantera, Soulfly und (hed) pe bis zu Fear Factory (deren Frontmann Burton C. Bell auf dem Titel „Void" ihres Debütalbums zu hören ist). Außerdem konnten sie einen Track auf dem Soundtrack zu *Mission: Impossible II* unterbringen.

Wie bei allen britischen Jugendlichen ist auch bei ihnen der Einfluss der Ravekultur spürbar: In den letzten zehn Jahren war es in Großbritannien die Freizeitbeschäftigung Nummer eins, Ecstasy einzuwerfen und in den Clubs zu pulsierender elektronischer Musik zu tanzen. Dass Apartment 26 diese Einflüsse verarbeitet haben, macht ihren Sound so einzigartig; Pitchshifter und Static-X haben das zwar auch versucht, aber mit weniger Erfolg. Es heißt, Techno sei die Heavy-Metal-Version von House und Disco, und dass Apartment 26 zu den wenigen Bands gehören, die diese Verbindung nutzen, hat sich für sie als durchaus vorteilhaft erwiesen. Ob die Band dieser Techno-Metal-Fusion treu bleibt, wird ihr zweites Album zeigen.

Glassjaw

Diese Band wurde oft als die dritte Phase von Ross Robinsons Plan bezeichnet, Limp Bizkit und Korn sowie ihre zahllosen Imitatoren zu zerstören. Natürlich behaupten Glassjaw gern, in keine Schublade zu passen, aber man vergleicht sie dennoch häufig mit Inkling, Far, Cleanse, Blind By Choice, Tenfold, Helen 55, Codeseven, Will Haven und anderen so genannten Emo-Bands: Emo bezeichnet dabei einen Teilbereich des Hardcore und wurde ursprünglich „emotional hardcore", dann „emo-core" oder schlicht „emo" genannt, wobei die Bedeutung mittlerweile verwässert wurde und inzwischen genauso viel oder wenig aussagt wie der Begriff Nu Metal.

„Wir haben keine Ahnung, wozu wir eigentlich gehören. Einerseits gibt es diese beschissene Popkacke und andererseits dieses genauso beschissene ‚Ey, Alter, was geht'-Zeug, diesen Rapcore oder adidas-Rock oder wie man das auch immer nennen will. Na ja, und wir sind irgendwie keine Heavy-Metal-Band, aber auch keine Popband, wir gehen unseren eigenen Weg, und wo wir mal enden, weiß ich selbst nicht", sagte Justin Beck.

Glassjaw wurden von zwei Jugendlichen aus Long Island im Sommerlager gegründet: Daryl Palumbo und Justin Beck kamen wegen der gemeinsamen Vorliebe für Künstler wie Bad Brains, Quicksand, Black Flag, Morrissey, Depeche Mode, Neil Rubenstein und Anthrax ins Gespräch und freundeten sich miteinander an. Sechs Jahre später wurden sie bereits in einem Atemzug mit Radiohead und den Deftones genannt.

Daryl Palumbo (Gesang), Justin Beck (Gitarre), Todd N. Weinstock (Gitarre), Manuel Carrero (Bass) und Larry Gorman (Schlagzeug) wurden von Ross Robinson entdeckt, der sie für sein Label I AM unter Vertrag nahm. Justin Beck schilderte mir die Geschichte so: „Ross Robinson kam zu einer Probe von uns, und nach fünfzehn Sekunden – wir hatten noch nicht mal den Refrain gespielt – stand er auf und sagte: ‚Stopp, ihr habt den Vertrag.' Wir dachten, er macht Witze oder will uns verarschen. Aber er meinte nur, wir sollten noch mal anfangen und diesmal einfach nur Spaß dabei haben. Das taten wir."

Binnen acht Wochen entstand das erste Album in Robinsons Indigo-Ranch-Studio im kalifornischen Malibu. Robinson nannte Glassjaw „die adidas-Rock-Zerstörer des neuen Jahrtausends" und brachte die Band dazu, einige äußerst intensive und persönliche Songs zu schreiben und sie ebenso intensiv und persönlich für ihr hochgelobtes Debüt *Everything You Ever Wanted To Know About Silence* einzuspielen. Für diese Platte, die als „moderne Abrechnung mit der Liebe" beschrieben wurde, lieferte Palumbo einige Titel ab, die Thom Yorke im Vergleich wie Weird Al Yankovic erscheinen lassen. Sie sind so heftig, dass sie manchmal schwer zu ertragen sind, tiefgründig und voll Schmerz, der nichts mit dem „gespielten" Unglücklichsein vieler ihrer Zeitgenossen zu tun hat. Bei Palumbo wurde kürzlich Morbus Crohn, eine chronische Entzündung der Darmwand, festgestellt, sein Leiden und seine Depression haben also eine andere Qualität als die Angst eines Mittelklassejugendlichen, dass er vielleicht keine Freundin abkriegen könnte. Das schmerzerfüllte Heulen und Wüten ist echt.

Nach einer anstrengenden Tour mit Soulfly hatten die Intensität und Ehrlichkeit von Glassjaw zahlreiche Fans überzeugt, die teilweise eine beinahe beängstigende Liebe zur Band entwickelten. Das Album erzielte zwar keine überragenden Umsätze, aber die Leute, die es kauften, waren derartig begeistert, dass das Folgealbum allein durch Mundpropaganda gespannt erwartet wurde. Die Songtitel und -texte des schließlich 2002 veröffentlichten Albums *Worship & Tribute* wurden bereits vorab in Internet-Newsgroups intensiv diskutiert.

Taproot

Michigan ist der größte Rock 'n' Roll-Staat der USA und hat neben Motown, Iggy Pop und The MC5 so viele weitere Künstler hervorgebracht, dass man sie hier unmöglich alle aufzählen kann. In Ann Arbor fanden sich Stephen Richards (Gesang, Programming), Mike DeWolf (Gitarre), Philip Lipscomb (Bass) und Jarrod Montague (Schlagzeug) zu einer Band zusammen, nachdem man eine gemeinsame Vorliebe für Rush, Faith No More und Tool sowie eine extreme Fixierung auf Bone Thugs-N-Harmony entdeckt hatte.

Taproot, die als eine der größten Hoffnungsträger für die nächste Generation der Rap-Rock-Bands gehandelt werden, kreuzten den Weg von Fred Durst, als beide Bands noch im Anfangsstadium steckten, und gaben ihm ein Demo, das Durst offenbar großartig fand. Er versprach, sie unter Vertrag zu nehmen und mit ihnen zu arbeiten, sobald er sein eigenes Label etabliert hatte. Die Band, die ihren guten Kontakt zu Durst aufrechterhielt, machte sich währenddessen daran, ihre Musik – einen fiebrigen Mix aus Stakkatoriffs und dynamischen Mitgröl-refrains – über die eigene Webseite zu promoten, und verkaufte ihre im Alleingang veröffentlichten CDs *Something More Than Nothing* und *Upon Us* per Mailorder. Die Band umgab daher ein wenig vom Do-it-yourself-Ethos der Punkbewegung. Frontmann Stephen Richards erinnert sich: „Wir brannten [die CDs] im Labor der University of Michigan. Ich habe sie persönlich per Hand verpackt und versendet, das war mir unglaublich wichtig. Am Anfang ging es nur um eine Hand voll CDs in der Woche, aber nach und nach wurde so viel bestellt, dass wir schließlich um die fünfundzwanzig pro Tag rausschickten. Die Kids zahlten mit Schecks, die auf meinen Namen ausgestellt waren, weil ich damals noch mein persönliches Konto für diese Aktionen nutzte. Manche Leute schickten sogar Bargeld, Hauptsache, sie konnten unsere Musik bekommen."

Auf diese Weise verkauften Taproot mehr als zehntausend CDs. Währenddessen arbeitete man weiterhin an der Karriere, schickte Demos an Plattenfirmen und fuhr schließlich nach Los Angeles, um eine Show für den Produzenten Rick Rubin zu geben. An dem Tag, als die Band nachhause zurückkehrte, fand dort das Family-Values-Festival statt. Steve fand eine Nachricht auf seinem Anrufbeantworter vor.

„Steve. Fred Durst. Hey, Mann, du hast es versaut. In dem Business beißt man nicht nach der Hand, die einen füttert, Alter … Ich habe dich unter meine Fittiche genommen, dich nachhause eingeladen, mir über deine Scheißband im Radio und vor der Presse den Arsch abgelabert, und du scheißt mir und der Interscope-Familie vor die Füße. Zwischen dir und Limp Bizkit gibt es keinerlei Verbindungen mehr", wütete Durst in einer dreißigsekündigen Message, in der er des Weiteren erklärte, der Manager von Taproot habe die Karriere der Band „versaut", noch bevor sie angefangen habe. Falls Taproot sich jemals bei einem Bizkit-Konzert sehen lassen sollten, gäbe es Ärger, und wenn sie jemals den Namen Limp Bizkit nutzen sollten, dann würde man sie „fertig machen und auslöschen".

Sean „Puffy" Combs war ebenfalls daran interessiert, Taproot für sein Label Bad Boy Records zu gewinnen, aber letztes Endes unterschrieb die Band bei Velvet Hammer Records, einem Unterlabel von Atlantic. Ihr erstes Major-Label-Album *Gift* entstand in Zusammenarbeit mit dem Produzenten und Toningenieur Ulrich Wild (Pantera, Powerman 5000, Stabbing Westward, Static-X).

2001 waren sie bei der Ozzfest-Tour dabei, nachdem sie großen Eindruck auf Ozzys Sohn Jack gemacht hatten. Richards erklärte: „Er hatte von uns gehört und wollte uns spielen sehen. Er kam vorbei, checkte uns ab und war begeistert. Er hat seiner Mom die Ohren voll gequatscht von uns."

Anschließend tourten Taproot mit Papa Roach, den Deftones, Incubus sowie Linkin Park durch die USA und Europa und begannen Ende 2001 mit dem Produzenten Toby Wright (Korn, Sevendust, Alice In Chains) an ihrem zweiten Album zu arbeiten. *Welcome,* das mit seinem wesentlich ruhigeren Sound überraschte, erschien im darauf folgenden Jahr.

System Of A Down

Zunächst war 2001 für System Of A Down eigentlich ein recht gutes Jahr, bis sie plötzlich in einen Strudel von Ereignissen gerieten, die außerhalb ihrer Kontrolle lagen. Als bei ihrem Freikonzert auf einem Parkplatz in Los Angeles die Polizei mit Tränengas und Gummigeschossen auf eine wütende Menge feuerte, geriet die Band anders als gewollt in die Schlagzeilen, und das, nachdem ihr zweites Album *Toxicity* in der ersten Woche nach Erscheinen gerade fantastische zweihundertzwanzigtausend Einheiten umgesetzt hatte.

Zunächst hatte die Band am 3. September 2001 im *Club Vynyl* an der Ecke Schrader und Hollywood Boulevard spielen sollen, aber als dort im Vorfeld viel zu viele Fans auftauchten, beschlossen die Behörden, noch vor Beginn des Gigs den gesamten Auftritt abzusagen. Als dann unter den Leuten das Gerücht die Runde machte, man habe vergessen, die nötigen Anträge zu stellen, explodierte die aufgebrachte Menge, riss die Absperrungen nieder und zerstörte Bandequipment im Wert von dreißigtausend Dollar.

Am 11. September war ein Auftritt in der *Conan O'Brian Show* geplant, bevor die *Pledge of Allegiance*-Tour mit Slipknot, Rammstein, Mudvayne, American Head Charge und No One begann. Wegen des Anschlags auf das World Trade Center wurde diese Tour jedoch verschoben und der Fernsehauftritt abgesagt: Obwohl *Toxicity* sofort an die Spitze der Charts geschossen war, schien es nun kaum möglich, diesen Erfolg weiter auszubauen.

Ebenso wie ihre Kollegen von Static-X, Orgy und Powerman 5000 sind auch System Of A Down so durch und durch amerikanisch wie Apfelkuchen oder Schüsse aus fahrenden Autos. Dabei sind ihre Wurzeln absolut international: Sänger Serj Tankian und Schlagzeuger John Dolmayan wurden beide im Libanon geboren, und Bassist Shavo Odadjian erblickte in Armenien das Licht der Welt. Die Band verbindet daher orientalische, indianische und armenische Elemente mit Tribal-Rhythmen und integriert sie in ihren druckvollen und faszinierenden Metalmix.

„Wir spielen harte Musik, und das ist grundsätzlich amerikanisch", sagte mir Serj Ende 2000. „Armenische Musik ist nicht heavy. Aber ein wenig davon steckt auch darin, ebenso wie Musik aus dem Nahen

Osten und der Mittelmeerregion. Aber wir sind keine armenische Band, wir machen keine armenische Musik. Sie gehört jedoch zu unserem Sound und ist ein wichtiger Teil unserer Identität."

System Of A Down wurden Mitte der Neunziger gegründet und gingen kurz vor der Jahrtausendwende mit Produzent Rick Rubin ins Studio, um ihr selbstbetiteltes Debüt einzuspielen. Das Album verkaufte sich gut, obwohl es kein offensichtliches Singlesmaterial enthielt und von Radio und Fernsehen nur wenig beachtet wurde. Auftritte bei der Family-Values-Tour 1999 und bei der *Summer Sanitarium*-Tour von Metallica im darauf folgenden Jahr stellten System Of A Down einer ganzen Generation unzufriedener Gleichgesinnter vor. Ebenso wie ihre Zeitgenossen werden auch sie von Zorn und Frustration getrieben. Die Attacken von Korn aber sind beispielsweise grundsätzlich apolitisch. System Of A Down hingegen haben eine wohl durchdachte militante Seite, die ihnen bereits Vergleiche mit den Dead Kennedys eingebracht hat; dabei wurde vor allem Serj Tankians Stimme mit der von DK-Sänger Jello Biafra verglichen.

Einer der Songs ihres Debütalbums, „PLUCK" (eine Abkürzung für Politically Lying, Unholy, Cowardly Killers – politisch lügende, grässliche, feige Killer), handelt vom Genozid am armenischen Volk. Serj erklärt: „Die Armenier haben einen Völkermord erlebt, ebenso wie das jüdische Volk den Holocaust. Dass es Leute gibt, die dabei wegsehen oder solche Verbrechen begehen, etwa wie die Türken, dass solche Ungerechtigkeiten möglich sind – dieses Wissen gehört wohl zu den treibenden Kräften in meinem Leben. Mir ist stets bewusst, dass es so etwas gibt und dass immer versucht wird, diese Taten zu verschleiern. Wenn man aber darauf achtet, bekommt man so etwas auch mit."

Kerrang! nannte sie „die nächsten großen Agit-Politicos". Aber bei System Of A Down geht es nicht nur um Politik, sie singen von Liebe, Drogen, Angst, aber auch von guten Zeiten. Da sich die Band zusätzlich anderen Einflüssen öffnet – von Jazz bis hin zu traditionellen Van-Halen-Angebergitarrensoli –, erinnert die Band in ihrer Offenheit bei Sound, Texten und Bühnenperformance eher an The Clash zu ihren besten Zeiten.

Dry Kill Logic

Bei ihrer Gründung 1995 in Westchester, New York, nannten sich Dry Kill Logic noch Hinge, ein Name, den sie aus *The Hinges Of Fate,* Sir Winston Churchills gleichnamigem Buch über den Zweiten Weltkrieg, entlehnt hatten. Sie zählen Pantera, Tool, King Diamond, Sepultura und Fear Factory zu ihren Einflüssen. 1995 veröffentlichten sie zunächst die EP *'Cause Moshing Is Good Fun,* bevor sie mit Produzent Andy Katz (Overkill, Rakim) ins Studio gingen, um das Debütalbum *Elemental Evil* einzuspielen. Es folgten Tourneen als Support für Coal Chamber, Incubus, Anthrax, System Of A Down und The Misfits, bevor sie Ende 1999, nach dem Ausstieg ihres ursprünglichen Gitarristen, eine Auszeit nahmen, um in aller Ruhe zu überlegen, wie es von nun an weitergehen sollte.

In neuer Besetzung, die sich nun aus Cliff Rigano (Gesang), Dave Kowatch (Bass), Scott Thompson (Gitarre) und Phil Arcuri (Drums) zusammensetzte, begannen sie neues Material zu schreiben und gingen schließlich mit Scrap 60 Productions (Eddie Wohl, Steve Regina und Rob Caggiano) ins Studio, um für das Roadrunner-Label das erste Album, *The Darker Side Of Nonsense,* einzuspielen.

Gelegentlich – besonders bei „Assfalt", dem herausragenden Track auf dieser Platte – klingen sie wie die unehelichen Söhne der Endachtziger-Industrial-Noiseniks Big Black. Davon abgesehen schwingt mehr als nur ein Hauch ihrer New-Yorker Hardcore-Vorgänger Prong mit, vor allem in der Art und Weise, wie sie aus Gitarrenriffs Angriffswaffen schmieden.

„Tell you what I want, what I really really want, is to see you die!" („Ich sag dir, was ich will, was ich wirklich, wirklich will, nämlich dich sterben sehen!"), faucht Cliff auf „Rot", einer Art „Tribut" an den Spice-Girls-Titel „Wannabe". Das Album endet mit „The Strength I Call My Own", das eventuell auf die zukünftige Richtung der Band hindeutet – eine Richtung, in der es mehr um eine langsam wachsende Intensität und abgefahrene Ideen geht, in der jedoch dieselbe Bosheit und Energie spürbar sind wie auf dem Rest der Platte. Eine starkes Album, ganz ohne Frage. Alles deutete darauf hin, dass dieses Debüt zum großen Wurf für die Band werden könnte. Dann aber tauchte eine Gruppe Anwälte auf, die einen Club namens *Hinge* vertrat und der Band eine Unterlassungsklage überreichte.

Cliff erklärte der Musik-Webseite *The PRP:* „Wir wollten den Namen gerade gesetzlich eintragen lassen, als wir erfuhren, dass es schon eine ‚juristische Person aus dem Musikbereich' gab, die bereits ein Copyright darauf besaß. Besagte ‚juristische Person' wollte sich nicht darauf einlassen, dass wir beide unter Hinge firmierten. Daraufhin kamen wir zunächst zu der Einigung, dass es allen Parteien genügen würde, wenn wir uns ab sofort als Hinge AD bezeichneten. Leider änderte die juristische Person eine Woche nach unserer Namensänderung ihre Meinung und drohte uns mit einer Klage, falls wir den Ausdruck Hinge in irgendeiner Form weiterverwenden würden. Das war eine richtige Arschlochhaltung, aber was soll's. Die Band, die Musik, die Liveshow … das ist alles viel größer als der bloße Name. Immer dran denken – was lange währt, wird endlich gut. Zehnfach gut, wenn's drauf ankommt."

Ärgerlich blieb jedoch, dass die bereits gepressten Alben wieder eingestampft und erneut aufgelegt werden mussten, nun mit dem neuen Namen der Band: Dry Kill Logic. Ein Stolperstein, der die Band ins Stocken geraten ließ, als sie gerade schön in Fahrt gekommen war.

Crazy Town

„Who the fuck is Crazy Town?" („Wer zum Teufel sind Crazy Town?"), fragte die Band auf ihrer ersten Platte. Das Rap-Rock-Septett aus Los Angeles beschreibt sich selbst als HipHop-Kids, die Lust auf etwas Rock in ihrem Sound hatten; weniger als Rockband, die ein paar HipHop-Elemente hinzufügte. Es sind vor allem Crazy Town, die sich den Zorn der Metalpuristen zuziehen, wahrscheinlich, weil sie nicht nur tendenziell wie eine HipHop-Crew klingen und aussehen, sondern durchaus auch als Boyband durchgehen könnten, wenn man sich ihre Videos auf MTV ansieht. Gegründet wurden sie von den Textern, Sängern und Produzenten Shifty Shellshock („Sid Vicious, Kurt Cobain und Biggie Smalls alle zusammen in einem Körper") und Epic Mazur (der bereits MC Lyte und Bell Biv DeVoe produziert hatte), und eigentlich könnten sie gut als rotzigeres, aus Los Angeles stammendes Update der Beastie Boys in ihrer *Licensed To Ill*-Phase durchgehen. Die Produktion ihres Debüts *The Gift Of Fame* übernahm ihr enger Freund Josh Abrahams (Korn, Coal Chamber, Orgy). Das Album war kaum draußen, da fiel es auch schon der Federal Trade Commission unangenehm auf, als man 2000 den Bericht über die Vermarktung von Musik mit „explicit lyrics" zusammenstellte: *The Gift Of Fame* war (gemeinsam mit Werken von Ja Rule, DMX, Blink-182, Rage Against The Machine und anderen) in der Fernsehwerbung auf MTV am Nachmittag und frühen Abend ausführlich beworben worden, und das, obwohl auf den Platten deutlich der berüchtigte Parental-Advisory-Sticker prangte. Die Hüter von Anstand und Moral forderten daher eine Verschärfung der Zensur. Auf dem Album von Crazy Town fanden sich Tracks wie „Revolving Door", das von dem Wunsch erzählt, mit so vielen Groupies wie möglich Sex zu haben: „My sex drive is kicking / I'm sexually exploring / So many possibilities / It seems my life could never get boring" („Mein Sexdrive treibt mich an / Ich probiere sexuell allerhand aus / So viele Möglichkeiten / Sieht so aus, als könnte mein Leben niemals langweilig werden").

„Tu, was du willst", stand in der Presseinfo von Epic Records, worauf in einem kurzen Anfall von sozialer Verantwortung hinzugefügt wurde: „Triff dich mit diesem oder jenem Mädchen, nimm verschiedene Drogen, geh in diesen oder jenen Club. Überlege dir vorher nur, ob du die Konsequenzen verantworten kannst."

Selbst nach nur kurzem Reinhören in die Songs drängt sich der Gedanke auf, dass sich die Anhängerschaft von Crazy Town vermutlich komplett aus dreizehnjährigen Jungs zusammensetzt, die in ihrer Fantasie gern richtig fiese, tätowierte Zuhälter wären und diese Wunschvorstellung mit Shiftys Raps ausleben. Zwar wurde ausgerechnet das beinahe ätherische „Butterfly" ihr größter Hit – ein eingängiger Lovesong, der rund um ein Sample des Red-Hot-Chili-Peppers-Titels „Pretty Little Ditty" vom Album *Mother's Milk* gestrickt worden war –, aber ansonsten sind Crazy Town durchgängig heavy, wobei sie die Grenzen zwischen ihrer gut situierten Herkunft und ihren angenommenen Gangsta- oder Kriminellenpersönlichkeiten angestrengt zu verwischen suchen. Über ihre Anfangszeiten erklärte Shellshock dem *Rolling Stone:* „Neun Jahre lang haben wir in einem Loft in downtown L. A. Musik gemacht – total auf Droge. Wenn wir einen Song hatten, haben wir danach erst mal wieder ein halbes Jahr gefeiert. Wir haben nicht mal über einen Plattenvertrag nachgedacht, bis wir irgendwann keine Kohle mehr hatten, einen Entzug machen mussten und ich schließlich in den Knast kam." Shellshock behauptete nicht nur, dass er einmal auf der Liste der meistgesuchten Personen der Polizei von Los Angeles stand, seine Band wurde wegen ihm auch vom Ozzfest ausgeschlossen, nachdem er einen Stuhl aus dem Fenster geworfen hatte.

Aber selbst wenn er nur so tut als ob, ist er in guter Gesellschaft mit vielen anderen Rockstars auf diesem Planeten. Zwar wurde seine Band von der Kritik scharf beschossen: „Crazy Town sind die Mötley Crüe des Rap, eine Band, die nur Idioten mögen. Wenn man sich ihre Verkaufszahlen betrachtet, wird deutlich, wie kaputt die Welt ist", schrieb der *NME.* Dennoch haben anerkannte Rapper und Produzenten wie Red Man, Paul Oakenfold, Mad Lion And Dirty Unit sowie KRS-One alle mit ihnen gearbeitet. *Darkhorse,* das zweite, 2002 veröffentlichte Album, entstand in Zusammenarbeit mit dem Motörhead- und POD-Produzenten Howard Benson.

Will Haven

Sie sind nicht unbedingt die Lieblinge der Kritiker, dafür die Lieblinge anderer Musiker: The Deftones, Limp Bizkit und Max Cavalera loben die Band aus Sacramento über den grünen Klee, vor allem wegen des Debütalbums, des 1997 veröffentlichten *Diabolo,* das auf dem extremen Hardcorelabel Revelation erschien.

Im Anschluss daran ging es mit den Deftones, Beastie Boys, Limp Bizkit und Vision Of Disorder auf Tour, bei den Shows in Europa konnten Will Haven vor allem die dortige Presse überzeugen. Man verglich Will Haven mit den frühen Korn, den Deftones und Jawbox. Phil Alexander, der Chefredakteur von *Kerrang!,* schrieb in seiner Rezension des zweiten Albums, *WHVN:* „[Es] ist ein kompromissloses, intensives Album, mit dem sich Will Haven als Antithese zur aktuellen Flut von Möchtegern-Nu-Metallern etablieren, die derzeit die Staaten überschwemmen. Wenn überhaupt, dann ist *WHVN* das Bindeglied zwischen dem stets so fruchtbaren amerikanischen Noise-Underground (Richtung Revelation oder Dischord) und Mitten-in-die-Fresse-Metalriffs.“

Grady Avenell (Gesang), Jeff Irwin (Gitarre), Mitch Wheeler (Schlagzeug) und Mike Martin (Bass) sind nicht unbedingt besonders versierte Musiker, schon gar nicht, wenn man ihre Songs mit den geschliffenen Sounds von Limp Bizkit und Konsorten vergleicht. Ihre Punkrockattitüde kommt bei britischen Kritikern deutlich besser an als bei ihren amerikanischen Kollegen: Sie schätzen Ideen höher ein als messbare Fähigkeiten und sind generell daran interessiert, möglichst viel Lärm zu veranstalten. Ein großer Teil der Hardcorepuristen zeigte sich davon weniger begeistert; zumindest die Hörer auf der Webseite des Revelation-Labels waren nicht besonders gnädig gestimmt: „Mir hat mal so eine nachgemachte Metaltussi einen geblasen. Die steht wahrscheinlich auf so was“, hieß es da, gefolgt von: „Wer auch immer der Band einen Vertrag gegeben hat, war vermutlich taub.“

Will Haven ließen sich von derartigen Kommentaren nicht beirren. Nachdem sie *WHVN* auf Tour ausgiebig vorgestellt hatten, kehrten sie ins Studio zurück, um ihr drittes Werk, *Carpe Diem,* aufzunehmen, wobei zunächst offenbar geplant worden war, daraus ein Doppelalbum zu machen, das ähnlich wie das 2000 erschienene *Kid A* von Radiohead mit „Ambient"-Tracks angereichert sein sollte. Auch Tool hatten mit *Lateralus* Anfang 2001 eine herausragende Platte abgeliefert, und nun erwartete man von Will Haven ebenfalls ein progressives Metalalbum, das den Zeitgeist perfekt auf den Punkt bringen würde. Was dann kam, war jedoch eine Rückentwicklung, die vom Art Metal von *WHVN* wieder zu einem schlichteren, beinahe an Hardcorepunk erinnernden Sound zurückführte.

Songs wie „Alpha Male" schienen sich über den testosteronerfüllten Rap-Rock der muskelbepackten, pöbelnden Strandkönige lustig zu machen: „Give up your identity / Become a slave and take one for the team" („Gib deine Identität auf / Werde zum Sklaven, und stecke ein für dein Team"). Auf „Saga" traten sie den „Mir geht's ja so schlecht"-Kids vors Schienbein, die sich mit „Problemen" herumschlugen: „He cut his nose to spite his face / Because he thought it would bring a change / And cleans his heart of all its ugliness / And we just watch him bleed / He is a boy who hates himself / He is a boy who hates his surroundings / He is a boy who hates his future / Gather around and watch him bleed / He is a boy who hates me" („Er hat sich in die Nase geschnitten, um sein Gesicht zu ärgern / weil er dachte, dass es mal was anderes wäre / Und reinigt sein Herz von aller Hässlichkeit / Wir sehen nur zu, wie er blutet / Er ist ein Typ, der sich selbst hasst / Er ist ein Typ, der seine Umgebung hasst / Er ist ein Typ, der seine Zukunft hasst / Kommt alle her und seht, wie er blutet / Er ist ein Typ, der mich hasst").

Dennoch betonen Will Haven, sie seien große Fans von Slipknot, Limp Bizkit und vor allem der Deftones, an denen sie gerade die Kompromisslosigkeit bewundern, mit der Chino und Co. ihrer Linie treu blieben, obwohl sie mit einem straighten Rap-Metal-Album sicherlich Milliarden von Platten hätten verkaufen können.

Puddle Of Mudd

Nicht nur Staind, auch Puddle Of Mudd haben von der Unterstützung durch Fred Durst profitiert – und klingen dennoch genauso wenig nach ihren Mentoren. Statt an Rap-Rocker erinnern sie mehr an die Alternative-Rocker Pearl Jam und Alice in Chains. Während Staind jedoch vor allem aus Freds Ratschlägen und Tipps ihren Nutzen zogen, bevor sie zu einem der angesagtesten und bestverdienenden neuen Acts in diesem Genre wurden, war Durst mit Puddle Of Mudd etwas enger verbunden.

Puddle Of Mudd, die bei Dursts Flawless-Label unterschrieben und deren Frontmann Wes Scantlin bei den MTV Europe Music Awards 2001 für den ausgestiegenen Wes Borland einsprang (und mit den Bizkits eine akustische Version der Led-Zeppelin-Nummer „Thank You" ablieferte), schafften es, Durst ihr Demo zuzustecken, indem sie sich bei einem Bizkit-Konzert mit einem gefälschten Pass in den Backstagebereich schlichen. Eine tolle Geschichte, mag sie nun stimmen oder nicht.

Das erste Album, *Come Clean,* wurde von Andy Wallace abgemischt, der unter anderem bei *Nevermind* von Nirvana als Toningenieur mitgearbeitet hatte; diese Verbindung wurde durch die Tatsache unterstrichen, dass Wes gelegentlich beinahe beängstigend wie Kurt Cobain klang. *Come Clean* verkaufte sich in den ersten Monaten nach seiner Veröffentlichung eine halbe Million Mal.

Die Kritiker reagierten erwartungsgemäß negativ und nannten die Platte wenig originell und langweilig. Der *Rolling Stone* behauptete sogar: „Wenn man *Who's Next* von The Who als das beste Album bezeichnen könnte, auf dessen Cover jemand beim Pinkeln abgebildet ist, so ist das Major-Debüt von Puddle Of Mudd (das ein Kind zeigt, das sich an ein paar Büschen erleichtert) möglicherweise das schlechteste."

Bei den Supportgigs für Limp Bizkit und Staind zeigte sich jedoch, dass es für den Nu Grunge von Wesley Reid Scantlin (Gitarre/Gesang), Douglas John Ardito (Bass), Paul James Phillips (Gitarre) und Greg David Upchurch (Schlagzeug) offenbar einen unersättlichen Markt gibt. Sicher, auch Staind sind stark von Grunge beeinflusst, aber sie hatten den Anstand, sich wenigstens einen eigenständigeren Sound zuzulegen. Vielleicht ist einfach noch nicht genug Zeit vergangen zwischen dem Tod von Grunge beziehungsweise Kurt Cobain und einer Band, die sich in ihren Songs (vor allem bei „Control", „Drift And Die" und „She Hates Me") so stark an Nirvana orientiert, dass sie als eine dieser Coverbands durchgehen könnten, die zuhauf in den kleinstädtischen Clubszenen unterwegs sind.

Der Trick beim Abkupfern – wenn man die eigene Karriere also unbedingt auf die Ideen, die Mode und die Images etablierter Größen und früherer Generationen aufbauen will – liegt im richtigen Timing. R.E.M. wurden beispielsweise als bahnbrechend geniale amerikanische Rockband gefeiert, obwohl sie ihre Musik ganz offensichtlich bei den Byrds, The Band und den Beach Boys geklaut hatten, wobei jedoch eine Spanne von fünfzehn Jahren zwischen den kreativen Bestzeiten jener Bands und Stipes Truppe lag. Die eigentliche Stärke von R.E.M. war demnach ihr Händchen für das richtige Timing.

Static-X und Orgy sind schlau genug, Achtziger-Quellen wie Ministry und New Order anzuzapfen. Es ist durchaus vorstellbar, dass eine Band wie Puddle Of Mudd in zehn Jahren frenetisch gefeiert werden wird, aber im Augenblick rennen sie noch viel zu sehr dem längst abgefahrenen Grunge-Zug hinterher, um kurzfristig Erfolg haben zu können.

Cold

Noch eine Gruppe von Durst-Protegés. Cold kannten Fred Durst aus seinen Zeiten in Jacksonville, Florida, wo er ihnen sein Heimstudio angeboten hatte, um dort ein Demo zu produzieren, und schließlich auch Ross Robinson überredete, ihr erstes Album zu betreuen.

Drummer Sam McCandless und Sänger und Gitarrist Scoot Ward lernten einander Mitte der Achtziger auf der Highschool kennen, begannen gemeinsam zu jammen und gründeten eine Reihe verschiedener Garagenbands, bevor sie mit Bassist Jeremy Marshall zusammen Grundig ins Leben riefen: ein Metal-Punk-Trio, das in Atlanta Quartier bezog und exzessiv Konzerte gab, bis die Band völlig erschöpft war. Ward kehrte nach Jacksonville zurück, nahm wieder Kontakt auf zu Fred Durst (der ein echter Grundig-Fan gewesen war), spielte Demos seiner Songs ein und rief schließlich die Band erneut zusammen, ergänzt um die Gitarristen Kelley Hayes und Terry Balsamo. In dieser Besetzung entstand das schlicht mit dem Bandnamen betitelte Debütalbum, das auf Interscope erschien.

Entgegen ihrem kalten Namen bevorzugten Cold dunkle, emotionale Musik, die an das negative Feeling des Soundgarden-Klassikers über Depression und Lebensmüdigkeit, „Black Hole Sun", erinnerte. Ansonsten war ihre Musik von den üblichen Einflüssen geprägt – die allgegenwärtigen Alice In Chains und The Cure hatten sich wohl schon in frühester Jugend in ihre Seelen eingeschlichen. Scoot gab das auch zu, wies jedoch darauf hin, dass ihre Interessen wesentlich breiter gefächert waren: „Wir mögen Tool und Black Sabbath, aber wir hören auch gern Radiohead und Sarah MacLachlan."

Zwar hatten sie keine „verkünstelten" Seiten, die beispielsweise Will Haven viel Respekt seitens älterer Hörer einbrachten, aber dennoch sind Cold von einer beeindruckenden Düsternis umgeben, die anzudeuten scheint, dass mehr dahinter steckt als bierselige, testosterongesteuerte Highschool-Aggressivität oder die Schüchternheit verklemmter Außenseiter, die über das unfaire Leben jammern.

Cold gingen gemeinsam mit Soulfly, The Urge und Gravity Kills auf Tour, unter anderem auch in Europa, wo sowohl die Fans als auch die Presse äußerst wohlwollend reagierten.

Kerrang! gab dem Album fünf von fünf möglichen Sternen – eine noch nie da gewesene Auszeichnung – und schrieb: „Es gibt nichts Besseres, als ein Debütalbum in die Anlage zu schieben und daraufhin von einem überwältigend fremdartigen Sound überrollt zu werden ... Die Songs von Cold sind böse. Sie kriechen dir unter die Kopfhaut und bauen sich dort Nester. Bevor dir richtig klar wird, was passiert, bist du schon überwältigt ... Cold ist das erste brillante Album dieses Jahres." Die Musik versetzte den Hörer tendenziell in gute Stimmung. Zwar leisteten sich Cold Songtitel wie „Everyone Dies", „Insane", „Goodbye Cruel World", und „Serial Killer", aber ihre Negativität hatte dabei eine besondere Qualität, die nahe legte, dass Cold sich keine Sorgen darüber machten, dass man sie zu ernst nehmen könnte.

Bei den Freikonzerten der Napster-Tour von Cypress Hill und Limp Bizkit spielten sie vor tausenden von Fans. 2000 folgte das zweite Album, *13 Ways To Bleed Onstage,* anschließend nahmen Cold an der Tattoo-The-Planet-Tour teil und waren als Support für Staind und Godsmack unterwegs.

Ihre aktuelle Richtung war zwar keineswegs die Neuerfindung des Rades, aber ein Song wie „Sick Of The Man" bewies eine gewisse Experimentierfreudigkeit: Opulente Studioeffekte mündeten dabei in eher unauffällige Psychedelia, während die Klavierelemente in „She Said" andeuteten, dass Cold mehr im Sinn hatten als einen puristischen Punk-Grunge-Sound.

Ill Niño

Die lateinamerikanische Gemeinde bildet die wachstumsstärkste Bevölkerungsgruppe in den USA. Kalifornien und Florida sind de facto zweisprachige Staaten, und auch in den kosmopolitischen Bezirken von New York hört man auf der Straße hauptsächlich Spanisch und Portugiesisch. Es gab dementsprechend schon immer eine starke Latino-Popszene, die von den Samba- oder Bossa-nova-Rhythmen Brasiliens oder dem noch dynamischeren afrokubanischen Salsa beeinflusst war. Allerdings haben sich bisher nur wenige Latinokünstler in den Rockbereich vorgewagt.

Der in Mexiko geborene Carlos Santana gehörte zu den wenigen, die es in den Sechzigern in einer grundsätzlich weißen Rockwelt bis an die Spitze brachten. Die Brasilianer von Sepultura und die Band ihres ehemaligen Sängers Max Cavalera, Soulfly, ebneten jedoch den Weg für eine Reihe von Nachfolgern; das 1996 erschienene Sepultura-Album *Roots* präsentierte erstmals eine Fusion zwischen Thrash und den Tribal-Rhythmen der Regenwaldindianer.

Die Wurzeln der einzelnen Bandmitglieder der in New Jersey gegründeten Band Ill Niño liegen in Süd- und Mittelamerika, ihr musikalischer Mix ist insofern einzigartig, als er lärmenden Rap Metal mit Elementen aus Flamenco, Tango, Bossa nova und Salsa kombiniert. „Unsere Absicht ist es, so heavy und so melodisch wie möglich zu sein – mit einem Hauch Latino", sagt Drummer Dave Chavarri.

Die Band begann unter dem Namen El Niño als Hardcore-Thrashband, die sowohl in Spanisch als auch in Englisch sang. Dann jedoch sprang das frühere Pro-Pain-Mitglied Chavarri kurzzeitig als Ersatzschlagzeuger bei Soulfly ein, was ihn dazu inspirierte, eine andere Vision für seine eigene Band zu entwickeln. Als er nach New Jersey zurückkehrte, änderte er den Namen in Ill Niño und holte den in Brasilien geborenen Bassisten und Songwriter Cristian Machado als Frontmann ins Team. Die Gitarristen Marc Rizzo und der ebenfalls aus Brasilien stammenden Jardel Paisante, Bassist Lazaro Pina und der ehemalige Ricanstruction-Percussionist Roger Vasquez vervollständigten das Lineup. In dieser Besetzung stellten sich Ill Niño 2000 bei einer Reihe von Konzerten dem Publikum vor; dabei traten sie als Support für Kittie, Soulfly und Snapcase, aber auch als Ko-Headliner beim March's Meltdown Festival in New Jersey auf. Wenig später unterschrieb die Band einen Vertrag bei Roadrunner und ging mit dem Produzenten Ron St. Germaine (der zuvor mit Soundgarden, 311 und Creed gearbeitet hatte) ins Studio, um das Debüt *Revolution, Revolución* einzuspielen. Die Platte erntete gemischte Kritiken: Während einige absolut euphorisch ausfielen, hieß es in anderen, Ill Niño seien wie Ricky Martin mit Dreadlocks, Piercings und Tattoos. Trotz seines Titels war das Album inhaltlich nicht besonders radikal. Vor allem wegen ihrer überragenden Livepräsenz zählen Ill Niño jedoch zu den vielversprechendsten Acts der zweiten Nu-Metal-Generation.

Disturbed

Disturbed aus Chicago hatten einige Jahre lang vergeblich versucht, ihre Karriere in Schwung zu bringen. Das änderte sich erst, als sich Gitarrist Dan Donegan, Schlagzeuger Mike Wengren und Bassist Fuzz mit Frontmann David Draiman zusammentaten, einem jüdischen Skinhead mit sanfter Stimme, abgeschlossenem Philosophiestudium und einer äußerst charismatischen und geradezu beunruhigenden Bühnenpräsenz. Ozzy Osbourne nannte sie nach ihrem Auftritt beim Ozzfest 2001 „die Zukunft des Metal", und als sie als Vorgruppe für Marilyn Manson in Europa unterwegs waren, kam das Publikum nicht nur wegen des rotäugigen Brian Warner zu den Gigs, sondern durchaus auch, um Disturbed abzuchecken.

Die Fans begeisterte dabei nicht nur die Musik, sondern vor allem auch Draimans Show. Ähnlich wie Slipknot, Manson und Mudvayne arbeitet auch Draiman mit Rocktheater-Elementen; seine intensiven Auftritte versprühen dabei gelegentlich einen tendenziell schwulen Charme, was im Nu Metal – oder in „harter Musik" generell – ansonsten ziemlich selten ist.

Ihr Debütalbum, das bei Giant Records erschien, leidet ein wenig darunter, dass es recht deutlich auf Nummer sicher nach dem Nu-Metal-Lehrbuch konstruiert wurde; die spannenden Details und der Humor der Livekonzerte fehlen leider völlig. Disturbed haben natürlich auch einen Achtziger-Popsong gecovert, den Tears-For-Fears-Hit „Shout", dessen Text von Arthur Janovs Urschreitherapie inspiriert worden war.

Draiman erklärte in einem Interview mit *Voxonline:* „Für mich ist der Titel ein Meisterwerk. Wir waren auf der Suche nach einem Song, der sich völlig von unserem Sound unterscheidet und aus einer ganz anderen Richtung kommt, aber gleichzeitig von seiner Bedeutung und vom Text her durchaus ein echter Disturbed-Titel sein könnte. ‚Shout' ist dafür perfekt. Es geht darum, dass man laut wird, wenn einem etwas nicht gefällt, dass man es herausschreit und sich nicht alles gefallen lässt. Aber wenn man überlegt, wann ‚Shout' entstanden ist – in England Anfang der Achtziger –, dann war die Situation damals eigentlich viel lockerer. Für mich passt ‚Shout' gut zu unseren anderen Songs, wir spielen es bei fast jedem Konzert, und die Fans fahren voll drauf ab. Curt Smith von Tears For Fears hat uns erzählt, dass der Song jetzt endlich die Aggression vermittelt, an die er dachte, als er den Text schrieb. Wow, das war wirklich ein Riesenkompliment. Wir waren total von den Socken. Das konnten wir kaum glauben.“

Sevendust

Im Jahr 2000 kehrte das Quartett aus Atlanta, Georgia, körperlich erschöpft und psychisch vollkommen erledigt von einer zermürbenden Tournee zurück und beschloss, nach zwei Jahren on the road endlich eine kleine Auszeit zu nehmen. In dieser Zeit entstanden die Songs ihres herausragenden dritten Albums, *Animosity,* bei dem sie den Ärger, aber auch die gelegentlichen Glücksgefühle, die Begegnungen und Erlebnisse der letzten Jahre verarbeiteten.

Gitarrist Clint Lowery erklärte dazu: „Der Titel der Platte sagt schon eine Menge aus. Es gab da Probleme mit Leuten, die uns in die falsche Richtung geführt und enttäuscht hatten. Das Album war eine Möglichkeit, uns diese Sachen von der Seele zu schreiben. Nachdem die Titel fertig waren, hatten wir schließlich das Gefühl, mit einigen Begebenheiten wirklich abgeschlossen zu haben."

Das wichtigste Ereignis war sicherlich die Trennung von ihrem langjährigen Manager, dem früheren Twisted-Sister-Mann Jay Jay French, der von Anfang an ein integraler Teil der Band gewesen war.

Sevendust wurden 1994 gegründet; Bassist Vinnie Hornsby und Schlagzeuger Morgan Rose spielten damals gemeinsam in einer Band namens Snake Nation. Eines Abends traten sie zusammen mit Body And Soul auf, einer R & B-Band mit dem Sänger Lajo Witherspoon, der als einer der besten Frontmänner der Lokalszene galt. Sein Stimmumfang, seine Bühnenpräsenz und sein schlichtes Können beeindruckten sie sehr stark, und schließlich konnten sie ihn für eine gemeinsame neue Band gewinnen, die Rumblefish – nach Francis Ford Coppolas Kultfilm – genannt wurde (ein Name, der später als Titel eines Tracks auf dem 1999 erschienenen Album *Home* noch einmal auftauchte).

Wenig später benannte man sich in Crawlspace um, und Clint Lowery stieß zur Band. Das erste Demo entstand kurz darauf im Hinterzimmer eines Nachtclubs in Atlanta, in dem angeblich Temperaturen von beinahe vierzig Grad herrschten. Dem Nine-Inch-Nails-Label TVT Records gefiel das Gehörte, und die Band erhielt einen Vertrag.

Da es bereits eine Band namens Crawlspace gab, wurde eine weitere Namensänderung nötig. Das Debüt erschien daher unter dem Namen Sevendust, inspiriert von der Markenbezeichnung auf einer Pestiziddose. Auf dem Album verbanden sich Korn-ähnliche Riffs mit

Lajos durchdringender, souliger Stimme, doch obwohl die Platte einige starke Songs enthielt, erwiesen sich die Verkaufszahlen zumindest zu Beginn als nicht gerade überragend.

Mit einer kleinen Finanzspritze sorgte TVT-Präsident Steve Gottlieb wenig später dafür, dass ein Livekonzert der Band im Fernsehen übertragen wurde. Ähnlich wie beim Skandal um die gekauften Radioeinsätze für Limp Bizkit handelte es sich auch hier nicht um ein illegales Vorgehen, sorgte aber dennoch für Gerede. Es war ein kühner Schritt, der sich tatsächlich auszahlte: Das Album enterte die Charts und erreichte schließlich Gold-Status.

Das zweite Werk, *Home*, erinnerte mehr als nur ein bisschen an den Sound von Korn, was teilweise der Produktion von Toby Wright zuzuschreiben war, der schließlich auch *Follow The Leader* von Korn betreut hatte. Hier fanden sich die Skaterhymne „Waffle" und „Licking Cream", ein Duett mit Skin von Skunk Anansie.

Nun begannen sich auch die Radiosender für die Band zu interessieren – dieses Mal ohne finanzielle Anreize –, und der Auftritt von Sevendust bei Woodstock '99 zählte definitiv zu den Höhepunkten des ansonsten unglücklich verlaufenen Festivals.

Der Funk Metal von Sevendust besitzt jedoch kaum eine eigene Identität. Trotz ihrer recht ordentlichen Verkaufszahlen sind sie im Grunde lediglich eine Muckerband – allerdings mit guten Songs und einem charismatischen Frontmann.

Coal Chamber

Vielleicht lag es an den Geschehnissen des 11. September – jedenfalls überlegten Coal Chamber, ihr drittes Album statt *Dark Days* lieber *Salvation* zu nennen, was doch deutlich hoffnungsvoller klang. Daraus wurde als Kompromiss schließlich *The Dark Salvation*.

Coal Chamber aus Los Angeles zählen wie auch Marilyn Manson zu den wenigen Bands, unter deren Banner sich die versprengten Goths des einundzwanzigsten Jahrhunderts noch versammeln können. In einer Welt, die von bulligen weißen Jungs mit Dreadlocks, Shorts und fetten Goldketten beherrscht wird, hielten sie an einem Image morbider Dekadenz und verdorbener Sinnlichkeit fest und etablierten sich als legitime Erben von Siouxsie And The Banshees, Bauhaus und den Sisters Of Mercy. Als Einflüsse nannten sie Black Sabbath, The Cure, Nick Cave und Mötley Crüe.

Vom musikalischen Standpunkt aus betrachtet, scheinen Coal Chamber jedoch – vor allem auf ihrem Debütalbum – direkt aus dem Kernland der aktuellen Hard 'n' Heavy-Szene zu stammen. Ihr selbstbetiteltes Debüt klang mehr nach einer Skaterplatte als nach dem Lieblingsalbum Absinth schlürfender, schwarz gewandeter Möchtegernvampire. Das Album enthielt unter anderem das ruppige „Loco", aber auch „Sway", einen wirklich herausragenden Song, der sich schnell zum Höhepunkt ihrer Konzerte entwickelte. Die Coal-Chamber-Synthese aus HipHop, Metal und Punk schürte hoch gesteckte Erwartungen. *Kerrang!* schrieb über das Album: „Es ist wie King Kong auf einem Skateboard, der alles platt macht, was sich ihm in den Weg stellt."

Aufgrund ihres Image und ihrer Bildersprache bekamen sie – wenn auch nur für kurze Zeit – das Etikett „Gruselcore" verpasst und wurden mit einigen anderen, mittlerweile gnädigerweise wieder vergessenen Bands als Speerspitze eines neuen Genres in dieselbe Ecke geschoben wie Marilyn Manson. Dabei wurden Coal Chamber möglicherweise tatsächlich als Erste – in einer Live-Review im *Spin* – als „Nu Metal" bezeichnet.

Frontmann Dez Fafara, ein ehemaliger Maurer und Friseur (!), gründete die Band 1994 gemeinsam mit Drummer Mike Cox, Gitarrist Meegs Rascon und Bassistin Rayna Foss-Rose (die im Übrigen mit Morgan Rose von Sevendust verheiratet ist). Bald darauf entstand ein erstes Demo, und die Band erspielte sich schnell durch Gigs im *Roxy* und im *Whiskey A Go Go* eine ergebene Fangemeinde. Sowohl Ross Robinson als auch Dino Cazares von Fear Factory wurden auf die Band aufmerksam, und unabhängig voneinander empfahlen sie dem A & R-Mann von Roadrunner, Monte Conner, Coal Chamber unter Vertrag zu nehmen, was Conner auch ohne Umschweife tat.

Nun hätte eigentlich alles bestens laufen können, wenn Dez nicht kurz entschlossen ausgestiegen wäre, als er erkannt hatte, dass seine Verantwortung als Ehemann und Vater nicht mit dem aufreibenden Job als Musiker zu vereinbaren war. Eineinhalb Jahre später besuchte ihn Meegs und bat ihn, zurückzukehren, damit die alte Magie in Coal Chamber wieder aufflammen könne. Dez reformierte die Band und unterschrieb schließlich einen bindenden Vertrag mit Roadrunner. Ross Robinson war ursprünglich als Produzent für das selbstbetitelte Debüt vorgesehen, aber nachdem man eine Stunde lang gemeinsam geprobt hatte, entschied sich Dez gegen eine Zusammenarbeit, weil er das Gefühl hatte, Robinson wolle ihren Sound in eine Richtung drängen, der ihnen nicht entsprach. Stattdessen holte man Jay Gordon von Orgy ins Boot, einen alten Freund, der eine Auszeit von der eigenen Band nehmen wollte und gern die Produktion übernahm. An dem Tag, an dem Dez mit den Gesangsaufnahmen begann, verließ ihn seine Frau.

„Sie ließ mich auf der Auffahrt zu unserem Haus stehen, nahm den Hund mit und alles andere, was ich besaß. Meine ganzen kreativen Ideen zu jener Zeit hatten ihren realen Ursprung", erinnert sich Dez. „Zum Abschied fragte sie: ‚Bist du okay?' Und ich antwortete: ‚Sehe ich so aus?' Daraus – ‚Are you all right?' / ‚Do I seem all right to you?' – entstand der Refrain von ‚Unspoiled', das noch an diesem Tag aufgenommen wurde."

Coal Chamber gingen ausgiebig auf Tournee und nahmen 1998 unter anderem am Ozzfest teil; Sharon Osbourne war noch bis vor kurzem die Managerin der Band. Dabei ernteten sie vor allem wegen ihres emotionsgeladenen Sounds hervorragende Kritiken. 1999 geriet die Band jedoch ins Kreuzfeuer, nachdem ein Fan Selbstmord begangen und dabei wohl den Titel „Oddity" gehört hatte. Man schien ihnen einen Strick daraus drehen zu wollen, dass sich Coal Chamber einst mit „dunklen" Themen beschäftigt hatten. In einem Interview mit dem Musikermagazin *Guitar* sagte Meegs Rascon 2000: „Das ist sehr traurig, weil unsere Musik, jedenfalls zum allergrößten Teil, eigentlich sehr positiv ist. Aber es gibt nun einmal viele Leute, die nicht in der Lage sind, hinter das Image und hinter den harten Sound zu blicken, daher werden wir dann automatisch mit dieser Satanismusszene in einen Topf geworfen. Viele unserer Songs sind für Kids geschrieben und handeln von Situationen, die sie kennen. Wir versuchen dabei immer, ein positives Ende zu finden, statt nur negativ zu sein und darüber zu jammern, wie sehr wir das Leben hassen. Wir beklagen uns nicht. Wir werden bezahlt, um etwas zu tun, was wir sehr lieben. Ich finde es bescheuert, wenn Bands sich über ihr hartes Los beschweren. Was gibt es denn da zu jammern? Sie haben ein paar Millionen Dollar auf dem Konto, eine hübsche Freundin oder Frau und ein riesiges Haus. Hört mit dem Gemecker auf! Wendet euch lieber wichtigen Dingen zu! Wir sprechen meiner Meinung nach eine Menge wichtiger Themen an. In meiner Jugendzeit hatte ich viele Freunde, die in Gangs waren, aber das war nie mein Ding. Ich entwickelte daraus vielmehr die Einstellung, dass ich etwas aus meinem Leben machen will. Dafür gab es zwei Möglichkeiten: aufs College gehen oder mich als Musiker durchbeißen. Ohne Musik wäre ich ein Nichts."

Das erste Album präsentierte einen Querschnitt des Materials, das über Jahre hinweg entstanden war – eine recht ungeschliffene Angelegenheit. Für das Nachfolgewerk wollten sie die Messlatte jedoch wesentlich höher legen. Limp Bizkit und Korn hatten zahllose Nachahmer gefunden, und selbst Bands, die Coal Chamber durchaus bewunderten, wie beispielsweise die Deftones, wurden von vielen anderen imitiert. *Chamber Music* sollte völlig anders werden. Für die Aufnahmen engagierten sie ein Orchester, ließen sich von Gastsänger Ozzy Osbourne bei einer Coverversion von Peter Gabriels „Shock The Monkey" helfen und arbeiteten darüber hinaus mit DJ Lethal (Limp Bizkit), Aimee Echo (früher bei Human Waste Project, später dann Mitglied von theSTART) und Elijah Blue Allman (Deadsy) zusammen. *Chamber Music* wurde, wie Meegs erklärte, „eine Platte in drei Dimensionen".

Dez sagte 2000 in *Shoutweb:* „*Chamber Music* war ein extrem ehrgeiziges Projekt. Siebzehn Tracks mit verschiedenen Soundlandschaften – wir wollten wirklich melodischer werden und uns von allen anderen absetzen. Ich denke, das ist uns auch gelungen."

Nach weiteren personellen Schwierigkeiten – Rayna verließ die Band für kurze Zeit, da sie ein Baby erwartete – fand man sich schließlich wieder zusammen, um mit dem Produzenten Ross Hogarth in den kalifornischen NRG-Studios das dritte Album einzuspielen. Nachdem sich der Nu-Metal-Sound, den sie maßgeblich mitgeprägt hatten, in den USA allerorten durchgesetzt hatte, fiel das neue Werk entsprechend heavy aus.

„So sind wir nun einmal", sagte Dez. „*Dark Salvation* ist die Bibel von Coal Chamber."

10. Nu oder Nicht-Nu, das ist hier die Frage

Bands am Rande der Szene

„Bele jagt Lokai" lautete der Titel einer wunderbaren Folge aus der letzten Staffel der ersten *Raumschiff Enterprise*-Serie. Es geht um den beinahe fünfzigtausend Jahre währenden Konflikt zwischen zwei Außerirdischen. Bele und Lokai sind humanoide Wesen, deren Andersartigkeit darin besteht, dass ihre eine Körperhälfte schwarz, die andere weiß ist. Sie hassen sich gegenseitig, und während der eine den anderen als bigotten Unterdrücker bezeichnet, sieht dieser ihn wiederum als subversiven Terroristen. Die *Enterprise*-Besatzung erfährt schließlich zu ihrer Überraschung, welches Motiv dem leidenschaftlichen Hass zugrunde liegt, den sie für einander empfinden: Lokais Volk ist auf der linken Seite schwarz, Beles hingegen auf der rechten.

Diese Geschichte ist eine schöne Metapher für die kleinen Unterschiede, an denen so vieles scheitern kann, Unterschiede, die auch in der Musikwelt zu leidenschaftlicher Ablehnung aufgrund von Vorurteilen führen können. Für jemanden, der mit den freimaurerischen Grundsätzen innerhalb der Metalszene nicht vertraut ist, wirkt das Genre möglicherweise völlig homogen, ohne dass zwischen einer Softrock-Powerballade von Journey, einem Death-Metal-Schocker von Slayer oder der aktuellen MTV-freundlichen Single von Crazy Town unterschieden werden kann. Selbst für gut Informierte erscheint die Kategorisierung in Nu- und Nicht-Nu-Bands oft willkürlich. Wenn Nu Metal im Grunde weißer HipHop ist, warum zählt dann Eminem nicht dazu? Warum Orgy, nicht aber Marilyn Manson? Haben Slipknot nicht auch einen DJ auf der Bühne, singen von Angst und Wut, bauen Rapelemente ein und lassen sich von Ross Robinson produzieren?

Tatsache ist, dass sich Nu Metal rasend schnell verändert, ständig neue Einflüsse in sich aufnimmt und alte abstößt. Dadurch bedeutet der Begriff heute nicht mehr unbedingt dasselbe wie noch gegen Mitte der Neunziger, als man damit die von Musik Korn, Limp Bizkit und Coal Chamber bezeichnete. Davon abgesehen ist Nu Metal auch nicht die einzige Entwicklung, die sich im Metalbereich vollzieht. Die stärkste Alternative bildet dabei eine vom Punk beeinflusste Musik, die wie eine besonders derbe Comedyversion der Ramones klingt und von Bands wie Blink-182, Bloodhound Gang, Everclear, Pennywise, Wheatus, Weezer oder Green Day präsentiert wird – eine leicht debile Punkspielart, die mehr mit Lachnummern wie The Dickies gemeinsam hat als mit den Sex Pistols oder Black Flag. Dabei gibt es durchaus noch lebende Dinosaurier, die „authentischen" Punkrock bieten: Rancid, Earth Crisis oder AFI zum Beispiel, die regelmäßig touren, ihre Platten auf unabhängigen Labels veröffentlichen und damit kein großes, bestenfalls stabiles und tendenziell eher schwindendes Publikum bedienen.

Der Erfolg von Queens Of The Stone Age, einer Band, die Anfang der Neunziger aus den Überresten der renommierten Heavy-Blueser Kyuss entstand, begründete das wachsende Untergrundphänomen des Stoner Rock (zu dessen Abarten unter anderem der Wüstenrock gehört). Hinter Stoner Rock verbirgt sich eine drogengeschwängerte Rückkehr zu den frühen Metalroots, wobei sich die Bands optisch wie musikalisch an der kurzen Blütezeit des Genres zwischen 1968 und 1972 orientierten. Nebula, Spirit Caravan und Unida bedienen sich allesamt bei dieser postpsychedelischen Bild- und Klangwelt und zitieren Einflüsse wie Blue Cheer, Cactus und die frühen Black Sabbath. Stoner Rock ist daher absolut retro (sozusagen das Metaläquivalent zum Ska-Punk) und endet auf dem amerikanischen Markt womöglich langfristig in einer Sackgasse. Aber der Sound hat dennoch eine Frische, die ihm momentan eine wachsende Fangemeinde beschert.

Die aus Los Angeles stammenden Buckcherry orientierten sich ebenfalls an einer vergangenen Ära, und zwar an den verschiedenen Ausprägungen des Glamrock und am klassischen Hardrock der frühen Achtziger, besonders an AC/DC. Buckcherry sahen aus wie Möchtegern-Keith-Richards und sorgten für ein spaßiges Revival der ausgestorbenen, Hotelzimmer zerlegenden Drogenfreaks Marke New York Dolls oder The Faces. Es gibt noch zu wenige Bands von dieser Sorte, um wirklich von einer „Nu Glam"-Bewegung sprechen zu können – man könnte noch Hardcore Superstar und die Backyard Babies aus Schweden, wahrscheinlich auch Nashville Pussy und möglicherweise die Band des früheren Wildhearts-Musikers Ginger, SG5, dazuzählen.

Nebenbei hat sich der klassische Rockschlampenstil der Siebziger und Achtziger mittlerweile auch auf den Laufstegen und in den Boutiquen durchgesetzt, wo strassbesetzte AC/DC-T-Shirts für über einhundert Dollar angeboten werden. Dazu kommt die „ironisch gemeinte" Wiederentdeckung von Bands wie Mötley Crüe, Ratt, Hanoi Rocks und Skid Row, die bei Teenagern in L. A. als „classic" eingestuft werden, wobei sich dieser Trend glücklicherweise bisher nicht aus Kalifornien hinausgewagt hat. Aber keine dieser neuen Richtungen hat auch nur annähernd die kommerzielle Zugkraft des Nu Metal erreicht. Der Begriff als solcher ist vielleicht bedeutungslos – eins der vielen kurzlebigen Etikette, die man einer willkürlich zusammengewürfelten Gruppe von Künstlern umhängt und die schon Augenblicke nach ihrer Schöpfung nicht mehr zutreffen. Aber wie bei allen Etiketten wissen wir *genau*, was darunter zu verstehen ist, selbst dann, wenn man bei den ersten Erklärungsversuchen feststellt, dass der Ausdruck in diesem Augenblick nichtig wird und sämtliche Bedeutung, die er vielleicht einmal hatte, verliert.

Wie bereits an anderer Stelle erwähnt, gibt es viele Bands, die an der Seite des Nu Metal groß geworden sind, aber definitiv nicht dazugehören. Marilyn Manson, Slipknot, Amen, Eminem, Kid Rock, Bubba Sparxx und A Perfect Circle wurden alle irgendwann einmal zwischen Limp Bizkit, Korn, Coal Chamber und ihren Artgenossen eingereiht. Dennoch sind sie keine Nu-Metal-Acts: Man mag sie schätzen oder nicht, aber sie sind allesamt erfolgreiche Musiker, die entweder aus dem Nu Metal (oder jeder anderen Metalrichtung) herausgelöst wurden oder eine direkte Opposition zu diesem Genre bilden. Wenn man eins der vielen tausend Online-Foren, einen der Chatrooms oder eine der Webseiten besucht, auf denen Fans über die kleinsten Metaldetails mit einer Leidenschaft und Intensität diskutieren, die zuletzt die Inquisition bei der Ausrottung der Ketzerei aufbrachte, dann wird deutlich, dass es eine klare Grenze gibt zwischen der Gruppe, die sich als Fans des „echten" Metal verstehen (und damit meist altgediente Musiker wie Pantera, Slayer und Metallica meinen), und den jüngeren Musikhörern, die auf die Bands stehen, die sie auf MTV sehen, wie Staind oder Mudvayne.

Diese Rivalität wirkt manchmal wie Hass, wobei alles niedergemacht wird, was von der jeweils anderen Seite besonders hochgehalten wird, angefangen mit Kleidung, Haarlänge oder Alter. Im Gegensatz zu den Siebzigern oder Achtzigern, als Punkrocker oft zur Zielscheibe reaktionärer Rockfans wurden, kommt es dabei kaum oder gar nicht zu Gewalt, aber es klafft trotzdem ein sehr tiefer Graben zwischen beiden Lagern.

Dennoch gibt es zwischen Marilyn Manson, Slipknot, Amen, Eminem, Kid Rock und den Nu-Metal-Bands mehr Gemeinsamkeiten als Unterschiede. Sie beeinflussen sich gegenseitig, waren oft gemeinsam auf Tour unterwegs, gehören zu einer Gruppe zeitgenössischer amerikanischer Rockbands und haben dieselben Wurzeln. Jedes Genre provoziert die Schöpfung anderer; einige dieser neuer Szenen sind dann radikaler, andere reaktionärer. In den Siebzigern war der abgehobene Progressive Rock letzten Endes für Punk verantwortlich, Punk wiederum führte zu einer Reihe rückwärts gewandter Kultbewegungen (Mod, Two-Tone, Skinhead/Oi!) und sorgte auch für eine gewisse „Belagerungsmentalität" unter alten Hardrockern, die wiederum den Heavy Metal der Achtziger maßgeblich prägte. Daher liegt im Nu Metal bereits jetzt das Samenkorn verborgen, aus dem seine Gegenbewegungen, sein Untergang und auch die schon bekannten oder noch unbekannten Musiker, die bei beidem eine Rolle spielen können, entstehen werden.

In einem wütenden Ausbruch geißelte Marilyn Manson 1999 auf seiner Webseite die Nu-Metal-Mentalität aufs Heftigste: „Wir werden ständig mit einer undefinierbaren Masse belangloser, schwachsinniger Impotenz gefüttert, die unter dem Deckmäntelchen des Entertainments daherkommt, aber nur darauf getrimmt ist, unsere Ansprüche immer weiter abzusenken, damit wir uns passiv und zufrieden mit der allgemeinen Verdummung abfinden. Warum sehen wir uns das Zeug an, das MTV uns bietet, *Jenny Jones* oder die *Eleven O'Clock News*? Unsere Erwartungen sind inzwischen so niedrig, unsere Standards liegen unter jedem Level. Die ungebildeten Affen, die dich in der Highschool als ‚Schwuchtel' fertig gemacht und in den Arsch getreten haben, verkaufen dir jetzt unmelodische, frauenfeindliche Testosteronhymnen und tun so, als seien sie Außenseiter in einer Welt, in die sie geradezu mit dem Zweck hineingeboren wurden, ihre adidas-Filgering-Uniformen spazieren zu tragen. Und wir kaufen diesen Scheiß ohne großen Widerstand."

Ross Robinson, der Produzent von Korn und Limp Bizkit, gilt noch immer allgemein als der Mann, der den Nu Metal sozusagen „erfunden" hat, obwohl er seit einiger Zeit versucht, dieses Etikett loszuwerden. Die ersten Bands, die er für sein Label I AM unter Vertrag nahm, waren Amen und Slipknot, die er beide bewusst einsetzen wollte, um die auf Korn und Bizkit folgende Szene umzustürzen. „Die neue Slipknot-Platte wird alles da draußen zerstören. Das ist richtig hartes Zeug, das alles andere völlig hinwegfegen wird", sagte er im Vorfeld der *Iowa*-Veröffentlichung 2001. „Diese HipHop- und Idioten-Metal-Kiste ist jetzt am Ende, und ich möchte die letzten Nägel in ihren Sarg schlagen und ihr den Rest geben." Zwar sagte er, dass er nach wie vor stolz auf die Korn-Platte und noch immer gut mit der Band befreundet sei, aber seine Beziehung zu Fred Durst hatte erheblich darunter gelitten, dass er es abgelehnt hatte, am zweiten Limp-Bizkit-Album, *Significant Other,* mitzuarbeiten. Stattdessen verkündete er lieber in aller Öffentlichkeit, den „adidas-Rock" von der Platte putzen zu wollen. Um ein größeres Verständnis dafür zu bekommen, was Nu Metal eigentlich ist, sollten wir uns an dieser Stelle einmal ansehen, welche Musik nicht dazu zählt und welche Gegenpole es gibt.

Marilyn Manson

Je nach persönlichem Standpunkt kann man Marilyn Manson entweder als die Satansgestalt der amerikanischen Rockszene oder als eine reichlich überdrehte Tributerklärung an die *Rocky Horror Picture Show* begreifen. Nach der Schießerei an der Highschool von Columbine, Colorado, bei der Dylan Klebold und Eric Harris 1999 in einem Blutrausch zwölf Mitschüler und einen Lehrer ermordeten, wurde Marilyn Manson ein Symbol des Hasses für das reaktionäre Amerika. In dem verzweifelten Versuch, eine Erklärung dafür zu finden, was zwei Jugendliche zu Massenmördern gemacht hatte, wurden die üblichen Verdächtigen zu Sündenböcken gestempelt: Filme mit Gewaltszenen wie die Kinoerfolge *Die Matrix* oder *Jim Carroll – In den Straßen von New York,* Videospiele wie *Doom* oder *Mortal Kombat* und die „Gothic-Szene", nachdem man mit jahrzehntelanger Verspätung entdeckte, dass sich manche Jugendliche gern schwarz kleiden, depressive Musik hören und versuchen, wie Vampire auszusehen. Obskure Industrialbands wie KMFDM, Filter und Thrill Kill Kult stellten, wenn sie fernsahen, fest, dass sie Teil einer finsteren satanistischen Verschwörung waren, die Amerikas Jugend einer Gehirnwäsche unterziehen wollte, nur weil ihre Alben in der Plattensammlung von Klebold und Harris standen.

Aber Manson erfuhr in diesem Rahmen eine Sonderbehandlung: Trotz der Tatsache, dass die beiden Außenseiter von den Sportlertypen an ihrer Schule gehänselt und drangsaliert worden waren und leichten Zugang zu Waffen hatten, schien es den Untersuchungsinstanzen in dem Fall wesentlich wahrscheinlicher, dass ihre Leidenschaft für die Musik von Marilyn Manson ihre Mordlust ausgelöst hatte.

Als Manson schließlich sein Konzert in Colorado „aus Respekt für die Toten" absagte (wobei es sich um ein Statement des Promoters, nicht Mansons selbst handelte), wurde das wie ein Eingeständnis der Mittäterschaft gewertet. Wiedergeborene Christen standen erneut vor seinen Konzerten Spalier, und Forderungen nach strengeren Zensurrichtlinien wurden laut. Selbst noch 1999, als er am Ozzfest teilnahm, gab es Stimmen, die darauf drängten, ihn nicht in Colorado auftreten zu lassen. Er erhielt sogar Todesdrohungen.

In George W. Bushs Heimatstaat Texas verlangte das Crime Prevention Resource Center, ein Verband zur Vermeidung von Verbrechen, dass die Lehrkräfte jeden Schüler genauestens überwachen sollten, der Marilyn-Manson-Fan sei oder sich durch seine Kleidung als „Gothic" zu erkennen gäbe. Der Verband schlug vor, die Schülerspinde zu durchsuchen, die Arbeiten in Kunsterziehung genau zu prüfen und ein Auge darauf zu werfen, welche Bücher aus der Bibliothek entliehen wurden.

Columbine, sagte Manson, „ist vermutlich das einzige Ereignis seit der Kennedy-Ermordung, das Amerika wirklich einen Schock versetzt hat. Es ist grotesk, dass man diese Tat für den Wahlkampf ausgeschlachtet hat – Bush und Gore redeten ja über nichts anderes als über Gewalt im Unterhaltungssektor und über Schusswaffenverbote. In meiner Musik gibt es sicherlich Nihilismus, ich beschäftige mich nicht unbedingt mit netten Themen, aber dennoch habe ich mich wohl nie derartig respektlos verhalten wie diese anderen Leute." In seinem Titel „The Nobodies" sang Manson: „Some children died the other day / You should see the ratings" („Neulich starben ein paar Kinder / Das gab vielleicht super Einschaltquoten"). Er drückte damit seinen Abscheu darüber aus, dass die Medien und einige religiöse Gruppen aus dem Ereignis Kapital schlugen.

Manson machte es ihnen leicht. Wie alle Mitglieder seiner Band (Madonna Wayne Gacy, Daisy Berkowitz, Twiggy Ramirez) übernahm er als Nachnamen den eines amerikanischen Massenmörders und kombinierte ihn mit dem Vornamen einer weiblichen Entertainment-Ikone. Er wurde von der Church of Satan (die trotz ihres Namens nicht buchstäblich an die Existenz des Bösen glaubt) zum Priester geweiht und kritisierte stets auf unbarmherzige und intelligente Weise die konservativen Kräfte rund um rechts gerichtete Kirchenmänner wie den einstigen Anwärter aufs Präsidentenamt Pat Robertson.

Der in Tampa, Florida, lebende Musikkritiker Brian Warner hatte 1989 Marilyn Manson And The Spooky Kids gegründet, die sich schnell eine lokale Fangemeinde aufbauten. 1994 unterschrieb die Band, die ihren Namen inzwischen schlicht zu Marilyn Manson verkürzt hatte, bei Nothing Records, dem Label von Nine-Inch-Nails-Mastermind Trent Reznor, und war auch als Support mit ihrem Mentor unterwegs. Zunächst verlegte sie sich dabei auf ironisch gemeinten Goth Metal, der mit Anklängen „düsterer" Bands wie der Horrorrocker White Zombie versetzt war. Viele Kritiker erkannten in Manson daher sofort eine neue Anlaufstelle für eine nachwachsende Generation von Goths, vor allem für jene, die noch zu jung waren, um sich an die Sisters Of Mercy, The Mission und Fields Of The Nephilim erinnern zu können.

Bei Goth handelt es sich um eine von düsterer Romantik geprägte Stilrichtung, die in den Achtzigern beispielsweise von Siouxsie And The Banshees, New Order beziehungsweise Joy Division und Bauhaus geprägt wurde. Die genannten Bands stammten allesamt aus der britischen Punkszene, hatten aber schnell deren Minimalismus und Intellektualitätsfeindlichkeit gegen einen verträumteren, fast ein wenig psychedelischen Stil eingetauscht. Während die Musik stark von David Bowie beeinflusst war, orientierte man sich in der Bildersprache am expressionistischen deutschen Film, am Kabarett zur Zeit der Weimarer Republik, an Horrorfilmen und einem Hauch Satanismus. Der ausgemergelte, bleiche Manson mit seinem langen schwarzen Haar taugte dabei ebenso als verdorbener, schicksalsgebeutelter Held wie Bauhaus-Sänger Peter Murphy oder Andrew Eldritch von den Sisters Of Mercy.

Bereits 1995 konnte Manson mit der Coverversion des Eurythmics-Hits „Sweet Dreams (Are Made Of This)" einen kleinen Hit verbuchen. Der Song stammte vom Debütalbum *Portrait Of An American Family,* das Reznor produziert hatte. Manson selbst wurde zu jener Zeit häufig nur als Reznors Marionette betrachtet, der seinem Meister wie ein unterwürfiger Klon überallhin folgte. Für Manson erwies sich die Verbindung als äußerst vorteilhaft, da er sich auf den Tourneen mit Nine Inch Nails und David Bowie einem riesigen Publikum präsentieren konnte. Reznor, der den Soundtrack zu dem David-Lynch-Film *Lost Highway* komponierte, sorgte dafür, dass Manson eine Rolle in dem Film übernahm. Während der Aufnahmen zu Mansons drittem Album, *Antichrist Superstar,* jedoch zerbrach die Freundschaft der beiden, die einander daraufhin in aller Öffentlichkeit eine hässliche Schlammschlacht lieferten.

Reznor stieß sich an den indiskreten Enthüllungen in Mansons Autobiografie, *The Long Hard Road Out Of Hell* [Hannibal Verlag 2000], in der unter anderem detailliert beschrieben wurde, was Manson und seine Mitstreiter auf Tournee mit Groupies getrieben hatten. Das waren Geschichten, bei denen selbst Led Zeppelin rot geworden wären, wie beispielsweise das Verbrennen der Schamhaare einer Frau oder die Party mit der Jim Rose Circus Sideshow, bei der man einen Wettbewerb darum veranstaltete, welches Groupie sich nach einem Einlauf am längsten zurückhalten konnte, bevor es sich in eine Schüssel mit Froot Loops erleichterte.

Eigentümlicherweise begruben Reznor und Manson 2000 angeblich das Kriegsbeil, und Trent führte Regie bei dem Manson-Video zu „Starfuckers Inc". Song und Video waren ein Angriff auf den Promikult, das Berühmtsein um jeden Preis, und damit begann eine lang anhaltende Fehde zwischen Reznor und Fred Durst, der sich darüber ärgerte, dass in dem Clip sein Bild zerschmettert worden war.

Durst erklärte im Magazin *Revolver:* „Trent Reznor kotzt mich echt an. Ich bin ein Riesenfan von Nine Inch Nails; *Pretty Hate Machine* war eine total wichtige Platte für mich. Ein Wahnsinnsding. Trent hat den Industrialsound auf eine völlig neue Ebene gehoben. Und dass dann gerade er in seinem ‚Starfuckers Inc'-Video einen Teller mit meinem Bild darauf zerdeppert, bloß weil er auf mich eifersüchtig ist, das ist schon ziemlich kleingeistig. Ich verstehe ja, dass seine Platte nicht so gut gelaufen ist, wie er gehofft hat, aber deswegen muss er doch nicht jeden anderen mit sich runterziehen. Trotz alledem würde ich wirklich gern mit ihm zusammenarbeiten. Das wäre megageil, und unsere Fans würden total darauf abfahren. Aber er erzählt stattdessen irgendwelche Scheiße und schadet sich damit doch nur selbst."

Durst rächte sich auf *Chocolate Starfish And The Hot Dog Flavored Water* mit dem Song „Hot Dog" und seinem Refrain „You want to fuck me like an animal / You want to burn me on the inside / You like to think I'm your perfect drug / But just know that nothin' you do will bring you closer to me" („Du willst mich ficken wie ein Tier / Du willst mich von innen verbrennen / Du träumst davon, dass ich die perfekte Droge bin / Aber damit du's weißt, nichts, was du tust, bringt dich mir näher") – ausnahmslos Anspielungen auf Reznor-Songs, die über ein Sample des Nine-Inch-Nails-Titels „Closer" gelegt worden waren.

Durst und Manson bilden die absoluten Gegensätze innerhalb der aktuellen Popkultur. Auf der einen Seite steht ein dickköpfiger konservativer Geschäftsmann, dessen Musik auf dreckigen Gangsta-Rap aufbaut, ein Idol der Bier trinkenden Footballspieler, die bei einem Date mit einer Cheerleaderin auch schon mal Gewalt anwenden und zu der Sorte gehören, die Harris und Klebold gequält hatten. Auf der anderen Seite steht der Vertreter der Außenseiter und Ausgestoßenen, der nicht nur die Goths anspricht, sondern auch die sensiblen Jugendlichen, die in ihrem Zimmer sitzen, Gedichte schreiben und sich von der Welt unverstanden fühlen, die nirgendwo dazugehören. Aber wie alle Feinde sind auch diese beiden einander überraschend ähnlich.

Beide wurden von den Medien für Ereignisse zum Sündenbock gestempelt, die sie nicht zu verantworten hatten. Manson beschuldigte Durst (und indirekt auch Jonathan Davis), einer der „ungebildeten Affen" zu sein, die den „sensiblen" Außenseitern in der Schule das Leben schwer machten, dabei war Durst wohl kaum ein „Jock", einer der superkorrekten Sportlertypen, die an der Schule bei allen beliebt sind. Beide wussten sie die Medien geschickt zu manipulieren und beobachteten intelligent und aufmerksam die Lage in Amerika und die ihrer eigenen Generation.

Manson bediente sich dabei derselben Negativität, derselben Unzufriedenheit und Wut, wie sie auch die Nu-Metal-Bands zeigten, aber während sich deren Zorn gegen Eltern, Freundinnen und Freunde richtete, schleuderte Manson der Gesellschaft eine nihilistische Zornesbotschaft entgegen. Seine Texte enthielten Verweise auf literarische Quellen, beispielsweise auf den Marquis de Sade, Charles Baudelaire, Isidore Ducasse (alias Comte de Lautréamont), Joris Karl Huysmans, Friedrich Nietzsche, Pier Paolo Pasolini und Oswald Spengler. Wenn er denn einen Vorgänger hatte, dann war das weniger Alice Cooper oder Blackie Lawless von WASP, sondern vielmehr Aleister Crowley, der sich selbst als die große Bestie bezeichnet hatte. Der Brite galt als Magier, Dichter, Schriftsteller, Okkultist, Orientalist, Bergsteiger, Maler, Opiumsüchtiger und Ästhet, und seine skandalträchtigen Erfahrungen mit Sex, Drogen und Magie hatten ihm in den Zwanzigern und Dreißigern des letzten Jahrhunderts die dauerhafte Aufmerksamkeit der Klatschpresse garantiert. Wie Crowley hat auch Manson Spaß daran, die Bourgeoisie zu schockieren. In „I Don't Like Drugs (But The Drugs Like Me)" von *Mechanical Animals,* dem hochgelobten Nachfolger von *Antichrist Superstar,* geht Manson hart mit dem Konformitätsdenken der bourgeoisen amerikanischen Mittelklasse ins Gericht, wenn er singt: „Norm life baby / ,We're white and oh so hetero and our sex is missionary.' / Norm life baby / ,We're quitters and we're sober our confessions will be televised.' / You and I are underdosed and we're ready to fall / Raised to be stupid, taught to be nothing at all / I don't like the drugs but the drugs like me" („Normalo-Baby / ,Wir sind weiß und so total hetero, und Sex gibt's nur in der Missionarsstellung.' / Normalo-Baby / ,Wir haben mit dem Rauchen aufgehört, sind stets nüchtern, und unsere Beichten kann man im Fernsehen übertragen.' / Du und ich haben eine Unterdosis und stehen kurz vorm Absturz / Wir wurden zu

Blödheit erzogen, und man brachte uns bei, dass wir nichts wert sind / Ich mag keine Drogen, aber die Drogen mögen mich").

Verglichen damit ist „Beautiful People" von *Antichrist Superstar* ein dunklerer Song, in dem er sich selbst und den Hörer als Teil einer nietzscheanischen Elite begreift, die von den weniger entwickelten Menschen um sie herum belagert wird („It's not your fault that you're always wrong / The weak ones are there to justify the strong / ... If you live with apes, it's hard to be clean" („Es ist nicht deine Schuld, dass du niemals Recht hast / Die Schwachen dienen als Rechtfertigung für die Starken / ... Wenn man mit Affen zusammenlebt, ist es schwer, sauber zu bleiben"). Die Botschaft dazu besagt, dass diese Welt vom Kapitalismus geschaffen, aber letzten Endes vom Faschismus zerstört werden wird. Wie auch Durst bietet Manson dazu keine echten Lösungsmöglichkeiten; der Text vermittelt zwar einen politischen Eindruck, als handle es sich um einen Protestsong, aber die eigentliche Aussage ist widersprüchlich und zieht sich schlussendlich auf das berühmte „Sei du selbst und amüsier dich" zurück, das Rockstars so sehr lieben, die ihre Ideen nicht bis zu einem logischen Schluss durchdenken können.

Aber während Durst zu einer im Grunde sicheren, fürs Nachmittagsfernsehen geeigneten Debatte einlädt und dabei das Image eines hartgesottenen, trinkfesten und eine Frau nach der anderen abschleppenden Tausendsassas pflegt, erklärt Manson wenigstens echten Gegnern den Kampf, besonders dem Christentum. In *The Long Hard Road Out Of Hell* beschreibt Manson, wie er jahrelang von christlichen Lehrern mit bizarren Verschwörungstheorien und Beschreibungen der „Endzeit" indoktriniert wurde, die ihn letzten Endes dazu brachten, diesen Glauben abzulehnen.

1996 erklärte Manson in einem Interview mit *Alternative Press* seine an Nietzsche angelehnte Einstellung und seine Angst vor einem wachsenden fundamentalistischen Einfluss auf die Politik: „Meiner Meinung nach ist das Christentum selbstzerstörerisch, weil es auf Schwäche beruht, und so, wie die Menschen in diesem Land erzogen werden, soll man an etwas glauben, das man überhaupt nicht greifen kann. Wenn man älter wird, fühlt man sich vielleicht betrogen, und man versucht, seine eigenen moralischen Vorstellungen zu entwickeln. Daher ist die Moral für die Christen gewissermaßen nicht geschwunden, sie hat nur eine andere Form angenommen. Je mehr die Regierung sich in die Religion einmischt, umso schlimmer ist man dran. Diese Leute kapieren nicht einmal, welche Ironie in der Tatsache liegt, dass die Römer Christus umgebracht haben, mal angenommen, dass diese Story stimmt. Das geschah, weil es keine Trennung zwischen Kirche und Staat gab." Die christliche Rechte ist in den USA heute eine mächtige Kraft, und die Zensurlobby hat stetig an Macht gewonnen. Selbst vor dem Massaker von Columbine gerieten Ozzy Osbourne, Judas Priest oder Slayer ins Kreuzfeuer christlicher Fundamentalisten, die gegen sie vor Gericht zogen, weil die Künstler durch ihre Musik, ihre Texte und in den Songs verborgene Botschaften angeblich zu Teenagermorden, -selbstmorden oder -vergewaltigungen angestiftet hatten. Manson provozierte diese Leute ohne Unterlass. Dem *Rolling Stone* sagte er 2000: „Das Christentum hat uns ein Bild von Tod und Sexualität vermittelt, auf das wir unsere Kultur aufgebaut haben. Ein halb nackter Mann hängt in den meisten Wohnungen, oft auch um unseren Hals, und das haben wir unser Leben lang für normal gehalten. Ist das nun ein Symbol der Hoffnung oder der Hoffnungslosigkeit?"

Zu Mansons Bühnenshow gehörte es, dass er sich als riesiger faschistischer Papst verkleidete; er griff das Christentum zudem in Interviews und in wohlformulierten und gut durchdachten Tiraden auf seiner Webseite an, und die Bildsprache des nach dem Columbine-Massakers erschienenen Albums *Holy Wood (In The Shadow Of The Valley Of Death)* war stark geprägt von der Ermordung John F. Kennedys und einem abwesenden Gott.

Durst seinerseits bekam Streit mit den christlichen Rockern von Creed, die ihm bei einem Gig die Show gestohlen hatten. Sie forderten ihn zu einem Boxkampf heraus, den er ablehnte. Aber wenn die Rivalität zwischen Durst und Manson tatsächlich real bestand und nicht nur von den Medien aufgebauscht worden war, dann war es ein Wettstreit, den Durst zu seinen Gunsten entschied. *Holy Wood* war, verglichen mit den zwei vorangegangenen Alben, eine Enttäuschung, und das zeigte sich nicht nur in den Rezensionen, sondern auch in den Verkaufszahlen. *Rolling Stone*-Kritiker Barry Walters erklärte: „Auf *Holy Wood (In The Shadow Of The Valley Of Death)* zeigt sich Manson so ehrgeizig, persönlich und intensiv wie immer, aber die Platte ist nicht, wie er behauptet hat, das *Weiße Album* seiner Band. Zwar ist eine Weiterentwicklung dieser Szeneband aus Los Angeles nach wie vor erkennbar, aber sie ist auf keinen Fall mit der Experimentierfreude oder der Melodieverliebtheit der Beatles vergleichbar. Anerkennung gebührt Manson allerdings dafür, dass er sich alltäglichen Themen mit einer theatralischen Energie und Giftigkeit widmet, die ihm kein anderer Mainstream-Act nachmacht. Echte Fans wird dieses Album kaum überzeugen."

Als Slipknot in der Szene auftauchten, stellten sie Mansons „Schockwirkung" ein wenig in den Schatten, denn ihre Grand-Guignol-Einlagen übertrafen Mansons Show um einiges. Jüngere Fans wandten sich zudem den zornigeren Nachfolgebands wie Amen, Mudvayne und Disturbed zu. Verglichen mit der Brutalität der maskierten Männer aus Iowa wirkte Manson schlapp und kraftlos. Er hatte versucht, ein intensives, experimentelles Album abzuliefern, leider zu einer Zeit, als plötzlich wieder laute, brutale und unverschnörkelte Klänge gefragt waren.

Die Bedeutung Mansons in der Ära nach Cobains Tod liegt jedoch vielmehr darin, dass Rock 'n' Roll durch ihn wieder Bedeutung zu bekommen schien, wenn auch auf negative Weise. Die müden Veteranen der Sechziger staunten, dass plötzlich dieselben Kämpfe, die sie längst gewonnen geglaubt hatten, von neuem ausgefochten wurden. Als in den Südstaaten Beatles-Platten verbrannt wurden, nachdem John Lennon behauptet hatte, seine Band sei „größer als Jesus", schien das wie das letzte Aufbäumen der christlichen Fundamentalisten (die auch einen Lehrer vor Gericht gestellt hatten, weil er seinen Schülern Darwins Evolutionstheorie beigebracht hatte) – man glaubte nicht, dass diese Einstellungen in der Zukunft Bestand haben würden. Manson schaffte es mit seiner kontroversen Haltung auf das Cover von *Newsweek* ebenso wie auf die Titelseite des *Rolling Stone*. Er hatte wohl einen moralischen Sieg über die reaktionären Kräfte errungen, aber nicht über Limp Bizkit.

Sprich: Punktsieg für die ungebildeten Affen.

Eminem und Kid Rock

Bei den weißen Rappern gibt es solche und solche. Der Unterschied zwischen Eminem und Fred Durst liegt darin, dass schwarze Hardcore-Rap-Fans durchaus zu Eminem-Konzerten gehen, sich dessen Platten kaufen und ihn als Rapper anerkennen, während man bei Bizkit-Shows vornehmlich weiße Gesichter sieht. (hed)-pe-Frontmann Jared formulierte es mir gegenüber so: „Die einzigen Schwarzen, die bei diesen Konzerten auftauchen, sind die Sicherheitskräfte und die Jungs, die in den Getränkebuden arbeiten."

Die HipHop-Presse überhäuft Eminem mit Lob. *Vibe* schrieb über *The Marshall Mathers Album:* „Diese Platte sollte ein für alle Mal Schluss machen mit der Vorstellung, Eminem sei der Elvis Presley des Hip-Hop. Wenn überhaupt, ist er der Eric Clapton des Rap: ein weißer Typ, der dank seiner Fähigkeiten auf einer Stufe mit den besten schwarzen Talenten steht und der die Musik weiter voranbringt, anstatt nur von ihr zu klauen."

Schwarze Radiosender spielen Eminem-Platten. Interessanterweise spielt auch das weiße Rockradio seine Musik, allerdings nicht Method Man, DMX oder Busta Rhymes, es sei denn, die Genannten treten als Gastsänger bei einem (weißen) Rockmusiker auf. Eminem wurde 2001 mit dem Grammy für das beste Rapalbum ausgezeichnet. Für *The Real Slim Shady* – auf dem sich lustigerweise die Textzeile „You think I give a damn about a Grammy?" („Glaubst du, mich interessiert dieser Scheiß-Grammy?") befindet – erhielt er im gleichen Jahr zudem den Grammy für die beste Rap-Soloperformance. Die Frage stellt sich dennoch: Wäre Eminem schwarz, würde er dann in den weißen Medien ebenso viel Platz eingeräumt bekommen?

Die „Jim-Crow-Linie" in der Unterhaltungsindustrie sorgt nach wie vor dafür, dass schwarze Künstler nicht auf den Titelseiten erscheinen, es sei denn, es handelt sich um Magazine, die auf ein schwarzes Publikum ausgerichtet sind. Musikmagazine haben kein Problem damit, Eminem aufs Cover zu nehmen, weil er durch seine Umstrittenheit gute Verkaufszahlen garantiert, aber man hält sich zurück bei einem Künstler wie Puff Daddy (aktuell aktiv unter dem Namen P. Diddy), der ebenso kontrovers diskutiert wird und bahnbrechende Rocksongs abgeliefert hat (beispielsweise mit der Neubearbeitung von „Kashmir" von Led Zeppelin und dem gemeinsam mit den Foo Fighters eingespielten Rockremix von „It's All About The Benjamins").

Kid Rock ist den Nu-Metal-Acts in puncto Sound und Einstellung am nächsten, indem er eine Fusion aus dem Trailer-Park-Rock – dem ein wenig an Lynyrd Skynyrd erinnernden Southern Boogie der Wohnwagensiedlungen – mit Gangsta-Style-Rap und Zuhälterimage schuf. Er stammte dabei ursprünglich aus dem amerikanischen Mittelwesten und erprobte seine Rapkünste zunächst in den Sozialwohnungsgettos von Romeo in Michigan, bevor er schließlich nach New York zog. Er war einer der Typen, die man als Wigga, Whigger oder Whigga bezeichnet – ein „weißer Nigger".

Im Magazin *Kronik* erklärte er: „Meine Eltern fragten mich dauernd: ‚Warum rennst du immer auf die Scheiß-DJ-Partys von diesen verdammten Niggern?' Scheiße, ey! Sie erzählten so 'n Zeug wie: ‚Hey, du kannst bei einer Hochzeit Platten auflegen und kriegst dafür dreihundert Dollar, aber du hängst ja lieber mit den Niggern ab, kriegst nur fünfzig und säufst den ganzen Abend irgendwelchen Billigfusel.' Dabei waren die gar nicht so hardcore drauf. Ich meine, ich will sie jetzt nicht als die Superrassisten darstellen. So schlimm war das nicht. Es war eher so, dass ich da mein Ding durchziehen wollte und eben Sachen machen, die ich geil fand, und sie konnten das nicht verstehen. Aber ich habe dabei auch jede Menge Scheiße erlebt. Vor allem, was diese ganze Whigger-Nummer angeht. Ich trug sogar mal diese Kampfanzüge und einen Bürstenhaarschnitt. Ich dachte, ich hätte es echt voll drauf. Aber damit war ich ja nicht so weit vorn. Neunzig Prozent der weißen Kids haben dasselbe erlebt, Mann. Das war so 'ne Phase, die hatten wir alle."

In vielerlei Hinsicht war die Whigger-Szene der frühen Neunziger nur eine Untergrundversion dessen, was Jahre später, wenn auch in verwässerter Form, ein Massenphänomen werden sollte. Abgesehen von den Beastie Boys gab es keine weißen Rapper, eine absurde Lachnummer wie Vanilla Ice ausgenommen. Kid Rock ging daher mit Ice Cube, Too $hort, D-Nice, Yo-Yo und Poor Righteous Teachers auf Tour. Dabei leistete er sich in seinen Anfangstagen einen ähnlich lustbetonten Stil, der 1990 schon die 2 Live Crew wegen Obszönität vor Gericht gebracht hatte: Kid selbst wurde für einen Track von *Grits Sandwiches For Breakfast* von der Rundfunk-Kontrollbehörde FCC zu einem Bußgeld von fünfundzwanzigtausend Dollar verurteilt. Es ging dabei um „Yo-Da-Lin' In The Valley", das viel im Collegeradio lief –

sehr zum Missfallen eines Dekans, der den Song als „den obszönsten Titel, der je geschrieben wurde", bezeichnete. Im Rap hieß es: „Yodel in the valley / And I'd do it at the drop of a dime / Sometimes goin' from behind / Slowly strokin', no jokin' / My tongue just keeps on pokin' / And the best type of oochie coochie / Is the kind that tastes like sushi / Eat it / Watch a girl get frisky / And then wash it down with a shot of whiskey" („Jodeln im Tal / das geht ruck, zuck / Manchmal komm ich von hinten / Langsam streicheln, ganz bei der Sache / Meine Zunge tastet sich immer weiter / Die beste Art zu poppen / ist, wenn's nach Sushi schmeckt / Leck weiter / Warte, bis das Mädel richtig scharf wird / und dann spül es mit einem Schluck Whiskey runter").

Oralsex spielte sowohl in seinen Interviews wie auch in seinen Raps weiterhin eine tragende Rolle. 1998 unterschrieb er mit seiner Band Twisted Brown Trucker bei Atlantic und erlebte mit dem Album *Devil Without A Cause* den großen Durchbruch; ein Kritiker bezeichnete ihn als „völlig verrückte Kreuzung zwischen Axl Rose und Vanilla Ice".

Die *New York Times* wiederum zog unerklärlicherweise den Vergleich zu Beck: „Kid Rocks Melodien sind härter als die Trip-Pop-Raps von Beck, aber sie haben durchaus einen ähnlichen Charme wie Mr. Hansons Album *Odelay*. Mit diesem Charme, gepaart mit einer überraschenden musikalischen Bandbreite, hebt sich *Devil Without A Cause* entscheidend von den Rapstyles ab, die sich in den Rhythm 'n' Rhyme-Schmieden an Ost- und Westküste entwickelt haben."

Zwar war er im Jahr 2000 auch mit Korn und Limp Bizkit auf Tour, und sein Bühnen-DJ Uncle Kracker hat mit einer Reihe von Nu-Metal-Bands zusammengearbeitet, aber generell ist es eher so, dass Kid Rock zwar ein ähnliches Feld beackert, aber nicht wirklich dazugehört. Seine Raps sind gelegentlich recht infantil, aber stets positiv und erzählen haufenweise Dicke-Hosen-Geschichten über seine sexuelle Power (wie beispielsweise bei „I Am The Bullgod"), Oralsex und seine Anziehungskraft auf das andere Geschlecht.

Kid Rock zeigte sich dabei als entspannter, das Leben genießender „echter" Mann, als durch und durch amerikanischer Patriot, der sich montagabends Football ansieht, sich ein schön blutiges Steak reinzieht und dazu ein Bier trinkt, wenn er nicht gerade eine Frau glücklich macht. Das war ein gründlich anderes Image als das eines Fred Durst, der sich als zorniger, bitterer weißer Vorstadtjunge gab, oder als das des problembeladenen einsamen Jonathan Davis.

Musikalisch präsentierte er zudem einen wesentlich konventionelleren Rocksound, der bestenfalls an die Zusammenarbeit von Run-DMC und Aerosmith erinnerte, schlimmstenfalls an Wichtigtuerei der Marke *Frampton Comes Alive*. Ein weiterer wichtiger Einfluss auf seine Arbeit – Country & Western – zeigte sich auf dem 2001 erschienenen Album *Cocky;* Kid Rock hatte stets zugegeben, eine Schwäche für Johnny Cash und Hank Williams zu haben. Eminem hingegen war das fehlende Bindeglied zwischen Durst und Rock.

In letzter Zeit beschäftigte sich auch die Klatschpresse mit Kid Rock und seiner Affäre mit Pamela Anderson, wobei es vor allem darum ging, ob Pam nun schwanger war oder nicht. Man ärgerte sich darüber, dass Kid sich nicht über ihren Exmann Tommy Lee auslassen wollte.

Kid Rock bot kaum Anhaltspunkte für kontroverse Diskussionen, jedenfalls nicht, wenn man mal von seiner Einstellung gegenüber Frauen absah, und auch in dieser Hinsicht provozierte er nicht stärker, als Hugh Hefner, Norman Mailer oder Larry Flynt es in den vergangenen vierzig Jahren bereits vorgemacht hatten. Aber Eminem war anders. Eminem sorgte dafür, dass Kongressabgeordnete und Kirchenmänner nervös wurden, Fernsehkommentatoren über den kulturellen Verfall junger weißer Amerikaner die Hände rangen und Eltern entsetzt feststellten, dass sich ihr Junior die Haare gebleicht hatte und sich abends lieber die Kettensäge als das Auto ausleihen wollte.

Das schwierige und bewegte Leben des Marshall Bruce Mathers III ist in der Presse bereits so ausführlich dargestellt worden – als schockierende Schlagzeile ebenso wie in den Kommentaren oder auf den Musikseiten –, dass für eine erneute Darstellung wohl kein weiterer Baum mehr sterben sollte. Die Tatsache, dass er beim selben Label unter Vertrag steht wie Fred Durst – der noch dazu bei Interscope im Vorstand sitzt –, hat Eminem nie davon abgehalten, Durst anzugreifen. Auf dem D-12-Album *Devil's Night* rappt Eminem „Girls“, einem Titel, der als Parodie auf „Rollin'" von Limp Bizkit zu verstehen ist: „You fucking sissy / Up onstage screaming how people hate you / They don't hate you / They just think you're corny since Christina played you" („Du Scheiß-Weichei / Da stehst du oben auf der Bühne und brüllst, dass dich die Leute hassen / Die hassen dich überhaupt nicht / Die halten dich bloß für einen Idioten, weil Christina dich nicht rangelassen hat").

Der Erfolg von Kid Rock und Eminem beweist allerdings, dass Rock-Rap inzwischen nicht mehr der einzige Weg ist, über den junge weiße

Möchtegern-HipHops groß werden können. Eminem und Rock folgt eine neue Generation von Rappern wie Bubba Sparxx, und das zu einer Zeit, in der sich die neuen Nu-Metal-Bands wieder einem konventionelleren Rocksound zuwenden. Diese Entwicklung hat eine Diskussion über die Kolonialisierung des HipHop durch weiße Künstler ausgelöst: Zwar steht man einander derzeit noch nicht wirklich feindselig gegenüber, aber in einigen Kreisen gibt es durchaus Befürchtungen, HipHop könne sich ähnlich entwickeln wie Rock 'n' Roll und als ursprünglich schwarzer Trend letzten Endes komplett von Weißen erobert werden.

In seinem 1995 erschienenen Buch *The Rap On Rap: The „Black Music"That Isn't Either* warf Autor David Samuels „Gangsta"-Rappern wie NWA, Ice-T und den Geto Boys vor, „sie faszinierten Weiße vor allem deswegen, weil sie ein uraltes Image der Schwarzen repräsentierten: eine fremde, sexuell aufgeladene und kriminelle Unterwelt, die den Grundfesten, auf denen die weiße Gesellschaft basiert, völlig entgegenläuft."

Der weiße Konsum dieser Musik führe demnach zur Verfestigung einer schädlichen, negativen und stereotypen Vorstellung des „Schwarzseins". Ebenso hielten Eminem, Kid Rock und Bubba Sparxx ein ähnlich negatives Stereotyp weiter aufrecht – das des revolverschwingenden Zuhälters und Gangsters. Im Grunde sei es nichts anderes als die Minstrel-Shows zu Beginn des vergangenen Jahrhunderts, bei denen sich weiße Entertainer schwarz schminkten, „Negerlieder" sangen und Comedy-Elemente vorführten – und schwarze Amerikaner dabei als dumm, zurückgeblieben oder kriminell darstellten.

Die Fakten geben Samuels dabei nicht in jeder Hinsicht Recht. Die genannten Musiker haben beispielsweise auch ein großes schwarzes Publikum, zudem gibt es Stimmen, die das Image des schwarzen Gesetzlosen auch als kraftvoll und mächtig interpretieren. Kommerziell betrachtet spielen auf dem weißen Markt jedoch vor allem schwarze Künstler wie die Fugees/Lauryn Hill eine Rolle, deren Botschaft positiv und gewaltfrei ist.

Letzten Endes ist der Erfolg von Kid Rock, Eminem, Crazy Town, Limp Bizkit und ihren Genossen vielleicht nicht so sehr als Kolonialisierung des HipHop durch weiße Musiker zu betrachten, vielmehr könnte genau das Gegenteil der Fall sein: Hier haucht eine lebendige und selbstbewusste afroamerikanische Musikkultur einer kraftlosen weißen neues Leben ein. Immerhin hat der Siegeszug des HipHop längst auch die Karibik, Asien, Afrika und Europa erreicht.

Amen

„Wir sind keine Nu-Metal-Band, wir sind eine Punkrockband", erklärte der offenherzige Amen-Frontmann Casey Chaos im Sommer 2000 dem Londoner Radiosender XFM. Punkrock ist ein Begriff, der ebenso schlüpfrig und nebulös ist wie Nu Metal. Sprechen wir hier von einem Sound, von simplifiziertem Rock 'n' Roll, der von allem überflüssigen instrumentalen Schnickschnack befreit worden ist? Sprechen wir von einer anarchistischen Einstellung, die den gesellschaftlichen Status quo herausfordert? Oder meinen wir hauptsächlich rosafarbene Irokesenschnitte und nieten-beschlagene Lederjacken? Punkrock ist sozusagen das Hintergrund-geräusch des amerikanischen Rocksounds und wird heute, von jeder Bedeutung oder jedem potenziell gefährlichen Inhalt befreit und zum bloßen Partysoundtrack reduziert, von immer anonymeren und gesichtslosen Bands wie Blink-182, Everclear und Weezer angeboten. Punkrock besteht heute aus Sägezahngitarren, fröhlichen Mitklatsch-melodien und lahmen Texten über Sex mit Tieren.

Mit der Musik, die das britische Establishment 1977 zur Zeit des silbernen Thronjubiläums der Queen bis in die Grundfesten erschüt-terte, hat das nichts mehr zu tun, auch nicht mit dem Sound, der eine ganze Generation amerikanischer Außenseiter in den Achtzigern dazu brachte, selbst Bands zu gründen. Oder der Musik, die in Osteuropa und der ehemaligen UdSSR vor dem Zusammenbruch des Kommu-nismus als Untergrund-Fluchtmöglichkeit aus dem grauen Alltag galt, wobei grüne Haare dort tatsächlich bedeuten konnten, dass man als asoziales Element verhaftet wurde.

Wenn man jedoch Amen zum ersten Mal auf der Bühne erlebt, wird eine gewisse Gefährlichkeit in der Musik spürbar, als hätte sie die Macht, Unruhen oder Revolutionen auszulösen. Amen wurden 1994 in Los Angeles von Sänger Casey Chaos und Gitarrist Paul Fig gegrün-det, die sich den früheren Drummer von Ugly Kid Joe, Shannon Lar-kin, und den ehemaligen Snot-Gitarristen Sonny Mayo zur Verstär-kung holten. Nach dem Tod von Snot-Frontmann Lynn Strait 1998 stieg auch der Bassist John „Tumor" Fahnestock bei ihnen ein, und so ergab sich eine kraftvolle Verbindung zwischen Amen und dieser legendären, unberechenbaren und zerstörerischen Punkband. Ross

Robinson nahm Amen als ersten Act für sein neues Label I AM unter Vertrag und produzierte ihr selbstbetiteltes Debütalbum – eine zweifelsohne großartige Platte. Aber es sollte noch besser kommen. „Amen übertreffen alles, was ich je gemacht habe. Amen sind die kranke, sexuelle, zerstörerische Blutung einer überschäumenden Seuche. Ich kann das fühlen, ohne dass ich es erleiden muss", sagte der sonst eher wortkarge Robinson gut gelaunt über die Aufnahmen zum zweiten Amen-Album, *We Have Come For Your Parents*.

Bei Amen-Konzerten kam es häufig zu Aufruhr und Schlägereien, wenn sich Songs wie „Whores Of Hollywood" oder „When A Man Dies A Woman" richtiggehend zu Hymnen auswuchsen und die Menge auf die kollektive Katastrophe zusteuerte. Es war natürlich alles Theater, ebenso wie bei Marilyn Manson oder Slipknot. Aber deswegen hatte man bei ihnen trotzdem nicht das Gefühl, es sei alles nur gespielt, stattdessen schien das Ganze auf ein älteres Theaterverständnis anzuspielen: Das Ritual stand im Mittelpunkt, wie in den griechischen Mysterienspielen oder im berüchtigten Pariser Horrortheater des Grand Guignol, wo sich die Menschen dem Schrecken stellten, der in ihnen lebte. Allerdings wusste vielleicht auch nur die Band allein, dass es sich hier nur um Show handelte.

Der ehemalige Sex-Pistols-Gitarrist Steve Jones, mittlerweile in Los Angeles ansässig, stand hinten im Publikum bei einem Amen-Konzert im *Dragonfly,* einem Club in Hollywood, und bemerkte beeindruckt: „Die kotzt das alles ja noch mehr an als uns damals."

Rat Scabies von The Damned nannte sie „das Punkigste und Härteste, was seit den MC5 aus Amerika gekommen ist". Amen waren New Metal, wenn auch nicht zwingend Nu Metal. Sie hatten zwar den typischen Ross-Robinson-Sound – basslastig und kraftvoll – und zeigten gelegentlich dieselbe Wut wie Korn, aber Amen waren Teil des geheimen Robinson-Plans, die von ihm geschaffene Szene zu zerstören.

Casey Chaos sagte über das zweite Album: „Das ist die brutalste Platte, die je bei einem Major-Label erschienen ist. Ross ist ja der König des adidas-Rock, wir haben diesen Riesendeal mit Virgin abschließen können, da wäre es leicht für uns gewesen, auch so einen Scheiß-,Nookie'- oder einen anderen Drei-Dollar-adidas-Rocksong zu schreiben oder auf den Zug mit den siebensaitigen Gitarren aufzuspringen. Stattdessen sind wir in eine völlig andere Richtung gegangen. Jeder Song ist moralisch voll daneben und absolut gewalttätig. Der Typ, der die

Platte gemastert hat, wollte wissen, ob wir ‚saubere' Versionen der Songs bräuchten. Wir haben uns nur angesehen und gelacht. Bei einer ‚sauberen' Version bliebe ja nichts mehr übrig!" Das britische Wochenblatt *NME* wurde schnell auf Amen aufmerksam und nahm sie aufs Cover, begeistert, endlich eine Band gefunden zu haben, die wie ein Gegenmittel zu allem wirkte, das die Langeweile und die Kraftlosigkeit in der modernen Rockmusik ausmachte. In ihrer Kritik zum Album schrieb Victoria Segal: „Das hier ist nicht bloß Show, hier gibt es keine sich selbst parodierende Angst. Man bezweifelt fast, dass sie wissen, was Napster ist, und wenn, ob es sie überhaupt interessiert. Stattdessen legen sie lediglich einen Schalter in ihrem Kopf um und steuern dann mit Energie dem Zusammenbruch entgegen. ‚The Waiting' und ‚Mayday' klingen nach den Stooges, wurden in rezeptpflichtigen Medikamenten gebadet und schäumen vor Zorn auf die USA. ‚The Price Of Reality' ist der ultimative Paranoia-Mitsingsong, in dem es um Wahrheit und Lügen und um ‚Menschen am Fließband' geht, wie eine DC-Comics-Version von *Die Matrix,* während man bei ‚Ungrateful Dead' einen lockeren Kanonensalut auf Ozzy Osbourne abgibt. Angeekelt, genervt, paranoid – man kann sich nur schwer vorstellen, wie man ihnen dabei helfen könnte, mit dem eigenen Ich zurechtzukommen. Aber als Psychotherapie ist *We Have Come For Your Parents* eine reine Rohrbombe."

Die fiebrigen Lobeshymnen anderer Kritiker passten zur Gluthitze der Musik von Amen. Die Band zierte eine Reihe von Titelblättern, wobei hauptsächlich die britische Presse ihr Herz für Amen entdeckte, während der *Rolling Stone* noch nicht einmal die Platte besprach.

Das Ganze sah schwer nach einem neuen Hype oder nach Wunschdenken seitens Ross Robinsons und einiger Journalisten aus. Es war der klassische Fall einer Band, die schlicht und einfach glauben musste, dass sie die wichtigste Gruppe sei, die je eine elektrische Gitarre in die Hand genommen hatte.

Amen leiden darunter, dass sie größtenteils eine Kritikerband waren und sind, was sich meist nicht sonderlich positiv auf die Verkaufszahlen auswirkt. The Velvet Underground waren möglicherweise die Traumband aller Journalisten in den späten Sechzigern, aber sie blieben ihre ganze Karriere hindurch arm. Amen waren schlicht nicht „anders" genug, als dass sie jemanden außerhalb der kleinen Gruppe Eingeweihter aus der Musikindustrie von ihrer Wichtigkeit hätten überzeugen können. Schön, sie spielten tolle Rocksongs und hatten eine großartige Rock 'n' Roll-Attitüde. Verdammt, Amen *gingen* sogar wie eine Rockband. Sie hatten clevere Texte und genug Ziele, auf die es sich zu schießen lohnte, angefangen mit Calvin Klein, der im ersten Track des Albums, „CK Killer", sein Fett abbekam.

Sie gaben zudem noch großartige Interviews.

Casey erklärte der *LA Times:* „Meiner Meinung nach ist Calvin Klein der größte Mörder, der je in Amerika herumgelaufen ist. Wenn man in den USA zur Schule geht, dann muss man bestimmten Stereotypen entsprechen. Man muss zu irgendeiner Szene gehören, und wenn man sich Kleins Klamotten nicht leisten kann oder die von Hilfiger oder wer sonst gerade angesagt ist, dann wird man dauernd von irgendwelchen Leuten verarscht, weil man einen Trenchcoat trägt oder bestimmte Musik hört. So ein Kid war ich, so ein Freak, der nirgendwo dazugehörte. Der Freak mit dem Iro."

Das Einzige, was ihnen fehlte und was im Vergleich dazu die Nu-Metal-Bands kistenweise anzubieten hatten, waren großartige Popsongs mit Ohrwurmqualitäten. Und wie wir in früheren Kapiteln gesehen haben, ist es genau dieses Gespür für die ideale Kombination aus Rock und Pop, mit dem man die Herzen amerikanischer Teenies gewinnt.

Wenn Amen sich nichts Besseres einfallen lassen als bisher, dann wird ihre Zukunft vielleicht aus diesem Bild bestehen: Ein adidas-Schuh mit drei Streifen, der gerade seinen Abdruck auf einem menschlichen Gesicht hinterlässt. Auf ewig.

A Perfect Circle

Es ist schwer, A Perfect Circle in diesem Rahmen einen festen Platz
zuzuweisen. Zunächst einmal hat sich Maynard James Keenan, ihr Sänger, bereits mit Tool einen großen Namen gemacht. A Perfect Circle
waren eher ein Nebenprojekt, das er mit seinem Mitbewohner Billy
Howerdel ins Leben gerufen hatte, um die Sendepause bei Tool zwischen *Aenima* und ihrem 2001 erschienenen Meisterwerk *Lateralus* zu
überbrücken. Allerdings drohte dieses Nebenprojekt Tool beinahe den
Rang abzulaufen und sorgte bei Amerikas führender Progressive-Band
schließlich für konsternierte Gesichter. Nicht ganz ohne Grund fragte
man sich dort, ob ihr Sänger nach einer erfolgreichen Tour mit Nine
Inch Nails, Konzerten als Headliner, dem Hitalbum *Mer de Noms* und
der Schöpfung einer dynamischen Rockhymne wie „Judith" überhaupt
wieder Lust auf gemeinsame Arbeiten haben würde. A Perfect Circle
sprachen ein junges Publikum an, das mit dem dicht gewobenen, komplizierten Sound von Tool nicht viel anfangen konnte. Ein Sound, der
zweifelsohne faszinierend, aber eben doch schwer zugänglich war.

Ob A Perfect Circle nun tatsächlich eine Nu-Metal-Band sind, darüber lässt sich streiten, aber zumindest rekrutieren sich ihre Fans aus
diesem Lager und hören sonst die Deftones, Coal Chamber oder Korn.
Keenan und Howerdel, die zuvor als Soundtechniker und Musiker an
Alben von Tool, Nine Inch Nails und Guns N' Roses mitgewirkt hatten, beobachteten die aktuelle Szene und entdeckten dabei Einflüsse
genau dieser Bands in den Werken von Coal Chamber, Orgy und
sogar Slipknot, aber beispielsweise auch im gefühlsechteren Stil der
Ross-Robinson-Schützlinge Glassjaw. A Perfect Circle antworteten darauf mit einem geschliffenen, schamlos kommerziellen und modernen
Rocksound, der deutlich machte, dass sie wussten, worum es ging, und
dass sie es zehnmal besser konnten.

Keenan und Co. besaßen dabei ein Gespür für Ästhetik, das vielen
der neueren Bands abging. Bei den Mitgliedern handelte es sich durchweg um Musiker mit großer Erfahrung und ebenso großem Können:
Gitarrist Troy Van Leeuwen und die Bassistin und Violinistin Paz
Lenchantin waren zuvor bei verschiedenen südkalifornischen Punk-
formationen aktiv, und Drummer John Freese hatte mit allen möglichen Leuten, von The Vandals und Guns N' Roses bis hin zu Dweezil

Zappa, gespielt. Das gab ihrem Songwriting, der Studioarbeit und den Konzerten eine besondere Qualität. Und während die Bands der neuen Generation unzweifelhaft Ehrgeiz, Begeisterung und Energie besaßen, vermittelten A Perfect Circle zusätzlich noch eine unschlagbare Lässigkeit. Selbst ihre obligatorischen Achtziger-Cover – „Love Song" von The Cure und Ozzy Osbournes „Diary Of A Madman" – wirkten absolut nicht abgedroschen, sondern frisch und druckvoll.

Die Rockkritiker stürzten sich vornehmlich auf ihre Verbindung zu Tool und Nine Inch Nails; die übrige Presse hingegen zitierte A Perfect Circle gern, um andere Nu-Metal-Bands niederzumachen. Der Bericht der *New York Daily News* über ihr Konzert in Roseland im September 2000 war in dieser Hinsicht typisch: „A Perfect Circle zählen zu den wenigen zeitgenössischen Metalbands, bei denen sich tiefgründige Texte mit einer Musik verbinden, die zwar hart, aber dessen ungeachtet streckenweise schön und harmonisch gerät. Die aus Los Angeles stammende Band hat sich dem Emo-Core verschrieben, jener Hardrockvariante, bei der die gewaltigen, bombastischen Härteakkorde des Heavy Metal mit fließenden Melodien und nachdenklichen, gefühlvollen Texten kombiniert werden ... A Perfect Circle wenden sich damit an die kleine Gruppe von Metalfans, die sich noch nicht komplett dem Rap-Rock-Gebrüll von Limp Bizkit und Korn ergeben haben."

Das Album wurde von Kritikern und Fans gleichermaßen positiv bewertet, die Band erreichte schnell eine beneidenswerte Unangreifbarkeit. Sie genoss enorme Aufmerksamkeit seitens der Presse, fand von Anfang an ein aufnahmebereites Publikum vor (das hauptsächlich aus Tool-Fans bestand, wobei viele die Musik von A Perfect Circle zunächst irritierte) und konnte den Regisseur David Fincher dafür gewinnen, das Video zu ihrem großen Hit „Judith" zu drehen.

Von den Themen der Angst-Rock-Generation hoben sie sich deutlich ab: In ihren Songs spielte wiederum Keenans bereits mit Tool erforschte Faszination für heidnische Riten und Okkultismus eine große Rolle. Dieser Aspekt findet sich ansonsten nirgendwo im Nu Metal: Zwar gibt es durchaus satanistische Rockbands, wobei einige das Thema äußerst ernst nehmen, während andere darin lediglich die Fortsetzung von Horrorcomics sehen. Aber Nu Metal verabschiedete sich radikal von dieser Art Ballast, wie ihn die Rockbands früherer Tage mit sich herumgeschleppt hatten. Es gab weder von Sciencefiction inspirierte Texte oder Cover (vom Flirt von Orgy mit futuristischer Stilistik einmal abgesehen), keine Konzeptalben, keine Elemente von *Dungeons & Dragons* oder *Der Herr der Ringe,* keine Pentagramme, keinen Bock von Mendes.

A Perfect Circle spielen vor allem deshalb eine große Rolle, weil sie innerhalb des Nu Metal ohne festgelegte Grenzen operieren. Einerseits erforschten sie von Beginn an die Tiefen von extremem Emo-Core, konnten aber dennoch einen kleinen, aber entscheidenden Teil des Goth-Publikums für sich gewinnen. Vom Sound her gingen sie weniger in die Richtung von Tool, Nine Inch Nails oder anderer Metalbands, sondern schienen sich vielmehr für die Weiterentwicklung des wabernden Gitarrenkrachs von Bands wie My Bloody Valentine zu interessieren. Ursprünglich hatten sie geplant, eine Sängerin an Bord zu holen und sich stilistisch den Cocteau Twins oder Massive Attack zu nähern. Kurz: A Perfect Circle blickten über die Grenzen sämtlicher Genres hinaus, von denen sich andere Bands in der Regel gefangen nehmen lassen. Sie sprachen zwar einerseits Fans der Deftones an (die ihrerseits stark von Tool beeinflusst gewesen waren), andere Nu-Metal-Hörer hingegen reagierten eher irritiert.

In einem *Kerrang!*-Interview berichtete Billy im Juli 2000: „Neulich kam ein Fan nach einem Konzert zu mir und sagte: ‚Ey, Alter, das war eine coole Show, aber so heavy wie Slipknot seid ihr nicht. Wieso nicht?‘ Ich habe nur gelächelt – was kann man dazu schon sagen?"

Auch optisch unterschieden sie sich von anderen Bands. Bei ihren Konzerten sah es aus, als würde die Bühne lediglich von Kerzen erhellt. Billy zog sich mit seinem polierten kahlen Schädel in den Hintergrund zurück, wo auch Bassistin Paz lauerte, während Maynard hüftlanges Haar (eine Perücke wohlgemerkt) und psychedelische Schlaghosen trug. Sie verkörperten alles, was es im Nu Metal sonst nicht gab – sie waren ältere Semester, keine Anfangszwanziger, und ihre Musik war eher nachdenklich und grüblerisch als druckvoll und wuterfüllt. Auch in ihrer Sexualität erschienen sie aufregend wenig festgelegt – sie hatten eine gewisse feminine Aura, die im krassen Gegensatz zu den testosterongetriebenen Bands der zornigen Macho-Whiggas und den aggressiven weißen Rappern stand. Und wie wir bereits in dem Kapitel über Kittie gesehen haben, ist Nu Metal grundsätzlich eine Party für Jungs.

At The Drive-In

Die Band aus El Paso setzte 2001 zum großen Sprung in die Rockoberliga an – kein Wunder bei der actiongeladenen Bühnenshow und den überragenden Songs. Ihr von Ross Robinson produziertes Album *Relationship Of Command,* das den Radikalismus der frühen MC5 mit frischer Speed-Energie versah, stand Ende 2000 auf der Bestenliste jedes Rockkritikers.

Der *NME* schrieb: „Unter den elf Tracks ist nicht einer dabei, der schwächer wäre als die anderen. Die Erwartungen an At The Drive-In waren groß, aber sie haben sie erfreulicherweise bestens erfüllt. Absolut überwältigend."

Auf der Rock-Webseite *Metal-Is* war man ebenfalls begeistert: „Hinter all den absichtlich dissonanten Riffs und der urwüchsigen Schlagkraft verbirgt sich eine Band mit guten Ideen und einem Ohr für clevere Arrangements. Das zeigt sich unter anderem beim ausgezeichneten Sprechgesang der Strophen von ‚Invalid Litter Dept' – hier geht nicht nur die Hookline unter die Haut, es entsteht zudem eine poetische Aura. Das ist nur eins von vielen Beispielen dafür, wie vielschichtig dieses Album wirkt – ein Risiko, wie es nur eine Band eingehen kann, die sich ihrer eigenen musikalischen Identität völlig sicher ist."

Selbst die normalerweise eher ruhig und gesetzt formulierende Musikindustriebibel *Billboard* ließ sich zu ungewöhnlichen Lobeshymnen hinreißen: „Ohne je auf platte Slogans zurückzugreifen bleibt *Relationship Of Command* dennoch grundsätzlich ein politisches Album, das dazu auffordert, die herrschenden Machtstrukturen genau unter die Lupe zu nehmen. Musikalisch ist es die Neubelebung eines inzwischen reichlich müden Genres. Zwar wäre es vielleicht etwas zu weit hergeholt, At The Drive-In als Erlöser zu feiern, aber man würde ihnen nicht gerecht, wenn man sie nicht wenigstens als revolutionär bezeichnete."

Robinson war von ihnen begeistert – ebenso wie alle anderen, die sie live erlebten. At The Drive-In hatten sich 1994 zusammengefunden und anschließend auf Independent-Labels eine Reihe von Singles und Alben veröffentlicht *(Acrobatic Tenement* 1997, *In/Casino/Out* 1998, *Vaya* 1999), bevor sie vom Beastie-Boys-Label Grand Royal unter Vertrag genommen und mit Robinson ins Studio geschickt wurden.

In einem Interview auf der Virgin-Records-Webseite *The Raft* erklärte Drive-In-Gitarrist Omar Rodriguez: „Ross brachte uns dazu, den Aufnahmeprozess von einer anderen Seite her anzugehen und ein paar Sachen anders zu machen. Vorher hatten wir meist nur vier Tage Zeit, um ein komplettes Album aufzunehmen. Wir hatten eben nur ein sehr kleines Budget und standen immer unter Zeitdruck, daher hatten wir nie die Gelegenheit, uns mit der Studioarbeit wirklich vertraut zu machen und alle technischen Möglichkeiten auszuschöpfen. Aber nun, da wir mit Ross arbeiteten und die Finanzierung durch das Label gesichert war, konnten wir Songs im Studio schreiben und richtig ausfeilen. Am wichtigsten war es aber wohl, dass wir uns viel intensiver mit der Aufnahmetechnik beschäftigen konnten. Vorher war es immer sehr angespannt, von wegen: ‚Sieh zu, dass du das jetzt richtig hinkriegst, wir haben nur so und so viel Zeit.' Ross hingegen hatte uns zuerst live in San Francisco gesehen, und er wollte einfangen, was er dort gespürt hatte. Er ermutigte uns, richtig herumzuspringen."

Dennoch hatte die Band kaum begonnen, dieses Monsteralbum live zu präsentieren, als plötzlich der Karrierezug kreischend zum Stehen kam. Es gab keine in aller Öffentlichkeit ausgetragenen Kämpfe, keine Selbstmordversuche oder andere Katastrophen. Stattdessen wurden alle geplanten Konzerte abgesagt, und es erschien ein knappes Statement, in dem es hieß: „Nachdem wir sechs Jahre lang ununterbrochen im Studio oder auf Tour waren, haben wir beschlossen, eine Pause von unbestimmter Dauer einzulegen. Wir brauchen Zeit, um uns zu erholen und uns über vieles neu klar zu werden ... um wieder richtige Menschen zu werden und um selbst entscheiden zu können, wann wir wieder Lust haben werden, Musik zu machen." Weitere Stellungnahmen gab es nicht. Es war, als wären sie komplett ausgestiegen.

Ross Robinson machte keinen Hehl daraus, dass At The Drive-In für ihn ebenso wie Amen zu jenen Bands gehörten, die den „adidas-Rock" hätten zerstören können, um eine Alternative zu den von ihm einst geschaffenen Bands zu kreieren. Mit dieser Hoffnung stand er nicht allein. Ihr plötzlicher Rückzug war vielleicht ein Zeichen dafür, dass es schlicht keine Alternative gab.

Soulfly

Nach seinem Ausstieg bei Sepultura, der größten Thrashband der Welt, wandte sich Max Cavalera mit Soulfly eher radikalen musikalischen Experimenten zu. Cavalera, der gern als „Bob Marley des Metal" bezeichnet wird, erwies sich dabei als meisterlicher Kenner der Ureinwohnerklänge seiner brasilianischen Heimat, der jedoch für die faszinierenden Crossoversounds aus Metal, Rap, Hardcore und sogar Techno ein ebenso großes Gespür besaß.

Während Sepultura immer mehr zu einer Karikatur ihrer selbst mutierten, erwies sich Soulfly alsbald als energiegeladene Kraft, die Max die Möglichkeit erschloss, mit den verschiedensten Musikern zusammenzuarbeiten und ihm eine tragfähige zweite Karriere aufzubauen.

Sepultura stammten ungewöhnlicherweise aus dem brasilianischen São Paulo und gehörten bereits Ende der Achtziger zur Speerspitze neuer Metalbands, eine Position, die sich mit ihrem 1989 bei Roadrunner erschienenen Album *Beneath The Remains* gründlich festigte. 1993 experimentierten Sepultura bei dem Titel „Kaiowas" von *Chaos AD* erstmals mit den Rhythmen der Regenwaldindianer.

1996 erschien das von Ross Robinson produzierte Album *Roots,* das mit Trommlern der Xavantesindianer vom Amazonas aufgenommen worden war und für eine auf Thrash Metal und Speed Metal spezialisierte Band wie Sepultura einen radikalen Schritt darstellte. Für den Gitarristen Max Cavalera war es zudem das Ende der gemeinsamen Arbeit, er wandte sich danach seinem experimentelleren Projekt Soulfly zu. Cavalera hatte Sepultura dabei schon länger als einengend empfunden und seine progressiveren Ideen beispielsweise in einer Band wie Nailbomb erprobt. Für Soulfly rekrutierte Max den ehemaligen Sepultura-Roadie Marcello D. Rapp als Bassisten und nahm wenig später das selbstbetitelte erste Soulfly-Album auf, das 1998 erschien. Es war eine intensive und zornige Platte, auf der Max die schmerzhafte Trennung von Sepultura verarbeitete (sein Bruder Igor ist heute noch in der Band, und der Split hatte starke Spannungen zwischen beiden verursacht). Er setzte sich aber auch, vor allem auf Songs wie „Bleed" und „First Commandment", mit dem Mord an seinem Stiefsohn auseinander.

Trotz des Zorns, der auf der Platte spürbar war, transportierten Soulfly generell eine positive Botschaft, die auf dem etwas stärker strukturierten zweiten Album *Primitive* deutlicher hervortrat. Zum festen Line-up der Band gehörten inzwischen auch der Gitarrist Mikey Doling und Joe Nunez am Schlagzeug; als Gastmusiker waren unter anderen Chino Moreno von den Deftones, Grady von Will Haven und Corey (#8) Taylor von Slipknot zu hören, aber auch Sean Lennon, der zusammen mit Max „Son Song" schrieb, in dem es um die Schüsse auf John Lennon, den Mord an Cavaleras Sohn und den Tod von Max' Vater ging, der gestorben war, als Max noch ein Kind war. Der Titel hätte leicht in Selbstmitleid abdriften können, ging stattdessen aber tatsächlich unter die Haut.

Soulfly zeigen, was passiert, wenn ein Old-School-Metaller den Einfluss erkennt, den er auf die nachfolgende Generation ausübt, und daraufhin gemeinsam mit diesen Musikern seinen eigenen Sound weiterentwickelt. Eine Sepultura-Reunion ist laut Cavalera ausgeschlossen. Er scheint zufrieden zu sein, mit Soulfly weiterhin musikalische Grenzen zu sprengen.

Epilog

Die Geburtsstunde eines Rockgenres lässt sich meistens recht genau bestimmen. Wann es aber mit ihm zu Ende ging, ist bisweilen nur schwer zu sagen. Manche Stilrichtungen (bei denen es sich häufig um reine Erfindungen der Marketingabteilungen handelt) verschwinden manchmal einfach, scheinbar über Nacht. Britpop, Romo oder die New Romantics verdampften ohne eine erkennbare Spur. Andere verändern oder teilen sich, bis sie nicht mehr wieder zu erkennen sind.

Einige der Bands, die eng mit einem zum Untergang verurteilten Genre verbunden sind, schaffen es tatsächlich bis in die Rettungsboote, während die metaphorische Stilrichtungs-*Titanic* gluckernd dem Meeresgrund entgegensinkt.

Zwar waren die Todesgerüchte um Nu Metal ungefähr so alt wie der Stil selbst, aber Mitte 2002, nachdem sich *Untouchables* von Korn und *Lovehatetragedy* von Papa Roach nur mittelprächtig verkauft hatten, mussten die Experten endgültig der Tatsache ins Auge blicken, dass Nu Metal, wenn er noch nicht tot war, zumindest schon ein bisschen eigen roch. Neue Acts, die von Creed und den späten Grungebands beeinflusst waren, allen voran Nickelback aus Kanada, schienen Nu Metal – oder zumindest eine Abart davon – noch am Leben zu erhalten. Aber die großen Gruppen wirkten allesamt angeschlagen. Limp Bizkit hingen im Studio fest, luden eine ganze Armada von Gastmusikern ein und waren sich offenbar nicht sicher, ob sie da weitermachen sollten, wo sie mit *Chocolate Starfish* aufgehört hatten, oder ob es sich lohnte, etwas Neues zu probieren. Wenn das der Fall sein sollte, was würde danach kommen?

Ein größerer amerikanischer Rockradiosender bereinigte seine Playlist 2001 von allen Rap-Rock-Spuren und konnte daraufhin einen deutlichen Anstieg der Hörerzahlen verbuchen. „Deswegen stieg ich bei Limp Bizkit aus", erklärte Gitarrist Wes Borland, der die Band im Oktober 2001 verlassen hatte, um sich auf seine Band Eat The Day zu konzentrieren, die auf Raps verzichtet. „Ich hatte das bereits gespürt … Die Leute werden irgendwann erwachsen, und dann langweilt es sie, wenn man immer wieder denselben Kram abspult. Weiterentwicklung ist eine gute Sache."

Als jedoch im April 2003 das zweite offizielle Studioalbum von Linkin Park, *Meteora,* erschien, erreichte die Band damit überall in Europa und in den USA Platz eins. Bands wie System Of A Down feiern im Anschluss an ihr hervorragendes Album *Toxicity* weiterhin nie da gewesene Erfolge. Sie werden nur selten mit dem Nu-Metal-Etikett in Verbindung gebracht, auch wenn sie in vielerlei Hinsicht für diesen Stil typisch waren.

Der Markt hat sich verändert: Die Fans sind heute den Bands gegenüber weniger loyal als früher; sie machen ihre Kaufentscheidung von der Stärke des einzelnen Albums abhängig, anstatt blind alles zu konsumieren, was ein bestimmter Künstler produziert. Das mag in dem gesunkenen Einkommen der Hauptkäuferschicht begründet liegen: Die Kids haben heute weniger Geld zur Verfügung als früher und sind entsprechend wählerischer. Männliche Jugendliche, die den größten Teil des Nu-Metal-Publikums stellen, geben ihr Geld zudem zunehmend für andere Dinge aus: Computerspiele, Handys und Trendkleidung liegen heute weit vor der Musik (die sich jeder, der ein bisschen gewitzt ist, ohnehin über die Musiktauschbörsen umsonst besorgen kann).

Insgesamt ist der Rockmusikmarkt jedoch äußerst lebendig. In Skandinavien und den USA sind neue harte Rockbands entstanden, die angefeuert durch *Iowa* von Slipknot weitaus extremere Metalspielarten ausprobieren. Die finnischen Children Of Bodom, The Haunted aus Schweden und amerikanische Bands wie Shadows Fall, Hatebreed und Killswitch Engage erschienen völlig ohne das belastende Nu-Metal-Etikett auf der Bildfläche und präsentieren einen frischeren Sound, der sich bei Hardcore, Death Metal, Achtziger-Thrash und sogar Progressive-Rock-Elementen bedient. Trotz bisweilen durchaus beabsichtigter Retro-Anklänge erscheinen sie ultramodern, vor allem im Vergleich mit einer Band wie Crazy Town, die mittlerweile ziemlich abgehangen wirkt. Ob diese „New Wave of European Heavy Metal" die gleiche kommerzielle Schlagkraft erreichen wird, bleibt abzuwarten, aber zumindest bricht sie zu einer Zeit über uns herein, in der die Rockmusik ohnehin zu explodieren scheint. Es gibt zu denken, dass sich das britische Metalmagazin *Kerrang!* 2002 besser verkaufte als der etablierte und einflussreiche *NME;* der Rockfernsehsender MTV2 zählte in den Jahren 2002 bis 2003 zu den erfolgreichsten „Marken", die MTV ins Rennen schickte. All diese Entwicklungen waren durch den Erfolg des Nu Metal begünstigt worden: Er hatte Türen für andere Rockbands geöffnet – möglicherweise zu seinem eigenen Schaden.

Slipknot haben verkündet, sich nach einem weiteren Album auflösen zu wollen, und es wäre nicht weiter überraschend, wenn sich Korn und Coal Chamber nach einer angemessenen Frist ebenfalls zurückzögen. Nu Metal hat seinen Zweck erfüllt, und sein Erbe besteht aus einer Reihe fantastischer Alben und ein paar Bands, die uns auch in den nächsten Jahren noch begleiten werden. The Deftones, System Of A Down und Staind schicken sich bereits an, zu den Dauerbrennern der internationalen Rockszene des kommenden Jahrzehnts zu avancieren.

Was auch immer kommen mag, das neue Gesicht des Hardrock wird geprägt sein von den Errungenschaften von Slipknot, Korn, Limp Bizkit, Kittie, Linkin Park, Ill Niño, Dry Kill Logic, Disturbed, Cold, Deadsy, Adema, Glassjaw, Will Haven, Powerman 5000, Taproot, Sevendust, Boy Hits Car, Puddle Of Mudd, Godsmack, Godhead und (hed) pe. Diese Bands haben den Rock 'n' Roll wieder zu einer amerikanischen Musikform gemacht und einen Stil, der kurz davor war, als Witz zu verkommen, erfolgreich rehabilitiert.

Sie haben gewonnen. Seht zu, wie ihr damit zurechtkommt.

Tommy Udo
London, 2003

Das muss man gehört haben

Eine definitive Liste wichtiger Nu-Metal-Alben gibt es nicht. Stattdessen folgt an dieser Stelle eine subjektive Auswahl von Werken, die eine gute Übersicht über die vielen verschiedenen Richtungen innerhalb des Genres bietet.

Korn
Follow The Leader   Immortal/Epic 1998

It's On / Freak On A Leash / Got The Life / Dead Bodies Everywhere / Children Of The Korn / BBK / Pretty / All In The Family / Reclaim My Place / Justin / Seed / Cameltosis / My Gift To You

Als der Nachfolger des enttäuschenden zweiten Albums *Life Is Peachy* erschien, hatte man Korn in einigen Kreisen bereits als Loser abgeschrieben. Sie hatten etwas zu beweisen, und daher knallten sie der erwartungshungrigen Öffentlichkeit diese Platte geradezu um die Ohren. *Follow The Leader* bot keine Antworten und sollte nicht beruhigend wirken. Es war der knallharte Soundtrack, um den Kopf gegen die Wand zu schlagen, voll brodelnder Wut und Hass.

Der Sound hatte sich seit dem von Ross Robinson produzierten Debüt gründlich verändert, aber ihre Markenzeichen – die tiefer gestimmten Instrumente, die schlichte Power der siebensaitigen Gitarren und Davis' wilde Gesangsattacken – waren immer noch vorhanden. Diese Band hatte ihr Powerplay live wie auch im Studio bis zur höchsten Vollendung geschult und lieferte eine entsprechend überzeugende Arbeit ab, was man über die ersten beiden Platten noch nicht hatte sagen können. Auf *Korn* hatte die Band ihre beißende Negativität auf alle Wände geschmiert; auf *Follow The Leader* war derselbe Zorn spürbar, aber er war konzentriert, verfeinert und von allem Ballast befreit. War auf dem Debüt mit „Daddy" bereits eine schwarze Sonne aufgegangen, so war das Herzstück des dritten Albums noch grauenvoller.

In „Dead Bodies Everywhere" lässt Jonathan Davis zu einem mächtigen Riff alle Frustrationen über das Gefühl heraus, den Erwartungen seiner Eltern entsprechen zu müssen; ein Gefühl, das ihn selbst dazu gebracht hatte, seine latexbehandschuhten Hände in das langsam erkaltende Fleisch kürzlich Verstorbener zu stecken, um ihre Todesursache zu ermitteln. Seine Erfahrungen bilden auch die Grundlage für das düster-schreckliche „Pretty", das davon inspiriert wurde, dass er einmal die Leiche eines Kindes untersuchen musste, das vergewaltigt und ermordet worden war. Auch wenn es abgedroschen klingt: Davis' entsetzter Aufschrei angesichts des Schicksals dieses Kindes und der Welt, die derartig Böses zulässt, entstammt demselben kreativen Drang, aus dem heraus Picasso *Guernica* malte und Dostojewski *Die Brüder Karamasow* schrieb. Möglicherweise war Davis als Künstler nicht ganz so ausdrucksvoll, aber in seinem Song steckte der mächtige und bewegende Versuch, die Begegnung mit etwas derartig Bösem zu verarbeiten. Auf diesen Titel folgt „All In The Family", ein Wortduell zwischen Davis und Durst, bei dem unter anderem auch Bemerkungen fallen wie: „Suck on my dick, kid, like your daddy did" („Lutsch mir den Schwanz, Kleiner, wie dein Vater das auch schon gemacht hat") – bloß um zu zeigen, dass sie auch krass und schlichtweg blöd sein konnten. Und wer darüber nicht lachen kann, sollte sich erst mal selbst das Eingemachte aus dem Arsch ziehen!

Außerdem empfehlenswert: *Korn* (Immortal 1993), das von Ross Robinson produzierte Debüt, das gleich nach der Veröffentlichung zu einem bahnbrechenden Kultalbum wurde.

Linkin Park
Hybrid Theory
Warner Brothers 2000

Papercut / One Step Closer / With You / Points Of Authority / Crawling / Runaway / By Myself / In The End / A Place For My Head / Forgotten / Cure For The Itch / Pushing Me Away

Dieses Album ist der Beweis, dass die Limp-Bizkit-Formel sich auch im Popbereich anwenden lässt. Hier geht es um typisch pubertäre Probleme, vor allem auf dem schneidenden ersten Titel „Papercut", aber das Ganze ist sehr nett verpackt und hat nichts von der Ruppigkeit von Limp Bizkit. Die Zielgruppe von Linkin Park sind ganz klar junge

Kids, und die Kritik, die man ihnen gegenüber immer wieder äußert – dass sie eine zahnlose, nachgemachte und unproblematische Metalversion anbieten, Hardrock light sozusagen –, ist schlicht nicht fair. Sie stehen in der uralten Tradition von Poprockkünstlern wie Kiss, Depeche Mode oder Bush, die, ob man will oder nicht, häufig zu den ersten Bands zählen, die Teenager für sich entdecken, wenn sie ihrem Kinderspielzeug entwachsen. *Hybrid Theory* wird dominiert von Samples, knackigen Backbeats, einer zweistimmigen Vokalattacke und schön glatten Harmonien. Das Resultat ist eine Platte, die in ihren vierzig Minuten Laufzeit alle möglichen Hörer glücklich machen will. Es gibt einige harte Losgeh-Rocksongs wie „Points Of Authority" und das schwermütige „Mir geht's ja so schlecht"-Zeug wie „Pushing Me Away". Titel wie „Cure For The Itch" lassen eine rudimentäre Experimentierfreudigkeit erahnen, die beinahe den Schluss zulässt, die Band könnte eine Zukunft haben – auch nachdem sich die erste Begeisterung über die Platte gelegt hat.

An *Hybrid Theory* ist nichts wirklich Eckiges oder Beängstigendes, und die Kritik, Linkin Park seien völlig antiseptisch, ist durchaus berechtigt. Von der mächtigen Schlagkraft von Korn oder der Energie der besten Bizkit-Songs ist bei ihnen nichts zu spüren. Aber sie präsentieren solide, ins Ohr gehende Melodien. Egal, ob die „Gefühle" in den Songs nun echt sind oder nicht: Chester Benningtons Stimme zählt auf alle Fälle zu den größten Qualitäten von Linkin Park. Er könnte auch das Telefonbuch rauf und runter singen, und trotzdem käme ein großartiger Song dabei heraus.

Ob *Meteora* langfristig ebenso erfolgreich ist, spielt dabei keine Rolle. *Hybrid Theory* ist eine perfekte Pop-Platte, fängt den Sound seiner Zeit ein und wird sicherlich nicht allzu schnell in Vergessenheit geraten.

Limp Bizkit
Chocolate Starfish And The Hotdog Flavored Water Interscope 2000

Intro / Hot Dog / My Generation / Full Nelson / My Way /
Rollin' (Air Raid Vehicle) / Livin' It Up / The One / Getcha
Groove On / Take A Look Around / It'll Be OK / Boiler /
Hold On / Rollin' (Urban Assault Vehicle) / Outro

Wer Zweifel daran hegte, dass der Aufstieg von Limp Bizkit nicht mehr
aufzuhalten sei, den überzeugte spätestens dieses Killeralbum. Zwar ist
es nicht unbedingt ihre beste Platte, denn ihr Debüt *Three Dollar Bill,
Yall$* fasst vermutlich am besten zusammen, was Nu Metal eigentlich
bedeutet. Es fing den Zeitgeist perfekt ein und verlieh einer ganzen
Generation eine eigene Stimme – auch wenn sie vor allem dazu diente,
andere Menschen zu beleidigen und schmutzige Limericks zu grölen.
„My Generation", ein Stotter-Rap, der sich auf den 1965 erschienenen
Klassiker von The Who bezieht, war hervorragend geeignet, den End-
dreißigern in den Hintern zu treten, die gerade diesen Who-Song als
ihre Hymne betrachteten und die inzwischen „ihre" Musik und die
darin ausgedrückten Gefühle für unantastbar hielten. Hätten sie sich
die Mühe gemacht, etwas an der Oberfläche dieser Platte zu kratzen,
hätten sie in Tracks wie „My Way" und „Take A Look Around" durchaus Titel entdecken können, die dem Acid-Hardrock der Sechziger und
Siebziger recht nahe kamen. Limp Bizkit haben den Durchblick, ja
sogar Leidenschaft, und sie haben etwas zu sagen, auch wenn das vielleicht nicht unbedingt etwas wirklich Weltbewegendes ist.

Die Gitarrenarbeit von Wes Borland ist in vieler Hinsicht wichtiger
für den Bizkit-Sound als das Riesen-Ego und das Whigger-Winseln
von Fred Durst. Gerade bei einem Song wie dem ultrafunkigen „Getcha Groove On" erkennt man eine größere musikalische Bandbreite
und mehr spielerisches Können als bei den meisten anderen Bands.
„Rollin'", das der WWF-Star The Undertaker als seine persönliche
Hymne für die Kämpfe auswählte, sorgte für eine perfekte Verbindung
zwischen Wrestling und Rock. Fred Durst steht sicherlich Stone Cold
Steve Austin oder The Rock wesentlich näher als jeder andere Rock-
oder HipHop-Star seiner Generation. Er ist großmäulig, spuckt Feuer
und legt sich mit jedem an; er ist der Drecksack, den die Fans zwar
eigentlich hassen, aber natürlich trotzdem sehen wollen. Und auch

wenn vielleicht alles nur „gespielt" ist, vermittelt er zumindest glaubhaft den Eindruck, dass es wirklich wehtut, wenn er in den Songs auf der Platte auf die Matte knallt.

Ob dieses Album bereits der Höhepunkt in der Karriere von Fred Durst und den anderen Bandmitgliedern gewesen ist, wird die Zukunft zeigen. Aber wer Limp Bizkit jetzt schon abschreibt, tut das auf eigene Gefahr.

Außerdem empfehlenswert: *Three Dollar Bill, Yall$* (Interscope 1997), das furiose, von Ross Robinson produzierte Debütalbum, das alle Klischees in eine große Kiste steckt und es dann mächtig krachen lässt. *Significant Other* (Interscope 1999) ist oberflächlich eine einzige lange Hasstirade auf eine Exfreundin Dursts, die ihn als Frauenhasser diffamierte. Aber es steckt noch weitaus mehr dahinter.

Papa Roach
Infest
Dreamworks 2000

Infest / Last Resort / Broken Home / Dead Cell / Between Angels And Insects / Blood Brothers / Revenge / Snakes / Never Enough / Binge / Thrown Away

Zwar beginnt diese Platte textlich nicht gerade mit einem Überflieger – „My name's Coby Dick / Mr. Dick if you're nasty / Rock a mic / With a voice that's raspy / And I'm poetic in my operations / My God-given talent is to rock all the nations / We're going to infest" („Ich heiße Coby Dick / Mr. Dick für alle, die sich nicht benehmen / Ich rock ins Mikro / mit rauer Stimme / und dabei bin ich echt poetisch / Ich habe das gottgegebene Talent, die ganze Welt zu rocken / Wir werden uns ausbreiten wie eine Krankheit") –, aber trotzdem geht es vom ersten Beat an mächtig zur Sache. Es ist ein hässliches, brutales und kurzes Album, ein Thrashangriff ganz nach dem Muster von Rage Against The Machine, bei dem Coby Dicks Stimme wie eine Granate aus den Boxen bricht, während die Gitarren ihr Feuerschutz geben. Wäre dieses Album schon Ende der Achtziger erschienen, hätte sich sicherlich Dischord für die Band interessiert, das ultracoole Washingtoner Label, das für Hardcoreklassiker von Fugazi und Minor Threat verantwortlich zeichnete. Im Vergleich zu jenen Bands oder auch Rage Against

The Machine sind Papa Roach allerdings apolitisch – oder aber sie besitzen eine völlig anders gelagerte politische Dimension.

„Last Resort" ist der Hamlet'sche Monolog – jedenfalls der Monolog eines Hamlet, der als frustriertes Punkrockkid in Nordkalifornien aufgewachsen ist. „Broken Home" ist ein zorniger Gefühlsausbruch, der allen Kids der Generation X gewidmet ist, während „Binge" einen Exzess im Stil des Films *Das verlorene Wochenende* als komprimierte, lärmende Punkschockwelle darstellt. Textlich und musikalisch sind Papa Roach vor allem durch die rasiermesserscharfe Gitarrenarbeit von Jerry Horton der Konkurrenz deutlich einen Schritt voraus.

The Deftones
White Pony   Warner Brothers 2000

Feiticeira / Digital Bath / Elite / RX Queen / Street Carp / Teenager / Knife Party / Korea / Passenger / Change (In The House Of Flies) / Pink Maggit

In vielerlei Hinsicht füllen die Deftones die riesige Lücke, die in der aktuellen Rockszene durch die Auflösung der Smashing Pumpkins entstanden ist. Auf *White Pony* entfernen sie sich ein großes Stück vom angeberischen Zuhälter-HipHop-Rock, den sie ursprünglich mit ins Leben riefen, und wenden sich stattdessen einem Sound zu, der eine ähnlich leidenschaftliche Intensität besitzt wie klassisches Pumpkins-Material: Die Deftones verbinden unter die Haut gehende Melodien mit schneidendem, eisigem Gitarrenrock.

Sie erinnern jedoch auch an die Pixies, jene schmerzlich vermissten Lieblinge der Alternative-Rock-Szene, vielleicht hauptsächlich deshalb, weil Chino die Fähigkeit besitzt, von sanftem Badezimmergesang unvermittelt und binnen Sekunden zu wildem Gebrüll zu wechseln.

Wahrscheinlich hat es auch mit ihrer Bereitschaft zu tun, neue musikalische Herangehensweisen auszuprobieren. Die besten Beispiele dafür sind sicherlich „Digital Bath" mit seinen Soundeffekten und die Single „Change (In The House Of Flies)". Beide Titel entstanden in fruchtbarer Zusammenarbeit mit dem neuen Bandmitglied, DJ Frank Delgado, der nicht nur den Songs eine neue Klangfarbe verlieh, sondern auch den Weg ebnete, musikalisches Neuland zu betreten. *White Pony* nimmt nicht nur im Gesamtwerk der Deftones und im Pantheon des Nu Metal eine herausragende Stellung ein, es verdeutlicht das Potenzial der Band, auch in Zukunft innovative Musik abliefern zu können. **Außerdem empfehlenswert:** *Around The Fur* (Warner Brothers 1997), eine wesentlich geradlinigere Platte als *White Pony,* die das radiotaugliche „My Own Summer" und die Single „Be Quiet And Drive (Far Away)" enthält.

Dry Kill Logic
The Darker Side Of Nonsense   Roadrunner 2001

Nightmare / Feel The Break / Pain / Nothing / Assfalt / Weight / A Better Man Than Me / Rot / Track 13 / Give Up, Give In, Lie Down / The Strength I Call My Own / Goodnight/Sab

Die New-Yorker Formation, die früher unter dem Namen Hinge operierte, hat sich das Ziel gesetzt, die aggressivste, intensivste und respektierteste Band der Welt zu werden. Ihre ersten beiden Alben, *Elemental Evil* und *Accidental Meeting Of Minds,* die auf ihrem eigenen Label Psychodrama erschienen, brachten sie auf diesem Weg nicht wirklich weiter, aber nach einer Auszeit, mit neuem Gitarristen und einem neuen Label scheinen sie ihrem Anspruch wesentlich näher zu kommen.

The Darker Side Of Nonsense macht keine Gefangenen – keine komplizierten Songstrukturen, keine Spielereien, kein Vortäuschen falscher Sicherheit. Schon der erste Titel, „Nightmare", knallt dem Hörer Powerakkorde um die Ohren, attackiert ihn mit einem Schlagzeug, das einen Herzstillstand verursacht, und Cliff Riganos Gesang, der ein bisschen was von einem Rottweiler auf Crack hat – und dieser Frontalangriff ist so überzeugend, dass kaum auffällt, wie sehr sich Dry Kill Logic beim Gesamtwerk von Fear Factory bedient haben.

Dry Kill Logic haben kein bestimmtes Motto. Sie sind von allem genervt, was sie umgibt, und die Dynamik dieses durchweg aggressiven Rocksounds kann gelegentlich auch anstrengend wirken. „The Strength I Call My Own" lässt es ein wenig langsamer und psychedelischer angehen, ist aber von derselben Bitterkeit und Energie erfüllt wie der Rest der Platte. Vielleicht ein Hinweis darauf, in welche Richtung sich die Band künftig entwickeln könnte.

Slipknot
Slipknot   Roadrunner 1999

7426100027 / [sic] / Eyeless / Wait And Bleed / Surfacing /
Spit It Out / Tattered And Torn / Frail Limb Nursery / Purity /
Liberate / Prosthetics / No Life / Diluted / Only One / Scissors

Als dieses Album erschien, ahnte niemand auch nur ansatzweise,
welchen Einfluss diese maskierten Irren aus dem amerikanischen Mittelwesten auf den Rock 'n' Roll haben würden. Die Vergleiche mit
Marilyn Manson und ein paar saft- und kraftlosen Schockrockern der
Vergangenheit (wie G. G. Allin oder GWAR) wurden Slipknot nicht
gerecht. Sie boten nicht die Fortsetzung alter Traditionen, sondern waren
ein völlig eigenständiges Phänomen. Das lässt sich schon fast mathema-
tisch belegen: Natürlich verursachen neun Leute doppelt so viel Krach
wie eine normale vier- oder fünfköpfige Band. Allein die Percussions-
sektion von Slipknot spielt schlappere Bands problemlos an die Wand.
   Es ist vielleicht Ross Robinsons größte Leistung, dass es ihm
gelang, diese Urgewalt auf Platte zu bannen: *Slipknot* klingt lauter als
jedes andere Album, selbst wenn man den Lautstärkeregler nach unten
dreht. Im Vergleich zum noch großartigeren und besseren Nachfolger
macht *Slipknot* heute fast einen etwas abgehangenen Eindruck, wobei
Tracks wie „Wait And Bleed" oder das bedrohliche „Scissors" noch
immer volle Durchschlagskraft besitzen.

Iowa   I AM/Roadrunner 2001

(515) / People=Shit / Disasterpiece / My Plague / Everything
Ends / The Heretic Anthem / Gently / Left Behind / The Shape
/ I Am Hated / Skin Ticket / New Abortion / Metabolic / Iowa

Iowa schlägt dem Hörer hundertprozentig fiesen Rock in den Schädel,
als wäre ein Irrer mit einer Nagelpistole am Werk – und das vom ersten
Song, dem einminütigen „(515)" mit seinen satanischen Geräuschen und
dem subsonischen, pulsierenden Beat, bis hin zum spektakulären fünf-
zehnminütigen Titeltrack. Es gibt keine überragenden Titel, weil diese
Platte keine einzige Schwachstelle aufweist. Stattdessen finden sich hier
pyrotechnische Metalkiller wie „The Heretic Anthem", gnadenlos kom-

merzielle Kracher wie „My Plague" und Horror-Gänsehautmomente wie „Gently" (eigentlich ein alter Song aus den Tagen von *Mate. Feed. Kill. Repeat,* der mit Sounds wie aus einem schlechten Trip und einem sich endlos steigernden Riff versetzt wurde). Dabei arbeitet das ganze Album auf den schrecklichen und hervorragenden Titeltrack hin.

Natürlich wurden Slipknot häufig als billige, auf unzufriedene Jugendliche zugeschnittene Neuauflage von Alice Cooper, Kiss oder der *Rocky Horror Picture Show* dargestellt. „Das ist doch alles nur Theater!", heißt es gern abfällig. Nun hat Theater schon seit den Zeiten, als Ödipus seine Mutter knallte, seinen Vater killte und sich dann selbst die Augen ausquetschte, stets etwas Krankes, Hässliches und Schreckliches dargestellt, das in der menschlichen Natur schlummert. Slipknot sind sicher Musiktheater, aber mit Andrew Lloyd Webber hat das trotzdem nicht wirklich viel zu tun.

„Iowa" ist ein überwältigend dramatisches Stück, in dem Schreie und Maschinengeräusche verwendet werden, aber auch Sätze wie „You'll live forever" („Du wirst ewig leben") mit verrücktem Kichern versetzt sind, um die Gedankenwelt eines kranken Killers anzudeuten. Dieser Titel, der beinahe ein Viertel des Albums ausmacht, wirkt ähnlich wie „Scissors" vom Vorgängeralbum gleichzeitig abstoßend und anziehend.

Musikalische Vergleiche – beispielsweise mit „Dirt" vom Stooges-Album *Funhouse* oder „Sister Ray" von The Velvet Underground – werden dem Wesen dieses Songs nicht gerecht; Gemeinsamkeiten bestehen eher mit der letzten Minute von *The Blair Witch Project, Se7en* oder *Der Exorzist.* Mit dem Unterschied, dass man bei Slipknot nicht die Augen zumachen kann, denn die Bilder stammen aus dem eigenen Kopf.

Es ist eine fantastische Platte, ein Album, an dem sich alle Nachfolgewerke der kommenden Jahre messen lassen müssen. Wobei die meisten seine Qualität wohl kaum erreichen werden.

Static-X
Machine Warner Brothers 2001

Bien Venidos / Get To The Gone / Permanence / Black And
White / This Is Not / Otsego Undead / Cold / Structural
Defect / Shit In A Bag / Burn To Burn / Machine / A Dios Alma
Perdida

Skinny Puppy, Front 242, Nine Inch Nails, Marilyn Manson, System
Of A Down, Fear Factory – sie alle haben sich die alte Ministry-Formel
nach bestem Wissen und Gewissen zunutze gemacht und sind damit
bestens gefahren. Static-X, die wie Ministry und das Wax-Trax-Label
ebenfalls aus Chicago stammen, haben die Lektion ihrer Vorgänger
ebenfalls gut verinnerlicht.

Auf *Wisconsin Death Trip,* ihrem Debüt, schufen sie einen Sound, den
sie selbst „rhythmic trancecore" nannten; ein Sound, der sich ebenso
beim Techno bediente wie auch bei Furcht einflößenden Goth- und
Industrialbands.

Aus irgendeinem völlig unersichtlichen Grund beginnt *Machine* mit
etwas, das wie die Liveaufnahme einer mexikanischen Mariachikapelle
klingt. Doch übergangslos geht es dann mit „Get To The Gone" knallhart los, und dieser hässliche, brutale und anabolikagedopte Lärm stellt
die Weichen für den Rest der Platte.

Während Ministry sich eine feine, aber letzten Endes kleine Kult-
gemeinde wahrer Gläubiger aufbauten, legen Static-X es darauf an, sich
auch außerhalb des Industrialgettos einen Namen zu machen. „Black
And White" ist ein schamlos radiotauglicher Popsong; „This Is Not"
und das machtvolle „Shit In A Bag" scheinen nur deshalb geschrieben
worden zu sein, um ihnen ein Stadion voller Fans zu Füßen zu legen.

Der letzte Titel, „A Dios Alma Perdida", ist ein besonders gelun-
genes Beispiel für ihren klaustrophobischen Grindcore, der nach einer
gottlosen Kreuzung aus frühen Public Image Ltd. und frühen Sabbath
klingt. Der Titelsong hingegen fällt vergleichsweise sanfter aus und
deutet ebenso wie das stark von Sampling geprägte „Otsego Undead"
darauf hin, welche Richtungen Static-X vielleicht in Zukunft einschlagen könnten.

Static-X sind eine Band, die ihre Stimme noch nicht ganz gefunden
hat. *Machine,* das mit dem neuen Gitarristen Tripp (dem früheren Dope-

Mann, der Koichi Fukada ersetzte) aufgenommen wurde, ist zwar ein mehr als ordentliches Album, aber überragend ist es nicht. Doch das geht in Ordnung – schließlich ist es erst ihre zweite Platte, und sie wollen uns sicher noch einige Zeit begleiten.

Es gehört zum Marketinggeschick der neuen Generation amerikanischer Bands wie Static-X, dass sie sich bei Musikrichtungen bedienen, die zuvor als ausschließliche Undergroundthemen betrachtet wurden. Diese Stilistiken werden ein wenig verwässert und den unzufriedenen Vorstadtjugendlichen kistenweise in Form von Platten und Merchandise-Artikeln vor die Tür gestellt. Das kann man entweder als Ausverkauf bezeichnen oder als cleveren Geschäftssinn; fest steht, dass wahrscheinlich mehr Menschen die Static-X-Liveversion des Ministry-Songs „Burning Inside" kennen als das Original. Und während Fear Factory ein für alle Mal definiert haben, wie paranoider Cyberpunk Metal auszusehen hat, sind es trotzdem Static-X, deren Videos auf MTV gezeigt werden – schlicht und einfach, weil sie nach Fernsehmaßstäben besser aussehen. Das ist zwar traurig, aber leider die Realität. Und trotzdem: Es ist eigentlich nichts Schlechtes, als Fear Factory light oder die brave und ordentliche Version von Ministry durchzugehen.

Außerdem empfehlenswert: *Wisconsin Death Trip* (Warner Brothers 1999), das weniger ausgeformte, aber dennoch interessante Debüt, das wesentlich lockerer klingt und stärker von Techno inspiriert ist.

Staind
Break The Cycle
Flip/Interscope 2000

Open Your Eyes / Pressure / Fade / It's Been A While / Change / Can't Believe / Epiphany / Suffer / Warm Safe Place / For You / Outside / Waste / Take It

So, wie *Pornography* und *Songs Of Leonard Cohen* der Cure den Soundtrack für das Leben deprimierter Jugendlicher früherer Generationen stellten, gilt momentan das dritte Staind-Album als Muss für alle problembeladenen, zurückgezogenen Existenzialisten unter den Musikfans.

Staind sind vermutlich die Band, die sich am ehesten jenseits aller Kategorien etablieren wird, um eines Tages neben R.E.M. und Konsorten eine Rolle in der amerikanischen Mainstream-Musikszene zu spielen. Schon jetzt hat das Songwriterteam Mike Mushok und Aaron Lewis mit Songs wie dem wehmütigen, fast ein wenig folkigen „It's Been A While" und dem härteren „Can't Believe" seine Spur in den Charts hinterlassen.

Zwar ist es nicht völlig unberechtigt, wenn man sie als Grabräuber des Grunge bezeichnet, die sich die noch warmen Riffs von Soundgarden, Alice In Chains und Nirvana aneigneten. Aber im Gegensatz zu Mitstreitern wie Cold oder Puddle Of Mudd, die sich mit bloßem Recycling zufrieden geben, versuchen Staind zumindest, aus diesen Einflüssen etwas Neues zu schaffen. Zudem hat sich die Band zwischen *Dysfunction* und *Break The Cycle* enorm weiterentwickelt. Allein die Qualität des Songwritings lässt hoffen, dass Staind in den kommenden Jahren und Jahrzehnten mit großartiger Musik aufwarten werden.

Break The Cycle kombiniert nicht nur zornige Texte mit überdrehtem Rock; Songs wie „Epiphany" bieten tatsächlich Einblicke in eine suchende, sich selbst hinterfragende Persönlichkeit. Ihre Version von „Outside" – Lewis' Duett mit Fred Durst, das Staind erstmals vielen Limp-Bizkit-Fans vorstellte – ist als emotionsgeladene und aufbauende Powerballade ausgelegt, wie man sie seit dem Abschied von Bands wie Heart und Poison kaum noch hört. Staind gelingt es perfekt, dieses abgedroschene Format mit neuem Leben zu füllen.

267

Sampler
Strait Up
Immortal/Virgin 2000

Starlit Eyes / Take It Back / I Know Where You're At / Catch A
Spirit / Until Next Time / Divided (An Argument For The Soul)
/ Ozzy Speaks / Angel's Son / Forever / Funeral Flights /
Requiem / Reaching Out / Absent / Sad Air

Strait Up entstand zu Ehren Lynn Straits, des ehemaligen Sängers der
kalifornischen Punkband Snot, der 1998 im Alter von dreißig Jahren
bei einem Verkehrsunfall ums Leben kam. Die Tracklist der Platte liest
sich wie ein *Who's who?* der Nu-Metal-Szene: Sie enthält Songs von
Limp Bizkit, Korn, Incubus, Slipknot, System Of A Down und Sugar
Ray; Ozzy Osbourne hält außerdem eine Lobrede auf Strait. Snot hatten das Zeug, zu einer wirklich großen Nu-Metal- oder Hardcore-
Crossover-Band zu werden – das beweist nicht zuletzt Jonathan Davis'
gefühlvoller Gesang bei „Take It Back".

Außerdem empfehlenswert

Coal Chamber
Chamber Music
Roadrunner 1999

Hervorragendes zweites Album der in L. A. beheimateten Band. Eine
dunkle und sinnliche Mischung aus Goth, Punk, Metal und HipHop.

System Of A Down
Toxicity
Columbia 2001

Risikofreudiges und druckvolles Album, bei dem Dampfhammer-Riffs
die orientalischen und osteuropäischen Musikeinflüsse überlagern.

Kittie
Oracle   Artemis 2001

Zweitwerk des kanadischen Frauentrios, auf dem Death Metal, Glam und Goth so aufeinander prallen, dass sogar ein Pink-Floyd-Cover dazupasst.

III Niño
Revolution, Revolución   Roadrunner 2001

Das Debüt der Band aus New Jersey, deren Latino-Einflüsse für kommende Metalbands eine wunderbare Inspirationsquelle sein dürften.

(hed) pe
Broke   Jive 2000

Eine solide Dosis harter Rap und harter Rock, die den Qualitäten der Band zwar nicht völlig gerecht wird, aber zumindest einen kleinen Eindruck davon vermittelt, welche Energie sie bei ihren Konzerten freisetzt.

Will Haven
WHVN   Revelation 1999

Druckvoller, aggressiver und lauter Art Metal.

Incubus
Morning View   Sony 2001

Ihr bisher bestes Album, das atmosphärischer und introspektiver ausgefallen ist als das eher funkige *Science*.

Dislocated Styles
Pin The Tail On The Honkey   Roadrunner 2001

Das zweite Album der Band aus Phoenix bietet eine Mischung verschiedener Stilrichtungen und ist dabei sehr funky und heavy.

Die Wurzeln des Nu Metal

Eine unvollständige Sammlung jener Platten, die den Nu Metal am stärksten beeinflusst haben. (Selbstverständlich zählt hiezu auch *Nevermind* von Nirvana (Geffen 1991), das oft imitiert, aber selten übertroffen wurde – nicht einmal von Nirvana selbst.)

Sepultura
Roots
Roadrunner 1997

Dieses wegweisende Album zeigt die brasilianischen Thrashkönige in jener Übergangsphase, als sie nicht mehr ausschließlich darauf bauten, möglichst viele harte Riffs in möglichst kurzer Zeit herauszuschleudern. Auf *Roots* verwendeten sie zudem Raps und indianische Trommeln und ließen bereits die stilistische Offenheit erahnen, die Max Cavalera letztlich dazu brachte, sich mit Soulfly verstärkt derartigen Experimenten zu widmen. Zu dieser Höchstform liefen Sepultura danach nie wieder auf.

Rage Against The Machine
Rage Against The Machine
Epic 1992

Hervorragendes Debüt der in Los Angeles beheimateten Polit-Rap-Rocker, die hiemit den Sound des Nu Metal vermutlich stärker beeinflussten als jede andere Band – von Nirvana einmal abgesehen. Es zählt zu den explosivsten Alben der Neunziger und transportierte zornige Parolen gegen die Regierung in den Mainstream-Musikmarkt; der brillante Sound von RATM sorgte zudem dafür, dass sich nicht nur bereits überzeugte Fans für ihre Musik interessierten.

Biohazard
State Of The World Address
Warner Brothers 1994

Das erste Major-Label-Album der New-Yorker, deren Zusammenarbeit mit Onyx beim bahnbrechenden Track „Slam" bereits hohe Wellen geschlagen hatte. Generell waren Biohazard eher vom Old-School-Thrash und -Hardcore geprägt, ließen sich hier jedoch zusätzlich von ihren alten Rapperfreunden inspirieren. Zusammen mit dem 1999 erschienenen *New World Disorder* zählt diese Platte zu ihren besten Werken.

The Beastie Boys
Licensed To Ill   Def Jam 1986

Dieses Album wirkt heute noch genauso laut, blöd und dummgeil wie damals. „Fight For Your Right To Party" und „No Sleep Til Brooklyn" hatten einen riesengroßen Einfluss auf den Nu Metal, aber auch auf Neopunkbands wie Blink-182. Zwar ist ihr zweites Album *Paul's Boutique* im Grunde das ausgefeiltere Werk, aber *Licensed To Ill* klingt noch immer, als sei es erst letzte Woche aufgenommen worden – ein Beweis der Unverwüstlichkeit.

Infectious Groove
The Plague That Makes Your Booty Move ...
It's The Infectious Grooves   Columbia 1991

Dieses obskure, aber dennoch enorm wichtige Nebenprojekt Mike Muirs von Suicidal Tendencies setzte Maßstäbe im Funk-Punk und erforschte bereits die Grundlagen des Rap-Rock-Sounds.

Faith No More
The Real Thing   Slash 1989

Ihr Riesenhit „Epic" wurde zum Wegbereiter für eine ganze Generation ähnlich klingender Bands, die sich an dem schwerblütigen Schlagzeug sowie der Abfolge aus gerappten Strophen und gesungenen Refrains mit mächtigen Gitarrenlicks orientierten. Hätten sie nur einen Cent für jeden Song erhalten, der nach dem „Epic"-Muster konstruiert wurde, wüssten sie heute nicht, wohin mit ihrer Kohle. Auch wenn Sänger Mike Patton das gesamte Genre zu verabscheuen scheint, handelt es sich bei *The Real Thing* um einen echten Rockklassiker.

Run-DMC
King Of Rock Def Jam 1985

Der Rapklassiker der Achtziger, von dem der Hit „Walk This Way"
ausgekoppelt wurde. Das Album beeinflusste nicht nur Nu Metal und
Rap-Rock, sondern war auch für die Entwicklung des Gangsta-Rap
von entscheidender Bedeutung.

Red Hot Chili Peppers
Blood Sugar Sex Magik Warner Brothers 1991

Von Rick Rubin produzierte Riesenladung Funkrock, angereichert mit
Sex und druckvollem Slapbass. Mit „Under The Bridge" und „Give
It Away" sind gleich zwei Klassiker enthalten, wobei der letztgenannte
Titel an den frühen, quengeligen Rap Fred Dursts erinnert. *Mother's
Milk* (Warner Brothers 1989) sei als Meilenstein auf dem Weg zum Nu
Metal an dieser Stelle ebenfalls empfohlen.

Boo-yaa TRIBE
New Funky Nation Polygram 1990

Diese Rapcrew bestand aus knallharten samoanischen Gangstas und
verband den rasiermesserscharfen HipHop von NWA mit geschmack-
losen High-Energy-Gitarren. Dieses Album ist um Längen besser als
ihr 2000 erschienenes Comeback *Mafia Life*.

Public Enemy
It Takes A Nation Of Millions To Hold Us Back Def Jam 1988

Der Klassiker von Public Enemy, besonders herausragend durch die
gnadenlose DJ-Arbeit von The Bomb Squad und den Titel „Bring The
Noise", der Public Enemy mit Anthrax zusammengehen ließ.

Alice In Chains
Dirt   Sony 1992

Dieses Album beeinflusste alle Bands von Staind bis Cold; im Nu
Metal wimmelt es von Sängern, die versuchen, eine ebenso schön
kaputte Bariton-Bluesstimme zu entwickeln wie Layne Staley. Auf diesem Album befindet sich auch der Song „God Smack", der sicherlich
aller Dementis zum Trotz die gleichnamige Band bei ihrer Namens-
findung beeinflusste, zumal sie sich auch stilistisch stark an diesen
Grunge-Vorbildern orientierte.

Primus
Sailing The Seas Of Cheese   Interscope 1991

Mit ihrem surrealen Funkrock gehören Primus zu den Ausnahmeerscheinungen in der amerikanischen Musiklandschaft. Sie klingen wie
die experimentelle und atonale Version der Red Hot Chili Peppers und
präsentieren eine eigenwillige Mischung aus Metal, Punk und von
George Clinton inspiriertem Funk. Der in den hohen Lagen gespielte
Bass steht im Mittelpunkt, und jedes Instrument, der Gesang eingeschlossen, dient als Rhythmusgeber. Primus haben ungerechterweise
keine größere Berühmtheit erlangt, dabei stellen sie im Grunde die
indirekte Verbindung zwischen Fred Durst, Captain Beefheart und
Tom Waits dar. Dieses Album ist ein vielfach übersehener Klassiker.

Index

#

1,000 Homo DJs 171
2 Live Crew 238
23 Skiddoo 37
24-7 Spyz 29
311 58, 215

A

Aaron, Charles 81
Abaddon 132
Abrahams, Josh 48, 101, 177, 206
AC/DC 17, 38, 225–226
Addicted To Noise (Online-Magazin) 18, 56
Adema 67, 194–195, 255
Aerosmith 14, 31–32, 126, 240
AFI 15, 225
Agnostic Front 37
Aguilera, Christina 23, 240
Albini, Steve 64
Alexander, Phil 208
Ali, Lorraine 17, 75
Alice In Chains 12, 51, 57, 94, 163–164,
   201, 210, 212, 267
Alien Ant Farm 176
Allin, G. G. 89, 263
Allman Brothers Band, The 195
Allman, Elijah Blue 192, 222
Allman, Gregg 192
Almost Famous – Fast berühmt (Film) 11
Alternative Press (Magazin) 9, 74, 178, 234
Amen 14, 16, 148, 226–228, 236, 242–245,
   250
American Head Charge 202
Amos, Tori 143
Amps, The 146
Anderson, Pamela 240
Anderson, Pink 182
Angelwitch 13
Anselmo, Phillip 37
Anthrax 38–39, 48, 119, 126, 198, 204, 272
Anthym 33
Apartment 26 24, 196–197
Aphex Twin, The 114, 117
Arcuri, Phil 204
Arden, Don 68

Ardito, Douglas John 210
Arvizu, Reggie (siehe Fieldy)
At The Drive-In 15, 23, 249–250
Atfield, Talena 147, 150
Atlas, Charles 52–53
Au Pairs, The 146
Audiogalaxy (Online-Musiktauschbörse)
   139
Auf Der Maur, Melissa 124
Austin, Stone Cold Steve 259
Avenell, Grady 208, 252
Avengers, The 46

B

Babes In Toyland 146
Backstreet Boys 88, 186
Backyard Babies 225
Bad Brains 41, 46, 119, 121, 198
Bad Company 17
Bad Religion 48
Baez, Joan 145
Balsamo, Terry 212
Balzary, Michael (siehe Flea)
Bambaataa, Afrika 31
Band, The 211
Bangs, Lester 12
Barker, Paul 165, 170
Basic Enigma 172
Bastard 143
Bathory 133
Baudelaire, Charles 233
Bauhaus 220, 231
BC 190
Beach Boys, The 58, 104, 117, 211
Beast Craig, The 192
Beastie Boys, The 32, 41, 43, 73, 116, 206,
   208, 238, 249
Beat, The 40
Beatles, The 12, 24, 35, 39, 52, 90,
   104–105, 235–236
Beatnigs, The 41
Beck 17, 63, 239
Beck, Justin 198
Beckham, Victoria „Posh Spice" 113
Beefheart, Captain 36, 273
Beinhorn, Michael 67
Bell, Burton C. 173, 196–197

Belly 146
Bennington, Chester 102, 106–109, 115, 258
Benson, Howard 207
Benton, Glenn 148
Berkowitz, Daisy 230
Berry, Chuck 40
Bertha 145
Biafra, Jello 203
Big Black 64, 204
Big Dumb Band 85
Big Star 126
Bikini, Kill 146–148
Bill, Bushwick 32
Billboard (Magazin) 9, 25, 62, 80, 112, 116, 130, 159, 178, 187, 249
Biohazard 15, 37, 271
Bis 34
Björk 145
Black Flag 46, 198, 225
Black Rebel Motorcycle Club, The 9
Black Rock Coalition (BRC) 39
Black Sabbath 13, 17, 25, 38, 50, 64–65, 89–90, 95, 129, 133, 137, 196, 212, 220, 225, 265
Black Star 114
Blair, Linda 136, 149
Blind By Choice 198
Blink-182 15, 144, 206, 225, 242, 271
Blondie 30, 76
Bloodhound Gang, The 144, 225
Blow, Kurtis 31
Blue Cheer 13, 64, 225
Bluetones, The 25
Blur 11, 25
Body And Soul 218
Body Count 39
Bolan, Marc 178
Bolt Thrower 50
Bomb Squad, The 272
Bon Jovi 48, 50, 148
Bone Thugs-N-Harmony 200
Boney M 105
Bonham, John 38
Boo, Gangster 145
Boo-Yaa TRIBE, The 40, 42
Boogie Down Productions 48
Borland, Wes 72, 76, 85, 100, 210, 253, 259
Bourdon, Rob 106
Bowie, David 84, 178, 231
Bowman, Fallon 147, 149
Boy Hits Car 255

Boyd, Brandon 124, 145, 184–186
Brando, Marlon 136
Breeders, The 146
Brown, Foxy 145
Brown, James 30, 39
Bubba Sparxx 226, 241
Buckcherry 225
Buckner, David 34, 182
Buffett, Jimmy 91
Burns, Scott 193
Burroughs, William S. 13, 49
Burzum 133
Bush 25, 197, 258
Bush, George W. 229–230
Busta Rhymes 237
Butler, Biff 196
Butler, Geezer 196
Byrds, The 13, 104, 126, 186, 211

C, Tim 44
Cabaret Voltaire 115
Cabot, Laurie 163
Cactus 225
Caggiano, Rob 204
Campos, Tony 169
Cannibal Corpse 193
Capone, Al 67
Carcass 50, 127
Carpenter, Stephen 120
Carrero, Manuel 198
Cash, Johnny 33, 240
Cavalera, Igor 251
Cavalera, Max 117, 121, 208, 214, 251–252, 270
Cave, Nick 94, 220
Cazares, Dino 78, 117, 173, 221
CD Now (Magazin) 107
Céline, Louis-Ferdinand 49
Celtic Frost 38, 49, 133
Chad 190
Chaos, Casey 242–243, 245
Chavarri, Dave 214
Chavez, Mark 67, 194–195
Chemical Brothers, The 25
Cheng, Chi 45, 120
Cher 192
Chicago Women's Liberation Rock Band, The 145
Children Of Bodom 254
Chomsky, Noam 42

Churchill, Sir Winston 204
Cinderella 36
Circus (Magazin) 100, 177
Clapton, Eric 237
Clarke, Kevin 161
Clarke, Stanley 56
Clash, The 21, 33, 35, 38, 42–43, 61, 203
Clay, Andrew „Dice" 32
Claypool, Les 36
Cleanse 198
Clinton, Bill 116
Clinton, George 34, 40, 273
CMJ (Magazin) 112
Coal Chamber 14, 116, 142, 160, 168,
    172–173, 179, 204, 206, 220–223,
    225–226, 246, 255
Cobain, Kurt 12, 22, 50–51, 56, 61, 81, 96,
    100, 109, 128, 144, 162, 206, 210–211,
    236
Cochrane, Eddie 27
Cockney Rebel 178
Cocteau Twins, The 119, 248
Codeseven 198
Cohen, Leonard 94, 118
Cold 85, 212–213, 255, 267, 273
Collins, Bootsy 56
Coltrane, John 182
Combs, Sean „Puffy" (Puff Daddy,
    P. Diddy) 22, 82, 85, 201, 237
Confrontation Camp 39–40
Conner, Monte 221
Consolidated 41–42
Cooper, Alice 105, 131, 188, 233, 264
Coppola, Francis Ford 218
Corgan, Billy 124, 167
Cornershop 17
Cosmopolitan (Magazin) 163
Council, Floyd 182
Country Joe And The Fish 71
Cox, Mike 220
Crahan, Shawn 130, 134–135, 138, 188
Crass 41
Crawlspace 218
Crazy Town 14, 125, 206–207, 224, 241,
    254
Creed 17, 23, 89, 215, 235, 253
Crime 46
Croce, Jim 95
Cronos 132
Crosby, Stills, Nash And Young 95
Crosley, Gina 143
Crow, Jim 237
Crowe, Cameron 11

Crowley, Aleister 188, 233
Cruden, Louis 196
Crystal Method, The 168
Cult, The 33
Cummings, E. E. 188
Cunningham, Abe 120
Cure, The 28, 47, 57, 94, 114, 118, 120,
    212, 220, 247, 267
Curley, Leo 37
Cypress Hill 37, 77, 190, 213

D, Chuck 18, 38–39, 43, 126
D, Heavy 18
D, Mike (Mike Diamond) 32
D-12 240
Da Brat 145
Daily Mirror (Zeitung) 15
Damned, The 243
Danzig 33, 173
Darwin, Charles 236
Date, Terry 79, 88–89, 121
David (Silveria) 55–56, 60, 64
Davis, Jonathan 14, 18, 45, 52–53, 55–63,
    65–67, 76, 114, 118–119, 124, 136,
    176–177, 193–195, 233, 239, 256–257,
    268
Davis, Miles 49
Davis, Rick 59, 61
Days Of The New 17
de la Rocha, Zack 19, 42, 44
de Sade, Marquis 233
Dead Boys, The 46
Dead Kennedys, The 40, 42, 46, 203
Deadsy 192–193, 222, 255
Deal, Kim 146
Decker, Tom 172–173
Deep Blue Dream 167
Deep Purple 25, 45, 89
Def Leppard 13, 45
Defenestration 9, 142, 150
Deftones, The 14, 16–17, 45, 52, 59, 62,
    68, 78, 89, 93, 105, 114, 116, 118–125,
    150, 182, 197–198, 201, 208–209, 222,
    246, 248, 252, 255, 261–262
Deicide 49, 76, 148
Delgado, Frank 120, 125, 261
Delson, Brad 106, 113
Delta 5, The 146
Depeche Mode 48, 114–115, 165, 198, 258
Derakh, Amir 176, 179

DeRoo, Dave 194
Destiny's Child 117-118
Destruction 133
DeVoe, Bell Biv 206
DeWolf, Mike 200
Diamond, Mike (siehe D, Mike)
Diamond, Neil 104
Diaz, Cameron 68
DiCaprio, Leonardo 69
Dick, Coby (Jacoby Shaddix) 181-183,
    260
Dickies, The 225
Dictators, The 46
DiFranco, Ani 145
Dils, The 46
DiMant, Leor (siehe DJ Lethal)
Dischord 208, 260
Disposable Heroes Of Hiphoprisy, The 42
Disturbed 9, 93, 127, 176, 188, 216, 236,
    255
Dixie Chicks, The 68
DJ AM 125
DJ Dano 173
DJ Homicide 125
DJ Kilmore 125, 184
DJ Kool Herc 30
DJ Lethal (Leor DiMant) 72, 77, 88, 125,
    222
DJ Lyfe (Gavin Koppel) 184
DJ Muggs 77
DJ Product 125, 190
DMC (Darryl McDaniels) 31
DMX 19, 84, 206, 237
D-Nice 238
Doling, Mikey 252
Dolmayan, John 202
Domino, Fats 40
Donegan, Dan 216
Donnely, Tanya 146
Donovan 33
Doors, The 185
Dope 265
Dorrean, Robyn 137
Dostojewski, Fjodor M. 257
Dotmusic (Online-Magazin) 72, 114
Downset 182
Draiman, David 216
Dre, Dr. 82, 85
Dry Kill Logic 9, 14, 159, 173, 204-205,
    255, 262
Ducasse, Isidore (Comte de Lautréamont)
    233
Duran Duran 177-178, 192

Durst, Fred 15-16, 18-19, 22-23, 32, 36,
    41, 44, 46, 52, 63-64, 70, 72-80, 82-88,
    90, 99-101, 106, 122, 138-139, 143-144,
    148, 180, 200-201, 210, 212, 228,
    232-235, 237, 239-240, 257, 259-260,
    267, 272-273
Dury, Ian 61
Dworkin, Andrea 145
Dylan, Bob 44

Eagles, The 45
Earle, Steve 94, 148
Earth Crisis 15, 225
Eat The Day 253
Echo, Aimee 222
Echobelly 25
Einziger, Mike 184-185
Eisenhower, Dwight D. 142
Eldritch, Andrew 231
Ellroy, James 141
Emerson, Lake & Palmer 117
Eminem 15, 23, 41, 68, 74, 77, 80-82, 84,
    117, 224, 226-227, 237, 240-241
Emperor 133
Eno, Brian 38
Eric B And Rakim 76
Erna, Sully 161, 163-164
Esperance, Tobin 182
Euronymous 133
Eurythmics, The 176, 231
EVE 145
Everclear 225, 242
Everlast 77-78
Exodus 133

Faces, The 225
Fafara, Dez 220-223
Fahnestock, John „Tumor" 242
Faith No More 15, 29, 34-35, 40, 78, 120,
    181-182, 200
Family Values (Musikfestival) 10, 48, 52,
    64, 78-79, 88, 99, 122, 137, 165, 177,
    193, 200, 203
Fanny 145
Far 198
Farian, Frank 105
Farrell, Perry 121, 186

Fear Factory 9, 15, 29, 57, 78, 117, 166, 168, 170, 172–175, 178, 188, 196–197, 204, 221, 262, 265–266
Fehn, Chris 130
Fields Of The Nephilim 231
Fieldy (Reggie Arvizu) 55–56, 67, 70, 76, 177, 194
Fig, Paul 242
Filter 229
Fincher, David 83, 247
Firm, The (Managementunternehmen) 68–70, 88, 90
Fishbone 29, 36, 40–41
5ive 103
Flamin' Groovies, The 46
Flav, Flava 38, 126
Flea (Michael Balzary) 33–34
Fleetwood Mac 45
Flock Of Seagulls, A 32
Fluckey, Tim 194
Flynt, Larry 240
Foetus 175
Foo Fighters, The 99, 238
Foss-Rose, Rayna 220, 222
Fouratt, Jim 80
Frampton, Peter 45, 240
Franklin, Aretha 39
Franti, Michael 41–42
Freed, Alan 79
Freese, Joe 246
French, Jay Jay 218
Fricke, David 64, 129
Front 242 115, 166, 265
Frontline Assembly 172–173
Fugazi 260
Fugees, The 241
Fugit, Patrick 12
Fukada, Koichi 266
Fulber, Rhys 173
Funkadelic 34, 39, 64
Fuzz 216

Gabriel, Peter 188, 222
Gacy, John Wayne 130–131, 134
Gacy, Madonna Wayne 230
Gang Of Four 33
Garcia, Robert 172
Gein, Ed 134, 188
Genesis 188
Geto Boys, The 32–33, 241

Gibson, William 172
Gill, Andy 33
Ginger 225
Glassjaw 15, 198–199, 246, 255
Godflesh 50, 175
Godhead 169, 255
Godsmack 14, 90, 98–99, 161, 163–164, 213, 255, 273
Goffin, Gerry 104
Goldfinger 40
Gordon, Jay 144, 176–177, 179, 192, 221
Gordy, Berry 104
Gore, Al 43, 230
Gore, Tipper 89
Gorman, Larry 198
Gottlieb, Steve 219
Grand Funk Railroad 117
Grandmaster Flash 30–31
Grant, Peter 68
Grateful Dead, The 20
Gravity Kills 212
Gray, Chad (siehe Kud)
Graziadei, Bill 37
Greasley, John 196
Green Day 15, 225
Green, Michael 69
Greenwich, Ellie 104
Grey, Paul 130
Griffin, Rick 20
Grundig 212
GTO's, The 145
Guitar (Magazin) 14, 221
Guns N' Roses 35–36, 246
Gurrg (Greg Tribbett) 188
GWAR 188, 263

Haggard, Merle 55
Hahn, Joe 106, 125
Haley, Paige 176
Hanoi Rocks 226
Hanson, Beck (siehe Beck)
Hardcore Superstar 225
Hardson, Tre 64
Hardy, Oliver 89
Harris, Eric 229, 232
Harrison, George 174
Harvey, PJ 145
Hatebreed 37, 127, 254
Haunted, The 254
Hayes, Kelley 212

Head (Brian Welch) 55–56, 64, 67, 70, 76, 177
Hear'Say 104
Heart 267
(hed) pe 14, 18, 125, 159, 173, 190–191, 197, 237, 255
Hefner, Hugh 240
Helen 55 198
Hell, Richard (And The Voidoids) 46
Hello (Magazin) 74
Helmet 40
Hendrix, Jimi 13, 39, 71
Hewitt, Bobby 176
Hilfiger, Tommy 245
Hill, Lauryn 145, 241
Hinge 204–205, 262
Hinton, Susan E. 47
HitParader (Magazin) 131
Hoffman, Phillip Seymour 12
Hogarth, Ross 222
Hole 67, 109, 124, 143
Holland/Dozier/Holland 104
Hornsby, Vinnie 218
Horovitz, Adam (*siehe* King Ad-Rock)
Horton, Jerry 182, 261
House Of Pain 40, 72, 77–78
Howerdel, Billy 246, 248
Howlin' Wolf 18
Huckvale, A. C. 196
Hughes, John 47
Human Waste Project 222
Hundred Reasons 24
Hüsker Dü 50
Hutchence, Michael 34
Huysmans, Joris Karl 233
Hybrid Theory 106

Icarus Line, The 15
Ice (Kyle Jason) 40
Ice Cube 48, 62, 64, 82, 238
Ice-T 39–40, 82, 177, 241
Iglesias, Enrique 68
IGN For Men (Magazin) 138
Ill Niño 9, 14, 117, 159, 214–215, 255
Immortal 127
Incubus 124–125, 145, 182, 184–187, 195, 201, 204, 268
Infectious Groove 36
Inkling 198
Inrockuptibles, Les (Magazin) 9

Insane Clown Posse 81, 130
Iron Butterfly 13
Iron Maiden 13, 45, 120
Irons, Jack 33
Irwin, Jeff 208
Isley Brothers, The 24–25, 35, 39–40

J-Lo (Jennifer Lopez) 159
Ja Rule 206
Jackson, Luscious 146
Jackson, Michael 62, 88, 176
Jackson, Samuel L. 68
Jagger, Chris 195
Jagger, Mick 18, 68
Jam Master Jay (Jason Mizell) 31
Jam, The 167
Jamal, Mummia Abu 43
Jan And Dean 58
Jane's Addiction 29, 36, 121
Janov, Arthur 216
Jared (MCUD) 18, 190–191, 237
Jason, Kyle (*siehe* Ice)
Jawbox 208
Jefferson Airplane 71
Jewel 143, 146
Jimmy Eat World 15
Johnson, Robert 27
Jones, Craig 130
Jones, Oran „Juice" 32
Jones, Steve 243
Jordison, Joey 21, 128, 130, 133–135, 137–138, 141
Jourgensen, Al 165–166, 169
Journey 224
Joy Division 96, 118, 165, 231
Judas Priest 235
Juice 194
Junkie XL 173

Katunich, Alex 184
Katz, Andy 204
Keenan, Maynard James 118, 246–248
Kelly 20
Ken 167–170
Kennedy, John F. 230, 235
Kerrang! (Magazin) 39, 60–61, 84, 102, 137, 144, 193, 203, 208, 212, 220, 248, 254

Kid Rock 11, 15, 18–19, 77, 180, 191, 226–227, 238–241
Kiedis, Anthony 33–34
Killswitch Engage 254
King Ad-Rock (Adam Horovitz) 32
King Diamond 204
King, B. B. 27
King, Carole 104, 145
King, Rodney 42
Kingsize 173
Kinks, The 24
Kirshner, Don 104
Kiss 20–21, 46, 76, 119, 131, 138, 148, 188, 192, 258, 264
Kittie 9, 142–143, 146–150, 174, 193, 195, 214, 248, 255
Klebold, Dylan 229, 232
Klein, Calvin 245
Klein, Naomi 43
KMFDM 178, 229
Kohls, Kris 194
Koppel, Gavin (siehe DJ Lyfe)
Korn 11–12, 14, 19–20, 24, 26–29, 34, 36, 43, 45–46, 48, 52–53, 55–70, 73, 76–78, 81, 87–88, 93–94, 98–100, 105–106, 114–116, 118–120, 122, 124, 128, 133, 135, 139, 141–142, 148, 159, 176–177, 179–182, 185–186, 189, 191, 193–195, 197–198, 201, 203, 206, 208, 218–219, 222, 225–228, 239, 243, 246–247, 253, 255–256, 258, 268
Kowatch, Dave 204
Kraftwerk 31
Kreator 133
Kronik (Magazin) 238
KRS-One 207
Kubrick, Stanley 134, 188
Kud (Chad Gray) 188–189
Kulkarni, Neil 107, 191
Kurupt 148
Kwatinetz, Jeff 68–70
Kyuss 225

LA Times (Zeitung) 245
Lady Luck 145
Lander, Mercedes 147–148
Lander, Morgan 147–150
LAPD 55–57
Lard 171
Larkin, Philip 189

Larkin, Shannon 242
Last Poets, The 30, 37
Launch.com (Online-Magazin) 52
Laurel, Stan 89
Lawless, Blackie 233
Leadbelly 27
Led Zeppelin 13, 21, 25, 38, 40, 45, 47, 52, 68, 89, 95, 126, 143, 185, 210, 231, 238
Lee, Tommy 240
Leftfield 25
Lenchantin, Paz 246, 248
Lenin, Wladimir Iljitsch 160
Lennon, John 145, 236, 252
Lennon, Sean 252
Letterman, David 91
Lewis, Aaron 87, 91–101, 267
Lewis, Jerry Lee 39
Li'l Kim 145
Lightfoot, Gordon 95
Lilith Fair (Musikfestival) 81, 143–144
Limp Bizkit 9, 11, 14–15, 17–20, 22–23, 27–29, 34, 36, 43–44, 46, 48, 52, 59, 63–64, 68–88, 93–94, 98–100, 105–106, 110–111, 114–117, 120–123, 125, 127, 135, 139, 141–144, 148, 159, 167, 172, 176–177, 185, 188, 190–191, 198, 201, 208–210, 213, 219, 222, 225–228, 236–237, 239–241, 247, 253, 255, 257–260, 267–268
Linea 77 24
Linkin Park 9–10, 14, 24, 39, 77, 90, 102–103, 106–107, 109, 112–115, 123, 125, 194–195, 201, 254–255, 257–258
Lipscomb, Philip 200
Lit 177
Litt, Scott 186–187
Little Richard 40, 47
Living Colour 39
Loaded (Magazin) 82
Lollapalooza (Musikfestival) 36, 56, 65
Loog Oldham, Andrew 68
Lopez, Jennifer (siehe J-Lo)
Lo-Pro 101
lostprophets 24
Love, Courtney 34, 81–82, 109, 111, 143, 148
Lovecraft, H. P. 49
Lowery, Clint 218
L7 146–147
Lunachicks, The 146
Lydon, John 37
Lynch, David 54, 141, 231
Lynyrd Skynyrd 76, 238

Machado, Christian 78, 214
Machine Head 9, 29, 57, 147, 173
MacLachlan, Sarah 143, 146, 212
Mad Lion And Dirty Unit 207
Madonna 111, 121, 172
Magma 119
Mailer, Norman 17, 240
Manson, Charles 134, 181
Manson, Marilyn 14–15, 58, 67, 110, 120,
  127, 132, 134, 141, 144, 176–178, 216,
  220, 224, 226–227, 229–236, 243, 263,
  265
Mantas 132
March's Meltdown Festival
  (Musikfestival) 214
Marin, Cheech 64
Marky Mark (Mark Wahlberg) 84
Marley, Bob 251
Marshall, Jeremy 212
Martin, Mike 208
Martin, Ricky 215
Martin, „Big" Jim 35
Martinie, Ryan (siehe Ryknow)
Masons, The 143
Massive Attack 68, 117, 124, 248
Masters Of Reality 33
Mathers III, Marshall Bruce (siehe
  Eminem)
Mature, Victor 105
Mawk 190
Maxim (Magazin) 82, 150
Mayfield, Curtis 39
Mayo, Sonny 242
Mazur, Epic 206
MC Lyte 206
MCA (Adam Yauch) 32
McCambridge, Mercedes 149
McCandless, Sam 212
McClain, Dave 57
McDaniels, Darryl (siehe DMC)
McDonough, Matthew (siehe Spag)
MC5, The 45, 126, 200, 243, 249
McGrath, Mark 144
McKinnon, Catherine 145
McLaren, Malcolm 30, 68
McTiernan, John 138
MCUD (siehe Jared)
Mean Street (Magazin) 185
Megadeth 13, 143, 184
Megalodon, Carlton 192

Mekons, The 146
Melody Maker (Magazin) 26, 112
Meltzer, Richard 13
Mento Burro 194
Merchant, Natalie 146
Merrill, Robbie 161
Messiaen, Olivier 21
Metal Hammer (Magazin) 10, 37, 50, 107,
  115, 129, 137, 147, 150, 174–175, 183, 191
Metal-Is (Online-Magazin) 57, 249
Metal Update (Magazin) 133
Metallica 13, 48–50, 64, 69, 82, 120, 129,
  164, 184, 203, 226
Method Man 41, 82, 84, 88, 190, 237
Michael, George 27, 78, 176
Mighty Mighty Bosstones 40
Miller, William 12
Milli Vanilli 105
Ministry 49, 114, 165–167, 169–171,
  174–175, 178, 211, 265–266
Minor Threat 46, 260
Misfits, The 204
Mission, The 231
Mitchell, Joni 94, 145
Mizell, Jason (siehe Jam Master Jay)
Mobb Deep 88
Moby 41
Mogwai 125
Monkees, The 104–105
Montague, Jarrod 200
Moore, Angelo (Fishbone) 40
Morbid Angel 127, 192
Mordred 35
Morello, Tom 42–43
Moreno, Chino 62, 78, 116, 118–124, 150,
  209, 252, 261
Morissette, Alanis 81, 143
Morrissey 198
Morvan, Fabrice 105
Mos Def 114
Moseley, Chuck 35
Mötley Crüe 35–36, 48, 207, 220, 226
Motörhead 207
Mott The Hoople 117
Mouse 20
Mr. Bungle 35, 189
MTV (Musikfernsehsender) 10, 17, 19,
  22, 36, 44, 58, 63, 66, 68, 75, 79–80,
  83–84, 88, 90, 92, 101, 114, 116, 121,
  127, 136, 159, 167, 172, 175, 177–178,
  182, 190–191, 206, 210, 224, 226–227,
  255, 266
Mudhoney 12

Mudvayne 14, 127, 188–189, 202, 216, 226, 236
Muir, Mike 36–37, 122, 271
Munky (James Shaffer) 55–57, 64, 70
Murdercar 57
Murphy, Peter 231
Mushok, Mike 87–88, 92–93, 98–100, 267
My Bloody Valentine 248
My Dying Bride 133
My Ruin 142

Nailbomb 251
Napster (Online-Musiktauschbörse) 69, 82–83, 106, 139, 194, 213, 244
Nashville Pussy 143, 225
Nebula 15, 225
Nesmith, Mike 105
New Order 28, 37, 48, 114, 176, 211, 231
New York Daily News (Zeitung) 247
New York Dolls 46, 178, 225
New York Post (Zeitung) 116
New York Times (Zeitung) 79, 129, 239
Newsweek (Magazin) 127, 236
Nicholson, Jack 105
Nickelback 253
Nietzsche, Friedrich 233–234
Nine Inch Nails 17, 23, 84–85, 115, 166, 178, 196, 218, 230–232, 246–248, 265
Nirvana 12, 17, 22, 25–26, 28, 50–51, 55, 89, 93–95, 99–100, 108, 118, 121, 123, 143, 147, 162, 181–182, 185–186, 210–211, 267, 270
Nitzer Ebb 166
NME (New Musical Express) (Magazin) 9–10, 66, 75, 79, 89, 120, 207, 244, 249, 254
Nner, Dr. 192
No Angels 104
No Doubt 40
No One 202
Nonpoint 14
Nothingface 14
Novoselic, Krist 109, 162
'N Sync 103, 148, 172
Nuclear Assault 49, 133
Nugent, Ted 46
Numan, Gary 67, 192
Nunez, Joe 252
Nuns, The 46
NWA 241, 272
NY Rock (Magazin) 118–119, 147, 163

O'Brian, Conan 202
Oakenfold, Paul 207
Oasis 11, 25–26
Obituary 48–49, 76, 193
Ocean Colour Scene 27
Odadjian, Shavo 202
Onyx 37, 270
Orbital 25
Orgy 14, 27, 29, 48, 64, 88, 144, 159, 172, 176–179, 192, 194, 202, 206, 211, 221, 224, 246–247
Osborne, Joan 143
Osbourne, Jack 137–138, 196, 201
Osbourne, Ozzy 58, 65, 119, 137, 196, 201, 216, 222, 235, 244, 247, 268
Osbourne, Sharon 68, 196, 201, 221
Otto, John 72
Overkill 204
Owens, Buck 55, 59
Ozzfest (Musikfestival) 10, 65, 78–79, 99, 132, 136–137, 188, 196, 201, 207, 216, 221, 229

P. Diddy (*siehe* Combs, Sean „Puffy")
Paisante, Jardel 214
Palumbo, Daryl 198–199
Pantera 29, 37, 79, 99, 119, 147, 165, 172, 188, 197, 201, 204, 226
Papa Roach 14, 34, 98, 159, 180–183, 191, 197, 201, 253, 261
Pareles, Jon 65
Parkes, Corey 143
Parliament 34, 39
Pasillas, Jose 184
Pasolini, Pier Paolo 233
Pattison, Louis 89
Patton, Mike 35, 181, 271
Pearl Jam 12, 28, 51, 73, 94, 96, 185, 210
Peltier, Leonard 43
Pennywise 15, 225
Pere Ubu 46
Perfect Circle, A 142, 226, 246–248
Perkins, Carl 39
Pettigrew, Jason 178
Phair, Liz 146
Pharcyde, The 64
Phillips, Paul James 210

Phillips, Sam 18
Phoenix 106
Picasso, Pablo 257
Pilatus, Rob 105
Pilgrem, Rennie 29
Pina, Lazaro 214
Pink Floyd 129, 149, 182, 269
Pitchshifter 197
Pixies, The 25, 121, 261
Playboy (Magazin) 74, 162
POD 9, 109, 207
Poison 35–36, 50, 267
Poor Righteous Teachers 238
Pop Group, The 37
Pop, Iggy (And The Stooges) 45, 200
Portishead 124
Post, Louise 143
Powerman 5000 161, 201–202, 255
Powers, Ann 120
Presley, Elvis 11, 18, 21, 39, 78, 90, 167, 237
Primal Scream 126
Primus 36, 39, 78, 88, 182, 184, 273
Prince 29, 39, 111
Prodigy, The 168, 174, 197
Project 86 109
Prong 204
Pro-Pain 214
PRP, The (Online-Magazin) 125, 205
Psychedelic Furs, The 47, 114, 177
Public Enemy 18, 38–39, 41, 43, 191, 272
Public Image Ltd. 37, 265
Puddle Of Mudd 9, 23, 85, 210–211, 255,
   267
Puff Daddy (*siehe* Combs, Sean „Puffy")
Pure, Alec 192

Q (Magazin) 75, 189
Queen 45
Queens Of The Stone Age 15, 225
Quicksand 198

Radio One (BBC-Jugendsender) 57, 113,
   123
Radiohead 21, 117, 124, 198, 208, 212
Raft, The (Online-Magazin) 250
Rage Against The Machine 15, 19, 27, 29,
   42–44, 81, 129, 148, 174, 206, 260–261, 270

Raincoats, The 100, 146
Rakim 204
Rambola, Tony 161
Ramirez, Twiggy 230
Rammstein 24, 48, 178, 202
Ramones, The 46, 117, 225
Rancid 15, 225
Ransom, Mike 194
Rapp, Marcello D. 251
Rascon, Meegs 220–222
Ratt 32, 46, 226
Reagan, Ronald 31, 42, 47
Red Hot Chili Peppers, The 29, 33–34,
   36, 40, 56, 148, 207, 273
Red Man 84, 88, 190, 207
Redd Kross 195
Redding, Otis 39
Regina, Steve 204
Reid, Vernon 39
Reiner, Rob 48
R.E.M. 48, 93, 186, 211, 267
Revelation 208
Revolting Cocks 171
Revolver (Magazin) 232
Reznor, Trent 23, 84–85, 230–232
Ricanstruction 214
Richards, Keith 225
Richards, Stephen 200–201
Richardson, GGGarth 148–149, 174
Rigano, Cliff 204–205, 262
Rivers, Sam 72
Rizzo, Marc 214
Roatch, Papa 182
Robertson, Pat 230
Robinson, Ross 16, 19, 21, 56–58, 62, 64,
   67, 70, 77–79, 127, 129, 135, 138–141,
   148, 198, 212, 221, 224, 227, 243–244,
   246, 249–251, 256–257, 260, 263
Rock, The 259
Rockit Girl 143
Rodriguez, Omar 250
Rolling Stone (Magazin) 9, 32, 40, 64–65,
   74–75, 87, 108, 110, 114, 120, 129,
   134–135, 163, 195, 207, 210, 235–236,
   244
Rolling Stones, The 12, 18, 20, 24, 39, 71,
   146, 167
Romper (Magazin) 173
Ronettes, The 118
Root, James 130
Roots, The 114
Rose, Axl 239
Rose, Jim 231

Rose, Morgan 218, 220
Roxy Music 178
Royal Scots Dragoon Guards, The 59
Rubenstein, Neil 198
Rubin, Rick 31–34, 200, 203, 272
Rumblefish 218
Run (Joseph Simmons) 31
Runaways 145
Run-DMC 14, 18, 31–32, 38, 62, 88, 126, 191, 240
Rush 200
Ryknow (Ryan Martinie) 188

Salon (Online-Magazin) 22
Samson 13
Samuels, David 241
Sanchez, Pancho 182
Sandler, Adam 82
Santana, Carlos 214
Santayana, George 12
Santos, Jonny 172–175
Sarkisyan, Mike 172
Saxon 13, 45
Scabies, Rat 243
Scantlin, Wesley Reid 210
Schemel, Patty 143
Schönberg, Arnold 56
Schostakowitsch, Dmitri 49
Schuler, Danny 37
Schur, Jordan 77, 90, 101
Sedaka, Neil 104
Segal, Victoria 244
Seinfeld, Evan 37
Selecter, The 40
Sen Dog 37
Sepultura 37, 48, 117, 173, 204, 214, 251–252, 270
Seven Year Bitch 146
Sevendust 144, 201, 218–220, 255
SexArt 55–56, 177, 194
Sex Pistols, The 30, 37, 45, 129, 225, 243
SG5 225
Shaddix, Jacoby (siehe Dick, Coby)
Shadows Fall 254
Shaffer, James (siehe Munky)
Shakur, Tupac 82
Shed 7 25
Sheffield, Rob 108
Shellshock, Shifty 206–207
Shinoda, Mike 39, 106–108, 113–114, 123

Shootyz Groove 29
Shore, Pauly 92
Shoutweb (Online-Magazin) 39, 113, 181, 222
Shuck, Ryan 176–177, 194
Silverchair 147
Silveria, David (siehe David)
Simmons, Gene 192
Simmons, Joseph (siehe Run)
Simmons, Russell 31–32
Sinisstar 85
Siouxsie And The Banshees 146, 220, 231
Sir Mix A Lot 38
Sisters Of Mercy, The 220, 231
Six Feet Under 193
Size, Roni 114
Skarhead 37
Skid Row 48, 226
Skin 219
Skinny Puppy 49, 115, 166, 178, 265
Skunk Anansie 219
Slayer 13, 17, 32–33, 40, 48–49, 133, 172, 177, 180, 224, 226, 235
Sleater-Kinney 81, 148
Sleeper 25
Slick, Grace 145
Slipknot 9, 11, 14–15, 21, 23, 37, 52, 67, 116, 120, 127–139, 141–142, 147–149, 165, 173, 180, 185, 188–189, 191, 193, 202, 209, 216, 224, 226–228, 236, 243, 246, 248, 252, 254–255, 263–264, 268
Slits, The 37, 146
Slovak, Hillel 33
Sly And The Family Stone 39
Smalls, Biggie 206
Smashing Pumpkins 12, 51, 73, 76, 93, 117–118, 121, 123–124, 167, 261
Smith, Curt 217
Smith, Robert 57, 118
Smiths, The 28, 47, 93–94, 120
Smurfs, The 104
Snake Nation 218
Snapcase 214
Snoop Dogg 43, 82
Snot 145, 173, 242, 268
Snowball (Online-Magazin) 81
Socialistics, The 125
Sodom 133
Sona Fariq 34
Soulfly 117, 173, 197, 199, 212, 214, 251–252, 270
Soundgarden 28, 94, 99, 121, 164, 185, 212, 215, 267
Spag (Matthew McDonough) 188

Spears, Britney 44, 79, 112, 117, 148, 159, 172
Specials, The 40
Spector, Phil 104
Spengler, Oswald 233
Spice Girls, The 81, 103, 204
Spielberg, Steven 170
Spin (Magazin) 9, 17, 74, 81, 145, 220
Spineshank 14, 29, 159, 172–175
Spirit Caravan 15, 225
Springer, Jerry 63
Springsteen, Bruce 16, 94
St. Germaine, Ron 215
Stabbing Westward 166, 201
Staind 9, 11, 14, 16, 23, 68, 85, 87–96, 98–101, 106, 121, 165, 182, 185, 195, 210, 213, 226, 255, 267, 273
Staley, Layne 273
Stapp, Scott 23
Static, Wayne 165, 167–171
Static-X 29, 159–160, 165, 167–174, 176, 197, 201–202, 211, 265–266
Steele, Pete 37
Steinbeck, John 54
Steppenwolf 13
Stevens, Cat 95
Stewart, Rod 126
Stewart, Tommy 161
Stiller, Ben 86
Stipe, Michael 211
Stone Temple Pilots 12, 51, 84, 94
Stooges, The 140, 244, 264
Strait, Lynn 145, 242, 268
Strokes, The 9
Strummer, Joe 61
Sugar Ray 125, 144, 268
SugarComa 150
Sugarhill Gang, The 30
Suicidal Tendencies 36–37, 76, 122, 271
Suicide 46
Sullivan, Ed 24
Summer, Donna 165
Surfaris, The 58
Sweeney, Joey 22
Swish 85
System Of A Down 9, 159–160, 172–173, 191, 202–204, 254–255, 265, 268

T. Rex 105
Talking Heads 38

Tankian, Serj 202–203
Taproot 196, 200–201, 255
Tarantino, Quentin 188
Tardy, Donald 193
Tattoo The Planet (Musikfestival) 10, 137, 165, 213
Taylor, Corey 130–131, 135–136, 138–140, 252
Taylor, James 95
Team Sleep 124
Tears For Fears 176, 216–217
Tenfold 198
theSTART 222
This Is Spinal Tap (Film) 48, 50
Thompson, Mic 130, 136
Thompson, Scott 204
Thompson, Steve 64
Thrill Kill Kult 229
Throwing Muses 146
Thunders, Johnny (Heartbreakers) 46
Time Off (Zeitschrift) 108
Titan 117
Tom Tom Club, The 38
Tony Flow And The Miraculously Majestic Masters Of Mayhem 33
Too $hort 238
Tool 9, 29, 76, 118, 189, 200, 204, 209, 212, 246–248
Top of the Pops (Fernsehshow) 21
Townshend, Simon 195
Tribbett, Greg (*siehe* Gurrg)
Tricky 124
Tripp 265
Tubeway Army 67
Tucker, Corin 81
Turner, Tina 39
Twisted Brown Trucker 239
Twisted Sister 218
Type O Negative 37

Ugly Kid Joe 242
Uhelszki, Jaan 56
Ulrich, Lars 50
Uncle Kracker 239
Undertaker, The 259
Unida 15, 225
Upchurch, Greg David 210
Urge, The 212
USA Today (Magazin) 74

Van Dyke, Dick 177
Van Halen 203
Van Leeuwen, Troy 246
Vandals, The 246
Vanilla Ice 19, 63, 77, 238–239
Vaselines, The 100
Vasquez, Roger 214
Vaughn, Aaron 36
Vedder, Eddie 57
Velvet Underground, The 45, 140, 244, 264
Venom 13, 132
Veruca Salt 143, 146
Vex Red 9, 24
Vibe (Magazin) 163, 237
Vicious, Sid 206
Videodrone 194
Vikernes, Varg 133
Vision Of Disorder 208
Visions (Magazin) 9
Voxonline (Magazin) 216

Wahlberg, Mark (*siehe* Marky Mark)
Waits, Tom 36, 145, 273
Wallace, Andy 139, 210
Walters, Barry 235
Walton, Sam 162
War 62
Ward, Scoot 212
Warhol, Andy 38
Warner, Brian (*siehe* Manson, Marilyn)
Warped Tour (Musikfestival) 10
Washington Post (Zeitung) 45, 122
WASP 233
Waters, Roger 182
Wax Trax 167, 265
Weatherall, Andrew 126
Webber, Andrew Lloyd 264
Weezer 144, 225, 242
Weiland, Scott 84
Weinstock, Todd N. 198
Welch, Brian (*siehe* Head)
Wengren, Mike 216
Westyle 190
Wheatus 225
Wheeler, Mitch 208
White Stripes, The 9

White Trash 195
White Zombie 80, 119, 121, 175, 230
Whitesnake 146
Who, The 13, 24, 39, 210, 259
Wiederhorn, Jon 14
Wild, Ulrich 201
Wildhearts, The 225
Will Haven 198, 208–209, 212, 252, 255
Williams, Hank 240
Wilson, Pete 42
Wilson, Sid 130
Winters, Edgar 195
Winters, Johnny 195
Witherspoon, Lajo 218–219
W.K., Andrew 9, 193
Wohl, Eddie 204
Wonder, Stevie 39
Woodstock '99 (Musikfestival) 71–72, 80–81, 219
World, The (Magazin) 161
Wright, Toby 64, 201, 219
Wu-Tang 41, 190
Wu-Tang Clan, The 43, 84

X 46, 146
Xero 106
Xibit 84

Yankovic, Weird Al 199
Yardbirds, The 24
Yauch, Adam (*siehe* MCA)
Yes 117–118
Yoakam, Dwight 55
Yorke, Thom 199
Young Gods, The 166
Young, Neil (And Crazy Horse) 51, 94
Yo-Yo 238

Zane, Matt 144–145
Zappa, Dweezil 246–247
Zappa, Frank 35, 105, 117

Mötley Crüe und Neil Strauss

The Dirt

Sie wollten Sex & Drugs & Rock 'n' Roll –
Die aberwitzige Geschichte von Mötley Crüe

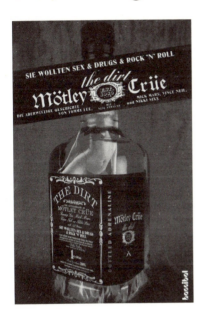

Aus dem Amerikanischen
von Kirsten Borchardt

Gebunden mit Schutzumschlag,
464 Seiten, zahlreiche
S/W-Abbildungen und
Illustrationen.
16 Seiten Farbfotos
ISBN 3-85445-214-4

„Warnung: Nach der Lektüre dieses Buchs werden Sie sich nie wieder
sauber fühlen. *The Dirt* lässt sich nicht abwaschen."

Joe Levy, *Rolling Stone*

„Babylon ist in Los Angeles: die bislang offenste Sex & Drugs-Beichte
des Rock 'n' Roll." **Ernst Hofacker, *Musikexpress***

„Sodom und Gomorrha." **Marcel Anders, *Financial Times Deutschland***

„Was für ein Buch!" **Dominik Winter, *Zillo***

Marilyn Manson mit Neil Strauss

The Long Hard Road Out Of Hell

Aus dem Amerikanischen
von Christoph Gurk

Gebunden mit Schutzumschlag,
350 Seiten, zahlreiche S/W-
Abbildungen und Illustrationen.
16 Seiten Farbfotos. Tour-Tagebuch.
Diskografie
ISBN 3-85445-182-2

„Das Tabu ist ihm heilig, gerade weil er es brechen muss. Er verschafft
sich Erleichterung von seinen Untaten, indem er sie detailliert im
alteuropäischen Medium Buch beschreibt. Die Backstage-Szenen,
eine endlose Revue aus Drogenmissbrauch und Sexexperimenten,
erinnern in ihrer surrealistischen Brillanz ein wenig an den Marquis
de Sade. Dann wieder selbstreflexive Passagen. Mit geradezu
nietzscheanischer Kälte seziert MM die Scheinheiligkeit bürgerlicher
Moral: Sie lebt von dem Bösen, das sie verdammen muss, weil sie
seinen Anblick nicht erträgt."

Thomas Gross, *Die Zeit*